儒俠金庸傳

張建智 著

金庸為讀者簽字

金庸與作者合影留念

金庸夫婦在蓮花莊荷池畔前賞荷

金庸與夫人一同用餐

前言

相見時難別亦難。人生際遇，一如「戲劇」，各有精彩，各有不同。追溯金庸人生旅途軌跡，深感在一九四九－一九五〇年之際，似有條「命運之線在操控」著他的走向，以此，本書截取了傳主一個橫斷面進行敘述，以一九四九年作為分水嶺，將他個人命運的軌跡，放置在時代之巨變中；融哲理於文采，講述了傳主許多鮮為人知的生活軼事，以及那個時代的歷史滄桑。金庸，一個深受中國傳統文化薰陶，在經歷了動盪亂世之後，獨自在異鄉，通過武俠小說，展開了對人性的獨特理解。他的出現，改變了武俠小說難登大雅之堂的宿命。

目次

Contents

楔子

江南十月，太湖平原，一派天高氣爽；風光無限，桑林掩映著秀麗景色。當我寫了《金庸江南行》，遂引起眾多讀者的興味。在白蘋香風的天氣裡，遂送行和金庸匆匆握別時，望著他那遠去的背影，看去似有點老了，但離開的瞬間，心頭間還依依不捨，猶如進入了「煙花三月下揚州，孤帆遠影碧空盡」的境地。可不是嗎？我想，這「江南」二字，蘊含著多少故事傳說，多少愁情如春水的不斷，多少淒迷婉轉的景象……

滄桑變幻，如雨似煙。五十年後我邂逅金庸，送別金庸。彈指一揮，五十春秋，悄悄地去了；五十年前的今生今世，他的前程，是如何呢？我想，這裡面應有著一個起伏跌宕的，人世間如迷故事；在受到不少讀者朋友的鼓勵下，我想把這故事娓娓道來。

五十年前的今天，也正是「畫船聽雨眠」，「壚邊人似月」的江南美好季節，金庸突接到一份加急電報，上書「查良鏞先生收」。

確實，在五十年前，世上還未有「金庸」這名字。電報來自北京，拍報人是新中國成立後剛被外交部聘為顧問的梅汝璈先生。是這位「外交界老資格」的梅博士拍給他的，急急邀請查良鏞北上。在查良鏞接到電報後的幾天內，他不顧部分親友的猶豫和反對，立即簡裝動身北上，時正值年輕有為，風華正茂，年僅二十六歲。

五十年前，查良鏞壓根沒有想到日後他會成為文壇儒俠的「金庸」。他年輕時的理想，只是想當一名叱吒風雲的外交官。外交官的生涯才是他夢寐以求的人生之旅。

而這個青年人的理想，便源自於他撰寫的一篇有名的國際評論：〈從國際法論中國人民在國外的產權〉，在當地香港的《大公報》發表。

當時得到了首屈一指的權威學者梅汝璈博士的讚賞，同時也博得了喬冠華的賞識。也許，幾十年後的金庸，能被北大授予國際法名譽教授，也非空穴來風之事。

於是「查良鏞」這個名字，已深深記在梅博士的心中。不久有機會路過香港，特約請查良鏞先生面晤。當面敘時，看到那麼年輕人，就能寫出這麼有分量國際法論稿，不無驚喜交加。可作為年輕的查良鏞，能為梅博士這般大名人所賞識，主動約見，確實是欣喜若狂了一番。

當時，作為學者型的大法官也確很認真，他還仔細地看了這個年輕人的其他一些論文，包括直接用英語寫出的國際法方面的文章。閱後更驚歎其才，真一如漢初那位圯上老人，看到當年的張良一般；認為「孺子可教！」日後可大堪造就。其文如人，一見如故。他們之間更加深了一層深刻的瞭解。新中國成立後，渴求人才，不拘一格，作為梅汝璈被外交部聘為顧問，他腦子中時時想起了查良鏞這位外交人才，現正可為新中國所用。出於同樣的報效祖國的一片赤子之心，梅汝璈一回到北京即發了電報。而作為查良鏞，也似乎「時刻準備著，讓祖國挑選」，故惺惺相惜，一拍即合，但是，這又何嘗不是一種緣分。當一旦接到梅邀他北上的電報後，一時竟像當年的詩人李白被詔征出山時那樣，心中不禁吟起「仰天大笑出門去，我輩豈是蓬蒿人」。

他想起當年的人生瑣事，可謂一夜難眠。那年單身走香港，也不是出於自己的本意，是上司的指派，無力違抗。一九四五年八月，中國人民歷經了八年苦難的抗日戰爭終於結束。查已二十一歲，戰爭的硝煙剛滅，他由內地重慶，回到闊別已久的浙江海寧老家，一旦回到祖宅，全家人格外悲喜交集。戰亂離家多年，但猶不忘「戰血流依舊，軍聲動至今」的時刻。

光陰如箭，日月似梭，當想起自己十三歲入省立嘉興中學，十六歲考入高中，爾後進入大學，由毛頭少年到長大成人。抗戰時經歷了離鄉千日之別，也行了萬里之路。雖說故鄉的一草一木，一房一瓦，倍加親切，但小小的海寧縣袁花鎮，也確無他施展抱負之地。家中雖不缺藏書，衣食頗豐，但對一個有遠大志向的青年人，畢竟非久居之處。

多少年來，他也一直在想：抗戰後，自離家去杭州《東南日報》做外勤記者，可對自己的人生之途，也還只是一次小小的過渡。幾個月的杭州生活，他對西子湖畔的人文歷史和秀麗景色，雖不無流戀，但仔細想想依然非久留之地。

終於有一天，他從西子湖畔，又跑到國際大都市上海，在時任上海市法院院長的堂兄查良鑒的幫助下，如願進了東吳大學法學院，修習國際法專業。這一舉措，是人生途程中日後想當一名外交官的標誌，亦可稱為這年輕人的志向遠大，欲求面向世界發展的一種表現。

當一輪明月從維多利亞港灣升起時，他確經了一番沉思，如在香港當《大公報》電訊編譯及國際新聞編輯，終非他想。如今已接到北上電邀，是平生不可多得的機會。此時，他決心換一種活法，該調換一下人生的角色。

上篇

第一章　如日初升

一、新生的共和國

一九四九年十月一日，神采奕奕的毛澤東，緩步走上北京天安門城樓。「中國人民從此站起來了！」這莊嚴而宏偉的一聲巨響，如日初升，隨著五星紅旗的高高升起，向全世界宣布了一個新中國的誕生。從此舊中國消亡，而在這塊古老的東方大地上，出現了一個從未有過的嶄新的世界。

歷經滄桑巨變，新中國的事業蒸蒸日上，一如萬馬奔騰，向前發展著，也可謂千頭萬緒，猶如一張白紙，開始著宏偉地構想和描繪。無論政治、經濟、文化、外交等領域，都需要人們重新去學習、去建構。特別是一個新生共和國的誕生，在外交上，就更需要國際社會的承認、友好和支援，甚或更需要人民共和國外交部去拓展與突破。這誠如毛澤東在一九四九年以後所說的話：「我們熟悉的東西有些快要閒起來了，我們不熟悉的東西正在強迫我們去做。」正是在那樣的時刻，一首激動人心的歌詞在全國大地上唱響：「五星紅旗迎風飄揚，勝利歌聲多麼嘹亮，……」如此一首首激動人心的歌曲，以昂揚的姿態，在催鼓著千千萬萬海外各界人士，向著共和國的母親奔來，他們的一顆顆愛國之心，也正在向著新生的共和國靠攏……

無論是日夜思念祖國的老人、抑或是曾經報國無門的熱血青年，還是那不經事的少男少女們，紛紛以一顆赤誠之心，奔向這「親愛的祖國」。你看，距共和國成立時間，只隔了一個多月，即一九四九年十一月九日，中國航空公司和中央航空公司全體職工宣布起義，脫離了國民黨。當然，在共和國新成立的一些年月裡，一如這般起義的事例是那麼多。如果，我們從法律的角度，特別是從當時還比較陌生的國際法的產權角度來看，如何來處理這些資產？這是一個涉及世界諸多主權國的問題，也是一門研究法律的深奧學問。就算已經到了二十一世紀的今天，冷戰已經結束的時代，世界新格局的各成員國，聯合國還在不斷斡旋與協商，也還不斷地陷入此類兩難的境遇，在國際法中，還在為遺留的產權爭論不休。

新生的中華人民共和國鐵道部衡陽鐵路局，在一九四九年十一月九日發表了嚴正聲明，宣布「前粵漢、湘桂黔及浙贛各區鐵路局所轄鐵路存港器材、物資、汽車、款項均為人民國家所有」。台灣方面聞訊後也即派人到香港處理這些財產，為此財產的主權雙方發生了爭執。

就在這樣的時刻，誰會想到有一個風華正茂、年僅二十歲剛出頭的青年人，他在香港卻對此事無限關注。而這位青年，並非是什麼資深的法學專家或學者，也不是一位名流和高官，而只是一位僅讀了一年多法律的大學生，在這麼重要的外交問題上，他，真有些出乎人們所想像和意料，既然充當起了一位資深法律專家的身分，站出來說話了。（也許在我們的法學界，不用說這位青年，是名不見經傳，就是連他的名字，在當時也未曾所聞。）

這樣一位年輕、敏感、滿懷抱負、熱血沸騰的年輕人，那時在法律界有誰知道呢？沒有。當時在香港的他，只是在香港《大公報》，做著一名微不足道的國際電訊譯員。可就是這名國際電訊譯員，儘管他還年輕，可一顆年輕的心靈裡，卻已在計畫著，如何為實現自己的人生理想而奮鬥。

時間僅僅隔了六天，他就對中國航空公司、中央航空公司全體職工四千多人宣布起義的事件，作出了強烈反響。那就是在六天後的十一月十八日、二十日，這年輕人，竟奇蹟般地拿起筆，分兩次在《大公報》發表評論。寫出了一個令法學界為之一震的題目：〈從國際法論中國人民在國外的產權〉。查良鏞在當時環境下，即寫出六千多字的論文。其實際價值，一如相當於今日博士研究生的論文。然而這般的論題，當時屬於非常敏感的論題，卻實實在在出自一個小譯員的手筆。然而，這論題卻有著強烈的針對性。文章的結論是：依據國際法準則，國民黨政權遺留在海外的資產，應當歸屬於「新中國」所有。

但很可惜，這篇略顯冗長的分析論文發表後，在香港卻沒能引起多大的反應。當然，我們相信，作為一個新生的人民共和國，必然會有不少資產遺留在海外，那些正致力於用外交與法律去解決海外遺留資產的人們，應該是非常關心這篇論文的。而那日夜奔向祖國懷抱的海外愛國人士，也肯定更會在關注這篇《大公報》的評論。

如果我們能懷有一顆平靜的心，仔細閱讀這篇刊發在五十多年前《大公報》上的論文的話，那麼在這篇論文的字裡行間，我們不難看出，這位作者，卻是懷有一腔熱誠並有著大志的一個年輕人，他對國際法，以及那改天換地、新舊交替的時代，非常關切和敏感。當然，也許人們不禁會驚詫，這年輕人究竟懷有什麼樣的人生理想？他對二次大戰以後的世界形勢變化，以及他對當前中國時局的發展，為何有這麼深刻的感悟與理解？

二、一石激起千層浪

那年，這個年輕人，僅二十五歲。在當年的香港，他既無頭銜也無職稱，人們只是簡單地稱呼他為——查良鏞先生。他是一位從浙江海寧縣所屬的袁花鎮走來的青年，而且可以說是一個身無分文的人，他很簡單、很單純地跑到了一個南國之島——香港，這也許是命運的使然。當然，對於這樣的青年，他的童年、少年，所經歷過的生活，並非是一帆風順的。因那時的香港，畢竟還沒有回歸中國，還在大英帝國的管豁下。

在鮮活的歷史現實面前，如果我們把一九四九年，作為一個重要的分界線的話，當時除了香港、澳門和台灣外，作為代表一個時代歷史的終結，在中國大陸，舊中國的一切意識形態，隨著新時代的到來，也無可挽回地消逝著。

今日，我們還很難知曉，正在日本的梅先生，怎麼會一眼就看中了這麼一篇論文？（因為報紙的論文畢竟不能太長、還分二期刊完）是梅先生獨具慧眼，還是他和這位年輕作者，有「英雄所見略同」呢？

梅汝璈，一九〇四年出生於南昌朱橋梅村。一九一六年至一九二四年之間在清華學校學習，一九二四年考取公費赴美留學專案，入讀斯坦福大學，一九二六年獲文學士學位，後入芝加哥大學法學院學習，一九二八年獲得法學博士學位。一九二九年歸國，後曾任教多所大學，曾任行政院院長宋子文、外交部部長王世杰的助手。一九四六年，並於遠東國際軍事法庭任中國代表法官。中華人民共和國成立後，歷任第一屆全國人大代表、全國人大常委會法案委員會委員、全國政協委員。一九五七年「反右運動」時，梅汝璈受到了不公平的對待。在一九六六年爆發的「文化大革命」中，又遭到了更嚴重的批判。外交部的「造反派」在抄家時，搜出那件他曾在東京審判時穿過的法袍，如獲至寶，以為抓住了他有「反動歷史問題」的確切證據，並試圖將其燒毀。但梅汝璈對此有理有節地應對抗爭，並進行了巧妙的周旋，從而保存下了這件歷史的珍品。一九七三年，梅先生在飽受摧殘之後，懷著對親友的眷戀，對「文革」的不滿和厭惡，對未能寫完《遠東國際軍事法庭》這一巨著的遺憾，在北京與世長辭，默默地離開了人間，終年六十九歲。

梅先生確是國際法這個專業領域佼佼者，特別是在新生共和國之初，在這方面人才還比較缺的情況下，是當時首屈一指的國際法權威人士，他是第二次世界大戰以後，擔任過東京國際戰犯法庭的中國首席大法官，又是二次大戰的戰勝國——英國、法國、蘇聯等盟國任過法官，二次大戰後，他還在東京參與了對日本戰犯東條英機的審判。所以，在法學界可算是位大名鼎鼎的人物，是一位享有國際聲望的法學家。

當他出任國際性的大審判結束後，梅汝璈轉回香港後應邀回國，出任了新成立的中華人民共和國政務院的外交部顧問。當時的外交部部長，是由周恩來總理兼任的，爾後，由陳毅接替周恩來擔任外交部長，那時的陳毅元帥，正是上海解放後的第一任上海市市長。

梅先生到北京以後，在處理共和國與世界各國的外交工作中，發現新生的政權，外交人才奇缺，具有外交和國際法方面專門知識的人員還比較缺少。為了工作的需要，他希望有一位得力的助手，來協助他展開新中國的外交工作，不知是緣分、還是其他什麼原因？梅先生總時時想起了那篇發表在香港《大公報》上的論文，同時也常常會想起這位有才華的後生，他的文章觀點敏銳、條理清晰，顯示了作者有豐富的國際法知識及對國際政治時事的敏感觸覺。

至於作為二十多歲的青年查良鏞，當年正在南國的香港，為什麼會懷有巨大之興趣寫下了這麼一篇論文？他對新生的共和國抱有什麼樣的理想和希望？當然，梅先生興許時會閃過這樣的念頭。

但是，梅先生確從心裡喜歡這位有外交才華的年輕人——查良鏞。當他自已在北京工作甫定後，即想電邀他北上來外交部工作，並希望這位年輕人能做他的外交事務上的研究助理。

他果然說做就做，梅先生就從北京連續發出三封電報，向這位年輕人發出誠意邀請，希望查良鏞能早日來北京和他相見。這般的以誠相邀，三發電報，在當年確是讓查良鏞這位年輕人所意想不到、並從心中非常感激之事。當時，在香港接二連三接到電報的查良鏞，真可謂是「一石激起千層浪」，內心真是心潮澎湃，心想難道自己從青少年時期起，就模模糊糊在心中構築起的一些理想之夢，難道時至今日，竟然就如此快地開始起步實現了嗎？

天賜良機，豈能錯過這樣的際遇。老實說，在他年輕時代，心中就常常懷著儒家之「士」的一個夢，雖然僅僅是一個長長的夢，那麼依稀，也那麼模糊，但卻一直深藏在他的內心，只不過沒有坦露自己的心扉而已。

雖然，生逢八年艱苦的抗戰時期，長年的漂泊生涯，那在查氏家族的書香門弟中、長期薰陶出來這個夢，雖早已慢慢淡出了他的心間。可如今，突兀裡梅汝璈先生從北京發來的三封電報，卻像層層漣漪，向他襲來，再次攪動了他寧靜的心境，那在心靈裡潛藏之夢，倏忽間被這北來的召喚所萌動起來。

他激動、興奮不已，似乎帶著幾分神祕的心情，又開始重新構建一個心中的天堂——那每一代年輕人，嚮往著仕途非凡的前程。特別是一往情深的鍾情於革命成功後的新北京，故接電報後，那幾個晚上，他每晚難於入眠，真的，他想著就要離開香港，而去到一個神聖的政治中心，真使他簡直難於用言語表達。

年輕人能夠得到一位大學者的賞識，而且由於這位大法學家的推薦，竟然能使他走入古人所說的「廟堂」之中（政治核心機構），這也確是他夢中常常夢縈於心靈中的終身大事啊！

他馬上電告了正在北京的梅先生。在電報中陳述了自已的志向，並從心中感謝他，同時表述了他非常願意做他的助手，去幹一番新中國的外交事業。這，不正是年輕的查良鏞夢寐以求的事業嗎！

三、為了燦爛的前途

一九五〇年，這位懷有遠大抱負的青年，經過了一番最後的思量，竟然向香港的《大公報》辭了職。況且，這位年輕人，幾乎也沒有什麼後顧之憂地放棄了香港的家庭，隻身簡裝北上。

這般毅然的人生決擇，如從某種意義上看，這對於個體的生命與生存方式來看，無疑是一次人生命運的重大選擇。特別是從中國近百年歷史的走向上看，若是把五十年代之前後，作為一個歷史轉折的分界線，那麼我們可以說，這樣的選擇，對於一個二十多歲的青年人，確實是一次從思想到生活習慣、以及世界觀的重大改變。然而，從這個年輕人作出這麼個重大的決定時，還有一個與當年這個青年人似乎有關的人生插曲，即我們的傳主的第一次婚姻，在這裡也頗值一提。

這位隻身離港的年輕人，當時在香港尚有一個小家庭。那時在香港的妻子叫杜治芬。他們的愛情，始萌芽於一九四七年杭州的西子湖畔。而這愛情的釀成，倒是有一段巧成的佳話。

那時，年輕的查良鏞在《東南日報》工作，說來也是非常偶然，那一年他在該報主編幽默副刊，而出於編者與讀者的關係，才有了機會和杜治芬的弟弟杜治秋有了認識。當年，杜家父親在上海行醫，因母親喜歡清靜，在杭州買了一所離西子湖較近的庭院大宅。當時在上海的有錢人，為避上海之煩囂，有許多人在那美麗的西子湖畔的杭州，買一點房子，隨時可去住住、兩頭跑跑。而安享生活之清靜的母親，平時大部分日子，就與女兒治芬一起住在杭州，弟弟杜治秋，則跟著父親在上海上學，假期才到杭州來。

那時，《東南日報》上有一個欄目叫「咪咪博士答客問」。有一天，在當天的報紙欄目上的問題是：「買鴨子時需要什麼特徵才好吃？」報上的「咪咪博士」回答說：「頸部堅挺結實表示鮮活，羽毛豐盛濃厚，必定肥瘦均勻。」

這引起了杜治秋不以為然，認為不一定正確，寫信去報社質疑：貴報「咪咪博士」說鴨子的羽毛一定要濃密才好吃，那麼請問：南京板鴨一根毛都沒有，為什麼竟那麼好吃？

而「咪咪博士」明知這位讀者的來信是挑剌，就回信說：「閣下所言甚是，想來一定是個非常有趣的孩子，我非常想能與你得見一面，親談一番。」杜治秋也就回信給報社，說：「我天天有空，歡迎光臨！」

在一個星期天的下午，查良鏞果然去登門拜訪了這位挑剌的讀者，原以為只是和這位讀者見面談談而已，可到了杜家後，卻邂逅了時年十七歲的杜家小姐——杜冶芬（這位挑刺讀者的姐姐）。第二天，查良鏞再度登門，送去一疊戲票，盛情邀請杜家一起去東南日報社樓上，以觀賞郭沫若編劇的《孔雀膽》，這個戲由上海人民藝術劇院前身「抗敵演劇九隊」公演，記得這個戲在解放後，仍演出過，也非常吸引觀眾。更何況在當時抗戰剛結束的一九四七年，在杭州更引起很大反響，人們爭相觀看。

當年的《東南日報》，除一般報導外，還花了不少篇幅進行宣傳，把這部才子加文人郭沫若的劇本，推向了高潮。通過第一次和這位抬槓的讀者接觸後，爾後，杜冶秋和父親也就回上海去了，如此杜家在杭州就只剩下了母女二人。從那以後，金庸也成了杜家的常客，常和杜小姐往來不斷，慢慢的就有了感情。杜小姐那時正是十七八歲的少女，少男少女碰在一起，而且是郎才女貌，那有不墜入熱烈的戀情中去。一九四八年三月，《大公報》要派金庸到香港工作，他不是很樂意，寫信到杭州，徵求杜冶芬的意見，她的答覆是短期可以，時間長了不行。後來報館高層同意這樣的要求：只去半年。赴港前他去了兩次杭州。當時，許君遠要他寫一篇「我怎樣決定到香港」，在《大公園地》上發表，同事李君維，甚至預先給他起好了題目，便叫「杭州別鳳記」，還特畫好了兩個小報頭。

三月二十七日，杜冶芬送在上海，替他整理行李，送他上飛機。臨別前交代他一句話：「我們每人每天做禱告一次，不要忘了說，但願你早日回到上海。」飛機是三十日早晨起飛的，「本來預定計劃四月一日辦一件有關終身大事而並非終身大事的事，於是一切只好『半年後再說』」。

「有情人終成眷屬」——後來，杜冶芬也去了香港。金庸在《大公報》、《新晚報》時的老同事、上司羅孚記得，他們那時住在摩理臣山道，附近就是杜老志道和杜老志舞廳，他們後來就結婚了。杜冶芬與查良鏞，在香港共同生活了幾年，卻沒有生育子女。後來據羅孚說：「這位太太人長得挺美麗的！」而當時的另一位老報人，也曾遺憾地評說：「我們知道杜治芬是杭州人，因為她不懂粵語，在香港感到生活寂寞，因為當時金庸工作很忙，也確很少有時間去陪這位新婚夫人，所以他們婚後的生活，並沒有太多的歡悅，加上當時查良鏞收入不多，她在這麼一種生活狀況下，這位新婚夫人杜治芬——也是他的第一位夫人，最終離開了查良鏞，當然也離開了香港。」

對於這件事，當時也有報紙曾說到：查良鏞與第一個夫人的最終分離，是因為當年查決意要北上，求職外交官，而遭到妻子反對，迫不得已才雙雙分手。實際上，這也只是一種傳說，並非如此簡單。另有一種說法是，由於金庸常忙碌於工作，不懈陪玩和照顧，說杜小姐有婚外戀。當然，對於這種傳說，也並不足取。愛情婚姻能否天長地久，其本身也是複雜多變的。我們只能是這麼看：當時，查良鏞與杜治芬的結合，他們之間的愛情與婚姻基礎，也許原本就缺乏牢固的根蒂。

金庸七十四歲時，曾回憶他第一次婚姻的失敗，也帶著無可奈何的感嘆說：「因為，在當時的條件下，大家是真心真意的，事後變故，大家沒辦法知道。」但是，事後變故的原因是什麼？他卻沒有說。

但後來，杜治秋是這般回憶的：「有些報紙說查、杜分離，是因為查欲求職『外交官』遭妻子反對，迫不得已才分手的，實際上是無稽之談。」杜治秋還說，「後來離婚的主要原因，恐怕還是『愛尚且存在不足』」

這不足，其實是內因起著作用，外因最終由內因決定。這才是造成他們倆最後分離的重要因素。當然，如若再從另一角度去審視的話，也無不與當年查良鏞個人生活上漂泊不定的環境，有一定的關係。因為，一個家庭生活上的穩定，對於婚姻的穩定至關重要。而當時這位年輕人，可以說，還顧不上一個小家庭生活各個方面的需求，包括物質上與精神上的。

那時的查良鏞，正是一位非常年輕的理想主義者，為了追求他心中的一個神聖而美好的理想，他正日夜兼任、馬不停蹄地闖蕩「江湖」，正在為自己設置的燦爛的前程，奔波不息、走南闖北。一如金庸後來所說：「我是離過婚。第一次結婚的時候，她很愛我，我很愛她。但事後離了婚，你問我後悔不後悔，我說不後悔。因為在當時條件下，大家好真心真意的，事後變故，大家沒辦法知道。」

四、踏上故都北京

當查良鏞離別香港，第一次踏上從明清兩代迄今已有五六百年的故都——北京城時，無疑對他是滿懷著巨大希望而來的。查良鏞一到北京，心儀已久的故宮、長城等古跡，是很想去領略一番的，但在這樣的時刻，他真還顧不上去領略在漫長的歷史長河中形成的京都風韻。到京的第二天，他便馬上去拜望當年可算得上是國際法大師的梅汝璈先生。

雖然，他們之間，並不太陌生，但畢竟幾年不見，而且是在新生的共和國首都來相見，更不尋常。但心中似總有些隔閡。查良鏞對自已任職新生的人民共和國外交部之職，是否有十分的把握，心中也還是個未知數？他不斷在想著：一踏進北京城後，看到的是各種新氣象的出現，包括北京的衣、食、住、行，都有了新的變化。再加上一路而來，聽聞的各界人士，對新北京的看法，也真使這位年輕人的心裡，確有些忐忑不安。

當然，作為新中國外交部的國際法資深大師梅汝璈先生，當時在中國還沒有這樣的法學博士，所以梅在北京是非常受人尊敬的。而梅先生也由於多年來未曾和這位青年相見，所以一見到他電邀的這位從香港而來的風流倜儻的青年，也就格外地高興起來。所以，相互見面後，除了鼓勵、設家宴、全力相助……他還能說些什麼呢？一句話，他對這位才氣橫溢的後生，是傾全力以相助的！

但是，對於查良鏞來說，按照當時中共的政策，是否能順利進入外交部工作，確也不是梅先生這個顧問能說了算的。那日相談之下，梅先生首先建議，他應先去找周恩來的助手，當時任外交部負責實際工作的喬冠華面談。（時喬任外交部政策委員會副主任）

喬冠華，他並不陌生，早年在重慶《新華日報》上，就讀過喬的國際評論。一九四六年至一九四九年，喬是新華社香港分社負責人，常以「喬木」的筆名，在《華商報》上發表國際問題評論。《大公報》左轉後，喬有時到《大公報》與他們座談，交換對時局的看法，他們也算得上是「熟識」的。南京解放前夕，查良鏞在會上問喬：「喬木先生，將來全國解放後，香港和澳門問題怎樣處理？」

喬曾用手指輕彈茶杯，想了一想說：「反對中國人民的，主要是美國政府。我們以後的重要工作，是社會主義經濟建設。據我個人看，香港的現狀是否保持，要看對我們的社會主義經濟建設是不是有利而定。」

在這位年輕人的眼裡，喬冠華作風平易近人，沒有架子，對他有很深的印象。所以，他對喬充滿了一定的信心，總認為他進外交部工作，喬定會讓他一路順利通行，而且也肯定不會為難他去梅先生的部下，擔當一名得力的助手。

當一名外交官，曾是查良鏞多年的夢想，他曾說：「我年輕時企盼周遊世界，所以曾有做外交官的志願，高中畢業後，到重慶升大學，考取了中央政治大學的外交系，其後又因與國民黨職業學生衝突而被學校開除，戰後到上海入東吳法學院讀國際法，繼續研讀同一門學科。」這是五十年以後，他向日本池田大作告知的一段心理話。

然而，事情之發展，卻並非那麼簡單。當查急奔外交部找到喬冠華後，座下慢慢相談，想不到等待他的，完全是另外一種兩難的選擇。

喬冠華仔細瞭解情況後，就當面直言相告：北京確實需要你這樣的人，但外交部是一個特殊機構，政治要求很高，工作人員，必須根正苗紅，還得經受黨的各種嚴格的政治考驗。

查良鏞的家庭出身，按當時的階級成分劃分，是屬於成分差的一檔，這種階級成分與家庭背景，註定了他一時無法進入外交部去工作。所以，喬冠華主張他先去人民外交學會報到，先在那裡工作一段時期，經過一個時期必要的思想學習，將來再轉入外交部。喬冠華的一席話，無疑給他當頭潑了一盆冷水，這是他第一次與紅色政權打交道，他清楚以他的出身背景已不可能圓外交官之夢。「喬先生是一番好意，但我覺得人民外交學會只做些國際宣傳、接待外賓的事務工作，不感興趣。」喬的一番話，無疑給當時這位「我輩豈是蓬蒿人」的有志青年，走入仕之道，橫加了一重厚厚的壁壘。

與喬冠華的談話，他馬上把情況告知了梅先生，梅聽後，也為他不能一步到位順利進入外交部工作，深為遺憾。但他是多麼需要這位有國際法才學的年輕人，留下來工作。他多麼需要助手呀，聽到這樣的結果，也只能急中亂投醫，梅先生要他再去找找曾長期在《大公報》工作、時任外交部政策委員會秘書的楊剛，也許還能幫助他說上話。

楊剛，曾是一位寫過許多國外體驗生活的著名記者，文章寫得好，在二十世紀三四十年代，便是一位活躍而又出色的社會活動家。當查良鏞按梅的建議，找到她時，說話的口徑也和喬基本上是一致的。楊剛也建議他先去革命大學（不是人民大學）或人民外交學會工作。

他愈想愈不對勁，經過了這麼一個周折，他對進入外交部工作的事，也不樂觀了，雖說有梅先生的相助，外交部當時的領導也並不陌生。但他北上進京後，和當時北京中央機關的工作與生活一對照，他從內心裡發覺，自己的思想行為、日常生活習慣，都是香港式的，對新生共和國可以說瞭解得太少太少了，所以他想今後就算自已主觀上作了很大的努力、經過了思想上的改造，也未必可以入黨。

而且，那時的形勢，一個黨外人士肯定不會受到重視，恐怕很難有機會作出貢獻。雖然喬冠華對他很好，也很關心，也曾跟他說，如果他能做到全心全意去「為人民服務」，黨一定會關心他，主動吸收他入黨的。當然對於查良鏞，也是很擁護共產黨的，但是，不知怎的，在這位年輕人的內心，經過了幾天幾夜的思想鬥爭，權衡利弊得失，長遠選擇。而他最終的決定，還是放棄了這一切的努力，原有的青春理想與嚮往，也只能隨風而逝。

五、夢斷外交官

外交官之夢斷了，於是乎，留在北京已沒有了任何意義，這在當時確是一件使這位年輕人想不到的、很傷心的事情。

雖然在幾十年以後，他回憶起自已的這段經歷時，曾說：「外交官的行動，受到各種嚴格規限，很不適宜我這樣獨來獨往、我行我素的自由散漫性格。我對於嚴守紀律，感到痛苦。即使作為報人，仍以多受拘束為苦，如果我做了外交官，這一生恐怕是不會感到幸福快樂的了。」

當這段在北京謀求外交官的生活過去以後，後話是可以這麼說的，但在當年，這擺在他面前的現實生活，真猶如五十年代是一道分水嶺，一條楚河漢界，他似乎總難於跨越過去。中國當年的政治、經濟與文化，在這一條楚河漢界的界內和界外，無不都發生了重大轉折，甚至不可逆轉。

如果，我們設想一下，這位年輕人——他的祖先，從明清兩朝，沿至康熙一直傳承下來，不知有多少代人，在為一個「儒家之夢」，而奔波不息，受儒家思想影響，已承襲了二千多年入仕出相的宏願，至少在查家，維繫了近五百年的時光。

海寧查氏，早在明清兩代，已是嘉興的望族，海寧的查氏是科甲鼎盛，人才輩出的大家族，可謂「世澤流衍」的書香門第以及官宦之家。查良鏞的入仕之途於此中斷，這查家一代代用儒家瀚墨、點滴心血所傳承的香火，豈不也遂熄滅了嗎？

當然，這並非說這位初露才華的、有著二十六個年頭香火傳承的查氏之後生，就此就斷了生路？以這般有志青年來說，他會有更廣濶的天地，可以去開闢、去創造的。但是，作為海寧幾百年繼承下來的查氏家族的後代，儒家思想畢竟在他身上已薰陶了有二十六年之久，事到如今，北京之行的最後結果，至少可以說，查氏家族，代代相傳的那條入仕之路，在查良鏞這一代，已無望再續下去了。想到這些，他心中之苦、之憂鬱，可想而知。

但如今，在他面前這條路不通了，他也無法可想了。只能另辟蹊徑，以另外的方法，在另一條人生軌道上，繼續去完成查家代代相傳的歷史使命……。

北京之路不通，查良鏞仍只有折回南方那個海島。在匆匆辭別了梅汝璈和喬冠華之後，他就想返回香港。雖然這樣的北上，在他內心挺不是嗞味，可他對梅博士的一番熱誠，作為一個後生的他，還是十分感激的，因為梅確是對他有一份識才的「伯樂」之心，再說，梅先生確也沒有這個權力，可以決定錄用他在外交部的這份工作。

而對喬冠華，當查良鏞離開北京，當不成外交官，對他也絲毫沒有一絲兒怨言。這從二十多年後的一件事，我們便可以證明了這一點。如在二十世紀七〇年代後，當時任外交部長的喬冠華，以中國赴聯合國代表團團長之身分，登上聯大講壇演講時，金庸即在香港的《明報》即發表了一篇社評，題目是：〈喬冠華演辭有才氣〉。

他從內心非常敬佩喬的外交才華，這篇社評的字裡行間，都充溢著對於一個文人當外交部長的贊詞：「……喬冠華演辭的主要內容，雖不脫中共一般文告聲明的範圍，但有一些說法卻具有個人風格，表現了獨特的才華。他是文人出身，以寫國際問題分析文章知名，這篇演辭中偶爾也顯露了若干他昔年文字中的光芒。」

的確，當年發在《明報》上的社評，是金庸對喬冠華作為中國的一位傑出外交家，無不從內心是深深佩服的。

人生也許就是這樣，正是由於北京之行，沒有取得如願似嘗的成功，日後才有了對這位年輕人的磨練與鞭策的壓力。當歷經歲月滄桑、功成名就以後，金庸再一次回憶起五十年代北上的經歷時，他無不認為是一件塞翁失馬非知好福之事。他曾向人深深地說過：「這個外交官之夢雖然破滅，卻未嘗不是好事。我大學的同班同學後來不少擔任國民黨政府的駐外大使、總領事等高職，後來一個個的失卻職務，失意閒居，對社會國家毫無貢獻，而自己的生活也十分潦倒。……」

說真的，他似乎很慶幸自己這次在北京「好馬才吃回頭草」呢？他認為自己日後這一生過得自由自在、隨心所欲，不受上司指揮和官職的羈絆，行動自由、言論隨便，生活自由舒服得多。所以他後來慶幸自己沒有走入外交官的生涯，他認為自己得出的人生真滋味是：「我獨立地從事文藝創作，作學術研究，不受管束和指揮，只憑自己良心做事，精神上痛快得多了。」當然，這些都是後話與後事了。

經過在北京那一番的周折和思量之後，那日，當查良鏞終於搭上了一條返回香港的海輪，他的一顆激盪之心，總算漸漸有了些平靜。在海輪上的時日，正逢春雨連綿，不停的雨，淅淅瀝瀝，日夜下著，似乎沒有停過。這位北上可沒有實現願望、而依然只有南歸的年輕人，在這悶悶布不樂的歸途中，他除了偶而讀些書外，獨自坐在輪窗內，當望著靜寂飄渺的海空，便覺格外的寂寞。夜深時，聽著窗外的雨滴，由急到緩、由密到稀。隨著這點滴雨聲，海風之呼嘯，這位年輕人，心中極為冷清，眼中看的，耳裡聽的，常照著全是一片海上氤氳迷朦之氣。他獨自思量，從南到北，沒多少時，又輒轉由北南下，這急轉直下的一番勞頓、幾多思緒，身心真不知在夢裡還是夢外

當查良鏞臥聽海濤，經歷了「又聞空階，夜雨頻滴」的難度時光，禁不住湧上心頭的，是自己所走過的那二十六個年頭的人生歷程，真猶一場夢魘，這不僅像如今的一夜雨，更是這位年輕人「天涯客」，於人間世，一腔愁懷，無以言說。

第二章　海寧查家

一、袁花鎮的傳說

一九二四年二月，查良鏞出生於海寧縣袁花鎮，一個富有的家庭。人稱有名的袁花赫山房（今屬袁花鎮）便是他出生和從小生活的地方。和許多江南顯赫的家族一樣，查家故居，是一個有著五進房院，房屋達「九十多間」，並連接著一個大花園的豪宅。（解放後，人們往往把這類座落在鄉鎮富有的家庭，劃謂地主成分）。

袁花鎮，緊挨著中外聞名的觀海潮的鹽官，所以，每年的觀潮季節，少年時期的他，常常會跟著母親，跑到鹽官鎮去湊熱鬧、觀海潮。一次次瞧著滾滾怒潮，洶湧而來，當「月影銀濤，光搖噴雪，雲移玉岸，浪捲轟雷，勢若萬馬奔騰，奮蹄疾馳而來」的錢江潮，其氣勢磅礴，對於從小就生活在深深宅園裡的少年，可謂百看不厭。

查家離看海潮的鹽官鎮，相去不遠，只不過十多里路，有時家中還有傭人或親戚帶著他去，或者和少年朋友們一塊兒去看。可每一次去，總流連忘返、魂牽夢繞。

他不僅年年去看錢江潮，還時常聽錢江潮的種種神話傳說：「……夜來了，濤聲拍岸。子夜的潮頭狂怒地湧起，迎著下弦的月色，唱出它滿腔悲憤。」

其實有關錢江潮的民間神話傳說，至今代為相傳，引無數青少年神往。可自古以來，能唱出錢江潮悲曲的地方很多，而其中所謂「鴟類有遺恨，終古使人哀」的神話，流傳最廣，給查良鏞留下的印象也最深。

鴟類，其實是講一種兇猛的鳥，也指用皮革製作的酒囊。當然，這個神話，是借用伍子胥與吳王的歷史，講的是大酒囊與錢江潮的故事：春秋末，越國被吳國打敗，勾踐向吳王請和，吳王夫差表示同意，但吳國大臣伍子胥，卻堅決反對。越國說盡了好話，還說了伍子胥許多壞話。吳王聽信了，在把勾踐放回的同時，竟「賜劍自裁」，把伍子胥殺了。

伍子胥死後，被裝進一個大酒囊中拋到錢塘江裡去。九年以後，越王起兵滅了吳國，伍子胥怒不可遏，就乘著素車白馬在錢塘江中奔騰吼叫，錢塘江於是就怒潮蕩漾，翻江倒海，而錢江潮也由此而來。於是「錢塘江上的滾滾怒潮，原來是伍員（伍子胥）怨忿沖天的素車白馬……」（柯靈《浙江省文學志》卷頭語「文酒風流二千年」）。「潮水越近，聲音越響，真似百萬大軍衝鋒，於金鼓齊鳴中一往直前。……」

的確，這個大酒囊的故事，具有人物、戰爭，大自然的奇觀，以及正義的歷史，確在查良鏞心中生了根。日後，他對中國歷史的濃厚興趣，就此有了萌芽，也是他第一部武俠小說《書劍恩仇錄》，許多動人細節，就緣於他從小司空見慣的「十萬軍聲半夜潮」的壯觀。

所以，不幸早逝的華東師大胡河清文學博士，一位年輕文學的評論家，在讀了金庸的幾部小說後，曾有這樣的評論：「金庸是將號稱天下第一潮的海寧潮，捎向人間的絕世怪才。乾隆和陳家洛夜半在海神廟相會的情景，大概只有土生土長的海寧人，才能夠寫得出來。『十萬軍聲夜半潮』，金庸所曾居住的鹽官鎮，日日夜夜就這樣受到來自受制於太陽系活動規律的奇妙輻射的。……他的十四部大著，就和挾持天地日月精氣的海寧潮一樣……。」

這位曾受到錢鍾書稱道的博學才子，對海寧潮養育了金庸的文學，作了非常精闢的描繪。

海寧，原隸屬杭州府，就因自古就有錢塘江把它們繫聯在一起。至一九三五年後，海寧的行政區域，劃歸了嘉興。它是浙江省的一個海濱小縣，由於這個地方長期和杭州聯動在一起，又以天下人觀海潮勝景而聞名，自古「物華天寶，人傑地靈」，素有文化之邦的美譽。

革命先行者孫中山，曾因觀海寧潮，而寫下有名題詞：「世界潮流浩浩蕩蕩、順之則昌逆之則亡。」

如追溯遠古，文明的曙光，遠在六七千年以前，浙江這塊地域上，就有了自己的文化生活；良渚與河母渡遺址先後發掘，更把歷史推前至七千年前。篳路藍縷，爝火不熄，從而使浙江原是個不毛之地，變為膏腴的後土。

春秋時期，吳越文化，獨具異彩；秦漢以後，浙江學術思想十分活躍；三國魏晉，文化藝術，稱名當世；唐宋至明清，南朝詩人謝靈運、「初唐四傑」之一的駱賓王、盛唐「吳中四傑」之一的賀知章、浙江的湖州詩人孟郊、宋代詩人陸游等都出於浙江；而中國古代章回小說的扛鼎之作《水滸傳》

的作者施耐庵、《三國演義》的作者羅貫中，也被考證為浙江人（當然羅貫中也有考證為山西人），《西遊記》作者吳承恩也曾在浙江長興，就連《西遊補》也是浙江南潯人董說所撰。

而浙江的海寧縣，自古以來就是學風興盛之鄉，自清朝起，更是人才輩出。清初陳世官師事黃宗羲，積極宣導顏李之學，成果卓著；嘉道年間，又有周廣業、吳騫、陳鱣、沈維喬等人崛起。周廣信勤於經史，吳騫專於校書，陳鱣精於訓古，沈維喬則研精義理。

到了道咸同年間，張廷濟、蔣光煦又以校勘著名，錢保塘究心於形聲、訓詁、輿地之學，成就斐然，光緒年間，李善蘭精於天文曆算，成為中國自然科學的一位重要開創者。到了近代，國學大師王國維，還有著名詩人徐志摩、著名軍事家蔣百里，都是浙江海寧人。

說起著名詩人徐志摩和中國軍事家蔣百里，還都是查良鏞的近親。他們三家的關係是：詩人徐志摩的父親徐申如是查良鏞母親的大哥，查的母親——徐祿是徐家小妹，所以當年徐志摩的年齡和查良鏞的母親差不多。查、徐兩家經常往來，惜因徐志摩常年飄泊在外，查良鏞小時候確與徐志摩接觸不多。小時候，金庸跟母親回徐家，見過這位才華橫溢的表哥。當時徐志摩已從英國留學回來，在劍橋大學寫的〈再別康橋〉一詩，已膾炙人口。

從史料來看，徐志摩住在海寧家鄉的最長時間，應是一九二六年十一月到一九二七年一月之間，約二個多月時間，雖有時也來海寧老家，但來去匆匆，而那時的查良鏞，不過是三四歲的幼年。

當一九九二年十二月三日，時為一代武俠大師的金庸，回到故鄉海寧時，他特到硤石西山徐志摩的墓前，與夫人林樂怡雙雙向詩人深深鞠躬、默哀，並獻上鮮花。他緩緩地說：「我的母親是徐志摩的堂姑媽，他是我的表兄。他死得很早，我和他接觸不多，但印象深刻。我讀過他的新詩，看過他的散文，都是很優美的。對我教益很深。聽說為他新建了墓地，早就想來憑弔，今天終於如願。」此時，已離表兄「化鶴歸去」六十一年。

而查家與中國有名的軍事家蔣百里應是：查良鏞同宗的遠房姑姑查品珍，是嫁與蔣家的，是蔣百里的妻子，而查品珍就是徐志摩的姻親嬸母。如果我們從這些地方史料看，浙江海寧的文脈積澱，確是非常深厚的。

二、江南有數人家

按古書載，查氏源出於卉姓；春秋時期，楚國有公族大夫封邑在查，後代稱查氏。查氏家族多出名人，如追溯其源，唐有工部尚書查文徽，宋有殿中侍御史查元方，明末有史學家查伊璜，明末清初有查繼佐，有名的學者、畫家。這些歷代的名人大家，都給查氏家族，增光添彩。查氏家族，原居安徽，至元朝末年，天下大亂，查氏先人查瑜，為避兵禍，攜妻帶子，從婺源沿新安江、富春江、錢塘江順流而下，先在嘉興落腳，不久發現海寧龍山（即袁花）一帶土地肥沃，依山面海，民風淳樸和婺源相似，而且海寧與查家祖籍休寧，只一字之差，遂決定在龍山之東定居下來，時在一三五七年（元至正十七年）。從此，他恪守祖訓，以儒為業，耕讀傳家。到查良鏞出生時，查家已在這塊土地上繁衍生息了五百多年。（《海寧文史資料》四十六輯）

海寧查家，則是當地數一數二的世家望族。「查祝許董周」是海寧的五個大姓，查姓居首。在查家的宗祠，有一副清康熙帝親筆所題的對聯：「唐宋以來巨族，江南有數人家」。

在封建王朝中，能獲皇帝御題對聯者，人所共知，必於朝廷有功，鄉黨有名的望族。事實上，查家名人輩出。在查家祠堂內，那幾十個牌匾上，所錄族中功名人士，官至翰林、進士、舉人的族人，可達幾十乃至上百人之多，這在中國地域歷史上，並不多見。

至清代，查氏出了更多的功名學士。查氏家族，共出了進士十四人、舉人五十九人，僅康熙年間，就有十個進士。查慎行（初名嗣璉）和二弟嗣瑮、三弟嗣庭，都是翰林；此外，堂兄嗣韓、侄兒查昇也是翰林；大兒子克建、堂弟嗣珣都是進士，當時有「一門十進士、叔侄五翰林」之說。

如查氏家族，有大畫家查士標（一六一五—一六九八）明末生員，字二瞻，號梅壑散人，家富收藏，故精鑒別，擅畫山水，為海陽四家之一。至清代有詩人、書法家查昇（一六五〇—一七〇七）曾為清康熙皇帝文字侍從、清康熙二十七年（一六八八）進士，選翰林院庶起士，授編修。時康熙帝，選儒臣侍值，以備顧問，他深得康熙器重，曾入直南書房行走，達三十多年。還有康熙年間的詩人、翰林院編修查慎行，雍正帝時的禮部侍郎查嗣庭，均出自海寧查家。故也有「一門七進士、叔侄五翰林」之稱，這是查氏家族最為顯赫的年代。

在查良鏞先祖中，最有名望的當算是查慎行、查嗣庭兄弟倆。康熙皇帝曾親自題賜匾額為「澹遠堂」和「敬業堂」，分別賜於查升與查慎行，這在當年是非常了不起的事。至康熙時期，從查氏家族的發展史看，應是最鼎盛時期，名副其實的「望族」人家。他們的榮宗耀祖事蹟，紛紛載入了史冊——如《明史》、《清史稿》，以及各類地方文獻、鄉邦史志。

查慎行（一六五〇—一七二七），原名嗣璉，字夏重，康熙四十二年（一七〇三）中進士，特授翰林院編修，入朝內廷。他從小聰穎，十歲即曾就學於黃宗羲，研究經學，對《周易》尤有心得。二十歲補諸生，出門遠遊，遍歷雲貴、華中、華北、東南各地，寫出大量詩作，名噪一時。曾在納蘭明珠府中，教授其幼子。他也曾追隨邑人，遠征雲貴，討伐吳三桂殘部，故有不少詩作，反映了戰爭殘酷和民間疾苦。後受《江西科場試題案》牽連，便改名慎行。

他入京為官，深悉官場內幕，至康熙五十二年（一七一三），乞休歸里，家居十餘年。雍正四年（一七二六），因弟查嗣庭訕謗案，以家長失教獲罪，被逮入京，次年放歸，不久去世。查慎行詩學東坡、放翁，嘗注蘇詩。自朱彝尊去世後，為東南詩壇領袖。著有《敬業堂詩集》等作，是清初最有成就的詩人之一。

筆者翻讀查慎行，當年寫湖州的一首詩，至今令人念熟與聯想翩翩：「菰城浸藪澤，白塔雙雲表。浮氣蕩一州，湖波白渺渺。我來久徘徊，春深花淡淡，日暮雲嫋嫋……。」此詩較長，恕不全錄。金庸曾當面與我說，先祖查慎行的詩，恐怕很少有人讀到。可這首寫湖州「遊道場山」的詩，至今還留在了湖州，可與蘇東波寫道場山詩同美。

查慎行在清代也算得上是一位有名的詩人，他的《敬業堂詩集》收詩四千多首，加之《續集》七百多，將有五千多首詩，我們看到的《鹿鼎記》，有五十回的回目，都出自《敬業堂詩集》。如若有人評查詩和宋代大詩人陸游，在詩作之量上，可並駕齊驅，然詩質上，陸詩時代與查所處境地畢竟不同，無法言比也。可以說，查慎行詩學東坡、放翁，嘗注蘇詩。自朱彝尊去世後，查可為東南詩壇領袖。

查嗣庭乃查慎行的弟弟，官至禮部侍郎。雍正四年（一七二六），他主持江西省試，出了一道考題：「維民所止」，這本是《詩經》裡的一句話，但有人卻向皇帝報告：「維」、「止」兩字，是

「雍正」兩字，去掉上半截，豈不是暗示要砍掉皇帝的頭嗎？

另外，有人還向皇帝告查嗣庭，在江西所出的試題，有「皆遠其辭文」，別有用心。如首題出「君子不以言舉人，不以人廢言。」（《論語》）朝廷硬說堯舜之世，尚以言陳奏，怎麼能說「不以言舉人」，當時正行保舉，這試題就是對此不滿、暗中譏訕，顯然與雍正取士之道相悖。還有一道《易經》次題「正大而天地之情可見矣」，《詩經》次題：「百室盈止，婦子寧止」，從這上述幾道題中，前面用了「正」字，後用「止」字，大有文章可做，是明顯與雍正元年汪景祺的《歷代年號論》中，指「正」字有「一止」之象，凡帶有「正」字者，皆非吉兆之兆。而查嗣庭所出試題，先用「正」，後用「止」，顯然誹謗「雍正」年號，是與汪景祺同一伎倆，是惡意誹謗當今皇上！

雍正聽完這種狀告，勃然大怒，大發龍威，他在一份上諭中，批說：「……今閱江西試錄所出題目，顯係心懷怨望，諷刺時事之意。料其居心乖張，平日必有記載。

於是，遣人查其寓所行李，有日記二本，悖亂荒唐、怨誹捏造之語甚多。又於聖祖之用人行政，大肆訕謗……此一派荒唐之言，皆未有之事，……現著即拿問，交三法司嚴審定擬。」

一七二六年四月，雍正帝即下令逮捕查嗣庭下獄，又下令查抄他的全部詩文筆記，認為其中語多悖逆，心懷怨望，謗訕朝廷，因而欽定「大逆不道」之罪。

當此，查嗣庭在獄中，大受拷打，終死於獄中，雍正還下令戳屍梟首，兒子也死在獄中。其親屬有的被殺，有的被流放，有的被捕。

如兄長查慎行，就被定為「家長失教罪」，被逮入京，囚了一年後，總算放歸。留下了「如此冰霜如此路，七旬以外兩同年」的詩句，僥倖活著回到故鄉，不到一年，也就與世長逝。

這是查氏家族歷史上所遭遇的第二次文字獄。海寧查家，經此二劫，元氣大傷，家業也由盛轉衰，直到一七五四年（清乾隆十九年）相隔了近三十年，方有人中進士。

當然，如果我們細細考察，查嗣庭所謂的「江西考場案」，其實也是雍正皇上台後，一次宮廷內部鬥爭而已，是借此文字剷除異己，也可謂「欲加之罪，無患無辭」，是雍正上台玩弄權術的把戲。

記得二〇〇〇年，筆者陪金庸去南潯，特地去尋根「莊氏史案」的發祥地及其留存的老屋。我們在南潯的百間樓屋附近，尋找那「殺莊橋」（後改為「柵莊橋」）時，他曾對我說：「我寫《鹿鼎記》時，雖從史料上讀到南潯史事，但從未來過這裡。我在《鹿鼎記》的開首，就已經寫到莊氏史案。這是查氏家族第一次被牽連的文字獄案。」

他說，「發生在一六六二年（康熙元年）的文字獄案，是我先祖——查繼佐，被捲入此案，曾入獄半年。」

查繼佐是一六三三年（明崇禎六年）杭州鄉試的亞魁（第二名），是明末負有盛名的畫家、學者。當翻開《鹿鼎記》第一回的後記上，就可讀到金庸寫了這樣一段話：「本書的寫作時日是一九六九年十月二十三日到一九七二年九月二十二日。在構思新作之初，自然而然的想到了文字獄。我自己家裡有過一場歷史上著名的文字獄。」

從這裡也可看出，金庸寫武俠小說的源頭，總是從自己所熟悉的生活寫起，當然，小說少不了有想像虛構的成分。

如果說起查氏家族歷史上出了無數的名人、學者、進士、翰林的話，那麼，查氏家族的發展到了現代，除了查良鏞外，他的同族遠房親戚仍可舉出一些，如在台灣的、曾做過師範大學校長的查良鉞，曾擔任過「司法行政部長」的查良鑒，在香港的商界人士、社會活動家查濟民，還有在大陸的、以九葉派代表詩人、翻譯家、詩人聞名於世的查良錚（穆旦），可以說，都是在某一領域的知名人士。還有作為教育家查良釗，其中，查濟民曾於一九九二年擔任首屆國務院香港事務顧問，因此榮獲香港特別行政區政府頒發的「大紫荊勳章」。甚或金庸姻親血親中的親戚名人，還有錢學森、蔣英、穆旦、瓊瑤，細究近現代不少名門望族的族譜，發現不少我們耳熟能詳的名人，居然都是金庸的親戚。這在中國氏族史上還是少有和鮮為人知的。

但是，對查良鏞來說，家人中對他未來的成長，影響最大的是他的祖父。

三、查文清與丹陽教案

查良鏞祖父查文清，字滄珊，家譜排行上，本屬「美」字輩。一八八六年（光緒十二年）中進士，曾在江蘇丹陽任知縣。因政績良好，加了同知銜。一八九一年四月，因「丹陽教案」，遂辭官回鄉。

當年，不少外國傳教士，紛紛進入中國，尤以沿海省分為甚，這些傳教士並非只事傳教，常常借西方勢力欺壓中國百姓。而官府方面懾於西方列強的淫威，往往視而不見，等同於姑息養奸。終於，忍無可忍的百姓便憤憤起而反抗外國傳教士的欺壓。各地與傳教士的摩擦時有發生。在丹陽，數百憤怒的群眾圍攻了建於當地的教堂，並一把火將其焚燒，成為轟動一時的「丹陽教案」。在清末的中國，全國各地的「教案」事件，時而發生，比如中國法學的奠基者——沈家本，（浙江湖州人）在一九〇〇年，就因「天津教案」的發生，而被八國聯軍拘禁在天津。事發前後，因天津離北京較近，此案曾震動朝廷內外。

由於丹陽教案的發生，雙方的衝突，從而引發丹陽群眾的義憤，教堂被焚，雖那熊熊大火，解了百姓們的心頭之恨，可也不可避免地惹下事端。事發後，朝廷為了向外國傳教士交代，準備將丹陽焚燒教堂為首的兩人，捉拿處斬。此事讓身為丹陽知縣的查文清，頗感為難。

一方面，作為下級他不好違抗朝廷的命令；而另一方面，作為同樣是一個中國人，他與百姓們一樣痛恨外國傳教士的劣行，因而十分不願看到那兩人被捉拿處斬。思來想去，查文清終於尋得一個兩全之策。他先差人祕密通知為首那兩人，迅速逃走，得知確實逃脫後，他才前去上司那裡彙報此案。

面對惱羞成怒、坐立不安的上司，查文清語氣平和，他向上司說：「事件乃因外國人欺壓良民，引起公憤，數百人一湧而上，焚燒教堂，當中並無為首之人呀！」

不待上司細究，查文清卻向他的上司自追其咎：「作為丹陽教案的發生，本官難辭其責，故請求辭去官職。」說罷，他也就揚長而去了。

對於此事，當年清廷的歷史記載是：「……丹陽教案，光緒十七年八月……劉坤一、剛毅奏，本年，江蘇之丹陽、金匱、無錫、陽湖、江陰、如臯、各屬教堂，接踵被焚毀，派員前往查辦……蘇屬案，係由丹陽首先滋事，茲將該縣查文清甄別參革……」（見光緒《東華錄》卷一〇五）

其實，這中間尚有插曲。當年，去丹陽直接處理此教案的，是王世襄的伯祖王仁堪。據清末舉人、南社社員，張素撰寫的《光緒辛卯丹陽毀焚教堂始末記》中所記，當年處理此教案時，尚有金庸（查良鏞）祖父查文清，也同在現場。查文清於一八九〇年調任丹陽知縣，而一八九一年四月發生丹陽教案時，正好是他經手此案的官員。從此案記錄看，當時朝廷因媚外，而要嚴辦市民，但查文清任知縣，因得其上級王仁堪的支持，未執行朝廷旨意。王體恤民意，始終認為：「此其罪豈專在市民耶！」當時，因王任知府，和下級丹陽縣令查文清，合而共識，丹陽教案，終得以順利解決。

筆者撰《儒俠金庸傳》時，曾訪談過查先生，他也曾感意外，說：「真想不到我祖父，還與王世襄的伯祖，曾是當年一起處理教案的兩位同僚！」但查文清卻為此教案，即持印辭官而去，仍回家鄉海寧。此事不久，王仁堪也患急病而逝。

我們說丹陽教案發生後，查文清的官職究是自辭、還是革職，已無法細考。其從本質上說，查文清面對官場，也不是很貪戀。但應該說，辭官回鄉後的查文清，畢竟屬官宦之家，物質生活上是富裕的，心境，也清朗恬靜。在老家除讀書賦詩之外，又著手編纂《海寧查氏詩鈔》，當時已編詩達數百卷之多；然令人嘆惜的是，未等到《詩鈔》雕版之付印，查文清便與世長逝了。

對於祖父之為人，後來金庸曾回憶說：「前些時候到台灣，見到了我表哥蔣復璁先生。他是故宮博物院院長，此前和我二伯父在北京大學是同學。他跟我說了些我祖父的事，言下很是讚揚。……」

的確如此，金庸的祖父原有官職，辭官後為人又好，所以，查文清的喪禮極盡哀傷，出喪之日，丹陽有十多位紳士前來弔祭，更難得的是，據說當年帶頭火燒教堂的兩個人，聞訊後就一路哭拜而來，每走一里路，就磕一個頭，從丹陽一直磕到袁花查氏家族的老家。

當然，後來金庸也說，那兩個帶頭火燒丹陽教堂的人前來弔祭，不可能一路從丹陽磕頭到袁花，但是，當時查文清去世時，年僅三十左右，也可謂英年早逝，而且保護了丹陽幾條人命，肯定是受到人們深深的哀悼，也說不定那時代的人，能做到滴水之恩，湧泉相報呢。

後來，金庸與日本的池田大作展開對話時，又談起了他深深敬愛的祖父，他說：「我祖父查文清公，反對外國帝國主義者的無理壓迫，不肯為了自己的官位利祿而殺害百姓，他偉大的人格令我們故鄉、整個家族都引以為榮。可惜我出生不久，祖父就去世了。當年祖父設立了一座義莊，買了幾千畝地收租，而租金用於支助族中的孤兒寡婦，使他們能平安過活，凡是上了中學、大學的人，每年都可分兩次領一筆津貼，如果有人出國留學，津貼的數額更大。……」

七十多年後的金庸，是在和池田大作對話時作了這樣的回憶。他，在幼小的心靈裡，就很懷念他祖父的。金庸雖沒有見過他祖父，但總為這位丹陽教案鬱鬱而死的祖父而驕傲。

查文清於一九二一年病逝。當時正值北洋政府徐世昌任總統，據說徐世昌曾派人前來弔唁。講到這位當年的大總統徐世昌，因為是同時代的事，這段歷史，使筆者想起了湖州的荻港，這個和海寧袁花鎮可說同樣是江南的水鄉小鎮之地，也曾出了不少人才，如進士、貢生、舉人等，還出了一位華裔瑞典王子——羅伯特・章。而這位王子的祖父，名叫章祖申，正是一九二〇年被徐世昌大總統，派往瑞典任全權大使，後因病回國，把兒子留在了異國，回國後於一九二一年逝世。

我們從這兩位——可以說，是當年屬同樣級別的官員身上，不妨看到了從清末到民初，這段歷史變革中，許多文人為官，一些優秀例子。他們大多是這個時代變革中，鬱鬱而死。且看到他們在他鄉為官時，寫的許多「鄉愁詩」，在這些詩句中都反映為官時，一顆正直心、愛國心在跳動。都想為這個民族的復興，做些壯舉，那怕這些政治的熱誠希望，都落空了時，也會返鄉為鄉鄰們做些慈善、崇教事業。

今日看到徐世昌當年為金庸的祖父——查文清親筆寫下的「贊象」詩，就看到了這樣的歷史：

「蕭蕭白髮丹陽尹，曾並簪花競少年。大好河山供寫照，春風回首一潸然。」

詩中所寫：丹陽尹、競少年、河山供寫照、一潸然。這些個關鍵字，當今日後人，在為前人作傳時，讀著這些詩時，無不有陣陣歷史的悲痛，襲上我們的心頭！

祖父的經歷和品行，在查良鏞的心中烙上了深刻的印記。查良鏞後來說，祖父查文清，對他有兩個重要的影響，一是使他知道外國人欺負中國人；二是要多讀書。從查良鏞的話中，可以捕捉到這樣一個資訊，即：查良鏞後來所以一直期望自己能成為一名外交官，一方面是查家幾百年傳承的儒家思想所影響，另外顯然也與他從祖父的經歷，看到「外國人欺負中國人」有十分密切的關聯。

查文清死後，留下了一些家宅、田地。所以，當我們的傳主——查良鏞出生時，查家還擁有三千六百多畝田地，租種查家田地的農民有上百戶之多。所以，傳到他父親——查樞卿一代，在全國解放後，當無疑被劃為當地的大地主了。

四、父親的藏書

一九一四年，袁花鎮上新郎查樞卿與海寧名門大家閨女徐祿結為夫婦。徐祿，出生海寧硤石鎮，是當年新月派著名詩人徐志摩之父徐申如的堂妹，深得家人寵愛。她畢業於杭州的女子學校，寫得一手娟秀小楷，會繪畫繡花。徐家在江南至上海一帶，可算得上是一位富商，世代經營醬園、綢莊、錢莊。徐申如後來還創辦繅絲、紡織、發電、電話等新興近代工業。

查樞卿和徐祿成婚後，感情篤深，先後生下長子有良鏗、良鏞、良浩、良棟、良鈺等五子二女。

查良鏞是老二，年幼時也常隨父母到表舅徐申如家作客，雖然表兄徐志摩常在外奔波，也見過這位新月派詩人。

「悄悄的我走了／正如我悄悄的來／我揮一揮衣袖／不帶走一片雲彩」，一詩成讖。一九三一年十一月十九日，一場空難，奪去了詩人年輕的生命。一九三二年春天，一代詩人的靈柩，在故鄉海寧硤石安葬，少年查良鏞，代表全家前往弔唁。他後來曾回憶說：

這位著名詩人飛機失事遇難後，查家還特送輓聯去哀悼，輓聯上寫的是：「司勳綺語焚難盡，僕射餘情懺較多。」（聯用唐代詩人杜牧（司勳員外郎）、徐州守將（檢校右僕射）張建封與歌妓關盼盼的典故。）還說，「那時我只是個十歲左右的小孩，但他家裡當我貴客，那樣隆重接待，我在靈位前跪拜後，舅舅徐申如（徐志摩父親）向我一揖答謝。舅舅的孫兒（徐志摩的兒子）則磕頭答謝。然後開了一桌酒席宴請。我一生之中，只有這一次經驗，是一個人獨自坐一張大桌子吃酒席。桌上放滿了熱騰騰的菜肴，我當時想，大概皇帝吃飯就是這樣子吧！兩個穿白袍的男僕在旁斟酒盛飯。那時我自然不會喝酒，只做樣子假裝喝半口酒，男僕馬上把酒杯斟滿。我不好意思多吃菜肴，只做過樣子就告辭。舅舅送出大門，吩咐用自己家裡的大船（在我們江南，就像這裡各人家裡有自用汽車般，各有自家的船）連同船夫、男僕送我回家（我家離他家二十七里路，叫作「三九」），再向我爸爸、媽媽呈上禮。」

查氏家族，到查良鏞父親查樞卿一代，祖上仍留下田地三千六百餘畝，佃戶百戶之多，雇有不少男女僕傭，並在袁花鎮經營錢莊、米行和醬園店等。查樞卿有兩個哥哥，大哥是秀才，二哥畢業於北京大學，他本人畢業於上海震旦大學。查家富有，雇有一些長工、短工，料理家務。查良鏞剛上學時，就有一名長工負責接送他，下雪、下雨的日子，這名長工還抱著查良鏞上學、回家。這長工的名字叫長生。

這位名叫長生的長工是個駝子，半身殘廢，是查文清辭官時從丹陽帶回袁花家裡來的；查文清死後，他繼續在查家當長工。因為殘疾，查良鏞很同情他，每次看到別人取笑他，就予以制止，有時還為此哭了起來。他發病的時候，查良鏞還時常到他的小房子裡看他，拿些東西給他吃。

因查良鏞懂事，心地善良，故這位長工待查良鏞很好。當時長工已是六七十歲的人，但他把少年查良鏞視為朋友，還把自己的身世告訴查良鏞，原來，這位長工，是江蘇丹陽人，家裡開豆腐店。當地一名財主看中他的美貌的未婚妻，便設計陷害他，並差人把他打成殘廢，還把他關進牢獄兩年，而他的未婚妻則做了財主的繼室。他出獄後心懷憤懣，就持刀刺傷了財主，於是又被判刑入獄。後來，查文清當了丹陽縣正堂後，才把他救了出來。

這位長工病死後，查良鏞一直很懷念他，心裡時常記著他辛酸的身世。二三十年後，查良鏞曾經以他的身世為素材，寫成了武俠小說《連城訣》，以紀念在他幼小時，對他「很親切的一位老人」。

一九七七年四月金庸在他寫的小說《連城訣》後記中還說：「和生直到抗戰時才病死。他的事情，我爸爸、媽媽從來不跟人說。和生跟我說的時候，以為他那次的病不會好了，也沒叮囑我不可以說出來。這件事一直藏在我心裡。《連城訣》是在這件真事上發展出來的……」

查氏家族，承上啟下，因為家學淵博，海寧查家藏書自然也十分豐富，「查氏藏書」在浙西一帶很有名聲。當年，查家三兄弟的藏書，聞名遐邇，查慎行藏書處，名「得樹樓」，藏書兩三萬卷，在袁花鎮西南三里。查嗣瑮藏書處，名「查浦書屋」，有書五千卷，在袁花鎮橫漲橋邊。查嗣庭的藏書室，在袁花西南，名為「雙遂堂」。如這些不去說它，單說那查家珍藏著九百卷之多的《海寧查氏詩鈔》雕版，已經是一件藏書文化史上，了不起的事。那是查文清生前去職讀書消閒時所編寫的，當然，這其中也浸透了他祖父查文清辭官後鬱悶的心情。

這些雕版置滿兩間房子，查良鏞和兄弟們把這些雕版當玩具，還時常鑽到這些雕版之中捉迷藏。日子長了，對雕版上的詩詞，查良鏞也能耳熟目詳，隨意就能讀出幾句來。

寫此，不禁使我憶起，那次我陪金庸去江南古鎮——南潯，一起去參觀《嘉業堂藏書樓》時的情景。當他看到這近百年的藏書樓，書架上有許多當年嘉業堂的刻書雕版，這些被魯迅稱為是「傻公子」劉承幹，所遺留下的刻書雕版。

那日，我陪金庸到嘉興堂，他很仔細地看了這些存放於木架上版子，當他看到的也許是和他童年時捉迷藏時一樣的東西，所以他原本嚴肅的臉上，即浮上了笑容。他對這些嘉業堂的刻書雕版，也情有獨鍾、問這問那，興許那一刻在他心底浮上了童年的回憶。我們還時不談起魯迅先生在上海時，也曾去劉家買這些雕版所刻出的書。那次他還對我說，他從小也是在這樣的雕版書堆中長大的。

對於少年的回憶，他曾多次說過這樣的話：「我家中不單有古書，也有新書，因為我的伯父、父親、兄長都是大學畢業生。我自小與書為伍，培養出喜歡讀書的基本性格，加上長輩的文化修養好，家裡房產亦豐，生活不愁，家人間的活動也很文雅，閒來多是下棋、看書……」查良鏞幼時聰明頑皮，深得母親的關愛。他記得曾被抱到街頭，去看傀儡戲，豬八戒高老莊招親，被新娘子大打耳光的情形，過了多少年他都記得清清楚楚。

儘管那時查良鏞年紀幼小，但他最愛的是查家的各個書房，所涉讀的書籍，已相當廣泛。母親愛讀《紅樓夢》，十二歲時，查良鏞就跟著母親一起看，雖不大懂。母親常和堂嫂、堂姐她們談論賈寶玉、林黛玉等，她最喜歡的人物是探春，其次是薛寶琴，會背誦薛小妹新編的《懷古詩》。出生在這樣的家庭裡，從小耳濡目染的知識，無疑對他是最良好的一種薰陶、教育。

在現代知識方面，查良鏞稱小學時代「得益最多，記憶很深」的，是父親、兄長購置的鄒韜奮所著《萍蹤寄語》、《萍蹤憶語》等世界各地旅行記，以及鄒韜奮主編的《生活週報》。

有關從小在一個舒適的環境中那段讀書的回憶，我們不妨讀金庸與池田大作的那段對話：

年輕時培養我創作能力和寫作能力最主要的因素是讀書，特別是閱讀小說。我父親是一位熱心的小說讀者，家中藏書相當多……

因為是地主的身分，平時沒有什麼工作，空閒很多，可使用的錢也多，大家都買了各種各樣的小說。有傳統的明代、清朝的小說，也有比較新的上海出版的小說，例如：張恨水的小說，各種武俠小說等等；也有新派的《小說月報》、鴛鴦蝴蝶派的《紅》雜誌、《紅玫瑰》等小說雜誌……

我哥哥查良鏗，學習古典文學和新文學。在上海上大學，他花費不少錢買書，常常弄得飯錢也不夠，受到我父親的嚴厲責備。他買的書有茅盾、魯迅、巴金、老舍等人的著作。我家和各位伯父、堂兄、堂姐等人所擁有的書是互相流通的，大家借來借去。所以我在小學期間，讀過的小說就已不少。我父親、母親見我一天到晚的看書，不喜歡遊玩運動，身體衰弱，很是擔憂，常帶我到野外去放紙鳶、騎自行車，但我只敷衍了事地玩一下，又去讀小說了……

我上的小學，圖書館裡書籍也相當富豐，老師們很鼓勵學生讀課外書。我記得有一位姓傅的老師，特地借出他珍藏的《小婦人》、《好妻子》、《小男人》三部書給我閱讀。這三部書的譯者鄭曉滄先生是美國留學生，是我故鄉海寧的出名文人，大家以他為榮，因此，這三部外國書在我故鄉竟相當流行。我年輕時代最愛讀的三部書是《水滸傳》、《三國演義》以及大仲馬的《三個火槍手》……

查良鏞迷上武俠小說，也是從這個時候開始的。有一天，他在無意中看到一本武俠小說《荒江女俠》，這是他生平第一次接觸武俠小說，那年，他僅八九歲，想不到世上還有這樣好看的書，此後對武俠小說日漸入迷。這部小說是「新文派」始祖、言情小說名家顧明道所寫，內容主要是寫方玉琴、岳劍秋這對「琴劍二俠」的武俠生涯。書中首創男女二俠雙雙闖蕩江湖的模式，這對後世的武俠小說，影響很深。顧道明以言情小說筆調、新文藝腔的筆法，寫這本小說，替陽剛味濃烈的武俠小說，注入了溫婉豔約的柔美，開啟了「俠情」武俠小說的新境界。

查良鏞粗粗閱了幾頁，書中的內容就吸引住他，令他愛不釋手，一連幾天看完這本《荒江女俠》後，查良鏞禁不住拍案叫絕。當時，這樣的閱讀，無疑給他以後的文字功底，打下了一定的基礎。

其後，少年查良鏞，到處搜羅武俠小說，一睹為快。他在當時相當流行的、上海出版的消閒性讀物《紅玫瑰》中，讀到平江不肖生的《江湖奇俠傳》，書中桂武、甘聯珠、余羅漢、甘瘤子等人物大大地吸引了他，其中「火燒紅蓮寺」的故事，更給他留下深刻的印象。

另外，平江不肖生在《偵探世界》雜誌上連載的，描述清末民初武林真人真事的《近代俠義英雄傳》，更使查良鏞看得入迷。

以後幾年，查良鏞看過武俠小說有好幾十本，其中描寫梁山好漢反抗官府的《水滸傳》，寫包青天安良除暴、一身正氣的《三俠五義》及其續篇《小五義》、《彭公案》、《施公案》等等，都讓查良鏞看得如癡如醉。小時候查良鏞還到書攤租書看。《七俠五義》、《小五義》以及還珠樓主、白羽等的武俠小說，在他眼前展開了一個充滿想像力的新奇世界。

雖說《三國演義》，文言成分較多，查良鏞在小學時代，就津津有味地讀了，雖然有許多文句不懂，但故事和人物的吸引力太大，終於使他跳過不懂的部分，一路讀完。

當然，那時的查良鏞，迷愛武俠小說，只是因為武俠小說好看，人物和故事深深地吸引著他；這也許是大多數少年看小說入迷的主要原因。當然也可以說，那時的他，連做夢也沒有想到今後會去寫武俠小說，更沒有想到自己將來，即時隔幾十年後，終成為新派武俠小說的一代宗師。

第三章　求學生涯

一、老師章克標

查良鏞七歲，就讀於村口巷裡十七學堂。高小轉入袁花鎮上的龍山小學堂。他沒有上過私塾，一開始上的就是現代小學。龍山小學堂，始建於一九〇二年，是海寧最早的四所高等小學堂之一，又名海寧第三高等小學堂。

從家出發，有一段泥路，路邊有池塘柳樹，經過一座石橋，再有一段石板路，就到了天仙河畔的龍山小學堂。在此小學讀書，最讓他回憶的是遇到了一位好的班主任兼國文老師——陳未冬（原名陳維棟，諸暨人），陳自己也愛寫作，那時也常有作品發表。這可是小學五年級時，查良鏞遇到了一位可敬的老師。陳老師很喜歡這個聰明的小學生，對他的每一篇作文，都細加圈點、認真批改，作為範文在課堂上評析，常常鼓勵他上進讀書，還讓他一起編五年級的級刊《喔喔啼》，把小小的級刊，辦得生動活潑。

他後來說：「數十年來編報，老師之指點，固無時或敢忘也。」雖然等他小學畢業，袁花一別，師生從此失去了聯繫，但陳未冬老師是一直記得「查良鏞」這個名字的。當然，那是六十年後的事，師生兩人終於在杭州相會，重逢時有說不完的話題。陳老師那時對他的每一篇作文，都細加圈點、認真批改，作為範文在課堂上評析，當六十年一個甲子過去後，金庸還忘不了陳未冬老師，當年為他改正的作文一些錯字。

龍山小學堂的圖書館，藏書相當豐富，老師們很鼓勵學生讀課外書。他在低年級時看《兒童畫報》、《小朋友》、《小學生》，後來看內容豐富的《小朋友文庫》，再閱讀了一些章回小說。到五、六年級時，他就開始看新文藝作品了。如讀到巴金的《家》、《春》、《秋》等書，但查良鏞後來回憶時，總覺得「讀小說常常引入自己的經驗，這是天下小說讀者常有的習慣。我當時最愛讀的是武俠小說，因此覺得《家》、《春》、《秋》、《春天裡的秋天》這一類的小說，讀來不夠過癮。」（金庸〈正直醇雅，永為激勵——悼巴金先生〉）

一九三六年，少年查良鏞在故鄉海寧袁花鎮的龍山小學堂畢業，後考入浙江省立二中，（今嘉興一中）。自此他第一次離開故鄉袁花鎮，離開了海寧並與陳未冬老師離別。

美麗的南湖、古老的煙雨樓，從此成了他揮之不去的一個夢。二十年後，嘉興一再出現在他的小說中，《射鵰英雄傳》描述：「那是浙西大城，絲米集散之地，自來就十分繁盛」，「城中居民人物溫雅，雖然販夫走卒，亦多俊秀不俗之人」。而《神鵰俠侶》開篇就有：「……一陣輕柔婉轉的歌聲，飄在煙水濛濛的湖面上。歌聲發自一艘小船之中，船裡五個少女和歌嬉笑，蕩舟採蓮。……節近中秋，荷葉漸殘，蓮肉飽實。」

嘉興煙雨樓的名稱，其歷史上，最早記載的是元代，在《嘉竹志》上，有一首〈題煙雨樓〉的詞，那首詞美麗、確切、動人也許讀者喜歡不妨錄之：

有客抱幽獨，高立萬人頭。東湖千頃煙雨，占斷幾春秋。自有茂林修竹，不用買花沽酒，此樂若為酬。秋到天空闊，浩氣與雲浮。

歎吾曹，緣五斗，尚遲留。練江亭下長憶閒了釣魚舟。矧更飄搖身世，又更奔騰歲月，辛苦復何求。咫尺桃源隔，他日擬重遊。

這首煙雨樓詞，把煙雨樓描繪得美麗而多姿，讀來楚楚動人，是宋代吳潛與姜白石，於一二二九年在嘉興會面時所作，可知在那個時期，嘉興王氏煙雨樓，已早聞名於世了。

嘉興中學原來是嘉興府學，一九〇二年廢科舉建學校，改為府中學堂，民國後改稱浙江省立第二中學、嘉興中學（現為嘉興一中），老師中不少都有真才實學，查良鏞的班主任、國文老師王芝簃是北大畢業生，學識淵博，品格崇高，對他很愛護，是他常常想念的恩師。王的剛毅正直、勇敢仁厚，查良鏞在一生中時時暗中引為楷模。

嘉興中學，原嘉興府學，清末（一九〇二年）廢科舉建學校，改為府中學堂。民國後，改稱浙江省立第二中學、嘉興中學（現為嘉興一中），這座嘉興有名的中學，也出過不少有名的教師。如一九三一年起擔任校長的張印通先生，曾留學日本，以為人正直、辦學有方，譽滿鄉里，深受師生和社會各界的愛戴。數學老師章克標、國文老師王芝簃等，都讓查良鏞終生難忘。

而說起今還健在、已有一〇四歲的章克標先生（編案：章克標於二〇〇七年一月二十三日去世，享年一〇七歲），在一九九八年二月十八日章先生九十八歲壽誕，金庸曾從香港發來賀電說：「願吾師身體康寧，歡樂頤養，數載之後，良鏞當造門祝壽，更受教益也。」後果然仍以當年學生之禮造訪。

寫此，筆者至今保存了一本既有金庸簽名、也有章克標先生簽名的《世紀揮手》初版本的書。對於當年的數學教師章克標先生，筆者也曾數次登門訪談，後在陸文夫主編的《蘇州雜誌》刊出了訪談錄〈談章克標先生〉，我想，當讀者在翻讀這部《儒俠金庸傳》時，也許，你還會喜歡帶讀一點當年曾是金庸老師的章克標老人的情況，在這篇訪談文章中，是這麼說的：

「……幾年前就想寫一點章克標的文字，但那時正是『百歲老人徵婚』熱的高潮期，中央台，浙江台以及各報刊媒體，為此炒得沸沸揚揚。各類記者，帶著各種不同的觀點，來評說章克標這位世紀老人，而他也帶著二十世紀這百年之中自己所歷經坎坷磨難後的超然姿態，無不處處發出調侃。老人的幽默和世人的哄炒真令人啼笑皆非。幾年來，在收到嘉興秀州書局簡訊或讀到章克標寫的文章，在那字裡行間總嫋嫋飄起了這位百歲老人的身影，有時也為已經是一〇二歲的老人，突然隨他年輕的新婚夫人林青，千里迢迢奔赴到湖北保康這麼個荒蕪的山坳裡生活，有時真為他有點兒憂慮……」

章克標曾對筆者說，他十九歲去日本，在日本留學六年，他雖是學數學的，但和郭沫若、郁達夫、林語堂、夏衍等中國文壇一些名家，在日本交往甚密，還精通日、德、英、法等國文字。他自一九二五年回國至一九五七年，有三十二年之久基本上是在上海，這個十里洋場上做自由撰稿人，出版家和編輯。

當我和我的朋友專程去拜訪他時，他正在為深圳一家出版社寫自傳體隨筆《世紀揮手》。當我通過一間小小的廚房，再走進章克標亂糟糟的書房兼臥室時，迎來的卻並非是我們想像中的大作家和中外文化構通的穿著西裝革履的人，他卻是一個微矮稍胖，平頭白髮中有少量黑髮，說著海寧土話，皮肉白嫩，近似鄉下的土老人一般。但是能有機會與一個見過魯迅，爾後和魯迅發生過誤會，日後又沒有機會向魯迅當面解釋的老人見面，且能無拘束地和他促膝長談，應該算是一件有幸的事。

談話自然要說到魯迅與他的關係。我們和他談到了魯迅在《淮風月談》上那篇〈登龍術拾遺〉的文章，那文章是專講了章克標先生的，那已是七十年以前的事了。

而今七十年以後，我們不好意思地又問他：「今日，許多書上都說魯迅罵過你，是有這回事嗎？……」畢竟人已過百歲，沒有了一點火氣，他十分坦然並笑孜孜地用嘉興加海寧土話回答我們：「說到魯迅罵過我，他是衝著我的《文壇登龍術》一書而來的，其實他罵的是我的朋友——邵洵美。邵是『唯美派』詩人，那時我喜歡和『唯美派』這些人聚在一起，我和邵洵美一起編過《人言》週刊。我把魯迅用日文寫的、刊於日本《改造》雜誌上的〈談監獄〉一節，譯了過來，於一九三四年三月的《人言》雜誌上刊出。可邵洵美又在我的這篇譯文後，加了一段不恰當的『注』。（『注』中認為魯迅之文『強詞奪理』，意氣多於議論，捏造多於事實）」

魯迅閱後，以為這段「注」是我寫的。便罵我是「邵家的幫閒專家」。後來魯迅又寫信給鄭振鐸，說我「為人惡劣」。又過了一年，魯迅死了，真所謂死無對證，這件事在文壇上，已經講不清了，我還能向誰去講清呢？……。

還好，雖然這段三十年代的文壇公案，使章克標先生非常不愉快，文革中也加重了他的罪孽，但他還是不無幽默地向我們談起許多文壇軼事。當我們問他：「你見過魯迅先生嗎？」他仍笑著回答：「我和魯迅見過二次面。一次是在內山書店，碰巧遇到，因我見過他的照片，認了出來，可他未注意到我。另一次是曾為魯迅畫過像的陶元慶先生領我去的，一進魯迅家，正巧他家裡有客人，經陶介紹了一下，大家點了點頭，可魯迅抽不出身來和我談話，仍和原來在他家裡的客人談話，所以這次也沒有很好談什麼事。」

章克標在和我們的談話中時有對「唯美派」文學的讚美，但對在當時的狀況下一味傾向「唯美」似有些自愧。他老人心中不會忘記，中國當時的三十年代，正處於苦難深重的民族矛盾時期，日寇的屠刀已沾滿了國人的鮮血，而唯美派詩人們的自作多情，興許，和當時的時代背景格格不入，這豈不令魯迅先生憤慨呢？

當然，從現代文學史上看，唯美派是一個文學流派，文革中那頂「邵家幫閒專家」的帽子，使章克標在海寧鄉下幾喪老命，吃足苦頭。

章克標在三十年代若沒有魯迅的那篇借題發揮的〈登龍術拾遺〉，他在文壇上也許就默默無聞，但由於和三十年代有名的唯美派詩人邵洵美聯繫起來，魯迅罵邵洵美的同時章也被罵了，如果那譏刺魯迅的「注」確不是章克標所寫，那實在使這位老人代人受過了七八十年，豈不冤哉枉哉。從我們的談話中，這位百歲老人確已把逝去的歲月看成過眼雲煙，但他還總認為魯迅對人太苛刻了些，但他認為對自己在日後那些不堪話說的遭遇，確實與早已死去的魯迅本人是毫無關係的。

快近兩千年的歲末，已是庚辰農曆小雪季節了，忽聽嘉興范笑我說章先生和他新婚不久的五十多歲的東北女子劉桂馥（而章後給她，另取名為「林青」，意為上海人常說的口頭語——「拎得清」）

即刻要離開家鄉海寧硤石，去湖北保康一個山區農場，我們又光臨他老的敝舍。雖已三四年未見面了，但出現在我們面前的，依然是一個能喝善飲，步履輕捷，每天還能吃雞腿喝牛奶，思維反應靈敏，充滿機智幽默，這從我和他的談話便可略知那是一次難得的幽默人生筆談，不妨錄之：

我問：「記得幾年前我們來看你，你身體不錯，隔了三四年你已經百歲多了，如今看你身體卻越來越好了。」

他卻笑對我說：「我想建議你把這『好』字改成『年輕』。因為，我身子是越來越年輕了。」

「這樣說，章先生是逢到了生命的春天了」我對他說道。

他道出了新意：「我的生命是從百歲不老開始轉向青春的。」真說得我無話可說。於是我略帶調侃地對這位老人不敬起來：「那麼你真像你的學生金庸寫的武俠小說中的『老頑童』了！」

你看他怎麼回答我的調侃，他卻對我說：「我活著，還比較不夠頑！」聽了百歲老人如此幽默的話，真是使我哭笑不得。

我索興用文革語言對他說：「如果你還那麼頑固不化，我們應該打倒你嗎？」

章克標老先生的回答更幽默，且帶有挑戰性：「應該被打倒，但怕打不倒，不是嗎？因為，我早已倒在地上了！」

說這句話的時候，他的新婚女子林青，正好走過來靠在他的籐椅傍，我指著林女士說：

「章先生，現在你身邊還有美麗的林姑娘了，你已經不肯隨便倒下了吧？」

他的回答卻又是另一番情景了，他老說：「不是嗎，她現在也倒下來了！」這句回話，我真莫名其妙，所指是章老和她結婚後被人說閒話說得要倒下了呢？還是說嫁雞隨雞，他是倒下的人，那麼婦隨夫唱也應該一同倒下嗎？這就不得而知了。

我隨即轉到生命問題上來，我問他：「一個人活了一百多年，一個世紀多了，什麼都經歷過了，這樣的生命是長了呢，還是「人生苦短」了呢？

他的回答似乎也很得體和辯證：「不長呵，可也不短了，這樣的生命倒合乎孔夫子的『中庸之道』呢？」

我有些奇怪，他的回話，是牽涉到了二十世紀中國知識分子要做什麼？是要立功，還是立德，抑或是立言呢？從章克標先生之對答，看來對生命長短只要合乎孔夫子的「中庸之道」便算不錯了。他老的，壽命也長了，抑或是「中庸」和「樂天」使這位知識分子活過了一個多世紀。

後來我們的談話牽扯到生活的美滿和愛情，也許和百歲老人說「愛情」有些滑稽，但他是一個文學家，一定還有愛情留存心靈深處，我問他道：「你最近喜結良緣，你是三十年代文學家，而且是傾向於『唯美派』文學的，你如今的生活有愛情嗎？生活美滿嗎？」

他毫不思考便回答了愛情與生活的關係，他說：「我現在沒有愛情，但不愛情也要生活，生活也可以不要愛情，而只要人情……」。

當我們讀完這些文字後，想讀者也會喜讀。當時，我們還稍稍談及郁達夫先生，這位曾經也是創造社的才子，章克標的評說是：「他呀，是生在那個年代，卻沒怎麼受了五四精神的洗禮，全是舊時代名士的作派。他和王映霞結婚，是把王映霞當作妾看待的。這一點上，他不如徐志摩，徐志摩是接受了五四精神的洗禮的，在愛情婚姻上是很認真的。」

於此，我們可知道，曾是金庸的一位有名的中學老師—章克標先生，他在上世紀三十年代上海文壇的大致情況了。筆者寫文止此，還可以告知讀者，金庸當年在嘉興中學的老師—章克標老先生，至二〇〇五年五月，他已是一百零六歲的老人了，他老與後來的夫人，之後，從湖北返回，就寓居上海松江，直至二〇〇七年一月二十三日老人逝世。活了一百零八歲，可謂是中國文壇長壽的一位奇人了。

當然，那時的數學老師章克標，給查良鏞印象最深的，卻是他教的圓周率，章老師，能推算到小數點後上百位，整整寫滿一張紙。章雖是作家，留學日本學的卻是數學，編寫過《算學的故事》（上海開明書店，民國廿四年九月初版），其中說英國人欣克（Shanks）把圓周率推算到小數點後七〇七位。章老師為人很是滑稽，同學們經常和他玩鬧，而不大聽他講書。但對學生影響卻很深。

二、母校如慈母

一九三七年八月十三日，緊接著盧溝橋的烽火，上海「八一三」事變的炮聲響了，浙江的嘉興、海寧等地，離上海前線較近，再也放不下平靜的書桌。

金庸在嘉興的老師章克標先生，這位百歲老人，也是當年親歷的最後一位見證人，後在他寫的《世紀揮手》這部自傳體回憶錄中，他曾這樣回憶當年嘉興中學，在抗戰時的一些情況，不妨一讀：

一九三七年「八一三」上海打起來後，還以為不久可以結束戰爭。嘉興中學還是於九月一日照常開學，照常上課，上級機關省教育廳、中央政府教育部等也沒有什麼指示。這個學期新造的教學大樓已基本完工，因時局關係拖了下來。嘉興日趨緊張，轟炸不斷，人心惶惶，紛紛逃難。學校裡挖掘了防空洞、防空壕，佈置燈火管制，窗戶上做了黑布窗簾。同時，採取了預防措施，把學生撤退到近地的新塍鎮，租屋作教室開班上課。初中班的學生全到鄉下去，只留下了一個高中班，在新造的鋼筋水泥洋房裡上課。這個房堅固，飛機掃射轟炸也不怕。只留下少數教職員工在嘉興，大多數人都去了二十里外的新塍。

初開學的一段時間，還比較平靜，學生照常上課，每天滬杭火車仍通，上海報紙準時投遞到達，大家爭看戰事消息。後來大部分學生搬走了，火車也不大準時了，飛機開始轟炸後，嘉興城裡的住戶，也陸陸續續搬遷到城外鄉間去躲避了。再後來轟炸比較頻繁了，有時一天要來兩三次，顯然形勢更緊張了，我們也開始要逃避了……

上海「八一三」的炮聲，是上海日本海軍藉口「虹橋事件」，向我國上海發起的進攻。這一天，上海所處的寶興路、寶山路、八字橋一帶中日雙方進行了激烈的戰爭。由於上海緊張的戰事，抗戰已充滿硝煙彌漫、狀況慘烈。

當時的嘉興、海寧、蘇州一帶，都進入了戰區。而戰爭的發生，受戰爭之苦的，當然首先是學生。所以，從上海到杭嘉湖平原一帶區域，各中學都在有計劃地作遷移校址的準備。這時候的嘉興中學，先是遷移到北部的新塍鎮繼續上課，這是嘉興撤退到後方的必經之路。但是，至一九三七年十一月五日拂曉時，日軍已增兵三個師團，約二十萬日軍，在大霧的掩護下，日軍從杭州灣金山衛、全公亭一帶登陸，大肆燒殺，嘉興危在旦夕，數百名無「家」可歸的學生，還留在學校，一時人心惶惶。

但曾經留學過日本的，自一九三一年起擔任該校校長的張印通先生，卻憑著一顆正義和愛護學生之心，在戰爭發生的危難之際，不顧經費不足和前途艱辛莫測，毅然挑起了這副重擔，他帶領整個學校的師生，迅速南遷。這位張校長，甚至還顧不上安置好自己上有老、下有小，也同樣處於危險與困境之中的自己的家庭，他隻身帶著學生，先期遷移了，讓自己的家庭孩子們，只能雙方分離著逃難離開嘉興。

張校長自己卻獨自帶著學生於十一月十一日，匆忙離開新塍，踏上了遙遙無期的千里流亡之路。六天後，三架日機轟炸新塍鎮，當晚，數十名日軍，還潛入新塍，殘酷地殺害了十三名同胞。試想當時如果沒有張校長這樣的人，毅然犧牲自己個人和家庭的利益，那麼在這突然的轟炸中，肯定有部分學生會受傷或犧牲。

至十一月十九日，隨著上海的淪陷、國軍的西撤，嘉興終於淪陷。這時的張校長正是全力在保護著這批包括金庸在內的學生轉移。因為要轉移到後方山區中去，多數學生年齡都很小，大的不過十四五歲，小的只有十二歲，查良鏞當年只有十三歲。雖然這些孩子們年弱力薄，但他們卻互相扶持著繼續前行遷移。

他們背著沉重的行李，行李多為一條棉被、幾件簡單的換洗衣物，一點粗糙的乾糧，在完全沒有交通工具的情況下，他們徒步行走、跋山涉水，每天多則要行走三五十里路。又因飢餓和顛沛，步履緩慢，這些學生每走一步，都十分艱難。幾天下來，很多學生腳底都磨出了鮮紅的水泡，不小心碰破的水泡還流血不止，腳一著地就感到鑽心的疼痛。於是，他們只好大的扶著小的，身體尚健康的攙著有病痛的同學，倚著木棒或竹竿，慢慢地一步一個腳印地、吃力地前行。

張印通校長和二十多位老師、全體學生，同行、同吃、同住，每到宿營地，都是稻草在地上一鋪，就地而臥。他們吃得同樣非常簡單，每次發一元錢要用好幾天，常常買三個銅板的山芋充饑，吃上一只粽子，就是一頓奢侈的美餐了，而在疲憊的流亡途中，老師仍要抓緊時間給學生上課。沒有教室，沒有課本，沒有學習用品，學生就坐在樹蔭、屋簷下，老師憑著一塊很小的黑板上課。

時已初冬，天氣一天比一天冷，戰時的教育經費不足，師生常處在凍餓的威脅之中，前無定所，後無接濟。隊伍過建德、蘭溪，走到金華時，長期駐紮嘉興的蘇浙邊區綏靖公署主任、淞滬前線總指揮張發奎，被張印通校長帶領師生艱難南遷的事蹟所感動，派高級參謀，驅車趕來，贈送大洋一千元，言明不需要正式收據。

流亡師生吃山芋，睡泥地，風餐露宿，行程千里，經過近兩個月的跋涉，終於在一九三七年十二月下旬，到達麗水碧湖鎮，沒有一個人掉隊。路上曾有教師力主解散學校，讓學生自謀生路，以致人心浮動，大家不知所措。關鍵時刻，張印通召集全體師生，他說：「只要有我張印通在，我就要對學生負責，堅持到底！」

當年和查良鏞一起親聆過這番話的學生吳慧芳，後來回憶說：「雖事隔近半個世紀，當時情景，猶歷歷在目。這響噹噹的幾句話，至今猶銘刻我的心中。」

這樣的日子，在查良鏞年輕的心靈上，確留下了很深的烙印。因為戰火，他失去了很多寶貴的學習機會，因為戰火，他被迫流離失所、飽受煎熬。他也看到當時的日本發動的侵略戰爭，給無辜的百姓、特別是給正在成長的學生，帶來了無限的災難。多少個家庭，妻離子散，多少對愛侶，勞燕分飛、生死兩隔，多少人死在戰爭中。可以說，這段少年日子的苦難的歷程，使他後來從事新聞報業後，一直堅定地維護和平，反對武力給平民帶來災難，有很大的影響。

嘉興中學，在張印通校長帶著學生，在一無上級教育部門的經費，二無人力物力的情況下，只能以自己的正義與良知，帶著這批手不能提、肩不能挑的學生們過著流亡生活……。

當時，張校長自己的家庭根本顧不上，據說，妻子和兒女們只能自己漫無目標地隨著逃難的民眾，到處流浪，擔驚受怕，吃盡戰爭之苦。試想一個家庭，正需要男人挑起擔子或照顧她們時，他卻早已帶著學生離她們遠遠的走了，而且在那時也得不到任何家庭的資訊。我們可以設想：作為張印通校長，在他與妻子兒女們失去聯繫時，他一定非常思念著他的家和他的孩子們的，但身為一個負責任的校長，他又有何辦法呢？面臨國難家亡的時代，這樣的時刻，可謂是「家書抵萬金」啊，可張校長也只能在逢十五明月高照時，「舉首望明月，低頭思故鄉」一番，可以設想，帶著這一批學生逃難，遇到的痛苦是無法用言語描述的。

半個多世紀後，金庸重遊母校，非常懷念他崇敬的校長張印通先生。感慨繫之，於一九九二年十二月三日，特為母校嘉興一中題詩留念。他之詩，充溢著對當年母校一種感懷：當年遭寇難，失哺意徬徨。母校如慈母，育我厚撫養。去來五十載，重瞻舊學堂。感懷昔日情，恩德何敢忘。

其實，這種對母校的感懷，長期夢縈於金庸的心靈，因為母校以及當年的校長——張印通先生，在抗戰最危難之際，解求了金庸當年「生死繫於一線的大難」。當五十年後，雖無聲無息地過去了時，據說張印通校長，也沒有得到社會相應的回報，他之生命就像一葉枯黃的樹葉，在殘冬季節，就這樣冷寂而默默地凋零了……

但直到幾十年以後，金庸夫婦帶著鄉愁來到母校，總難於忘懷抗戰時的張校長，給予他的師生之恩，心中默默地哀悼他，永遠銘記於心，念念不忘他中學多難時代的好校長。一九九四年，金庸特地回母校作訪問，並為他一生所敬重的張印通校長塑像。親自為張校長紀念銅像揭幕，題寫碑額。可謂是「滴水之恩，湧泉相報。」作為一名「儒俠」的金庸，抗戰時他和張校長的一幕幕師生相依的情景，還時時夢縈於他的心間。

三、母親病亡

金庸在嘉興中學成立九十周年校慶時，曾對當年抗戰時，學生們到處流亡的生活狀況，作了如下回憶：「……當時我們才十二、三歲，每天要步行七、八十里，餐風宿露，為抗日救國，我們跟學校到後方去。為救亡圖存，我們努力學習。走不動了，就唱支歌……」。他說，他還記得校長張印通，當年對學生的講話：「只要有我張印通在，我就要對學生負責，堅持到底……」如今張校長雖已不在了，但他在當年抗戰時，為了學生所付出的辛勞，金庸和他的同學還牢牢記憶在心間。他們或她們，都為抗戰時代，有如此負責任的校長慶幸和自豪。

金庸與老師、同學踏上流亡之路後，差不多就在同時，在他的家鄉海寧淪陷前夕，金庸的父母，也帶著全家逃難。一九三七年九月三十日，海寧至杭州的汽車停開，電信中斷。十一月五日中午，日軍登陸，炮轟海鹽縣城，海寧受到嚴重威脅，城鎮居民開始逃離。十一月十七日，海寧縣政府部分人員開始撤離。第二天（也就是查良鏞踏上流亡路七天後），縣城和各集鎮居民，紛紛往浙西山區或偏僻農村避難。他的父母也帶著全家逃難，告別美好的家園，渡過錢塘江，在對岸的餘姚庵東鎮（現歸慈溪市）落腳。這裡以產鹽著稱，號稱「鹽都」。

金庸曾在《倚天屠龍記》第三章曾特地寫到這個地方。「……余岱岩走遍大江南北，見聞實在不少，但從未見過如此奇異的情狀，一問土人，不由得啞然失笑，原來那便是鹽田……傍晚時分來到餘姚縣的庵東鎮。由此過錢塘江，便到臨安，再折向西北行，經江西、湖南省才到湖北武當。晚間無船渡江，只得在庵東鎮上找家小店宿了。……」這是寫《倚天屠龍記》中的余岱岩這個人物，金庸筆下寫上這個以產鹽著稱的江南小鎮，是為紀念在抗戰時，因缺醫少藥而病亡的他的最親愛的母親。

也就在那個庵東鎮，他的母親徐祿不幸在逃難之中病了，是得了急性菌痢，那時鄉山間，無醫無藥，他母親幾日裡，腹疼痢血，食不下嚥，幾至虛脫。他父親查樞卿，在鄉間親自上山採摘草藥，和雞湯讓妻子服用。可這些藥和雞湯，終究救不了他母親之病。妻病亡彌留之際，他悲痛欲絕，日夜守靈不肯離開。這年，金庸的弟弟良浩，只有四歲，二歲的良鈺，尚嗷嗷待哺。遠在碧湖的查良鏞，也不知什麼時候才得到母親病故的消息。

幾十年間，他在香港時時會在深晚、工作之餘，思念起他的母親，每思之，必刻骨銘心，因為小時候，他母親是最疼他的。直到幾十年以後，金庸才有機會回到故鄉，他終於選擇了一個清明時節，懷著對他母親一片片深深的懷念，駕車到庵東鎮，去尋訪母親度過生命最後時刻的地方，在那母親的墳墓前擺香祭奠……。

就算是幾十年過去了，他心中還不盡有些悔恨……在他母親生病以及在母親生命的最後一刻之時，作為兒子卻不能在母親身旁服侍，實是他一生最大的憾事。當他每一次想起此事，家鄉袁花鎮在抗戰時的那情那景，又會顯現在他面前。

那時他美麗的家鄉，真是飽受了日寇的蹂躪，昔日繁華的江南古鎮，也從此成了一片廢墟，他家的房子，也在戰火中化為灰燼，歷多少代人積累起來的藏書等，也統統蕩然無存；一個長歷六百多年、綿延不絕的書香門第、曾經顯赫的家族，就此完全中落……這樣的遙想，在他心中總蘊涵了無限的悲痛，半個世紀後，這家難的一幕，浮上心頭時，時不禁潸然淚下、不堪回首……

抗戰時在碧湖的查良鏞，和所有其他的流亡學生一樣，穿上灰布軍裝，參加了戰時青年訓練團，接受軍訓。半年後，浙江北部淪陷區其他的幾所中學，也輾轉千里相繼來到碧湖。教育廳決定將杭嘉湖的七所省立中等學校（包括杭州高中、杭州初中、杭州女中、杭州師範、杭州民眾教育實驗學校、嘉興中學、湖州中學）合組浙江省立臨時聯合中學，分高中部、初中部和師範部。

一九三八年九月初，聯中正式開學，查良鏞進了初中部，和沈寶新等同學，以及和大多數淪陷區來的學生一樣，他失去了經濟來源，完全靠「戰區學生救濟金」來維持生活和學業。當年聯中成立時，按規定將救濟費分甲乙丙三等，來自淪陷區的都是甲等救濟，一切應繳的費用全免，所有外穿的制服、書籍、伙食全部國家供應，每月發幾元零用錢，可以買紙張、文具用品等。

查良鏞在校，享受甲種救濟待遇，穿的衣服都是訓練團留下來的軍服，內衣褲、鞋襪等衣物，則沒有著落，就算天寒地凍也只是穿兩件單衣，赤腳穿草鞋，沒有鞋襪，在受軍訓時，凍得他格格叫。抗戰時的學生總是四處顛沛，過上的是物質最匱乏的苦難時期。可是，也許，正由於他在青少年時期，受了這麼一種生活之磨練，嚐盡了人生之苦難，才能使他日後無論遇到何種困難，任何艱辛，他總能去克服、應對，也正緣於有了這種獨立的意志，方能使他在人生之旅上，作出了輝煌的業績。

四、惜別碧湖聯高

查良鏞讀初中三年級的時候，因為要面臨著升學考試，對於他這樣一位數學、語文和英語都全面發展的學生來說，他既喜歡讀大量的中外小說，又不得不應付升入高中部的考試，所以，時間對這位中學生來說，總感不夠用，那時的他連休息時間也少，甚或吃飯都是匆匆忙忙的。

嘉興中學遷到碧湖。距麗水約二十公里，位於松陽、龍泉、遂昌等縣之間，有一片群山包圍的小平原，農田廣闊，水利暢通，盛產稻穀雜糧，是個千年古鎮，自古就是鄰近各縣農副產品的集散地。每逢集市，周圍農民、商販都要來趕集。當地人稱集市日，為「行日」，趕集叫「過行」。一到行日，龍子廟前的什麼豬行、羊行、雞行、竹木行、五穀雜糧行，集市貿易廣場上的大行，都熱鬧非凡。抗戰時期這個山區集鎮，成為浙江重要的文化中心，當嘉興中學師生到達時，省政府已在這裡設立了一些戰時機構。碧湖並沒有湖，本是松陰溪和大溪（甌江上游）在此交匯，水面寬闊，溪水澄碧，「樹凝碧，溪如湖，遠眺群山環繞，近觀是一片寬寬展展的田野」。當時他們唱的校歌，就有著當地的自然美與青年遠大的抱負相合的一支歌：「三衢要衝，九峰巍立，萬壑爭流水滔滔，聚千百英豪修學勵行習體操，適應抗戰中需要。獅子般力量，駱駝般精神，勇猛、沉著，鋼鐵般意志，陶冶、訓練、不屈不撓，哪怕世界狂濤，哪怕頑敵兇暴。同學們，增進智慧，負起責任，期把我國家重新建造。」

為紀念張印通校長帶領全校逃出淪陷區的勞苦功績，嘉興中學的師生將一枚張發奎所贈的銀元加工製成紀念章，上面鐫刻了「甘苦同嘗」四個字，還舉行了一個簡單而意義深重的儀式。張印通在答謝時說：「在我的一生中，有兩件事情是最值得我紀念的，一件是學生時代曾獲得計先生的一枚獎章，另一件就是今天了。」

嘉興、湖州、杭州等地相繼淪陷，一九三八年一月，浙江省政府在碧湖開辦浙江省戰時青年訓練團，分高中學生組、簡師班等，收容從戰區逃出來的學生，張印通擔任青訓團簡師班主任。初到碧湖，學生們都參加這個訓練團受訓，一邊讀書，一邊軍訓，他們穿上了軍裝，男生是灰軍服，女生是草綠色軍服。他們在這個戰時青年訓練團，共有半年，地上鋪些稻草就算是床鋪。

嘉興中學另外在碧湖成立了一個辦事處。每逢星期天，同學們可以像回家一樣到辦事處去。這一天，他們往往能享受到一頓豐盛的午餐，老師和學生像家長和子女那樣團聚在一起，度過美好的一天。查良鏞後來回憶說，少年時候，同學之間毫無利害關係、毫無機心，可以推心置腹、毫無保留地吐露心事。他最要好的朋友，都是中學時代結交的，那時候大家一起吃飯，住同一個宿舍，一起上課學習，生活親密。

隨著杭州等地的淪陷，許多學校也相繼來到碧湖，小小的碧湖，一時學生雲集，逃難的人流蜂擁而至，機關、團體、軍營、商店林立，寂寞的山鎮變得喧囂繁華。各校校長紛紛向教育廳建議，設立臨時學校。一九三八年七月，教育廳決定由杭、嘉、湖七所省立中等學校（包括杭州高中、杭州初中、杭州女中、杭州師範學校、杭州民眾教育實驗學校、嘉興中學、湖州中學）組成浙江省立臨時聯合中學，分高中部、初中部和師範部，由原來七校校長擔任校務委員，實際上當時只有張印通、周育三（湖州中學校長）、唐世芳（杭州初中校長）三人在碧湖。不久教育廳決定，由張印通任主任委員兼高中部主任，唐世芳任事務部主任兼初中部主任。凡從青訓團轉過來的七校學生，按照各原校所發的成績單或證明書，分別編入三部的班級。各校遷校過程中，先後離開的學生、淪陷區逃出來的原七校或其他學校的學生，經查核屬實，也准其入學。麗水、碧湖等附近地區有同等學力志願入學的，經過考試，擇優錄取。因名額有限，報考者太多，錄取的不多。

一九三八年九月初，聯中正式開學，編入初中部的人數最多，分為十二個班級，查良鏞終於恢復了中斷的學業。次年，聯中三部各自獨立，初中部改名為浙江省立臨時聯合初中，高中部改名為浙江省立臨時聯合高中。

這麼多學校來到碧湖，校舍問題不好解決，只能因陋就簡，「進廟宇、借祠堂、租民房、蓋草堂」四個方法，臨時建的校舍，都是「木柱、草頂、泥築壁」。高中部在龍子廟（現是糧站），師範部在三峰禹王廟。初中部設在碧湖上街的沈家祠堂和葉家祠，學校辦事機構、教室、男生和部分男教師的宿舍，設在沈家祠堂。正中的房屋作為禮堂，全校師生經常在這裡集會，兩側是男教師宿舍。由正屋側集會，兩側是男教師宿舍。由正屋側面經由小巷前行，前後房屋都是男生宿舍，兩邊靠牆設有上下兩層的竹架床，中間是走道。查良鏞在這裡住了一年。後面是一片空地，東側有一棵大樟樹，新建了一字形三排十八間較為寬大的房屋，泥牆草頂，十二間作為教室，其餘的作為辦公室、圖書室、遊藝室。

教室兩面開窗，光線充足，空氣新鮮，雖然裡面只有白坯的板凳條桌，但在抗戰時期，這已是一個良好的學習場所。旁邊的洞主殿是學生餐廳，有桌無凳，師生都是站著就餐。西北是大操場，背面是校醫院。操場兩側有許多石碓，每當空襲警報響起，日機來侵擾時，師生就在這裡隱蔽，每當這時，不少學生仍在看書，甚至大聲朗誦，以示對敵機的蔑視。

聯初的教員，主要來自杭初、杭女中、嘉中、湖中等校，也有碧湖當地聘的。飽經流離之苦的學生，深知這一切來之不易。他們衣衫破舊，面帶饑色，然而求學心切，精神飽滿。學校裡彌漫著濃厚的學習空氣，天濛濛亮，田野上就到處都是他們朗讀語文、英語的聲音。各科的內容與課時，大致照常，增設了救護、防空、宣傳、歌詠等內容，體育、童子軍的課程和活動加多，南山下、廣場上，彩旗飄揚。每年的春、秋運動會，師生大顯身手，經常突破省紀錄。清澈見底的江水倒映過他們未脫稚氣的面孔，碧湖原野上迴盪過他們的歌聲。

沈家祠堂、葉家祠都有閱報處，每學期要舉行時事測驗，並以時事為題材，舉行作文比賽、演講比賽、辯論會等。學校還成立了一個「飄零劇團」，有時上碧湖街頭，演出抗日話劇。唐世芳校長作詞、音樂老師俞紱作曲的聯初校歌，傳唱一時，盪氣迴腸，縈繞在每個聯初學子、尤其是杭、嘉、湖淪陷區流亡學子的心頭。

有一天放學後，他和兩個要好的同學，在課室裡複習功課，互相切磋。做完工功課後，他們三個人聚在一起聊天，但談的還是投考高中的事。閒聊中，查良鏞突發奇想：「那麼多學生為了考試天天忙於功課，太辛苦了。我們不妨根據我們以前報考初中的經驗，編一本書給準備投考初中的學生看，教他們怎樣複習功課，才能做到事半功倍。」

這的確是個好主意，如果有一本《怎麼投考高中的書》出版，想必要考試的人一定會買來看的。有位一起複習功課的同學馬上響應說：「我們得趕緊編寫，趕在考試之前出版。」青年人說幹就幹，大家表示很贊成，三個同學商量一番，決定推選查良鏞，來主編這本書，其他幾位同學每人寫一部分，如此講定後，緊接著他們便分頭馬上開始編寫。

約一個多月後，書大致定稿後，書名就定為：《給投考初中者》。內容是教升初中的學生，怎樣在各科考試中答題，如何使自已的考試取得高分。三位同學各自發揮力量，自行設計、印刷、發行。這本由查良鏞自任主編的書，最後編定後，於一九三九年交由麗水一家出版社公開出版發行。這樣一本很實用的書，也就成了金庸他一生出版的第一本暢銷書。這本書，後來不單暢銷浙南，還遠銷至江西、福建等省。可以想見，因為這種類型的書，在當時的條件下，可能是首次出版，大受各地中學考生的歡迎是自然而然的事。

《給考初中者》一書的暢銷，也確使查良鏞和他的兩個同學，獲得了一筆豐厚的利潤。而對查良鏞來說，除足夠他在抗戰期間的生活所需外，尚有能力把妹妹從鄉間接到後方求學，並接濟有困難的同學。推算起來，當時他只有十五歲。查良鏞天資聰穎，勤奮好學，因而較早便顯露出他與眾不同的一面。學業方面，查良鏞較為突出，是公認的高材生。此外，中學時代的查良鏞便已開始顯露出他的文學創作才華。

在他當年同窗的印象中，高材生查良鏞不僅數理化成績優異，而且「英語、國文更是出色，能寫得一手好文章。」而在那樣的環境下，他能結合自己的學習而編寫出第一本暢銷書，在艱苦的抗戰時期，作為一個學生是難能可貴而罕見的。對於平生這般的經歷，幾十年後，當他與日本的池田大作對話時，也還自豪地提到了它：

《獻給投考初中者》那本書，內容平凡，只是搜集了當時許多中學校的招考試題，加以分析解答，同時用一種易於翻查的方式來編輯，出版後得以很大的成功。我們在浙江南部的麗水出版，書籍一直行銷到福建、江西、安徽各地。這本書的收益，支持我們合作的三人順利從高中畢業，再到重慶去進大學。這本書和文學修養無關，而是商業上的成功。對一個十五歲的少年來說，表示我能瞭解到消費者的需要，用簡捷的方式來滿足他們。以後我創辦《明報》而得到成功，大概就源於這種洞悉讀者心理的直覺能力。

一九三九年六月，正是查良鏞初中畢業了。爾後，他進入抗戰時期組建的浙江省立聯合高中學習了。可就在這時期，查良鏞因為一篇文章，惹怒了學校的訓導主任，從而使他受到了不公正的待遇，他為此事被學校開除。

事情是發生在一九四〇年初的時候，當時學校辦有一個壁報，校內凡有興趣者均可自由編寫。對查良鏞來說，這個壁報自然成了他練筆的一個極好園地；所以同學對查良鏞寫作才華的最初瞭解，便來自這個壁報。壁報就設在校圖書館走廊上。這一天課餘，壁報前忽然擠滿了人，大家爭看一篇題為《阿麗絲漫遊記》的文章，因為人多，前排便有人高聲朗誦給後排擠不上前的同學聽，而聽者則不時拍手叫好。《阿麗絲漫遊記》正是查良鏞所寫。文中，他描述一位名叫阿麗絲的小姐，不遠千里來到一家學校校園，正興高采烈遨遊東方世界之際，忽見一條色彩斑斕的眼鏡蛇，東遊西竄，吐毒舌，噴毒汁，還口出狂言，威嚇教訓學生：「如果……你活得不耐煩了，我就叫你永遠不得超生，……同時，如果……」壁報上的眼鏡蛇，時而到寢室，時而到教室；或到飯廳，或到操場，學生見之紛紛逃避。同學們一眼便看出，文中眼鏡蛇，所諷諭的是學校的訓導主任沈乃昌。這位訓導主任是戴眼鏡的，講話時常夾著「如果」二字，學生就以「如果」作他的綽號。這是一位令人討厭、不近情理的訓導主任，人人敬而遠之。查良鏞借文中阿麗絲之口，講出了學生想講卻不敢講的話，自然令同學們拍手稱快。但對號入座的訓導主任，卻被惹怒了，於是，幾天後，校方宣布將查良鏞開除。自此，查良鏞離開聯合高中，轉入衢州中學學習。

這一舊事在查良鏞當年同窗看來，既顯露出查良鏞的文章才華，也見出他敢於反抗強權的精神，因而時隔多年，仍難於忘懷。抗戰之前，富家子弟，紛紛到國外留學，學成後再回國一展抱負。這在當時成為一時的潮流和時尚。以查家優裕的家境，讓查良鏞去海外留學，本是計畫中的事。但抗日戰爭的爆發，使這一計畫不能得以實現。以致於後來查良鏞憶及此事，仍頗感遺憾；如果沒有抗戰的爆發，無論在查氏家族還是在查良鏞個人，所首選者必是出國留學的。他甚至想到，「若學成回來，就很有可能當上大學教授。」

對查良鏞來說，雖然不能出國留學，以圓他的「教授夢」是個不小的憾事；但也正因為這一變化，反倒使他更堅定地選擇對另一種志向的人生追求。這段人生故事，正是發生在抗戰讀書求學時期，後收在了由蕭乾主編的「新編歷史筆記文叢」——《兩浙軼事》中。人們也就讀到這段往事的回憶：

我高中一年級時，在學校壁報上撰文諷刺訓導主任沈乃昌先生而被開除，是我一生中最大的危機之一。因為給學校開除，不但失去了繼續求學的機會，連吃飯、住宿的生活也發生問題，後來終於在原校長張印通先生及舊同學好友余兆文君的幫助下進入衢州中學，那是生死繫於一線的大難。

不怕重大壓力而在文字中暢所欲言，這也是後來《明報》所以得到成功的一個主要關鍵。不過在《明報》寫社評、堅持編輯方針，是有意識的反抗不合理現象。高中壁報上的文章，只是少年的一股衝動，沒有考慮到嚴重後果的魯莽行為而已。

查良鏞被開除後就離開碧湖的聯高，只能到抗戰時期設在衢州石樑的衢州中學去求讀了。當然，這對於查良鏞來說，是年輕時期一件不愉快的事。然而更使他想不到的是，當時國家正處在國破家亡、民族災難深重之際，他出自一種內心的正義感，說了一點別的同學不敢說的心裡話，從而也得罪了這位有權勢的訓導主任，這件事確使他深深感到，就是在已經是破碎的中國，正義之話，還被壓制，還不能發表個人的真實話，這在他當時的內心，只感嘆：這是社會的一種悲哀！

五、爛柯山的石樑

其實，抗戰時期的衢州中學，是一所非常有實力的中學，所以查良鏞在被原學校開除後離開了碧湖的聯高而到衢中就讀。當然，離開原已經習慣的學校，離開了原本已熟悉的同學和老師，對於查良鏞心裡上來說，無疑是一種既留戀又有些失落之感。但在某種意義上說，也並非一定是件壞事。

由於衢州中學創辦於一九〇二年，是一所歷史悠久的學校，特別是在一個山區還有這麼一座中學，更不簡單。整個抗戰時期的衢州中學，由於全國各地學校在抗戰時期的流動性較大，所以流動到衢州中學任教的老師，好多是當年在國內各領域很有名望的教師。如先後到衢中任教的有方光燾，是語言學家，王西彥是作家，何植三是五四新文學時期有名的詩人，曹百川、張厚植的舊學根基很深，袁微子、陳康白、陳友琴等在文史方面都有真才實學，富有教學經驗，皆一時之專業人才。這些來自以各地的有名教師，無疑給當年在這裡求學的學子帶來了豐富而寶貴的知識，給這些衢中的學子，今後在成材上打下了紮實的基礎。這裡當然更包括了幾十年後成為著名作家的金庸先生。

因為有高水準的老師的教導，當年衢中的學習氣氛非常好。俗說名師出高徒，比如在一九四一年九月，學生自治會就創辦了一個小刊物名叫《駝鈴》，這本由學生自己辦的文學刊物，為旬刊，刊名由陳康白老師題寫，雖在當時閉塞的山區辦的，但內容豐富而有朝氣。查良鏞到了衢中後，在這樣的環境裡真可謂如魚得水，他的寫作才能在這樣的氛圍中，很快就顯露和發揮出來。他到石樑不久，就在《駝鈴》創刊前後，他就在金華的《東南日報》上發表了兩篇文章，用的是老師給他取的筆名「查理」。

以「查理」為筆名的〈一事能狂便少年〉一文，發表在一九四一年九月四日《東南日報》「筆壘」副刊上的，（第八四七期）題目取自於他的同鄉前輩王國維的詩句。這篇文章，文筆犀利，見解獨到，字裡行間還是抒發了一顆年輕人的正義之心。文中還不時對為國民黨賣力、不尊重知識和學生人格的訓導主任，進行了評擊。

抗戰時期的衢州中學文風很盛，老師、同學在「筆壘」發表文章也比較多。如陳康白、袁微子等老師，羅威等同學，他們都發表了可讀性很強的文章。如羅威的文章：〈憶國文老師王西彥先生〉一文，刊登在一九四一年九月十四日的「筆壘」第八八二期上。這篇無論從思想性、文采上講，都非常美的文章，也都是同學們喜讀的文章。

但查良鏞在《東南日報》所發表的這二篇文章，當年，在衢州中學確是引起了一番小小的轟動，閱報欄前吸引了不少同學們注視的目光。如一九四一年十二月七日，那篇署名「查理」的文章：〈人比黃花瘦——讀李清照詞偶感〉一文是刊登在「筆壘」的版首，他對南宋詞人李清照的名句，大膽地提出了自己獨特的看法：

「對於真正不幸者的同情我以為是最高貴的一種感情。但故意的做作卻完全是另外一件事。人類的弱點應該得到同情，但這同情不應該由這弱點的保有者故意地去求得。」

這篇文章在一定程度上帶有主觀的偏激情緒，但正題反題的駁論，卻是精采的，所運用的知識，也很淵博，作為一名中學生，能寫出這類文章也是不多見的。

作為此文作者的查良鏞，抗戰時期一位熱血青年，身處當時抗戰的大背景下，他正好借用了李清照這位歷史人物的詩句，做了這篇文章。作者站在身處社會現實這一層面，實際是在批評那種故作姿態的社會狀況，「自我憐惜心理」、「一切吟風弄月，缺乏戰鬥精神的思想」，在當時那個特定的時代裡，出現的一些人的心態，都受到了作者的諷刺和批評。

當年署名「查理」的這篇文章，我們今天還能在浙江省檔案館所存的《東南日報》縮微膠捲中讀到：「……堅強地忍受吧，我們不要怨歎與訴苦。如果你還能夠思想，能夠行動，你所說的不幸實在是對真正不幸的侮辱。」當我們今日，再重讀查良鏞這幾句發自內心的激憤之話，所激起的餘波，才是這文章的主題。當然，可以說，金庸當年能發表出如此的文章，是離不開那位名叫陳向平的副刊編輯。金庸能發表的第一篇文章，是經陳向平修改後發表的，而金庸的第一篇小說，也是在陳向平的影響下創作的，甚或他當記者的生涯，也離不開陳的推薦。

當年，日本侵略者除了擲炸彈，還在金華衢州一帶使用細菌戰，進行侵略中國。在一九四一年十二月七日，日軍偷襲珍珠港，太平洋戰爭爆發，從而日軍加緊了對金華、衢州等地的攻勢。一九四一年全校舉行「雙十節」文藝會演，他自己編導並主演的英語話劇《月亮升起》（Rising of the Moon）在石樑廣場演出，觀眾雖大都聽不太懂，卻感到別致新穎。全校英語教師，則一致稱讚演員們發音正確流利。每學期一次的全校性獨唱比賽，唯有他唱的是英文歌，聲調高亢而淒厲。（《衢州文史資料》第十二輯）而這時戰事加劇，到一九四二年四月，二十萬日軍，沿浙贛線西進，衢州城的房屋幾乎全被炸毀，人心惶惶。城裡人一早就提著裝了食品的警報袋出城避難。石樑近在咫尺，也不得安寧。早飯後，任課老師就分頭帶領學生疏散到山邊樹林裡去上課。

有一個星期天，不少學生在教室裡做作業，警報突然一響，大家紛紛都疏散出去，跑到田邊窪溝裡躲避。十幾分鐘後，一架敵機在教室上空咆哮，然後低空盤旋，打了幾個圈才飛走。對於日寇慘無人道的轟炸和滅絕人性的細菌戰，查良鏞都懷有刻骨銘心的記憶，直到半個多世紀以後，他對池田大作憶及這曾發生在他身邊的戰爭，還非常清晰：

> 戰時印象最深的有兩件事，一是日本空軍投擲的炸彈在我身旁不遠處爆炸。我立刻伏倒，聽得

機槍子彈在地下啪啪作響。聽得飛機遠去而站起身來後，見到身旁有兩具死屍。面色蠟黃，口鼻流血，雙眼卻沒有閉上。附近一個女同學嚇得大哭，我只好過去拍拍她肩頭安慰。另一次是日軍進行細菌戰，在浙江衢州城上空投擲鼠疫的細菌疫苗。當時我在衢州中學上高中，在鄉下上課，鼠疫在衢州城中蔓延，病者絕對治不好，情況十分恐怖。哪一家有人染上了，軍人將病人搬到衢江中的一艘船上，任其自死，七日後放火燒船，叫這家人換上新衣，什麼東西也不能帶，立即出門（官方補還其鈔票），將整座房子燒了。當時我是高中二年級，同班有一個同學體育健將毛良楷君染上鼠疫，全校學生校工等立刻逃得乾乾淨淨。毛君躺在床上只是哭泣，班主任姜子璜老師拿錢出來，重金雇了兩名農民抬毛君進城，送上江中的一艘小船。我是班長，心中雖然害怕，但義不容辭，黑夜中只得跟在擔架後面步行，直至江邊和毛君垂淚永別。回到學校，和姜老師全身互潑熱水，以防身上留有傳染鼠疫的跳虱。戰爭期間，惟一自覺有點勇敢的事就只這麼一件。

對於長久留存在金庸心靈裡的這些回憶，特別是對於抗日戰爭時期發生的國破家亡的記憶，是永遠難於磨滅。同學毛良楷，患鼠疫死亡，全校放假七天，查良鏞心有餘悸，可怕的鼠疫活生生地奪去了同學的生命，這是他第一次真實地感受到死亡的威迫和恐懼。他目睹同學被抬上死亡之船，小船孤零零地停在江上，上船就是被隔絕就是等死。衢江邊的生離死別，小船離他而去無人可救，生死成一訣，衢江邊和他的同學，垂淚永別的那一幕，無情的戰爭奪去了母親的生命，弟弟的生命，還有同學的生命，這些令人垂淚的一章章事，就永存在他的生命深處。

一九四一年十二月七日，日軍偷襲珍珠港，太平洋戰爭爆發，日軍加緊對金華、衢州等地的攻勢，一九四二年四月，二十萬日軍沿浙贛線西進，衢州城的房屋幾乎全被炸毀，人心惶惶。一九四二年的五月二十四日，日軍攻陷金華、蘭溪等地，衢州危在旦夕，迫於形勢，學校決定停課疏散，學生紛紛離校。為了減輕負擔，校方決定畢業班提前草草畢業，於是，查良鏞的高中生涯也就此結束了，這一年他正好十八歲。不久衢州淪陷，八月，衢州中學也搬到了遂安縣夏洲村，一個偏僻的深山裡。

金庸在石樑的兩年，是他求學生涯中難忘的一段時光。

十四年後，他在香港發表第二部武俠小說《碧血劍》時，還虛構了一個「石樑派」，寫到了衢江，這一切都來自他的這段經歷。

他在《碧血劍》中，曾這樣描寫道：

> 石樑離衢州二十多里，他腳步迅速，不消半個小時辰就到了。石樑是個小鎮，附近便是爛柯山。相傳晉時樵夫王質入山採樵，觀看兩位仙人對弈，等到一局既終，回過頭來，自己的斧頭柄已經爛了，回到家裡，人事全非，原來入山一去已經數十年。爛柯山上兩峰之間有一條巨大的石樑相連，鬼斧神工，非人力所能搬上，當地故老相傳是神仙以法力移來，石樑之名，由此而起。

第五回的回目「山幽花寂寂，水秀草青青」固然是形容他筆下的石樑女孩溫青青，也是石樑留給他的美的印象——將到山頂，轉了兩個彎，一陣清風，四周全是花香。月色如霜，入眼望去，滿城淨是紅色、白色、黃色的玫瑰……。

作為人生的一個轉捩點，查良鏞結束了他整個的中學生涯，他也將急急地離開那衢州中學，離開那美妙而神仙般的石樑，將到一個新的地方去求學、謀生，等待他的也將是另一種環境和新生活。但爛柯山上，兩峰之間巨大的石樑，以及那一切美好、醜惡的人世滄桑，將永恆地留在了一個青年人的心間。

六、留戀湘西

離開衢州石樑，算是高中畢業了。此時在查良鏞心目中，他的最親愛的母親，也因戰爭而早早地離開了人世，如今他那年輕的命運又將投向何方呢？那時的中國，其政治中心也隨抗戰而遷移到了西南的重慶，東南半壁江山已不可能有這位年輕人的立足之地。可以說，在當時的情況下，作為一位熱血的愛國青年，他最後的決定，還是選擇到重慶去尋求他的理想之夢。從浙江到西南四川的重慶，遙遙數千里，漫漫而艱辛的長途跋涉，對一個沒有多少盤纏（金錢）的青年人，其一路之坎坷就可想而知了。就當時中國的大趨勢來看，在抗戰時期凡有一點抱負和理想的知識青年，也只有二條路可投奔選擇。一是投奔紅色根據地——延安，當然這些青年大部分是有革命者意識的，二是奔赴當時的國民政府因抗戰而遷移的政治中心——重慶。當時的查良鏞選擇了後者，因為他要走繼續深造的求學之路，去重慶尋求他的所謂理想之夢。可以說二十世紀上半葉，中國經歷了所謂革命救國、實業救國和知識救國之路。

那時前去重慶的男女同學，有一行八人，他們先在衢州航埠鄉王浩然家裡集中，帶著隨身衣物和路上吃的炒米，擠上去江西的火車，憑著流亡學生證明可以免票。車上擠滿了逃難的男女老少。火車開出浙江，天就下雨了，越下越大，暴雨引起山洪，沖塌了前面好幾段鐵路路基，車到江西貴溪，浙贛鐵路中斷，火車停開。

查良鏞高中畢業後，依依不捨地告別了親人，終於又踏上了西去求學的人生之路。他歷經重重困難，輾轉西行，加上正是烽火彌漫的抗日戰爭時期，數千里長的雄關漫道，似乎是走了唐僧西天取經之路，一路上也真是艱苦跋涉、「簞食瓢飲」……因為連續趕路，日曬雨淋，吃不好睡不好，除了查良鏞，另外七個人都病倒了。如此的艱難，一行八人，只能分手，直至到了在贛州，各自去尋找生路了。

一九四二年冬天，查良鏞終於走到了四川的湘西。一路到了湘西，因為那時從交通上說，湘西是進入四川的重要通道。查良鏞到了湘西後，生活上因有一同學關係，可稍有安頓，而最重要的是，那美麗而特殊之風光，卻深深地吸引了這顆年輕人的心。查良鏞帶的盤纏，已用得所剩無幾，離考期尚遠，他決定在同學的哥哥開辦的私人農場，一邊幹活，一邊複習功課。美麗、貧困而神祕的湘西，成了他臨時的棲息地。直到一九四三年初夏，聯考的考期將臨，他才負笈前往重慶。

重慶，已成了政治中心，內地的許多大學，遷到了那裡。在湘西這塊風水寶地，查良鏞大約住了一年多，當年的這個邊遠小城，雖沒有五光十色和熙熙攘攘的熱鬧，但那美麗的山水、烤紅薯以及那動聽的民歌，在他心頭卻永遠難於忘卻。對於這段湘西最可留戀的生活，金庸後來在香港的《大公報》上也有自己對這段生活的回憶：

……我曾在湘西住過兩年，那地方就是沈從文《邊城》這部小說中翠翠的故鄉，當地漢人苗人沒有一個不會唱歌，幾乎沒一個不是出口成歌的歌手，對於他們，唱歌就是言語的一部分。冬天的晚上，我和他們一齊圍著地下挖起來的大樹根烤火，一面從火堆裡撿起烤熱了的紅薯吃，一面聽他們你歌我和地唱著，我就用鉛筆一首首地記錄下來，一共記了厚厚的三大冊，總數有一千餘首。這些歌中談情的數量固然最多，但也頗有相當數量的歌曲是詛咒當時政治的，然而在一般印行的民歌集子中，卻很難看到這些東西，那當然是因為怕犯當政者之所忌的關係。……

的確，當筆者在讀到金庸有關湘西的回憶時，在我心中也不禁被沈從文筆下之湘西美景所激盪，談及這個邊城，我記得在幾年前，曾和金庸先生一起遊湖州山水時，也多少談及一些他之《射鵰英雄傳》中所描繪的人物，其中談得最多的是那位一燈大師、瑛姑，隱居在湘西時的故事情節。當然，也談及一如《伏爾加夫縴夫曲》的那沅江上的縴夫，在數里長的河谷間，拉縴的勞動人民一代代艱苦生活的狀況……。一提起湘西，我又會想起，常把沈從文叫「文表叔」的黃永玉先生，他在那篇叫〈這些憂鬱的碎屑——回憶沈從文表叔〉的文章中，寫到湘西一些歷史片斷，他說：

……那時湘西十縣，都由一位名叫陳渠珍的軍人管領……在湘西人的目中，當時的對頭是何健，他是湖南省的省長。紅軍在長征時路過湘西……而在一九三五年、一九三六年前後，將介石的力量伸進了湘西。……在湘西文化生活方面，那時候的湘西，除「漢武」戲之外，還有「儺堂戲」、「陽戲」、「木殼腦戲」。到了年終，演「還儺願」戲時，免不了又有一番熱鬧。……

有時我想，不知查良鏞先生，抗戰時在湘西的那段時間，是否也有機會看過湘西有名的「儺堂戲」或「木殼腦戲」呢？

當年在湘西的查良鏞，他在那裡一方面複習功課準備考大學，另一方面那秀美之景也正可療治他的心傷。直到一九四三年初夏，大學入學考試時，他就前往重慶參加高考。但這湘西卻使日後的金庸迷戀不已。

所以，當時間流逝了五十多年後，有人問起金庸喜歡中國作家中那些作品時，他還是深深地懷念著湘西，他說：「……有人問過我，現代作家中，你最喜歡哪一個，我說我最喜歡湖南作家沈從文。我從小就喜歡看他的作品，現在還是喜歡看。」

這樣的回答，確也說明了金庸對美麗的湘西，是一生永遠割不斷的一章情結。我們不妨看，當他離湘西十幾年後，提筆構想《射鵰英雄傳》和《連城訣》等武俠小說時，他一次次地在心坷裡，又重新尋夢到了湘西的一山一水、一草一木之情狀。和寫文上人稱奇才的黃永玉，足使人們一提起湘西，就會令多少人神往呢！

當年沈從文隨著軍營在湘西山水裡漂泊，然後獨自一人告別家鄉，沈從文在《湘西》和《湘行散記》中，所描繪的那個讓人心馳神往的地方，也就是沈從文《邊城》中翠翠的故鄉……而我們看到金庸在《連訣城》故事中，那忠厚純樸的狄雲……作家的大手筆，在描繪此情景時，也無不出自——「那是湘西沅陵南郊的麻溪鄉下」這片神往的土地。

一九四三年的初夏的一天，報考大學的考期已臨，才不得不使查良鏞離開了他留連的湘西，他，也終於來到了中國抗戰時期的首都——那個好似英國倫敦的由霧和雨籠罩著的重慶。

那時的查良鏞，正是一個十九歲風華正茂的熱血青年，他後來回憶起當年離湘西去重慶考大學的情況時說：「其實，我當時也考取了中央大學、西南聯大和四川大學的外文系，但是當時在經濟上負擔不起。因為，那時我沒有錢，家中也失去了經濟上的接濟，那段時間，跟家庭也幾乎因抗戰而斷絕了。而西南聯大當時又在昆明，路途遙遠，沒法子去。而在重慶的『中央政治學校』，是一座不收學費的學校，我便去了。中央政治學校讀書的惟一好處就是方便，免受家庭的開支，那學校是國民黨訓練幹部的地方，衣食住行樣樣供應。……」這便是當年金庸為什麼選擇了這所大學的緣由了。

七、到重慶讀大學

確實，當時的中央政治學校，因為是當時國民黨政府的「黨立最高學府」，而其前身是中央黨務學校。最早於一九二七年成立於南京，蔣介石親自任校長。一九二九年，改名為「中央政治學校」。後來，發展到抗戰勝利後的一九四六年，這個學校又與三青團的「中央幹部學校」合併，改名為「國立政治大學」。而當年在重慶實際主持「中央政治學校」工作的，就是當時很有權勢的湖州藉的陳果夫，人稱「蔣家王朝、陳家黨」，陳果夫是陳立夫的哥哥，可謂是蔣介石的心腹。當時由他規定了這所學校的教育方法、課程配置。如規定第一學期以軍訓為主，正其心志，嚴其紀律為其根本。第二學期以後，則以博學，多設課程，改革以往的教育方法，使被動學習轉為主動學習，以達慎思、明辨的目的。其餘為學習軍事訓練和軍事管理制度。這所學校還設置了軍訓軍管等一系列制度，陳果夫還為中央政治學校制訂了許多其他嚴格的校規與方法。這些特別的課程無疑是當時其他大學教學上所沒有的。

當然，這並非是一所普通的大學，而是一座突出政治、軍事並嚴格訓練學生的黨國大學。幾十年後，金庸依然記得在中央政治學校讀書時的狀況：「……那是抗日戰爭發展到最激烈的那一年，有一個暑假裡，同學們大都回家去了，而像我這樣一些無家可歸的同學，就住在學校裡，天氣炎熱，除了游游游泳，我就在教室裡埋頭讀一點書。我當時讀了《資治通鑑》、《世界史綱》等書。我記得這《資治通鑑》是中華書局出版的線裝本，字體很大……《世界史綱》卻是大開本的插圖本……讀得倦了，便大汗淋漓地蜷曲在窄窄的長凳上睡覺，醒來時就再讀……長凳只有半尺來寬……爾後，我在《神鵰俠侶》中，寫小龍女在一條懸空的繩子上睡覺……也許，這寫作的靈感自此而來。在那個暑假裡，我以中西兩部精彩的歷史書為伴，過得精神充實而快樂。……」

的確如此，這時的查良鏞，在中央政治大學的讀書生活，過得還是非常暢心的。在他心靈始終未記：在碧湖，一篇《阿麗絲漫遊記》幾乎使查良鏞失學；在石樑，他又因反對訓育主任的學潮，上了「黑名單」。所以，到了重慶，他只是埋頭讀書，儘管中央政治學校的派系鬥爭很激烈，他從不介入。「我是很個人主義化的，我對校政雖有不滿，但卻沒有興趣加入對抗校方的政治活動。我只抱著現時西方學生的那種心態，希望多點個人發揮的自由。讀書歸讀書，不要有太多的管束」。

但畢竟好景不長。因為，這所學校畢竟與其他大學不同，在辦學方針、培養目標上，它是一所性質特殊、使命特殊的學校，校方自然對學生頗多嚴加管束。另方面，當時的中國也正處於非常時期，如果從查良鏞的出身以及他從小成長起來的性格來看，在他心靈深處，他似乎總認為自己身處這般特出政治和軍事的學校，顯然是不太合拍的。

雖然，查良鏞不去管讀書以外的事，也即是胡適先生的少談點主義，多讀點書的願望。他到了這所新學校後，確也沒有興趣去參與當時學生對抗校方的政治活動，而且對於當時學生中的派系鬥爭，查良鏞也是不聞不問、避之千里的。但這僅僅是一廂情願之事，只不過是一個短時間內可逃避的事，如果長期違背自己內心的主張，就不太可能了。因為，他畢竟在這所學校的現實空間中生存，每天在這個環境中生活，那些在學校中的所見所聞，就算你主觀上想避而不見、視而不聽，但在客觀上卻是萬萬逃避不了的。查良鏞最終還是沒能讓自己的「不聞不問」堅持到底，那不可避免的禍還是發生了。

事情說來也很簡單。因這所學校的性質是為黨國培育軍政人才的，當時在學校中有不少國民黨的職業學生，（相當於調幹生或委託代培生）他們因為入學前都有背景，所以往往自以為是，不免橫行校園。有一天，這些職業學生與其他學生衝突，在人群中打了起來不算，這些職業學生又將幾名學生領袖，揪到了學校操場的舞台上打，說他們是「異黨分子」（即共產黨）。這時，冷眼旁觀的查良鏞，確實再也看不過去了，他為學校中有這樣的學生非常氣憤，一種責任和正義感，即從他原本已冷寞的心間升起，他便將此事向學校投訴，責問校方何以能容忍那些職業學生的劣行？他甚至為了這件事，又進而與領導黨務的訓育長發生了激烈爭辨。

當時，在這種特殊性質的學校裡，對於這類情況如果你不聞不問，倒也平安無事，你只是讀你的書就可以了，可作為一個普通的學生，你卻站出來去干涉，那當然是闖了大禍。校方給查良鏞投訴的回覆卻非常嚴厲：沒有二話，即勒令他退學。這處理的潛台詞就是：這由黨國特殊辦的學校，能讓一個學生可隨便責問嗎？

於是，查良鏞在重慶中央政治學校讀了一年零兩個月，大約在一九四四年十一月，他又一次失學了。但是，這次的勒令退學，卻與在聯合高中被開除後，轉個學校再讀有著很大不同，因為這次再另找學校讀書，已經不可能了。被中央政治學校勒令退學的查良鏞，已別無其他路可走，現在面臨他的，就必須就地找個工作來做，否則你怎麼來維住抗戰時期自己的生活呢？因為家離你是遠遠的，真是遠水救不了近火啊！

好在那時，對查良鏞這個被學校開除的學生來說，在重慶還有個叫蔣復璁的表兄，當時是在中央圖書館任館長（他是蔣百里的侄兒，後來到台北後，曾擔任台灣故宮博物院院長），憑這層關係，查良鏞終算在重慶找到了一份可維住自己生活的工作。

這便是查良鏞當年步入社會的第一份職業。

這工作是在圖書館工作。進館後被分配在閱覽組工作，具體的活兒是辦理取書、還書、登記，兼以維持現場秩序。工作時間是下午兩點至夜晚十點。對查良鏞來說，這份工作十分輕鬆；而最讓他滿意是，是可以借工作之便大量讀書。這期間，查良鏞細讀了英文原著的司各特小說《撒克遜後英雄傳》，以及大仲馬的《隱俠記》、《基度山恩仇記》等。在他看來，這些十八、十九世紀的作家，他們的作品有共同點是「故事性」。他曾對池田大作說：以「偉大文學」而論，大仲馬與雨果的作品正是實至名歸。大仲馬能在世界文學史中占一席地，自然並非由於他的小說中情節的離奇，而是由於書中人物的生動。能創造一個活生生的人物，是小說家極高的文學才能。

老話說：塞翁失馬，焉知非福。查良鏞在校園裡沒法尋到一張安靜的書桌，給這所黨國學校趕出校門後，卻在這裡獲得了一方安靜讀書的天地。以今天的眼光看，這段時間的閱讀，對日後查良鏞的武俠小說之創作，確有著不可小覷的影響。另外，那時有一本以時事譯作為主的《時與潮》半月刊，在重慶風行一時，這是幾個東北青年一九三八年五月在武漢創辦的，以齊世英為發行人，後遷到重慶。因為及時把國際上關於政治、經濟、外交、軍事等方面的文章翻譯過來，受到許多讀者歡迎，每期銷到兩萬多份，又增出了副刊、文藝雙月刊，合在一起總銷量有三萬五到四萬份。查良鏞看到這個刊物受歡迎，想模仿《時與潮》辦一份刊物，名叫《太平洋雜誌》，刊登從國外翻譯過來的作品。他利用圖書館豐富的藏書、資料，每天上班時，一有空就著手編他的雜誌。下了班，他就帶著英漢字典，趕到離中央圖書館不遠的美軍俱樂部，搶譯新到的外國報紙雜誌，這些報刊由美軍飛機直接帶來，都是最近出版的。幾個窮學生四處借錢，也沒有籌到印刷費，好不容易找到重慶大東書局，勉強賒賬給他們印出一期，算是創刊號，印了三千冊，很快就銷完了。但由於紙價飛漲，印第二期時，大東書局再不答應賒欠，《太平洋雜誌》只出一期，就停刊了，創刊號成了終刊號。這件事也使他很傷心，再加上那時形勢也有了些變化，總感在圖書館管圖書，終究不是他長久之計。雖然，當時他借圖書館有書及資料的方便，雖辦過一本刊物《太平洋雜誌》，但只辦了一期也未能維持下去。當時他決心離開重慶圖書館。之後，一九四五年了，他向圖書館辦完離職手續，就和余兆文一起匆匆離開重慶，告別了一年中有半年被霧和雨籠罩的霧都。他就去湘西生活了一段時間。

在這個沈從文專事描繪的世界，查良鏞先後兩次在那裡生活了約兩年時光。湘西迷人的地方，《射鵰英雄傳》中一燈大師、瑛姑隱居的地方都在這裡。「鐵掌山」在洞庭湖向西，「經常德、辰州，溯沅江而上，瀘溪與辰溪之間有座形如五指向天的高山」，這些地名，顯然不是來自書本、地圖，而是他足跡到過的地方，是他生命中所熟悉的。《連城訣》中忠厚純樸的狄雲，就出自這片土地，「那是湘西沅陵南郊的麻溪鄉下」。小說中有個細節，狄雲在獄中度過了五年，終於出來時，「剝了蘿蔔皮，大大咬了一口。生蘿蔔甜美而辛辣的汁液流入咽喉。五年多沒嚐到了，想到了湖南的鄉下，不知有多少次，曾和戚師妹一起拔了生蘿蔔，在田野間漫步剝食……」湖南的風俗習慣在查良鏞的生命中也留下了烙印。

《飛狐外傳》寫到胡斐過五嶺入湖南，在衡陽的飯館吃飯時的情景：「少停酒菜送上，湖南人吃飯，筷極長，碗極大，無菜不辣，每味皆濃，頗有豪邁之風……」這當中確實有查良鏞自身的體驗。《射鵰英雄傳》中，描述的沅江的縴夫，正是他熟悉的：「眼見日將當午，沅江兩旁群山愈來愈是險峻……只見上行的船隻都由人拉縴，大船的縴夫多至數十人，最小的小船也有三四人。每名縴夫躬身彎腰，一步步地往上挨著，額頭幾和地面相觸，在急流衝激之下，船隻竟似釘住不動一般。眾縴夫都是頭纏白布，上身赤膊，古銅色的皮膚上滿是汗珠，在烈日下閃閃發光，口中大聲吆喝，數里長的河谷間呼聲此伏彼起，綿綿不絕。」金庸曾說：「我的小說中，最好的女人是湖南人，最好的男人也是湖南人。」的確，湖南的風俗習慣，在他的生命中留下了深深的烙印。

第四章　抗戰後的生涯

一、新聞事業的開端

一九四五年，抗日戰爭終於勝利了。一九四五年八月十日，重慶的天氣酷熱而鬱悶，無線電波傳來驚人的消息，日本昭和天皇宣布：願意接受盟國《波茨坦公告》，無條件投降。無論霧都山城，還是上海十里洋場，都陷入不夜的狂歡之中。那一刻，查良鏞正在湘西的農場，未能加入狂歡的人流。

在他的家鄉海寧，八月十一日清晨，重慶中央電台一遍又一遍地廣播日本政府的請降書已送達盟國的消息。當天，海寧縣政府把這一消息布告全縣民眾，還印發了各種小型宣傳品。下午，國民黨縣政府進駐縣城，袁花區署同時進駐袁花鎮上辦公。八月十五日，日本正式宣布無條件投降，飽受八年戰爭蹂躪，犧牲了無以數計的生命、財產的海寧，全縣城鄉和整個中國一起陷入歡騰之中。查良鏞也結束了抗戰的漂泊生涯，準備打道回府返回家鄉。當時由於湘西農場主一再挽留，直到一九四六年初夏查良鏞才返回久別的家園。

這位二十出頭的青年學生，在戰亂不斷的八年中，從初中到大學一直無家可歸、漂泊異鄉、慈母病死，他和萬千學子一起飽受了外敵入侵造成的離亂之痛、饑寒之苦，而且曾兩次嚐到失學的滋味。一旦抗戰勝利的消息，傳入他耳中的時候，他和當時每一位青年人一樣，怎麼也抑制不住內心的那份喜悅、激動、悲愴的情緒。這個勝利的消息對他來講，是來得多麼突然，有好幾夜，他真是通宵難眠。也許，當那苦難而又漫長的八年抗戰結束後，對於每一個中國人來說，無不都是悲喜交集、難分難解。

戰爭使他永遠失去了母親，想到孟郊的「誰言寸草心，報得三春暉」那首孝母詩，在他的眼前，禁不住一次次地又重現出慈母溫和的笑容。母親是他小時候最可親的人，也是他接受知識教育最早的啟蒙者，他千萬想不到在抗戰時和親愛的母親之一別，竟成永訣。這次抗戰後重回家園，使他心靈最痛、最沉重的，就是他再也見不到她母親了……

他美麗的家園被戰火毀掉已有九年，離他一九四二年遠去重慶求學轉眼也四年了，當他重回故鄉，沉浸在父親以及他的幼弟良鈺等一片家庭悲喜的氛圍中。但這些似乎都換不起他有多大的興味，因為他畢竟比以前已成熟得多了。倒是在這次回鄉途中，年輕的查良鏞在上海買到了英國歷史學家——湯因比的英文巨著《歷史研究》，帶回家閱讀時，使他的心靈憑添了幾分欣喜。當時整部《歷史研究》還沒有完成，他買的是前面幾卷的節本，他都仔細地閱讀了。半個多世紀之後，他在與池田大作對話錄的序言〈不曾見面早相知〉中，回憶到了他在抗戰後途經上海能買到一部好書時的心情：

「……抗戰勝利後，從西南回到故鄉，在上海西書店裡買到了一本A. Toynbee（湯因比）大著*A Study*

of History（《歷史研究》）的節本，廢寢忘食地誦讀了四分之一後，頓時猶如進入了一個從來沒有聽見過、見到過的瑰麗世界，料想劉姥姥初進大觀園，所見所聞亦不過如是。想不到世界上竟有這樣的學問，這樣的見解。湯因比根據豐富的史實而得到結論：世界上各個文明所以能存在，進而興旺發達，都是由於遇到了重大的挑戰而能成功應付。我非常信服這項規律，這本書越是讀下去心中一個念頭越是強烈：我如能受湯因比博士之教，做他的學生，此後一生即使貧困潦倒、顛沛困苦，甚至最後在街頭倒斃，無人收屍，那也是幸福滿足的一生。」

的確，當查良鏞回到家中時，戰火已把家園毀了，慈母也被戰爭所奪去……他因此對家園似乎失去了舊日的溫馨，那些時日在家鄉度過，雖再沒有了炮聲隆隆，雖也回歸到祖宅，一家人總算好不容易相聚在一起，自有悲喜交集，自有說不完的話。抗戰回家不久，在家鄉小住了不到半個月，與父親、兄弟姐妹一起享受了短暫的團聚時光。但總感這個家已破碎不堪，一望鄉鄰，寂寞寥寥，惟有大歷史學家湯因比的這部書，是他心靈唯一的寄託。

當時，比他小十三歲的查良鉦，正在袁花鎮龍頭閣小學讀四年級，幾十年後，弟弟曾回憶當時的情景：「小阿哥在家裡住了近半個月的時間，我和三哥纏著他講了近半個月的故事。那段日子，是我記事以來最開心、最難忘的，至今回憶起來，我覺得像是在眼前一樣。小阿哥要走了。上次走後，四年多才見面，這次一走，不知何時才能再見到小阿哥。我心裡非常難過，站在他面前一個勁兒抹眼淚。小阿哥把我摟進懷裡：『小毛弟，好好讀書，小阿哥會常回來看你的！』」

在大千世界奔波過的查良鏞，長住這個小地方，他也深感施展不了才華。當然，對於這年輕人要奔前途，他父親是非常理解的，於是，在家沒有住多久，便告別了家人，離開了家鄉。再度離家不久，他又在熱心的陳向平編輯，極力向杭州的《東南日報》總編輯汪遠涵推薦，從而使查良鏞很快在省城杭州的《東南日報》，找到了一份外勤記者的工作。

而他在《東南日報》的實際工作，是收聽國外電台的重要新聞，然後譯成中文。外國電台廣播的語速很快，又是只說一遍，一般人聽懂已算不錯，但查良鏞卻能夠將新聞內容逐字逐句地直譯下來，所以當時他在報社還是很受歡迎的。其實，這電譯工作，其中也有竅門。一般說來，每段時間，國際上也只有幾件大事，且各類新聞都會敘述這些事件的來龍去脈，具有連續性。因此有時記錄下有關的時間、地點、人名、數字，再注意聽聽有什麼新的發展，那就能八九不離十，不會有太大差錯了。在當時工作中，他用的這個小竅門與現在英語聽力學習中的訓練方法，似有不謀而合之處。就這樣，查良鏞用著他紮實的英文基礎、過硬的中文底子，不僅很快地適應了這份工作而且得到了同事和上司的好評。當時的主編汪涵遠，就對他很是賞識。汪遠涵是浙江永嘉人，筆名越閒。出生於溫州城裡的大戶人家，家裡在蛟翔巷開錢莊。溫州中學畢業後，他於一九三一年投考復旦大學文學院新聞系。復旦大學畢業後，一九三九年進入《東南日報》，從編輯到編輯主任，一直做到總編輯。汪遠涵這位謙和平易的總編，一開始就很喜歡這個年輕人，並說自己與他頗有緣分，他們曾同在杭州喝酒談天。四十年後，金庸在給汪遠涵的信中還回憶起這個場景，他們之間那細水長流的情誼，令金庸永銘於心間。回憶中，他們在杭州天香樓喝陳年花雕，以鰣魚佐酒，所以四十年後（一九八六年），金庸給汪的信中還說：「記得吾公喜食鰣魚，鰣魚初上市時，輒先嚐鮮。現在香港食此魚時，每每憶及。」在他眼中，汪是個好好先生，謙和平易。一九九三年他說到自己懷念的新聞人，其中就有汪遠涵。而汪先生於一九五六年溫州師範學院擔任該校英語教師，一九五七年被劃為右派分子。一九八五年退休，先後為民盟及民革成員。二〇〇六年九月二十四日，在溫州市區縣前頭老宅家中逝世，中國一代新聞名家走完了他的一生。

當時在《東南日報》的工作，查良鏞大都是晚上八點，開始一天的工作，一邊收聽英語廣播，一邊將重要的關鍵字記下來，然後，憑著記憶將收聽到的新聞翻譯成漢語。同學余兆文來杭州，聽說他的工作是收聽英語廣播並將之譯成中文，感到很吃驚：「外國電台廣播，說話那麼快，又只是說一遍，無法核對，能聽懂，就已經不錯了，你怎麼還能逐字逐句把它們直譯下來？」他解釋說：「一般說來，每段時間，國際上也只有那麼幾件大事，又多是有來龍去脈的，有連續性。必要時，寫下有關的時間、地點、人名、數字，再注意聽聽有什麼新的發展，總是八九不離十，不會有太大差錯。」國際新聞版幾乎天天有「本報×日收紐約（或倫敦、華盛頓等地）廣播」的消息。查良鏞的英語基礎比較紮實，中文底子也過硬，記憶力又好，不僅很快適應了這份工作，而且得到同事和上司的好評。

雖然，查良鏞在《東南日報》的生活還過得頗為如意，也是他從事新聞事業的開端，但他的性情，決定了他不會僅僅滿足與棲身在這樣一方小天地裡。當然，那時的人間天堂杭州，依然夜夜笙歌，西湖上畫船如梭、遊人如織，達官貴人醉生夢死，美麗的西子湖畔，到處是他們休閒的別墅，「山外青山樓外樓，西湖歌舞幾時休」的詩句，一次次穿越和印證了王朝更迭、世事變革。「東南形勝，三吳都會，錢塘自古繁華」，柳永的〈望海潮〉詞，是查良鏞從小就熟悉的。西子湖畔的湖光山色、文化古跡，也處處吸引著他，許多廟宇、亭子、茶樓都留下了他的足跡。清代學者阮元撰的對聯：「下筆千言，正槐子黃時，桂花香裡，出門一笑，看西湖月滿，東海潮來。」查良鏞小時候就會背誦。杭州的月下老人祠，那副令人難忘的對聯：「願天下有情人，都成為眷屬；是前生註定事，莫錯過姻緣。」

月下老人祠，號稱「司天下男女姻緣的廟宇」，在西子湖邊，雷峰塔下，白雲庵旁。祠堂極小，卻是風雅之士與情侶們必到之處，查良鏞空閒時，也常去看看。他以後曾以瑰麗的筆觸，描繪了乾隆與紅花會在西湖的相會的情景：「五艘船向湖心划去，只見湖中燈火輝煌，滿湖遊船上都點了燈，有如滿天繁星。再划近時，絲竹簫管之聲，不住在水面上飄來。……數百艘小船前後左右擁衛，船上燈籠點點火光，天上一輪皓月，都倒映在湖水之中，湖水深綠，有若碧玉。」

說真的，對美若仙女的西子湖，對查良鏞一直是流連不已的。但是，在杭州的工作，對金庸的事業和人生而言，只是一次小小的過渡。他還想有機會繼續自己的學業，去實現更大的人生抱負；當是的杭州若比之上海這樣的國際大都市、充滿機會的人生大舞台來說，杭州仍是太小了；再說，做外勤記者本不是金庸最高的理想，儘管他也由衷地喜歡這一工作，因畢竟太辛苦了，也缺少發展前途……總之，他不可能久留此地。

同時，在杭州的《東南日報》工作幾個月之後，國內的局勢也發生了重大的變化。國共兩黨內戰的全面爆發，戰場上的炮火、硝煙以及杭州當權者的醉生夢死，又一次觸動了查良鏞那根敏感的政治神經，他決意向汪遠涵遞交了辭呈，轉往上海，尋找新的機遇。

此時，他的堂兄查良鑒是上海市法院院長，並在東吳大學法學院做兼職教授。這不僅是金庸的理想的表率，也是一種現實的、可資利用的關係。大上海有著他的堂兄堂弟，可資支助，所以金庸便轉到大上海去求發展，那年他正好是二十二歲。這樣的年輕歲月，誰不去尋求發展機遇與人生騰飛之夢呢？

二、進入《大公報》

當時的上海是中國的經濟、貿易、金融中心，同時也是一個華洋混雜、繁華如夢的大都會，世稱上海是冒險家的樂園。隻身赴滬的查良鏞，初到上海便拜會了堂兄查良鑒，他向堂兄表明了自己想繼續求學的願望。當時的堂兄查良鑒，時任上海市法院的院長，並又是兼職東吳大學法學院的教授，於是在他堂兄的幫助下，查良鏞便以中央政治學校外交系的學歷，插班進入東吳大學攻讀國際法專業。當然，東吳大學，在當時確是一所著名的高等學府，在讀的學生，大都是各學校的精英方能進入，可謂人才濟濟。同時這所學校也培養出了不少名人，如一些政界要員、企業集團之精英，以及社會名流，曾畢業於東吳大學的不在少數。

離杭到上海後，查良鏞憑藉堂兄的幫助，再次有機會攻讀他一直心儀的國際法專業，實在是一件非常幸運的事，畢業後的前程當然是看好的。然而世事難料，一個人的命運軌跡，也變幻莫測，他終究無緣於法學界的深造，其命運卻似乎註定了他與新聞報業有著千絲萬縷的聯繫。那是因為在一九四七年的上半年，上海《大公報》在全國範圍內公開招聘三名國際電訊翻譯，這次公開招聘不僅在上海報界掀起了不小的熱潮，滬上有志的年輕人，均紛紛躍躍欲試；同時也影響了年輕查良鏞之命運。

《大公報》創刊於一九〇二年六月，發祥地在天津，創刊人是滿洲貴族英華。從創刊之初《大公報》就以「開風氣，牖民智」的宗旨，以敢言而著稱，風格獨特，頗受中產階層和企業知識界人士的歡迎。雖然《大公報》一度停刊（一九二五年停辦），幾度易主，歷經時事變遷，但始終煥發著強大的生命力和鮮活的氣息，這其中有張季鸞、胡政之和吳鼎昌三人的功勞。一九二六年他們三人以新記公司的名義聯手接辦《大公報》，（吳任社長、胡任經理、張任總編）他們提出了「不黨、不賣、不私、不盲」的「四不」辦報方針，而且他們在中國新聞報業歷史上，標榜「文人論政」，這在當年頗具鮮明的反封建意識，為中國的傳統報業開闢了一條新路子。

隨著抗戰的勝利，上海、天津的《大公報》相繼復刊，新記《大公報》在新聞界的影響，逐漸如日中天。一九四七年六七月，恰逢上海《大公報》面向全國招聘三名電訊翻譯，查良鏞的生命由此揭開新的一頁。這次公開招聘也正是在上海《大公報》復刊不久之際。由於《大公報》的「四不」辦報方針和「文人論政」之銳氣，一直是年輕人，特別是對於有理想的年輕人具有非常大的影響和吸引力。

當時的查良鏞，在報紙上看到了這則公開招聘啟事中，有國際電訊編輯這一熟悉的職位，讓他不禁回想起了在《東南日報》的歲月。這也許是個機會，一個美好的理想，乃或是一絲火花，在年輕查良鏞的心頭閃過……當初，他婉拒了杭州《東南日報》汪遠涵總編留他在杭的好意，隻身赴滬不就是為了不使自己的意志在安逸的「天堂」杭州日益消磨，不就是希望在這個令無數人夢寐以求的大都市尋找更多的機會嗎？

當然，在他作最終的一個選擇時，確也使他左右為難。因為，他通過堂兄的幫助，得以在東吳大學攻讀國際法，才剛讀了一年多，如果此時馬上放棄很有前途的專業，似乎又十分可惜。然而查良鏞確是個熱衷於報業的有心人，一直以來，他有心留意《大公報》的發展，它的銷量雖然在當時報業界還不是最大，但《大公報》在當時報界，卻是地位最高、最具影響力的大報。特別它提出的「文人論政」以及敢言的辦報風格，很對他的胃口。如今，進入《大公報》的機會正擺在他的眼前，同時這也是一個證明自己是否有實力的時機，豈能白白讓它流走呢？於是，查良鏞當時還是下定決心參加了《大公報》的招聘。我想，也許，查良鏞當時的這個決定，在幾十年過去後，確也成了今日萬千武俠迷的幸事，因為，如果當時查良鏞沒有參加招聘的話，那麼當今法學界，可能會多一位查教授，但武俠界會少一位金大俠，同樣會少了很多如今讓人們津津樂道、回味無究的經典武俠人物……當然這是後話。

報紙一刊出招聘廣告，應徵函雪片一般飛來，共有一〇九人。上海本市的占百分之九十五，其他多來自南京、徐州、蘇州、嘉興、杭州等地，其中有中央研究院的研究員、大學教授、銀行職員等，其中還有知名作家參加應聘。但當時的《大公報》，有獨特的用人標準，不唯名氣，不唯資歷，唯才是舉。報館最後選擇十位優秀的應聘者參加筆試。資深的《大公報》翻譯主任楊歷樵，擬定試題並親自閱卷，評定分數。試題有英文電報一，社論一，要求將之譯為中文。查良鏞第一個交卷，只用了六十五分鐘。隨後，他又順利通過楊歷樵、許君遠、李俠文負責的口試。爾後，查良鏞憑著其過硬的中英文基礎，以及他在杭州《東南日報》的工作經歷，一路過關斬將，從幾百名應聘者中脫穎而出，順利通過了要求很高的筆試和面試，而且在筆試中還是第一個交卷，最終被第一個被錄用，另外被錄用的兩人是蔣定本和李維君。以後的實事證明，這確是他人生中的一個轉捩點，對他以後的人生有著無法估量的影響。

筆者曾和金庸有機會談及這個人生的一個轉折時，他認為當時雖尚年輕，也未考慮得今後這麼許多後事，但他日後回顧往事，他的決定與選擇還是正確的。因為此時查良鏞在東吳大學的學業未完，所以他在上海《大公報》的工作，只是兼職，屬於半工半讀的性質。然而他在《大公報》學到了在校園裡無法學到的東西：在那裡他第一次接觸了社評，那些激動過一個時代的社評，自然也使年輕的查良鏞心潮彭湃，這也許是他後來長年堅持寫社評，堅持以正確的輿論影響社會的原因之一。在那裡他受到了文人辦報思想的薰陶，近距離地領略了《大公報》的精神氣質，這為他日後創辦《明報》，開創文人辦報的先河，鋪下了基墊；在那裡他也具有了在壓力下工作的能力，因為《大公報》要求十分嚴格，稿子付印以前，常要幾個編輯過目，經過仔細推敲，方才定稿，這也使他後來養成了嚴謹的工作作風。

也許人生之轉折，便是如此而來，人生之路，也就是如此地一步一步地走了下去，重要的是，在年輕時，便應認準一個方向朝前走去。

三、白手赴香江

查良鏞進入《大公報》沒多久，時局就發生了激烈的變化：一九四七年後，國共兩黨交戰，形勢越來越吃緊，堅持追求「自由主義」理想的《大公報》在兩黨對峙中，生存日益維艱。這使《大公報》的經理胡政之，感到憂心忡忡，他深感前途迷茫，一直在想要尋找突破口，一個新的發展空間。

香港這座小島，在清道光初年，被往來於零丁洋一帶的外國船員，稱為「香港」之前，一般叫作「石排灣」或「赤柱」。一八四一年，人口不過七千四百五十人，全部是漁民。然經過百年之後，世人的視角眼光，已對她大變。這時，香港這個太平洋上的東方明珠，真吸引了無數政治上的敏銳目光。當時，香港雖不過是一個不起眼的小都市，在經濟上、文化上與上海相比落後很多；然而香港卻有著得天獨厚的發展條件，水深港闊是難得的深水良港，且它歷來在出口貿易、商業繁榮等方面，有著發展成大都市的潛力，人稱世界的自由港；同時它當時屬於英國的殖民地，且與大陸距離最近，一旦國內戰事爆發，香港不會受到戰事的影響，必然會是一些國內富商、政要達官，首選的遷移之地。胡政之在心底權衡了諸多因素後，毅然下決心親自帶隊到香港，以求《大公報》在異地的發展。

胡政之（一八八九年至一九四九年四月十四日）名霖，字政之。四川成都人。新記《大公報》創辦人之一，任總經理兼副總編輯。他二十四歲就當上了章太炎主辦的上海《大共和日報》的總編輯，三十一歲任名報人林白水主辦的北京《新社會報》的主編。一九二六年，他和吳鼎昌、張季鸞共同以新記公司，接掌《大公報》。他還創辦過國聞通訊社和《國聞週報》，終生以新聞為業，被外國報界視為報界鉅子。

一九四八年一月二十五日，胡政之親自帶著費彝發、李文俠、馬延棟、李宗瀛等報社骨幹，奔赴香港，開始了港版《大公報》的復刊工作。胡政之與幾十名赴港員工，經過五十天上下，同心的埋頭苦幹，克服了各種各樣的困難，終於在三月十五日將港版《大公報》正式復刊。

胡政之能在如此短的時間內，在香港順利復刊，感到十分欣慰，他親筆寫了〈復刊辭〉，重申了《大公報》的辦報初衷是「文章報國」，是為了「代表中國讀書人的一點不屈不饒的正氣」，同時他還強調了民國二十七年（一九三八年）的《大公報》香港版，只是為了應付抗戰的臨時組織，而這次復刊卻是希望在香港長期發展。這篇〈復刊辭〉似乎標誌著《大公報》的主要陣地將由上海轉至香港，同時也表達了胡政之，想要在香港大展拳腳的願望，雖然當時這位六十歲的老報人懷著如此赤子般的心願，但終究事與願違……

港版《大公報》的復刊成功，把新記《大公報》推向了時代的最後一個高潮。剛成立的報館，急需一名翻譯，於是準備派原來在上海報館的張契尼前去，但由於張的妻子，恰好在此時臨產，張無法拋下妻子和孩子遠赴香港。就這樣，派駐到香港的機會，便落到了當時僅二十四歲的查良鏞頭上。當然，此時他也略略地意識到國內的時局已經十分緊張，全面內戰一觸即發，所以他在東吳大學的學業也草草地結束了。赴港前夕，他去了一趟家鄉海寧，去了一趟南京，去了兩趟杭州。三月二十九日，同事在南京路的報館為他餞行，尹任先為他買好了機票，第二天早晨即起飛。

三月三十日，帶著半年就回來的期待，帶著對陌生的香港的種種猜想，查良鏞登上飛往香港的飛機。人生中充滿了無數的偶然，他沒有想到此行將決定他一生的命運。對於查良鏞來說，這個十分偶然的機緣，又是他生命中的第二個重要轉捩點。我們說人的生命之舟，有時就是如此迂迴曲折，同時也不禁讓人感嘆人生如戲，充滿著偶然性之發展。

正如金庸後來回憶這段人生的轉折時說：「《大公報》原來是派另外一個翻譯來香港的……如果我不來，情況可能就完全不同了，我會繼續留在上海，在上海《大公報》幹下去，但可能在『反右』中給鬥掉了……」金庸的這般出自肺腑之言，歷史之發展，似乎也顯露這一點。

當離開大上海時，他確對上海有些留戀，也不時想著在海寧家鄉的父親及親人們，當飛機慢慢地收起起落架，漸漸升空時，他的親愛的故鄉，那山、那水，那代表嘉興的南湖煙雨，那「山色如娥，花光如頰，溫風如酒，波紋如綾，才一舉頭，已不覺目酣神醉。」的西湖，不似乎在他的視線與想像中，變得越來越遙遠麼？此時此刻、此情此景，在他心中不禁有些悵惘，他更不知等待他年輕的命運，將又會如何變幻？因為這是他人生中的又一個重要旅程。但不知為什麼，對此刻的查良鏞來說，似乎像是一次普通的平常的外出度假？此時的他，也更沒有想到，他那今後人生的大部分歲月，將會在香港度過，更沒有會想到這海島將是他成家立業的重要的人生大舞台……。

飛機升入五千英尺的高空，空中小姐送上了簡單精緻的午餐。查良鏞邊吃著午飯邊想著自己到達香港後的行程，可正當他迷迷糊糊想著香港的港市時，卻突然發現出門倉促，身上竟然沒有帶一分港元，這一想卻急得他一頭冷汗，心想這身無分文如何搭船至報館報到，況且香港人生地不熟，這可如何是好。他正局促不安時，與他臨座的恰是香港《國民日報》的社長潘公弼，因看查良鏞神色不安，便關切地尋問發生何事。待查良鏞把實際情況告知後，潘公弼笑道：「這有什麼好憂心的。」，說完就借給他十元港元。正是有了這十元，查良鏞才能順利到報館報到。這雖是一件小小的佚事，但也印證了金庸初到香港確實可稱得上是「身無分文」，如果對照現在的身家資產，也可謂是一介書生的發家奇蹟。

他初到香港《大公報》時，工作內容與上海一樣仍是國際電訊翻譯。因是創業階段，工作條件艱苦，生活條件也遠不如上海。但是查良鏞並沒有感到失落，相反對這個城市感到十分新鮮，雖然與上海相比只是個小城市，但香港人坦誠直爽、重視信用、說話算數，他對他們產生了好感，覺得香港的人際關係，比上海好。而且「生活安定，毫無漲價威脅」「共產黨來時不必逃難。可以學會廣東話，廣東文字。可以坐二毫子的雙層電車。在街上沒有被汽車撞死的危險。出門買東西，不必背皮包裝鈔票……」

另一方面，香港的《大公報》報館雖然工作條件艱苦，但卻是一個氣氛融洽的團隊，特別是一些資深的老報人，手把手地教年輕人，對新聞事業的嘔心瀝血，更是感染了報社的一大批年輕後輩，這其中包括年輕的查良鏞。

胡政之先生的為人和學識，使他體會到作為一個報人的理想主義和責任感；胡先生在工作中的不辭辛勞，與年輕人們同甘共苦，也深深感動著他這個年輕後輩。「與胡先生相處只有一個多月，在這一個多月中，因工作、吃飯、睡覺都是在一起，這位偉大的報人對於一個年輕的新聞工作者生活和學習上所發生的影響是極其深遠的。我常常想起他那些似乎平淡無奇其實意義精湛的話來，現在卻永遠再聽不到那些話了。」另《大公報》翻譯主任楊歷樵，為人仁厚，樂意扶植年輕人，是當時公開招聘時的主考官，對查良鏞可說有知遇之恩；楊歷樵還精通多門語言，被稱為「翻譯聖手」對他的翻譯工作，常給予悉心的指導。港版初創，內容與「香港文化」似乎格格不相入。有一次吃飯時胡先生說：「報紙的任務是教育讀者，以正確的道路指示讀者，我們絕不能為了爭取銷路，迎合讀者的心理而降低報紙的水準，歪曲真理。」。

這些老報人在他心中留下了難以磨滅的印象，他們的精神風骨，也無形中成為他人生的標杆，數十年後，金庸在與池田大作的對話中，他還深情地懷念起幾位當年《大公報》的恩師：「在《大公報》工作時，翻譯主任楊歷樵先生，教了我不少翻譯的訣竅。報紙主持人胡政之先生、前輩同事許君遠先生，都對我有提攜教導之恩。可惜這數位恩師都已經逝世，雖欲報恩而不可得了……」的確，胡政之為一代社會賢達。國民黨政府多次邀他做官，他都拒絕了，一生以報人自任。抗戰勝利後，他到南京，美國駐華大使司徒雷登，試探他是否願意出任行政院院長，拿洋房汽車招待他，他卻謝絕了，自己跑回《大公報》南京辦事處，去睡帆布床。他曾言：「我與社會上層人物和達官權貴雖多交往，但只有公誼而無私交，所談皆國內外時勢大事，從不涉私，這樣對於事業是有利的。」

查良鏞曾說：「去年，也是在這個季節，也是這種天氣，胡先生離開香港。我站在報館宿舍門口，看著他一步一步走下堅道的斜坡。臨別時他說：『再會』我問他：『胡先生，你就會回來麼？』他說：『就會回來』說了淡淡地一笑，我從這笑容中看到一種淒然的神色，我立在門口呆了許久，心中似乎有一種不祥的對命運無可奈何的預感。果然，他永不會再回來，這些話也永遠不會再聽到了。」正是，一九四八年四月的一夜，胡政之突然病發，離開香港飛回上海就醫。輾轉病榻一年後，他就在上海黯然謝世。

四、一個時代的終結

查良鏞在香港《大公報》工作了大半年，漸漸適應了這裡的氣候和人文環境，他雖然身處這個孤懸的海島，卻時刻關注著國內局勢的走向。此時國內正發生著翻天覆地的變化，一九四八年十一月份，內戰勝負已分，中國人民解放軍百萬雄師搶渡長江，攻佔了南京國民黨的總統府，國民黨在失了南京後，深感大勢已去，國運已衰，已無力回天，末路只有節節敗退台灣而去。新中國隨即在北京成立。

此時，《大公報》也正面臨著何去何從的抉擇，一方面作為新聞媒體必慢慢順應這股強大的歷史潮流，積極向新生的政權靠攏，然而這勢必意味著要改變《大公報》的辦報初衷，以及一直堅持的辦報路線，從而要轉型為「左派」的報紙。另一方面，如果執意堅持原來的辦報本色，那很可能會無法繼續生存發展下去。一個社會的上層建築性質，必竟決定了存在的意識形態，如果違反這種意識形態，必然會遭到淘汰的命運。

但查良鏞正是在《大公報》這段時期內，深受於幾任傾一生生命以辦報為業的前輩。

胡政之（一八八九—一九四九年，名霖，字政之），他和張季鸞等，一起走出了一條百年報業的「新路徑」，創造了中國報業史上的一個高峰，一個至今難以跨越的高峰。在報業經營管理上用心，並且創造了一系列獨具風格辦報經驗的，在中國現代新聞史上，恐怕就只有胡政之一人。外國報界對於胡霖的大名是以報界鉅子看待，胡政之沒有虛枉此譽。他見識廣博，洞明世事，一生有為有守，在動盪的亂世中始終保持著開明的態度和冷靜的頭腦。他在一九二六年開創新記《大公報》的新事業前，做過三年舊《大公報》總編輯，他是中國第一個採訪巴黎和會的記者。從一九二六年到一九四九年，加上一九一六到一九一九年，他主持《大公報》先後二十七年，還創辦過國聞通訊社和《國聞週報》，終生從事新聞為業，被外國報界視為報界鉅子。一直堅持《大公報》為民間辦報的胡政之，曾於一九二六年，在《國聞週報》發表《作報與看報》一文，他說：「社會需要好報，新聞記者就不敢不努力，……讀者鞭策記者的力量，比什麼力量還大。」《大公報》後來的實踐證明了他的辦報思想。胡政之編的《國聞週報》既發表過張季鸞，在生活落魄時的政論，也發表過年輕作家沈從文的小說名著《邊城》，當年的發行量最高時達二萬五千多份。他主持的國聞通訊社通訊網，遍布全國，發掘、培養了大批優秀的新聞人才，這些都為後來新記《大公報》奠定了堅實的基礎。後隨著時局的動盪，因積勞成疾，而一病不起，無力再主宰《大公報》的命運。

一九四九年江山易主的前夜，即四月十四日，他在上海黯然去世。故謝泳曾評說：「在一定的意義上，胡政之的死，就是《大公報》的死」。名報人徐鑄成曾說：「邵飄萍、黃遠生諸先生富有採訪經驗，文筆恣肆，而不長於經營。史量才、張竹平、汪漢溪諸先生工於籌計，擘畫精緻，而不以著述見長。在我所瞭解的新聞界前輩中，恐怕只有胡政之先生可稱多面手。後起的如成舍我輩，雖然也精力充沛，編輯、經營都有一套，但手面、魄力，似乎都不能與胡相比。」

楊歷樵，畢業於聖約翰大學，精通英、日、俄語，中文功底也很紮實，初在南開學校教英文，一九二七年四月進《大公報》。他最初是英文翻譯，一九三一年「九一八」事變後，開始執筆寫國際問題社評，先後在天津、上海、香港、桂林、重慶等地擔任《大公報》翻譯主任，被譽為中國報界兩位「翻譯聖手」之一。一九四五年十一月，《大公報》上海版復刊，他出任要聞版編輯兼翻譯主任，只知道埋頭實幹、苦幹，為人厚道，和藹可親，熱心扶植年輕同事，大家都叫他「老夫子」。他對查良鏞更有知遇之恩，一九四八年《大公報》香港版復刊，他先是任編輯主任，一九四九年起任副總編輯，一九六七年病逝於香港。

許君遠一九二八年畢業於北大英國文學系，先後在《北平晨報》、天津《庸報》工作，一九三六年《大公報》上海版創刊，他和徐鑄成同為相當重要的要聞版編輯。一九四六年七月，他出任《大公報》上海版編輯主任，並主編內刊《大公園地》。

可以說，正是在這些前輩身上，青年查良鏞深深體會到了一個報人的理想和責任。之後，主持《大公報》筆政的王芸生，也正面臨著何去何從的抉擇。但他在接到毛澤東親自邀請他參加新政協的明確信號後，王芸生於十一月五日離開台灣，八日抵達香港。兩天後，他在《大公報》港版，發表〈和平無望〉社評，標誌著香港《大公報》的左轉，這張曾經以「四不」方針、「文章報國」立身於民間的報刊，從此成了左派報紙。爾後，六十一歲的胡政之先生的逝世，似乎也宣告了一個時代的終結……。

新生紅色政權的成立，江山易主，《大公報》的轉向，全國上下百廢待興、氣勢如虹……。這一切的一切不斷撞擊著年輕查良鏞的內心，想要報效祖國、大展宏圖和對故國的相思，令他心潮激盪、輾轉難眠，他不止一次萌發出北上的念頭。然而，他也明白時機還未到來，他蓄勢待發等待著恰當時機的到來，因為對於這樣一位長期受儒家思想熏淘的書香門第的年輕人，他也經歷過了時代大動盪的磨練，而二十世紀的大轉折，也正是他想施展才華之時。當時，在他內心深處，父親、祖父、曾祖直到查氏家族的先祖們，都是他走向人生輝煌的楷模，可以說，此時此刻的查良鏞，無時不在看大勢而動。可以說，那時代的走向與趨勢，每一天都在觸動著他的神經，在他心中湧動的是根深蒂固的一句話，即為了實踐「不為良相亦為良醫」這條人生之路，他可以冒任何人生之險，去闖他的事業之路。

命運之神不知為什麼？正在他那個難於把握的年代，他在香港卻意外收到梅汝璈博士的電報，召他北上。這時的查良鏞，他的政治嗅覺與及他的敏銳的神經，似乎全部調動起來了，立刻將他緊緊抓住。他沒有絲毫猶豫，甚至不顧妻子、親人和朋友們的勸阻，鐵了心也要北上報國。

確實，他終於向《大公報》遞上請辭書，踏上了北上的旅程，他彷彿感到鮮豔的五星紅旗，在向他招手，一個未知的天堂在等待他，如錦的前程美夢，在深深地吸引……。他本以為將永遠告別香港這片原本就是陰差陽錯而來的土地，他甚而想將會紮根內地，再也不會回頭了，將會在新生的共和國，去實現自已的理想和事業。誰知命運卻給他開了一個大玩笑，最終是一場歡喜一場空。他似乎就像一隻小蜻蜓，在那美麗的荷花池上，繞了一圈，又重新回到原地。

嗚——嗚——，響亮的汽笛聲，劃過耳際，終將查良鏞從回憶中驚醒，讓他一下又回到眼前的現實中去……。他乘的從北南下的海輪，已經快到香港了。當他一路海路一路雨地墮入到二十世紀五十年代以前的人生歷程時，真五味雜陳，難於言說，似讓他有著一種恍如隔世的感覺。

回顧他所走過的二十六年的人生之路後，他現似乎找不到生活的座標究在何處？他的抱負、信念以及理想……啊，「外交官之夢已經斷了」，「現在，我該置於何處呢？」他嚮往之路，已經被時代所終結，永遠地結束了。

想到自己為這次北上，所付出的慘重代價，他也只能默默地苦笑一下。因為，現實生活，必竟還得繼續操練下去。當一個夢想，已經註定向你關上大門時，你必須清醒地將它割捨，而不是繼續留連，深陷在無謂的夢境之中。

不管這種割捨有多麼的痛苦，要付出多大的代價，查良鏞正是這樣做了。我們今天無不看到，雖然，他性格中一直兼具著理想主義和現實主義的雙重性格，還有那儒家的浪漫主義色彩。

但每逢人生的關鍵時刻，查良鏞心中的現實主義，往往是占上風的。北上的失敗，雖對他來說無疑是一種沉重的打擊，但若從硬幣的另一面來看，這也是命運之神，對他的眷顧。從這以後的查良鏞，不再是那個易激動的毛頭小夥子了，他的心智成熟了，性情淡然、沉穩了些，處事似乎變得榮辱不驚了。人家說他為人木納，其實不然。他又收斂起了那源自儒家主義的理想色彩。但由於他畢竟還年輕，一種目前還說不上是什麼樣的理想和追求，在強烈地誘惑著他的心智，它們成了盤旋在他心中的核心主題，當心中同時回憶了自己之事業在和往事的千絲萬縷的聯繫時，他突兀裡晤出「後之視今，亦猶今之視昔」。他似懂得了他現所面對與從事的，不是現成存在之世界，而應是他尚待去發現和奮鬥的世界了。

這種與過去以及將來之間的精神聯繫，不知怎的，為這位暫時失意的年輕人，提供了進一步向前走的信心。他細細地從往事中，去尋找失敗的原因？是的，當他重返香港之際，一個新的世界，一種新的生活內容，也可說是另一個起跑線，又將充溢了他新的祈望……。

從北京南下的船，終到了香港，慢慢靠港，他又看見維多利亞碧波的海灣，他又回頭踏上了香港的土地。接連幾天的陰雨綿綿，也突然地停了下來，陽光正從雲層中透出，灑向大地，讓他心中一路來的陰霾，也似乎消失了些，心中不禁又泛起淡淡的暖意。

也許，真的與這塊土地有緣，也許，他的「人生只合住香江」，這裡才是他紮根的地方，既然人生這條路已走到這裡，他決心向前看，坦然去接受以後的命運安排之路。

當查良鏞從北京回到香港不久，一九五一年四月二十六日，查良鏞父親以「抗糧、窩藏土匪、圖謀殺害幹部」的罪名，在故鄉海寧被處決。噩耗傳到香港，令他悲痛萬分，為此，他暗暗地痛哭了好幾天，他不禁連想起少年喪母，此時又痛失父親，年紀輕輕就沒有了雙親，且都是非正常死亡，這般的消息突兀而來，讓他的一顆心感到從未有過這樣的孤獨和悲哀……。其實，凡在大陸上的人，是逃不掉一個新生政權對非革命派的鎮壓的。當時，千千萬萬的人，受到嚴格的審查，千千萬萬人，因「地主」、「反革命」，這個「階級的定性」，從而喪失了多少生命。

當年，山東南下的解放軍進入海寧後，查家是當地有數的名門望族，雖然歷經日本入侵之後，已沒有多少產業，但要評為「地主」還是綽綽有餘。查樞卿終被定為「反動地主」，遭槍決，家產全部沒收。同樣的那個時代，他的寫武俠小說的朋友，梁羽生的父親陳信玉，也遭相同的命運，在廣西蒙山縣被就地處決。

查樞卿在海寧被槍決後，續妻顧秀英，獨自撫養子女，備歷坎坷。一九五八年，無柴無糧，她賣了所住的兩間老屋，被誣為「地主婆要反攻倒算」，遭到三天三夜毒打。回到家，她對臥懷痛哭的兒女說：「什麼苦我都能忍受，只盼著養大你們，有書念，對得起你們早死的父親。」在香港的他鄉異地，沒有親人、沒有兄弟姐妹，這更讓查良鏞回想起了與父親相處的點點滴滴，那父子之情，使他心潮久久難以平復。他時時還想起一件童年的事，想起父親送他的一本書，在〈耶誕節雜感〉一文中他說：我不是基督教徒，但對這個節日從小就有好感……在中學讀書時，爸爸曾在耶誕節給了一本狄更斯的《聖誕述異》（*A Christmas Carol*）給我。這是一本極平常的小書，任何西書店中都能買到，但一直到現在，每當耶誕節到來的時候，我總去翻來讀幾段。……狄更斯每一段短短的描寫，都強烈地令人激動，使你不自禁地會在眼眶中充滿了眼淚。……這本薄薄的小說中充滿了多少矛盾和戲劇、多少歡笑和淚水呀！兄妹之愛、男女之愛、父子之愛、朋友之愛，在這個佳節中特別深厚地表現出來。

他家的老屋，本是康熙年間建的，日本人毀了一部分，剩下的土改時被平掉了，再也不可能恢復了。後來，查良鏞再也沒有踏進故鄉袁花的舊居一步，即使到了袁花鎮上，他也沒有回村裡看過一眼，他熟悉的那個家，早就不在了，那些書畫都失去了。現在的「舊居」是當地政府重建的，他說小時候住的老家不是那樣的。

當然，另一方面，他也明白在歷史大變動時期，父親在內地的命運，總是在劫難逃，註定如此，這是一個時代的永恆的悲劇。當時代垮不到以民作主、文明自由的社會，那就絕不是個人之心力所能挽回的事；當年隕滅的不只他父親，還有兩百多萬大小地主們的命運。在那個動盪的大時代裡，父親的死亡，本質上與慘酷的國共戰爭中陣亡的一員普通將士並無二致。悲劇產生了，他在述說這段不幸往事時，是冷靜而理智的。

同時，這似乎又是一種提示，他離開北京重回香港的決定是對的，因為他的家庭背景、價值觀念與紅色新政權是格格不入的。新政權雖然需要他這樣的年輕知識分子，但不會有他的容身之處，正是他毅然作出了重回香港的決定，也才有了以後的不同凡響的事業，同時在這世界上，也才有了另一番人間事業，即出現了另一個響亮的名字——「儒俠金庸」。

下篇

第五章　五十年代的日子

一、從《大公報》到《新晚報》

從北京回到香港，金庸又一次回到了他的老東家《大公報》，俗話說好馬不吃回頭草，但他為何還是選擇回到《大公報》呢？如果我們能設身處地的想一下，他當時從北京重回香港時的處境，那就不難明白他的這個決定了。當時，他要在香港生存下去，一時間也無法找到更合適的工作，而《大公報》畢竟是規模大、歷史長的大報業集團，待遇條件都相對優厚，雖然他明白當初是自己執意遞交辭呈，天真地北上；如今卻又不適時宜而歸，回來只是想求得一個暫時的容身之地。當然，重回「老東家」，也必然會招致一些人的不受歡迎，甚至有些冷嘲熱諷，但這確實是他那時唯一的出路，為此他還是硬起頭皮回到了《大公報》工作。當時，查良鏞在《大公報》國際新聞版的同事，對文學有興趣的，有蕭乾、袁水拍兩位前輩，有喜歡俄國文學、後來做過《人民日報》總編輯的譚文瑞，他跟他們常談的是希臘悲劇等話題。

他繼續在《大公報》做他的國際電訊翻譯，這雖是他的「老本行」，但這次回來卻幹得並不舒心，他很想能換個新環境透口新鮮空氣。此時，香港的《大公報》已經早不是當年的民間報了，從它開始轉型為左派報紙後，它的政治色彩越來越濃，束縛它的框架也越來越多。而一九五〇年六月二十五日，朝鮮戰爭的爆發，香港《大公報》、《文匯報》這些左派報紙「一般不用外國通訊社的稿件，特別是關於朝鮮戰爭的消息，更是拒用外電」。因此，一九五〇年十月後的《大公報》，因考慮吸引更多的讀者，提供更多不帶政治色彩的報導，於是便抽出了部分人手，創辦了《新晚報》，此報由羅孚任總編輯。

查良鏞在一九五二年，也由《大公報》轉入《新晚報》，同時由國際電訊翻譯轉為副刊編輯。這一轉變，也確讓他離開了原來感到壓抑、沉悶的環境。雖然《新晚報》仍屬於《大公報》管理，也仍是左派報紙，但終究是晚報形式，有了一片新的氛圍。

他在《新晚報》主編「下午茶座」，是一個消閒性質的副刊欄目，對他來說做副刊編輯，還是第一次，但卻讓他如魚得水，駕輕就熟。因「下午茶座」畢竟著重於消閒娛樂，立意自應貼近生活，才能吸引讀者；同時又要辦得有品味，以贏得社會上一些上層高雅人士的歡迎。為此涉及文學、藝術、電影、舞蹈、繪畫等多個領域，而他作為編輯，也常常自己寫些稿子。

開始他熱衷於寫影評，經常流連於電影院，幾乎一天一部電影，如癡如狂地讀著電影理論文章；他談舞蹈，在欄目中解答讀者有關舞蹈方面的問題，心血來潮親自穿上舞衣想學芭蕾舞。

「下午茶座」由查良鏞接手不久，就辦得有生有色，雅俗共賞。當然，他也在為這個副刊辦得出色，花了不少心思。他給自己起了個筆名「姚馥蘭」，取自英文：「Your Friend」的諧音，希望以這個女性化的筆名與讀者貼近，同時也沖淡過於男性化的風格。其實，雅俗共賞，大雅與大俗，是他一直追求的藝術境界，例如，在以後的武俠著作中可見一斑：洪七公的一套「降龍十八掌」中的招式，名為「亢龍有悔」、「飛龍在天」、「見龍在田」等等，都取自《易經》的「卦爻辭」象辭。《神鵰俠侶》中的「美女拳法」，那一招一式，都來自古代歷史、傳說，文學作品中的美女，諸如嫦娥竊藥、木蘭彎弓、紅線盜盒、文姬歸漢等等；甚至在他的作品中琴、棋、書、畫，詩、文、歌、舞，乃至漁、樵、耕、讀等，都被熔化進了武俠小說中。他日後將粗俗的武打，寫得高雅化，令讀者在閱讀之中，得到審美的享受。

他甚至對內地電影如《天仙配》、《梁山伯與祝英台》、《秦香蓮》、《紅樓二尤》這些帶有中國民間色彩的故事，查良鏞也同樣喜歡，寫出了有自已見地的評論：「我在看影片《梁祝》的時候，首次感到心酸的是在『十八相送』；看《天仙配》，聽到董永唱『聽她說出肺腑言，倒叫我又是歡喜又辛酸。董永生來無人憐，這樣的知心話，我未聽見』這幾句話時，忍不住流下淚來。這兩場本來都是歡樂的場面，卻令人在喜悅之中受到極度的感動。我想，這因為在歡樂之中，也蘊蓄著真誠的深厚的感情，而這種感情使人流下淚來。因為真誠的友誼、純樸的愛情、受到憐惜時的感激，都會強烈地打動人心。」

查良鏞為了配合演出和電影，一些文章都是當晚看戲、當晚就寫。查良鏞說，事後校閱，「頗覺文字粗率，更加缺乏學術上的深度」，「採用的是一種個人漫談、隨意抒發己見的形式」。可董橋卻給了很高的評價，說他考證袁崇煥生平之類的重頭文章，固然氣象萬千，「他筆下的一些『個人漫談、隨意抒發己見』的文字卻最為引人入勝」。

例如〈除三害〉的開篇：「急鑼緊鼓中，幕裡大叫一聲：『好酒！』一個神態豪邁、氣宇軒昂的豪傑跌跌撞撞地大步出台，袍袖一揮，四句西皮散板，只聽得：『醉裡不知天地窄，任教兩眼笑英雄』，台下彩聲春雷轟動。啊哈，真乃絕妙好辭，絕妙好戲也！」

另還有評京劇之文，也如此：「在戲裡，我們看到武松回家，發現哥哥已死，悲痛之中，見嫂嫂外穿孝服，裡面卻穿紅衣。在原作中並不是這樣寫的，因為施耐庵有充裕的篇幅來寫潘金蓮怎麼洗去了脂粉，拔去首飾釵環，脫去紅裙繡襖，換上孝裙孝衫，假哭下樓。但京戲只用外白內紅的衣飾，立刻鮮明而迅捷地表明內中必有姦情。事實上潘金蓮恐怕不會傻得在孝衣之中穿著紅裳，但京戲用了這誇張手法，很簡捷地表現了整個故事的關鍵所在。」（評《獅子樓》）

「潘金蓮孝服底下的紅裳」也令董橋大為讚歎。

的確，《新晚報》的日子，查良鏞過得十分快樂、愜意，不僅因為負責「下午茶座」這個欄目，很對他的興趣與胃口，辦起來也得心應手；還因為在這裡他結識了兩個好朋友，後來還成為他一生的摯友良朋，那就是當時《新晚報》的總編輯羅孚和也在《新晚報》共事的梁羽生。

這似乎有點兒像劉邦、張良與韓信，正是因為這三人的相遇，才會有後來的楚漢相爭，才會有漢代的輝煌歷史；而正是因為當時辦起了《新晚報》，才有羅孚、梁羽生與金庸三人的相互合作，才會掀起後來那聲勢浩大的新武俠小說時代，彷彿冥冥之中，有所註定，此三人合作必定會擦出不小的火花，雖然當時他們彼此並沒有意識到什麼？金庸編他的「下午茶座」，而梁羽生則編《新晚報》的另一個副刊——「天方夜譚」。

說起梁羽生，可謂是個奇才，也是個非常講義氣的人，他原名陳文統，一九二四年生人；生於廣西蒙山縣文圩鄉屯治村。十四歲，因患瘧疾腹瀉，休學半年，就閱讀了大量的名家詞集和兩份象棋棋譜，一九四九年畢業於嶺南大學經濟系。一九五二年，他們兩人先後調到《新晚報》編副刊。巧的是梁羽生與金庸，同是一九二四年出生，同樣出生在一個富有家庭，雙方父親均在鎮反運動中非正常死亡。梁也是先進入《大公報》，一開始也是翻譯英文電訊，後來才轉入《新晚報》，也擔任過副刊編輯，這一些經歷與金庸幾乎完全走著相同的路子。十分具戲劇性的是，他與金庸，後來同為新武俠一代宗師，他們在出身、經歷、愛好上，均有驚人的相似之處。同時，他們在愛好上，也有很多相同之處。梁羽生也有很深厚的文學功底，詩詞對聯無不精通；他們同為棋迷，對弈時，兩個常常忘我拼殺；他們均為書癡，閱讀各種類型的書籍，涉獵十分廣泛；最重要的一點，是他們同為武俠迷，侃起武俠來如癡如醉、日日夜夜而樂此不疲。當然梁羽生沒有金庸那段學外交、國際法專業的經歷，更無上北京想當外交官之夢。

但他們兩人，在一些經歷上、性情和愛好上，的確有諸多相似，這使他們無論在工作上還是在閒暇時間、總有聊不盡的話題，並且頗有英雄識英雄、英雄惜英雄之感。閒來無事時，他們一起下棋，在棋盤拼個你死我活，且在棋罷暢談一番。這一習慣一直延續到他們老年，兩位年屆古稀的老人，還興致勃勃地對弈，一度傳為佳話。

他們還一起在《新晚報》上發棋話，同樣受到讀者歡迎，引起了不小的影響。他們一起侃武俠……如《蜀山劍俠傳》、《十二金錢鏢》、《荒江女俠》，一部接一部，直說得唾沫橫飛、欲罷不能。

爾後，這兩位大俠，從只是閒來談談武俠的讀者，變為親自操刀的泡製者，並且在若干年後，都成了寫武俠小說的大家，可那時他們兩人，誰都沒有想到今後會去寫武俠小說的。所以，如果我們從這個意義來說，那麼當年的香港《新晚報》，確也成就了查和梁日後成為新武俠小說開山鼻祖的搖籃。

二、俠氣滿香江

一九五四年，本應是個平凡的年頭，卻因一場武術比賽，在人們的記憶中成了一個不平凡的日子。那年，香港的太極派與白鶴派發生門戶之爭，各執一詞、相持不下，鬧得不可開交，最後文鬥竟演變成了武鬥，白鶴派的掌門人陳克夫向太極派的掌門人吳公儀下了戰書，簽下生死狀，以比武分高下。因香港禁止設台比武，所以擂台設在與香港隔海相望的澳門。這一兩大幫派之爭，在香港引起了很大的反響，不僅老百姓茶餘飯後，議論紛紛，成了街談巷議的熱門話題；各大報紙也爭相追蹤報導，甚至可以說，香港市民無人不知、無人不曉。

《新晚報》就幾乎天天都有比武的最新消息。比武當天更是萬人空巷，不少人到澳門觀看這場比武。然而，最後這場盛況空前的比武卻顯得雷聲大、雨點小。一月十七日下午，這場引人注目的比武，在澳門新花園拉開帷幕，因短短兩個回合，吳公儀就一拳擊中陳克夫的鼻子，剎時血流如注，這場期望值極高的比武就此告終。

然而比武雖然告終，但它所帶來的後續效應，卻遠沒有終結，相反它帶來武俠熱潮才剛剛開始，不久這股熱潮，就以洶湧無比的勢頭席捲了整個香江。此時，《新晚報》的總編輯羅孚，看到這等情景，心頭不禁靈光一閃，心想先前報導比武竟會如此受歡迎，何不在報紙上開個武俠的連載故事，肯定會吸引很多讀者的。同時，在羅孚心中也正在構建一個更大的戰略方案，他在心中掂量了當年香港的天時、地利、人和，他想乘著比武剛結束，老百姓對武俠的勁頭正濃，在意猶未盡之時，趁熱打鐵推出武俠連載，也可占盡天時地利。而且就在這以前，《新晚報》的「天方夜譚」，也一直在連載小說，吸引了不少讀者。但是，從來還沒有登過武俠小說，同時《新晚報》這樣的左派報紙，如果一旦連載武俠小說，必是衝破藩蘺之舉，令人耳目一新，此可謂坐擁地利的良策。

此時，羅孚馬上想到手下有幾個不折不扣的「武俠迷」，看他們平時談起來就興奮不已，現在有機會來了，能親手讓他們寫武俠小說，也正是發揮他們才情之際，不正可人盡其才嗎？

於是，羅孚首先找到了梁羽生，在「天方夜譚」欄目上，連載武俠小說。梁羽生接到這個寫作任務，便一口答應了。一月十九日，即比武結束的第三天，《新晚報》就在頭版顯著位置，刊出「本報增刊武俠小說」的預告。二十日，梁羽生的《龍虎鬥京華》就在「天方夜譚」開始連載了。梁不愧是一代武俠宗師，從接受任務開始，僅醞釀了一天，就署名「梁羽生」開始了他的武俠小說的連載。這是梁羽生的處女作，也是成名作，可以說是標誌著新武俠小說的誕生。在讀者中，竟引起了意想不到的熱烈反響，《新晚報》銷量，也即看漲。

《龍虎鬥京華》在《新晚報》連載了七個月，果然反響熱烈，一時大家爭讀，梁羽生也由此一炮而紅。之後，梁羽生的武俠小說，風靡整個香港，雖然不出羅孚所想，但看到這個好的結果，也使他喜出望外。因為，當初他只不過想借連載武俠招倈讀者，誰料在高度商業化的香港，引出了一場武俠熱潮，自然也為自己當初的決定而欣喜。

以此，別的報紙看到了《新晚報》的這一舉動，收到如此好的社會、經濟效應，也紛紛效仿，一夜之間就有好幾家報紙同時開闢武俠專欄，這其中不僅有一些小報紙，更有一些十分有地位的報紙，也打破慣例開闢武俠連載。然而這樣一來，專欄開得一發而不可收，但能寫出高品質的新派武俠小說的人卻不多。

梁羽生在當時也同時接到幾家報紙專欄的邀請，忙得不可開交，應接不暇，幾乎分身乏術。這時，羅孚想到了金庸。

平時與梁羽生談武俠最投契的就數他了，並且他文學底子也不錯，是時候讓他來另挑一面旗幟了。一來梁羽生這邊精力不夠，可分擔他一部分寫作任務；另外，也讓這武俠熱潮可愈演愈烈，再說畢竟讓梁一個人上陣略顯單調，「群雄並起」才能熱鬧非凡。由此，他決定推舉查良鏞上陣。可從梁羽生的《龍虎鬥京華》到《草莽龍蛇傳》，他只是忠實讀者，從未想過自己也要上陣。至一九五五年二月初，羅孚和「天方夜譚」的編輯，忽然向他緊急拉稿，說《草莽龍蛇傳》已連載完了，必須有一篇武俠小說頂上，如此，寫稿之任務非落在他頭上不可。

於是，寫武俠小說，看似是偶然實是必然，查良鏞只有披甲上陣，沒有退路。其實，這樣的時機，也是他心中一直嚮往的，他與梁羽生都是「武俠迷」，平時談俠論劍，並不遜於梁兄；現在梁兄這邊正寫得如火如荼，洛陽紙貴，他那滿腦子刀光劍影、俠氣豪情卻無處宣洩，真是讓他手癢、技癢、心更癢。因此，當羅孚告訴他：「如今香港的報紙，那麼急需武俠小說的連載，你也來寫吧！」他聽了羅孚的指令，心中欣喜，毫不推辭一口應允了下來。

回到家中，他才開始細細思忖：軍令狀已經接了，該寫什麼、該怎麼寫、該有些什麼人物可寫呢？這些他心中還全然沒底。想著想著，漸近傍晚，他憑窗遠眺西邊落日，緋紅的晚霞，正漲滿整個天邊……。

不知怎的，今天的晚霞，那麼像當年與兄弟、姐妹們在觀潮亭，看到的晚霞，也是那樣紅豔，鋪滿了整個天邊，此時一直深藏在他心頭那濃得化不開的鄉愁，如一首清遠的歌笛，在他耳邊悠然響起；月下緩緩流淌的是錢塘江，江邊乘涼的是鄉親們，那曾經露營的石塘邊，一個個小時候伴他入夢的傳說故事，不禁在他腦海裡一一浮現。

他便想到了那個他從小就聽到的傳說故事，說乾隆皇帝本是海寧陳家人，實是漢家血統；想到了乾隆皇帝題詩的石刻，想到了流傳的反清復明的義士們。他心想，清朝一直是個非常專斷的朝代，明末清初時代，大量鎮壓了反清志士，也把歷史上的文字獄，推向了高潮，雖說從清康、雍、乾三朝，有長達一百三十餘年間的統治，無論武功文治，可算是中國歷史上一個偉大的時代。但乾隆朝是個多故事的皇帝；心想，那好，我就寫乾隆，寫他與漢人之間千絲萬縷的聯繫，寫反清復明的種種故事。由此，一個以清朝為歷史背景，一個由半真半假引出的故事傳說，便在他的腦中有了雛形。

想到這裡，他的興致上來了，立刻拿來紙筆，說寫就寫。因從小就看過不少武俠小說和外國小說，又有多年寫作、寫電影劇本的經驗，雖然對於寫小說是個門外漢，但有了初步的構思和人物定位，便思如泉湧，很快寫成第一稿。書稿從塞外古道上一個「年近六十，鬚眉皆白，可是神光內蘊，精神充沛」的老者寫起，也許他常常看到報社一個老工友，觸動了當時的靈感而起。所以，他說，「如果我一開始寫小說，就算是文學創作，那麼當時寫作的目的，只是為做一件工作」。

一九五五年二月八日，《書劍恩仇錄》在《新晚報》的「天方夜譚」開始連載，署名「金庸」，每天一段，直到一九五六年九月五日，連載了一年零七個月，共刊出了五百七十四天。

他寫武俠小說，所用筆名，也很簡單，即從「鏞」字，拆成兩半，便是「金庸」兩字。他自稱「沒有什麼含意的」。然從此金庸，橫空出世，世人往往只知「金庸」而不知原名為「查良鏞」了。

《書劍恩仇錄》，金庸的第一部武俠小說，就如此與世人見面。而第一篇的稿紙，那時只是靜靜地躺在書桌上，在燈下泛著淡淡的鵝黃色的柔光，之後即有人拿走，即刻送到報社，然後成為鉛字。這時的作者遙遙地想：「如果你到過江南，會想到那些燕子，那些楊柳與杏花，那些微雨中的小船。」這正是他落筆寫《書劍恩仇錄》時的心境。

接下來，會使它的作者名噪一時，為讀者和電影導演們津津樂道，會成為他著作中重要的一部作品，但現在它的主人，正躺在床上，還只是做著清夢，似夢非夢，如醉非醉，雖稿子已送走，興許已在上印的機器上。可正是在這如夢如幻裡，金庸正想著的，卻是陳家洛與香香公主相遇的瞬間……。從一九五五年二月八日出場，作為武俠小說家的金庸，這一年，他已過而立之年。雖然早就離開了故鄉海寧，但故鄉在他的夢裡不時縈回，母親、父親、兄弟姐妹，故鄉的風物人情、民間傳說，總深埋在一個漂泊異鄉的遊子心中。

三、書劍碧血露鋒芒

《書劍恩仇錄》剛開始連載的幾期，反應平平，可過了一個多月後，小說的各主要人物紛紛上場，情節開始錯綜複雜，場面也波瀾壯闊，不禁深深地吸引住了讀者，也很快令《新晚報》的銷量驟增。

陳家洛是《書劍恩仇錄》的第一男主角，是一個金庸虛構出來的人物。作為金庸筆下的第一個正面主角，陳家洛是一個悲劇性的英雄人物，他重情重義，心憂天下，有志報效祖國；他武藝超群，領導群雄，二十幾歲就當上了紅花會的總舵主。然而，他天性上的軟弱，註定了他的悲劇性。他重感情，卻缺乏果敢，常常進退維谷、優柔寡斷；他有心率眾起義，卻對統治階級抱著天真的幻想，沒有徹底的革命性。最後，陳家洛對清政府的妥協，帶來了紅花會覆滅的悲劇，他的出路，也只能是退隱回疆。這部書，金庸試圖避免用現代語言來表達。

筆者記得，那次金庸和我一起在南潯沿著長長的百間樓漫步時，不知是什麼話題，使他偶而興起談及這部《書劍恩仇錄》時，他曾說：「這是一部以清代為背景的小說，碰到有些現代語彙，比如說我總用『轉念頭』、『尋思』來代替『思想』、『考慮』。或用『留神』、『小心』等來代替『注意』……其實，這些語彙，在嘉興、海寧、南潯一帶老百姓都是常用的。」

金庸在塑造這個人物形象時，結合了近代以來海寧的幾位歷史人物。海寧歷代是個出文人墨客的地方，從海寧走出的文人諸如王國維、徐志摩，他們都是文質彬彬，「性格中有一些憂鬱色調和悲劇意味，也都帶著幾分不合時宜的執拗，」就算是蔣百里，他是從海寧走出來的軍事家，他有決勝千里之外的本領，但也只是個會講武而不會動武的文人。這些在陳家洛這個虛構人物身上無不有所折射。同時，金庸往往還將自己對人性的標準和理解，寄託在這個人物身上，這也充分體現著金庸心底深處的儒家思想，在世為人就應心繫天下，心憂國事，為了大義甚至可以犧牲小我的利益和感情。這種思想也一如孔子的「朝聞道，夕死可也」或如「志士仁人，無求生以害仁，有殺生以求仁」，當然，故事結局，也有《水滸》的痕跡。金庸在塑造人物時，也無不懷有這樣主觀看法。「陳家洛，不是一個成功的人物，但是他反映了許多知識分子的理想、抱負、幻想、幻滅，反映了他們的天真心態，可取之處與弱點。」有人就如此評論。但是，「金庸——一個深受中國傳統文化薰陶的讀書人，在經歷動盪亂世之後，獨自在異鄉通過武俠小說展開他對人性的獨特理解。」這也就是人家要看他的武俠小說的地方。

金庸向來善於在以真實歷史為背景的舞台上，編織一個個動人的故事，將史實和藝術結合得相當完美。同時，它的小說開頭總力求平實，主角往往要到幾章之後才會出場現身，越往後的情節越是引人入勝、扣人心弦，可謂高潮迭起、一浪高過一浪。

另則，金庸的武俠小說涉及人物往往不下上百個，場景更是達數百個之多，然而金庸依然能從容地駕馭，每個人物都有血有肉、各不相同；每個情節的展開，之前必然埋下伏筆，綿裡藏針、疏而不漏，足見其功力。這些特點可以說是金庸武俠小說之所以能吸引人，能如此有大轟動效應。《書劍恩仇錄》雖然是金庸的處女作，但已經鮮明地體現出這些特點。「又要做讀書人，又要做革命首領，又要做政治家，既是富家公子，亦是草莽英雄，又重事業，又重愛情，即使在感情問題上，愛姊姊還是愛妹妹也糾纏不清。」其實，在陳家洛身上也可以看出作者的一些性格。在這個虛構人物的身上，寄託了作者的某些理想。金庸非但想往家鄉海寧，也一再夢回杭州。從他的《書劍恩仇錄》到《射鵰英雄傳》、《倚天屠龍記》，再到《笑傲江湖》，以親切的筆觸，勾勒出西湖的美麗神韻：「陳家洛滿飲一杯，長嘯數聲，見皓月斜照，在湖中殘荷菱葉間映成片片碎影，驀地一驚……陳家洛遠望眾人去遠，跳上一艘小船，木槳撥動，小船在明澄如鏡的湖面上輕輕滑了過去。船到湖心，收起木槳，呆望月亮，不禁流下淚來。原來次日八月十八是他生母徐氏的生辰。他離家十年，重回江南，母親卻已亡故，想起慈容笑貌，從此人鬼殊途，不由得悲從中來。適才聽徐天宏一說日子，已自忍耐不住，此刻眾人已去，忍不住放聲慟哭。」這正是金庸的身世，他筆下陳家洛的母親和他母親一樣姓徐。這不是簡單的巧合。《射鵰英雄傳》的斷橋、荷花，《倚天屠龍記》的六和塔下、垂柳扁舟，《笑傲江湖》的孤山「梅莊」，「遍地都是梅樹，老幹橫斜，枝葉茂密，想像初春梅花盛開之日，香雪如海，定然觀賞不盡」。這些，無不是金庸的另一番剪不斷、理還亂的鄉愁。

金庸的《書劍恩仇錄》，無疑使他成了新派武俠小說的另一位開山之人，鋒芒直逼梁羽生。這個結果，實出乎他意料，本是無心插柳，卻柳樹成蔭。在撰寫《書劍恩仇錄》時，金庸已從《新晚報》調回《大公報》，只不過不再做國際電訊翻譯，而是做副刊編輯了。

因為《書劍恩仇錄》極大地帶動了《新晚報》的銷量，刊出時，金庸於「三劍樓隨筆」中說，「有許多讀者寫信與他，其有銀行經理、律師、大學的講師，也有把手車的工人；有七八十歲的老婆婆，也有八九歲的小弟弟小妹妹。在南洋許多地方，它被作為電台廣播與街頭說書的題材。」此時，其他各報社，紛紛邀請金庸為其報的武俠專欄撰稿，金庸一時之間成為香港各大報紙的「搶手貨」。而金庸在分身乏術的情況下，只允諾為《香港商報》撰稿，為此，他開始構思《書劍恩仇錄》後的第二部武俠小說《碧血劍》。

金庸構思《碧血劍》，依然以真實歷史背景為依託，只是這次由清朝換至了明末，主角是袁承志和「金蛇郎君」夏雪宜。這部小說是金庸的第二部武俠小說，也是他在新派武俠小說探索之路上的一個重要轉捩點。在這部小說中，金庸第一次運用了倒敘的手法來展開故事情節。還有另一處稱奇的是，書中的主角夏雪宜，在書中自始自終沒有出場，關於他的一切都是由兩個愛他的女人溫儀和何紅藥的回敘來表現的。這種以倒敘切入故事，以配角來寫主角的手法，令金庸的武俠小說更跌宕起伏，讀來欲罷不能。同時，這種寫作手法也被後人認為是新派武俠小說與舊派武俠小說的重要區別之一。當然，金庸在這部作品中，還是寫他熟知的生活，如在《碧血劍》中虛構了一個「石樑派」，女主角溫青青，就出生在石樑。衢州、石樑以及爛柯山的風光，都是他中學時代熟悉和經歷的，「石樑離衢州二十多里，他腳步迅速，不消半個時辰就到了。石樑是個小鎮，附近便是爛柯山。相傳晉時樵夫王質入山採樵，觀看兩位仙人對弈，等到一局既終，回過頭來，自己的斧頭柄已經爛了，回到家裡，人事全非，原來入山一去已經數十年。爛柯山上兩峰之間有一條巨大的石樑相連，鬼斧神工，非人力所能搬上，當地故老相傳是神仙以法力移來，石樑之名，由此而起。」到第五回，「山幽花寂寂，水秀草青青」，依稀是寫石樑的春天，「兩人緩步向後山上行去。那山也不甚高，四周樹木蔥翠，四下裡輕煙薄霧，出沒於枝葉之間。良夜寂寂，兩人足踏軟草，竟連腳步也是悄無聲息。將到山頂，轉了兩個彎，一陣清風，四周全是花香。月色如霜，放眼望去，滿坡盡是紅色、白色、黃色的玫瑰。」

當時《碧血劍》在《香港商報》連載至一九五六年十二月三十一日，整整一年，但好評不斷，吸引了無數讀者及評論家們，可以稱得上叫座又叫好。因為，相比過去傳統的舊派武俠小說來講，金庸的《碧血劍》給人有耳目一新、心頭一震的感覺。同時，又因為《碧血劍》中，有關大批難民身處亂世，顛沛流離的描寫，傾注著作者金庸自身的真情實感，讓人讀來極易產生共鳴。袁承志面對易代的大動盪、大變化，最終選擇到南洋一個海島開始新生活，有人說，這是對千千萬萬人逃入香港的隱喻。你看，一九四五年二戰結束時，香港不足六十萬人口，一九四九年前後，政局劇變之際，大批移民進入，到一九五〇年春天，人口已猛漲到二百三十萬。

雖然《碧血劍》與《書劍恩仇錄》一樣都是金庸的早期作品，人物塑造還欠功力，情節也不夠緊湊，這與金庸初涉武俠世界、語言表達火候未到有關，但這兩部作品，依然在武俠世界裡放射出奇異的光彩，也是解讀金庸小說的重要鑰匙，當然這些都是後話。

四、別了，《大公報》

從一九五五年《書劍恩仇錄》問世，到一九五六年下半年《碧血劍》連載結束，短短一年多的時間，就讓金庸由一個報社的小小副刊編輯，變為香港報界的「紅人」。兩部小說的問世，可以說給他帶來了名譽、帶來了可觀的經濟收入、帶來了眾多讀者的仰慕。然而，這一切並沒有給金庸帶來長久的快樂和滿足，因為，在這世界上，成為一個暢銷武俠小說家，並非是他的夙願，他心底深埋的希望，遠不止如此。儘管，當年他從北京重返香港的海輪上，因現實狀況的嚴酷，而將那心中之希望，暫時收起，深深掩埋。但那希望的火種並未熄滅，它一直在他心底湧動著、跳躍著，等待有一天噴薄而出。因此，平常人看來他如今應稱得上名利雙收，志得意滿了，但他自己總覺缺少什麼，似乎有一種更高遠的志向在支配著他，牽引著他去追求眼前他所擁有之外的東西。

同時，作為《大公報》的副刊編輯，金庸也感到可以自由言論的範圍和深度日益受到限制，條條框框越來越多。他經常懷念起胡政之老先生和那些老報人還在《大公報》的日子，那時辦報的條件雖然艱苦，但每辦一期、每寫一篇報導在自已心中都是那樣自由和愉悅，有種一吐而快的酣暢。然而，如今《大公報》的政治色彩，越來越濃，寫一篇短短的稿子有時都要斟酌再三，時間一久便覺鬱悶難言、如鯁在喉。作為一名為自由、為真實寫稿的報人，目前作為報人生涯，特別顯得日子是非常難過。在這樣沉悶的氛圍下，金庸只有提筆寫「三劍樓隨筆」，心情才舒爽一些、愉快一些。

「三劍樓隨筆」從一九五六年十月開始，在《大公報》副刊上刊載，每日一篇。構思這個欄目，是因當時香港寫武俠小說的主要有三個人：梁羽生、金庸和百劍堂主。「百劍堂主」原名陳凡，生於一九一五年，早在一九四一年春天，陳凡就已進入《大公報》，先後做過記者、採訪主任、副總編輯等，決心以《大公報》為終身事業。比梁、查二人早進入《大公報》。一九四七年五月三十一日，他在廣州採訪中山大學學生罷課遊行的新聞而被捕，同事唐振常，說他是《大公報》當年的名記者，走南闖北，寫下了許多受人歡迎的通訊。他「嬉笑怒罵，哀思激烈，亦莊亦諧，可歌可泣」。早年，曾熱衷新詩，中年以後改寫舊體詩詞，錢鍾書罕見地為他的《壯歲集》作序。在香港的武俠熱潮中，他也對武俠小說發生了濃厚的興趣，他的《風虎雲龍傳》，也在《新晚報》的「天方夜譚」上連載過好一陣。

金庸在「天方夜譚」致各位讀者中，曾說「百劍堂主是一位著名作家的筆名，《書劍恩仇錄》單行本第一集的那首〈滿庭芳〉詞，就出於他的手筆。堂主文采風流……」

他們三人在當時香港有「文壇三劍客」之稱，因此報方考慮如果讓這幾位寫武俠的能手，寫一些散文隨筆的文章，輪流刊登，必然會受到武俠讀者們的歡迎，「三劍樓隨筆」這個欄目，也就應運而生。後來，還跟據金庸的提議，改輪流刊登為三人一起上馬，相約合寫。他們三人，可以無拘無束、隨心所欲地漫談，如嗜聯的梁羽生，寫了一篇〈閒話怪聯〉，百劍堂主寫了一篇〈吟詩作對之類〉，金庸接著寫了一篇〈也談對聯〉，從許多熟悉的對聯談起，還談到百劍堂主的一聯：「偏多熱血偏多骨，不悔情真不悔癡。」

金庸很喜歡這聯，百劍堂主用宣紙寫好，金庸請荷里活道一家裝裱店裱好，掛在他當時租住的斗室中，不覺雅氣驟增。他們三人，輪流執筆，每天一篇，從文史掌故、名人逸事到琴棋書畫、詩詞聯謎、神話武俠、歌舞影劇，上下古今，無所不談。專欄持續了三個多月，到一九五七年一月三十日，共寫了八十四個題目，大約十四萬字。

對「三劍樓隨筆」這個欄目，金庸傾注了很多心血，他在這個欄目中談音樂、談繪畫、談戲劇、談圍棋、談舞蹈等等，幾乎無所不談，彷彿又讓他回到了在《新晚報》主持「下午茶座」的那段時光。一九五六年十月二十四日，喜歡電影的金庸為「三劍樓隨筆」開篇寫的是〈《相思曲》與小說〉，他說：「你或許是我寫的《書劍恩仇錄》或《碧血劍》的讀者，你或許也看過正在皇后與平安戲院上映的影片《相思曲》（*Serenade*）。這部影片是講一位美國歌唱家的故事，和我們的武俠小說沒有任何共通的地方，但我們這個專欄卻是上天下地無所不談的，所以今天我談的是一部電影。也許，百劍堂主明天談的是廣東魚翅，而梁羽生談的是變態心理。這一切相互之間似乎完全沒有聯繫，作為一個隨筆與散文的專欄，越是沒有拘束的漫談，或許越是輕鬆可喜。」當然，能與梁羽生、百劍堂主，互相切磋文藝、聊談時事，也讓金庸能取長補短、靈感突發。

有時，三人還為寫一篇散文，一起翻書查找資料，樂之不疲。金庸在「三劍樓隨筆」中的每一篇散文，都情趣盎然，生機靈動，可讀性強，受到眾多讀者的青睞，梁羽生和百劍堂主，也不示弱，他們兩人在「三劍樓隨筆」中所撰隨筆，也常佳作疊出，令人讀來，不呆板，有時歪打正著，讀者不禁拍案叫絕。

「三劍樓隨筆」這種由三位文人聯手，以漫談形式出現的專欄，當時還不多見。同時它雖是商業化的文化運作手法，但卻實實在在地凝結著金庸、梁羽生和百劍堂主這三位文人的思想、情感和智慧。可惜這個十分受歡迎的欄目卻無疾而終，是因為時局的關係，還是因為《大公報》上層的原因，三位當事人都沒有說起這個原因，至今還是個謎。一九九七年九月三十日，百劍堂主因心臟病猝發在香港去世，一九八七年已移居澳大利亞的梁羽生，在萬里之外寄詩哀悼，刊登在他們當年共寫「三劍樓隨筆」的《大公報》「大公園」副刊上：「三劍樓足證平生，亦狂亦俠真名士。卌年事何堪回首，能哭能歌邁俗流。」

但，可以肯定的是，「三劍樓隨筆」的無疾而終，讓金庸感到分外失落，因為當初他對這個欄目，是十分看重的。現在這個讓他能無拘無束釋放自己情懷的空間，也關上了大門，他又重新回到了原先壓抑的環境中，這讓他越來越感到《大公報》與他所願，究屬格格不入，工作激情，越來越低落。

由此他萌發了他離開《大公報》，另闖新天地的想法，但此時的金庸已不是當年那個可以一走了之、義無反顧的熱血青年了，他感到精神上的苦惱與迷惘。畢竟他在《大公報》度過了十年春華秋實，這裡有他熟悉的人，有他熟悉的一草一木，長期來那種對《大公報》情結，對他來說還是難以割捨。然而此時，大陸內地局勢，卻發生的翻天覆地的變化，這也無不促使了他做出最後的決定。

一九五七年，內地爆發了轟轟烈烈的反右運動，成千上萬的知識分子，陷入陽謀的陷阱之中，整個形勢急轉直下，甚至波及香港。當時，在一九五七年的七月一日，著名的《人民日報》，發表了一篇〈社論：文匯報的資產階級方向應當批判〉，四天後《文匯報》總編徐鑄成卸任，該報就即寫出兩篇〈向人民請罪〉的社論。在這樣的形勢下，當時作為左派報紙的《大公報》，亦須依據內地局勢的變化，來規範自己的言論尺度，編報路線比過去更為政治化，對思想言論控制之網，也更為收緊，整個報館的氣氛，也越來越草木皆兵，辦報成了政治宣傳的代言人。

這一切形勢之變，讓金庸感到自己的性情，在《大公報》將無施展餘地，與他期望的民主自由的報館氛圍，實在相差太遠了。當然，這裡邊他的《大公報》同事周榆瑞，對他的離開也有一定的影響。

周畢業於北平師範大學，在西南聯大做過英文老師，在英國、美國駐華情報機構做過翻譯，一九四六年進入上海《大公報》，採寫過國共和談、馬歇爾七上廬山、胡宗南攻佔延安等重要新聞，受到周恩來賞識。一九四九年他南下香港，繼續在《大公報》做記者，並以「宋喬」的筆名，在《新晚報》連載《侍衛官雜記》，因揭露蔣介石而受到讀者關注。

至一九五二年一月十日，港英當局將司馬文森、馬國亮等八人押解出境，這八人都是中共香港地下黨的骨幹，他們的政治身分在內地也是不公開的，連同事都不瞭解。上海、廣東公安部門偵查認定，是周提供的情報線索，報經公安部決定清除隱患，由上海大公報社發出通知：「本社在港人員輪流回上海學習。」而周榆瑞一回到上海，即被收審，以「英國間諜」罪名，兩度關押，出獄後任北京外語學院教授，仍受公安部門監管，到一九五七年才獲准重回香港《大公報》工作。

所以，儘管還不知離開《大公報》後，他該何去何從？但他終於做出了這個痛苦的決定。金庸畢竟是「一個徹頭徹尾的自由主義者，是可以和而不同的謙謙君子」。當然，對於「自由主義」他有個人自已的見解。他曾兩次離開《大公報》，又兩度回來，但這一次與上兩次不同的是，他絕不會再回來「吃回頭草」了。一九五七年冬天，他辭職離開《大公報》，離職前支的是「四等十三級（或四等十四級）」的薪水，並不是高級職員。因這次離開《大公報》，他義無反顧，決心去堪踏出另一條新的人生之旅。

五、「觸電」長城

金庸離開《大公報》之後，旋即進入當時香港最大的電影製片公司之一，長城電影製片公司。金庸在長城電影製片公司的這段經歷，很少為外界所知，很多人並不知道赫赫有名的「武林大俠」金庸，也曾涉足過電影圈，還拍過幾部叫賣座的片子呢。其實，金庸之所以進入「長城」，一方面是因為剛離開《大公報》，一時要找一個落腳點，可算一種權宜之計；另一方面，早在主持「下午茶座」的時候，他就酷愛電影，在寫影評的同時，他也與電影圈中的人士建立了廣泛的聯繫，進入電影圈也是順理成章的事。這似乎就像是如今我們許多作家、文化人喜歡走入影視圈一樣的道理，因為畢竟影視圈成名快、收入高，同時在現代媒體上，它的受眾面也寬廣多。

初進「長城」的金庸，開始寫電影劇本，這對他來說是熟門熟路。同時，因為「長城」底薪雖然只有二百八十元，但每寫一個劇本，不管是否被採用，都能得到三千元稿費，經濟收入十分誘人。這段時期，金庸用「林歡」為筆名，寫了不少劇本，如《有女懷春》、《三戀》、《午夜琴聲》、《小鴿子姑娘》等，其中還有幾部被拍成了電影。

而對於指導電影來說，金庸當時是十分感興趣的，他曾經讀過許多電影理論著作，如今能讓他有機會真正地指導一部電影，自然令他興奮不已。然而，由於他最終待在「長城」的時間較短，最後也沒有獨立地去指導過一部電影的完成。一九五八年和程步高共同導演了《有女懷春》，是根據《傲慢與偏見》改編的，由傅奇、陳思思扮演男女主角。一九五九年，他又與胡小峰合作導演了另一部電影《王老虎搶親》，夏夢、李嬙等主演。這兩部電影，據說在當時票房和口碑於香港來說都還不錯。

雖然金庸最終沒有獨立指導一部電影，這可說是他銀色生涯的遺憾，但通過短暫的導演生涯，也讓他從中汲取了不少電影技巧，例如場景的組接、蒙太奇的手法等，這讓他獲益匪淺，從而也豐富了他小說的表現手法和藝術性。

正如以後他在《射鵰英雄傳・後記》中所說：「寫《射鵰》時，我正在電影公司做編劇和導演，在這段時期中，所讀的書主要是西洋的戲劇和戲劇理論，所以小說中有些情節的處理，不知不覺間是戲劇體的。」

在「長城」電影公司的那段時光，對金庸的整個人生來說，是一支短暫的插曲，卻因為一個人使這支插曲奏得淒迷婉轉，帶一點少不更世的浪漫和羅曼蒂克之情調。

這個人就是當時有「長城大公主」之稱的夏夢。夏夢人如其名，是位如夢般輕盈美麗、優雅浪漫的絕色佳人。夏夢，那時芳齡二十四，卻已是當紅明星，在香港極有票房的號召力。她年輕美麗，又生於書香門第，有很好的文化素養。連著名導演李翰祥，也贊她為「中國電影有史以來最最漂亮的女明星，並且氣質不俗、令人沉醉」，能得到李導演如此高的讚譽，可想而知，夏夢當時確實有極大的魅力和光彩。夏夢本名楊濛，祖籍蘇州，一九三二年生於上海一個知識分子家庭，父母都愛好京劇，從小受到家庭薰陶，京劇、越劇都能朗朗上口。一九四七年她隨家人南下香港，就讀於瑪利諾女書院，一九四九年在文藝聯歡會上，演出英語舞台劇《聖女貞德》時，她主演貞德，獲得極大的成功。人們誇她：「人既漂亮，戲又演得精彩。」她喜唱京劇，是一名出色的花旦。

一九五〇年她十八歲那年和同學毛妹（導演袁仰安的女兒）到長城電影公司參觀，受到賞識，由此進入「長城」，迅速在銀幕上放出光彩來。夏夢，因主演影片《絕代佳人》和《新寡》，獲一九五七年文化部優秀影片一等獎。在長城共主演影片十八部。一九五六年至一九六六年，入鳳凰影業公司，主演影片十部。同時又在長城主演十一部影片，其中有在香港國際電影節，備受讚賞的古裝悲劇片《同命鴛鴦》、越劇戲曲片《三看御妹劉金定》、《金枝玉葉》等。

金庸在「長城」時，曾與夏夢共事過一段時間，夏夢的代表作之一《絕代佳人》，就是由金庸特地為她編劇。當時，夏夢主演，由李萍倩導演拍成了電影。這期間，曾一度流傳著金庸愛慕夏夢的傳聞，但夏夢那時是「長城」的當家花旦，貴為一線明星，金庸只是一個小小的電影編劇。同時，夏夢在金庸進入「長城」之前，已經結婚，是一九五四年與林葆誠結婚的，因此這段似是而非、琢磨不透的感情，也最終煙消雲散。對於傳聞，金庸一直未作表態，沒有任何說法，因此事實究竟如何，始終不得而知。

雖然，我們無從得知當時是否是才子遇佳人，抑或還是落花有意、流水無情，但相信夏夢對金庸的小說的創造，確實有著一定的影響。古今中外有多少文人騷客、倜儻才子，曾為他們心目中的「繆斯女神」，瞬間燃起多少愛情火花，寫下無數流傳千古的佳作詩篇。古有曹植為甄妃而賦〈洛神〉，現代有徐志摩為陸小曼而譜《愛眉小札》，國外文壇巨匠中如歌德，年近八十時，還聊發少年狂，向一位妙齡的美麗少女求婚，並為她寫下了著名詩篇〈瑪麗恩巴德悲歌〉，類似的例子不一而足、不勝枚舉。

因而，金大俠也不例外，當孤燈下，對著稿紙，構思小說中的人物情節，相信夏夢的倩影，不止一次地出現在他的腦海，想起她那精緻的瓜子臉、明亮流轉的秋波、凝脂般的肌膚、烏黑飄逸的秀髮，還有那纖纖的身姿，不知不覺間他已將夏夢的形象，嫁接到他小說中的人物身上，那人物彷彿也因此有了她的呼吸、聲音、一顰一笑……。

細心的讀者，也許會發現，《天龍八部》中，那個讓段譽一見就驚為天人、稱其「神仙姐姐」的王語嫣，便明顯流露出夏夢的影子。王語嫣是姑蘇燕子塢的大小姐，而夏夢也正是姑蘇人氏；王語嫣端莊曼妙、儀態萬方，而夏夢也是以其上乘的氣質，獨立於眾多女星之中。且夏夢在銀幕上最擅長扮演溫柔美麗、知書達理的女子形象。後金庸寫的幾部武俠小說，如「射鵰」裡的黃蓉，「神鵰」裡的小龍女，無論一顰一笑，都跟夏夢相似。相信如果當初投拍《天龍八部》，王語嫣的人選，非夏夢莫屬。當然，這只是武俠迷們的推測，因為這位聰慧美麗的女子，後暫退出演藝圈，洗淨鉛華，過了一段平靜幸福的日子。

金庸對夏夢，始終是欣賞和眷顧的，他曾在《明報》上，特騰出版面，開了一個專欄，名為「夏夢遊記」。專刊出夏夢的旅行散文，為一個女明星，開一個專欄，在《明報》實屬罕見。如刊出〈夏夢談巴黎近況〉、〈在倫敦誤進謀人寺——夏夢歸鴻之二〉、〈看脫衣舞要懂行情——夏夢遊記之三〉等等。並且當夏夢，拍了四十二部電影後，息影出演藝圈，移居加拿大後，金庸還專門為她寫了一篇詩意盎然的〈夏夢的春夢〉社評，祝福夏夢，並為她離開香港送行；用一首嚴蕊的「卜運算元」詞，道出心聲：「去也終須去，住也不能住，他年山花插滿頭，莫問奴歸處」，深情表達對她離開香港的感嘆和祝福。金庸在《明報》的社評，一向是對一些國際熱點事件、重大社會問題，做出評述，這次卻為一位女明星移民，大發感辭，實屬罕見，這在《明報》歷史上，也不尋常。

這段感情亦真、亦幻，亦是、亦非，也終究仍是男女個人之間的謎。但有一事卻是真的：一天，有記者問羅孚，金庸暗戀夏夢是否真的？羅孚確定地回答：「是真的。」記者又問是否追過夏夢？羅孚回答說：「是追過夏夢」。然而，不論外界對此，有多少猜測，好在夏夢，於一九六七年，告別了從影十七年的生活，告別了香港，移民去了加拿大定居。呵，人間天下事，他們倆雖最終未能攜手，但也算為世人，留下一段才子佳人的風流佳話。有人說，「兩人雖然無緣結合，但都開拓出自己的一片天空，這不也是件很美的事嗎？」

六、《射鵰》一出、莫與爭鋒

進入「長城」後，金庸主要從事電影編輯工作，但他並沒有停止武俠小說的創作，因為與報社有約，所以他每天都要完成一千字左右的小說，然後交給報社連載。《碧血劍》一結束，他便開始一刻不停地趕製另一部小說，這就是金庸的第三部武俠小說——《雪山飛狐》。如果說前兩部武俠小說，《書劍恩仇錄》和《碧血劍》是他牛刀小試、才華初露之作，那麼這部《雪山飛狐》，可以說是他的武俠小說創作走向成熟期的開端，它也是第一部被譯成英文，在國際上流傳的武俠小說。

首先，相比前兩部小說，《雪山飛狐》在故事情節之展開、人物性格的定位、語言表達等方面，都成熟很多，破綻和脫節的地方也較少。其次，《雪山飛狐》的主要人物胡一刀和苗人鳳，要比《書劍恩仇錄》中的陳家洛和《碧血劍》中的袁承志與夏雪宜，光輝很多。《雪山飛狐》中的胡一刀，可以稱得上是一位頂天立地的大丈夫，他為人光明磊落，絕不用陰謀詭計；他的夫人也是一位女中丈夫，有勇有謀、心細如塵，與夫君一起闖蕩江湖，而且她對夫君情深似海，在胡一刀死於非命後，她也殉情而死。

《雪山飛狐》中的另一個主角苗人鳳，實在是一個讀來令人十分回味的角色：他的性格是一個矛盾綜合體，他為人襟懷坦蕩，堅毅如石，在他的字典裡絕無退縮二字，但另一方面，他天性仁慈，重感情，但對敵人卻只是硬拼，少了一些謀略，苗人鳳的這一性格特徵，註定了他容易被小人利用。同時，他也是一個感情上的失敗者，英雄愛美人本是自然、古已有之，但苗人鳳在抱得美人南蘭歸之後，卻不懂得對她體貼，明明他愛南蘭至深，卻偏偏讓田歸農這樣的小人，將南蘭搶走，讀苗人鳳的故事不禁讓人為他的命運，扼腕嘆惜。

因而，這部《雪山飛狐》從開始連載起，便猶如石破天驚，令香港的武俠界為之一震。這部小說之所以是金庸武俠小說中較成功的一部，最重要的一點是因為，相比前兩部小說，金庸在寫《雪山飛狐》時更為用心，到最後甚至入了化境，作者幾乎是達到了與書中的人物，同呼吸共命運了。因而當小說連載到胡斐和苗人鳳要決一死戰，以了斷他們之間多年的恩恩怨怨時，幾乎全香港的人都在翹首盼望這場世紀決戰的最後結局。

苗人鳳與胡斐兩人大打出手，交戰幾個回合後，卻始終不相上下、勝負難分。而「兩人生死決鬥又惺惺相惜，白天激戰，晚上抵足而談，比武歷時三日，每日都有不同的變化。除了兩個主角之外，並穿插以周圍的人各式各樣的活動，在比武過程中突出了主角的性格，描寫了周圍的人物，渲染了現場的氣氛，又從正面、側面，或淡描或濃抹地勾勒了主角高明的武藝。讀者看得緊張、『過癮』。」（《金庸梁羽生合論》）但此時胡斐，卻在苗人鳳的刀法中，找到了一處破綻。高手交戰被對手抓住了破綻，猶如毒蛇被人捏住了七寸之處。於是，只要胡斐再發一招，必定可挫敗苗人鳳，以了卻一直以來的恩怨。

然而，就在這緊要關頭，金庸卻突然宣布全書完結，這個出人意料的結局，讓全香港的讀者大跌眼鏡。此《雪山飛狐》連載至一九五九年六月十八日，共計連載了一百二十九天，小說最後沒有肯定的結局，留下了一個永遠的懸念——胡斐這一刀到底劈下去還是不劈呢，讓每個讀者，自行構想。

金庸對此，作出的解釋，說：「寫到最後，胡斐的矛盾，就變成了我的矛盾，同時苗人鳳的痛苦，也成了我的痛苦，這兩人如何了斷恩怨情仇，連我也決定不了，所以胡斐那刀到底砍不砍得下去，我無法知道……」

寫小說，能寫到物我兩忘境界，可見金庸的武俠小說，已從當初為招俫讀者之文化速食，轉而為一種具有更高藝術性的文學創作形式。「懂中文的日本記者本池讀過此書，有一次與金庸見面，話題就一直圍繞著其中的情節，尤其側重裡面的推理橋段。金庸也不否認這是武俠加推理，他只是說，自己十分欣賞日本推理小說家松本清張。」金庸最喜愛的小說之一，是法國作家大仲馬的《基督山伯爵》，不管有意或者無意，有人說，「他的小說受到《基督山伯爵》等西方文學作品的影響，不僅表現在刻畫、描寫人物等小說技巧、方法上，更主要的是精神、氣質上的影響。」一九六〇年十月五日，《新晚報》十周年，他寫了〈《雪山飛狐》有沒有寫完〉一文，他說，寫這個結尾，他想到了西方中世紀著名的故事，公主、宮女和武士、餓獅，想到了美國作家馬克・吐溫的小說《中世紀的傳奇》。

按照中國傳統觀念，殺父之仇不共戴天，父仇子報，以牙還牙，以血還血，乃是天經地義的。這一簡單的復仇模式早已內化為民族潛意識，為芸芸眾生所普遍接受，更是中國文學作品長久闡述的主題之一。「而《基督山伯爵》表現的善惡觀念，對復仇的處理，直接影響了《雪山飛狐》對人物命運的安排、性格的塑造。」

《雪山飛狐》獲得了巨大成功，讀者的來信猶如雪片，一家家報紙爭先恐後地轉載。正當全香港無數的讀者還在為胡斐究竟有沒有對苗人鳳砍下那最後一刀之時，誰想到金庸的另一部武俠巨著又開始連載，簡直令萬千武俠粉絲迷，為之瘋狂。

一九五七年元旦以來，金庸接著連載的《射鵰英雄傳》，是一直在《香港商報》連載，此是新派武俠小說史上，具有劃時代意義的作品，無論在故事性和藝術性上，在場面之氣勢和人物的數量上，都幾乎壓倒他以前所有的武俠小說，「射鵰」一出，似乎大有「天地為之動容，群雄莫敢爭鋒」的氣勢。

金庸在寫《射鵰英雄傳》時，依舊是武俠與史實相結合的手法，其中的人物個性單純，郭靖誠樸厚重、黃蓉機智狡獪，令讀者容易印象深刻。這是中國傳統小說和戲劇的特徵，郭靖如何從一個涉世未深、老實巴交的孩童，最終成長為一代大俠。一個看來像是毛頭小子，闖蕩江湖的簡單故事，卻因金庸的一支生花妙筆，使故事情節，波瀾壯闊，高潮暗湧。小說隨情節的展開，時而寫江湖拼殺的血雨腥風，緊張、刺激；時而寫男女孩之間的兩小無猜，親熱呢喃，純真、浪漫；場景時而是春光明媚的江南水鄉，時而是氣勢恢宏的塞外草原。當然，開篇就再現江南的秀美場景：「錢塘江浩浩江水，日日夜夜無窮無休地從臨安牛家村邊繞過，東流入海。江畔一排數十株烏柏樹，葉子似火燒般紅，正是八月天時。村前村後的野草，剛起始變黃，一抹斜陽映照之下，更增了幾分蕭索。」這是金庸最熟念的地方。《射鵰英雄傳》結尾處，是郭靖與黃蓉一同南歸，「一路上但見骷髏白骨散處長草之間，不禁感慨不已」。這也正是金庸自已抗戰時的經歷，是自身的感慨與傷痛，加之時代的傷疤，都體現一個現實世界。

《射鵰英雄傳》，可以說是金庸所有小說中，人物塑造最完美的一部，不僅涉及人物眾多，而且個個精彩：南帝、北丐、東邪、西毒，中神通，個個性格迥異。南帝正氣昂然、寬恕仁慈。北丐洪七公，熱心滑稽、大智若愚。東邪黃藥師，亦正亦邪、卓然不群。西毒歐陽鋒，口蜜腹劍、陰險歹毒。老頑童，天真好玩、遊戲人間。

「瞧，各種人物之性格，無不躍然紙上，聽，字裡行間都在發出各自的聲響。」況且，它們都可獨立成為一部小說，怪不得自《射鵰英雄傳》問世後，不斷有其斷章取義，編造出成文的小說問世。

相比《射鵰英雄傳》中，那眾多武藝高強的江湖人物來說，它的主角郭靖，卻只是一個平凡之人，甚至智力水準還不及一般人，但他最終卻成就一番事業，成為一位大英雄，所以這平凡人，自有他的長處在。郭靖天資不高，甚至有些愚鈍，但他十分刻苦、堅持不懈，他學的武功，是雄渾有力的「降龍十八掌」，不帶一絲一毫取巧。郭靖為人厚道、對朋友說一不二，因而常得貴人相助，黃蓉之所以被郭靖吸引，便是看出了他真誠、寬容的稟性；他也是個有抱負、有責任的壯志男兒，心憂家國、民族，全心為國家民族大義，奮不顧身，身先士卒，甚或能拋棄個人所有的一切。《射鵰英雄傳》中所描繪的武功，當然出於金庸之想像，但是細心的人，還是發現了這些武功的源頭，在形的方面，主要取自金庸對舞蹈藝術的熟悉，在神的方面則來自哲學思想，特別是道家思想。黃蓉的武功，比如，「蘭花拂穴手」這名字，就有舞蹈的姿態，「落英神劍掌」的身法，就如同落花。桃花島上，黃蓉在花樹底下舞蹈起來：但見她轉頭時，金環耀日，起臂處，白衣凌風，到後來越舞越急，又不時伸手去搖動身邊花樹，樹上花瓣亂落，紅花、白花、黃花、紫花，如一隻隻蝴蝶般繞著她身轉動，煞人好看。對她武功的想像，也來自舞蹈。洪七公教會黃蓉的「逍遙遊」掌法（初名「燕雙飛」），兩人同練，「並肩而立，一個左起，一個右始，迴旋往復，真似一隻玉燕、一隻大鷹翩翩飛舞一般」。這些，基本上就是作者心中對舞蹈藝術的再現和認知，

金庸的這部《射鵰英雄傳》一出，當時在香港的火爆程度，可謂空前絕後，金庸的好友，也是香港著名作家倪匡曾說：「《射鵰英雄傳》一發表、更是驚天動地，在一九五八年，若是有看小說的而不看《射鵰英雄傳》的，簡直是笑話。」

但金庸自已卻認為，「我以小說作為賺錢與謀生的工具，談不上有什麼崇高的社會目標，既未想到要教育青年，也沒有懷抱興邦報國之志……不過我寫得興高采烈，頗有發揮想像、驅策群俠於筆底之樂。」

這股「射鵰熱」不僅在香港，還波及到內地和海外。《射鵰英雄傳》是在內地流傳最廣的金庸小說，在內地據說印了八十多萬冊，可能還不止此數，被人爭相傳閱。在曼谷，轉載《射鵰英雄傳》的報紙，為了滿足讀者迫不及待想看到故事的願望，甚至通過電報，報導香港連載的內容，可見其受歡迎之程度。

《射鵰英雄傳》連載結束，從此奠定了金庸武俠小說宗師的地位，因為這部書，已經不是完全意義上的通俗武俠小說，它寄託了金庸的精神追求和人生態度，包含著許多人生哲理，其中最重要的就是一種愛國心、民族情，一種敢於承擔、勇於擔綱的英雄風骨。讀者在郭靖身上，依稀可以看到作者

的影子，所以金庸曾說：「寫郭靖時，我對文學還瞭解不深，較多地體現自己心目中的理想人格。如果說有自己的影子的話，那可能指我的性格反應比較慢，卻有毅力，鍥而不捨，在困難面前不後退。我這個人比較喜歡下苦功夫，不求速成。」

在這部小說中，究竟什麼是英雄的定義，什麼樣的人，稱得上英雄？金庸也借郭靖之口，說出了他自己對英雄的理解：建功立業、名揚四海，就是英雄了嗎？非也。武功蓋世，世上無人與之匹敵，就是英雄了嗎？亦非也。金庸心中大英雄內涵，應是先天下之憂而憂，後天下之樂而樂，行俠仗義，為民造福，方是真英雄本色，方能流芳百世，令後人景仰。「只識彎弓射大鵰」的一代天嬌——成吉思汗，在金庸眼中，也稱不上是英雄，至多是個梟雄罷了！

《射鵰英雄傳》的成功，雖然離不開這部小說生動的情節、人物、語言，但，還是因蘊含著深深的思想。這種深層的思想，正是金庸心底儒家思想的折射。中國儒家思想的代表——孔子，當年遊歷六國，一路辛苦奔波，只為了遇到明君，為了禮樂、仁政之道，以能實現他心中之最高理想。雖金庸自已說，我以小說作為賺錢與謀生的工具，談不上有什麼崇高的社會目標，既未想到要教育青年，也沒有懷抱興邦報國之志……。可他的故國情懷、鄉土情結，幾乎浸透在他每一節的字裡行間。試想，一個出生在世代的讀書人家，在戰亂中成長起來、飽經憂患的讀書人，因為大時代的變動，漂泊異鄉，在小小的香港落腳生根，但他身上的文化因數，卻全部來自那片古老的土地。從《書劍恩仇錄》到《射鵰英雄傳》，傳達的首先是他所賴以安身立命的文化，武俠小說僅僅是一個載體，儒家思想在中華大地上滲透了幾千年，在炎黃子孫的心中可說根深蒂固，因而讀到這本寄託著金庸深厚儒家思想的《射鵰英雄傳》，自然令眾多華人，猶如讀到自己心底深沉的渴望，一個世界永恆的追求，讀了這樣的作品，有誰不為之心潮澎湃呢？

因為，一部小說，反映了深刻的人生批評和社會批評的力量，同時也從金庸獨有的小說，閃爍出他智慧的光芒。一九五九年五月十九日，《射鵰英雄傳》在《香港商報》刊完八百六十二段，卻也正是《明報》創刊的前一天。

第六章　創立《明報》

一、告別「長城」、另謀出路

《雪山飛狐》與《射鵰英雄傳》這二部小說的聞世，令年輕的金庸在香港武俠小說界聲名日隆，可以說在這條他另避溪徑之路上，走得一帆風順，令旁人豔羨無比。然而，他的職業生涯卻一直不順利，甚至是屢遭挫敗。他最初的夢想是走仕途之路，做一名外交官，所以在重慶讀外交系、後又在上海再修國際法學，應該說他的人生，一直圍繞著這個主心骨在努力，並未旁騖；但當他滿懷熱情和希望，義無反顧地北上想實現自己的抱負，然迎接他的卻是一腔愁緒、幻滅，猶如一盆冷水當頭潑下，澆得他徹骨寒冷，這真讓他清醒地看到了他所面臨的現實與局勢。回港後，他在《大公報》原想作為一個報人，堅持自由民主的原則，以此開拓自己的職業生涯；然而《大公報》的辦報路線和對思想言論上的控制，讓酷愛自由的他，倍感壓抑，更不用提開拓職業生涯和實現自己的理想，為此，他又一次遇到對人生去向的重大抉擇。他思前想後，毅然作出決定，離開他已工作多年的《大公報》。儘管《大公報》許多人士對他再三挽留，他還是執意告別，重新尋求出路。就這樣，他轉到了長城電影公司。長城電影公司，原是從上海轉到香港的張善琨，於一九四八年底創辦的，專拍國語片。一九五〇年，張退出，呂建康、袁仰安、費彝民等重組「長城」，袁出任總經理，整個指導方針逐漸左傾，並引入「讀書會」等組織，灌輸紅色思想，嚴俊、李麗華、林黛等先後退出。「長城」和《大公報》一樣都是左派文化機構，強調思想意義，重視社會教育，對影片題材的限制較嚴。

金庸到長城後，原本想在他鍾愛的電影事業上大展拳腳，因為畢竟電影作為一種特殊的文藝形式，同樣有影響社會的力量，可誰知還是事與願違。金庸當時有好幾個劇本都通不過審查，不獲准投拍，這讓他感到對「長城」的失望，沒有他用武之地，士氣也漸低落。金庸之人生使命感，在電影界又再一次遭遇瓶頸，當時又該如何抉擇，何去何從？這讓他又不得不再次思考自己的職業生涯。

金庸從最初北上，失望回歸，重返《大公報》，又離開，轉入「長城」、爾後又離開「長城」……這一路走來的過程，不禁讓筆者想到孔子當年奔走六國的情景。孔子，從故地魯國始，魯公只顧沉迷享樂，全然聽不進他的禮樂興邦之道，他只好悄然離走；到衛國，衛公只想整軍護國，不在乎他的治國大道，衛國後來發生大亂，他還受到波及，倉皇出逃……直到他垂垂老矣，他還是渴望著要尋求明君，要將他的治國之道發揚光大，因始終有一種信念支撐著他的一次次碰壁，就算是在一次次窮途末路之際，他心中總又重燃起希望。

我們說，當時在金庸心中，同樣也有著這樣一種儒家的終極信念，也好似孔子那般，重拾希望，整裝待發。金庸生性就不是一個安於天命的人，當一個環境受挫時，他總會去尋求新出路；他更不是一個易於滿足的人，在武俠小說界的成功，並不能讓他感到滿足，似有一種天生壯志未酬的感覺。最終，金庸還是無緣留在「長城」。

此時，金庸已是「身在曹營心在漢」了，當時他人雖在「長城」，但已經開始籌畫他路了。很多人以為，當初他自立門戶，創辦《明報》，是他的意氣用事，事實上卻不近然。其實，精明的他，在「長城」工作時，《明報》已準備創刊。

在《大公報》和「長城」的經歷，讓金庸總感到「人在屋簷下，不得不低頭」的狀態，以他追求自由的個性來說，與其將自己的命運寄託於他人之手，還不如自己來主宰它。在他心裡，是早早就算了一筆帳的，他考慮過去的大部分時間，是與文字打交道，如果轉行幹別的，必是揚短抑長；同時他對新聞報業，還是十分熱愛的，且也積累了很多這方面的經驗，自己踏出一條報辦報刊之路，對他發展職業生涯，無疑是個不錯的選擇。

資金方面，因為武俠小說、電影劇本和翻譯小說的收入，金庸也積累了一些資本，雖然不多，辦一份報紙的創業基金，還是夠了。另外他也想到，他的武俠小說如此受歡迎，若只在自己辦的報紙上連載，勢必會帶動報紙的銷量，能夠保證報紙創辦後的收入。當然他也明白，以他當時在香港無背景、無勢力之環境下，去投身報業界，風險是不言而喻的。但他天性中，總有那麼一種知難而上的意志，使他明知接下去的路十分艱難，卻依舊堅持這個選擇。

事實上，金庸當時考慮的這些方面，後來都印證他是對的，但真正投身報業後的艱辛程度，是那麼遙長，也確還是超出他的預料。當然，當時的他，也無從得知今後之路，只想離開「長城」，自立門戶。這一年他三十五歲，南下香港第十一年，他踏上了前途莫測的創業之路。

二、初創《明報》

提到《明報》的創立，有一個人不得不提，那就是與金庸一起共同創辦《明報》，並與他合作數十年的沈寶新。也正是與他在香港的意外重逢，使金庸最後下了辦《明報》的決心，並付之實施。

沈寶新是浙江湖州人氏，比金庸年長四歲，是金庸抗戰時期在碧湖中學讀初三時的同班同學。那時，是抗戰時期最艱苦的求學年代，兩人卻是少年知已，親密無間。但後來因為抗戰、流亡、轉學等多種原因，相互也漸漸失去了聯繫。誰能想到的是，他們兩人竟然在十多年以後，意外地會在香港重見。

沈寶新，曾在浙江大學讀的是農業專業，抗戰勝利後，在中國郵政與銀行工作，積累了一些財務工作的經驗。他一九四六年到香港，在印刷廠任職九年。說的是一口江浙口音的廣東話，熟悉他的人都說他是「一個隨和、有義氣的人」，人際關係好，對朋友重情義，又懂經營管理。

金庸與沈寶新，興許兩人都是浙江人、且兩人在地域文化上均是江南水鄉，又都是同學，所以兩人一拍即合，決定合作投身報業。誰都沒有想到兩人從此合作了將近半個世紀，而且一直親密無間，不禁讓人感嘆在香港這地方，商場上的經歷大多是勾心鬥角、人心險惡，但他們兩人，始終能保持如此深厚而綿長的合作友誼，並不多見。

一九五九年初，他們曾註冊了野馬出版社，準備辦一份十日刊，以刊登武俠小說為主，從《莊子・逍遙遊》中，取「野馬」為刊名。當時沈在香港任嘉華印刷廠的經理，對印刷出版方面較為熟悉；適逢當時金庸想要自已創辦報刊，兩人之間的一席談話，竟然是心有靈犀一點通。沈寶新也深感香港當時盜版猖獗，出版生意難做，倒不如自己辦報辦刊、自己印刷、自己發行，看老朋友金庸有了這個決心，他願意出錢出力、奉陪到底。

這樣的長期合作上的成功，也令金庸所感動，金庸後來與池田大作的對話時，也無不很感動地回憶起他們之間的這段友情：「一九三八年開始認識、二十一年後的一九五九年同辦《明報》，精誠合作地辦了三十幾年報紙，到今年已四十九年。在共同辦報期間，挑撥離間的人很多，造謠生非的事常有，甚至到現在也還有。但我們互相從不懷疑，絕無絲毫惡感。前年我因心臟病動大手術，寶新兄在醫院中從手術開始到結束，一直等了八個半小時。」

讀了這一段金庸與池田大作的對話，金庸為有這樣一位湖州籍人氏沈寶新的精誠合作而感到自豪。作為湖州人的後輩，我不禁也為能有這樣忠於職守、精誠合作的前人所感佩。這也使我憶起了金庸的那次湖州之行中，他還有意無意地詢及起湖州的沈氏家族的歷史。我曾對他說：湖州的沈氏家族，從歷史上考證，自東漢以後，南遷到江南德清武康的沈氏家族，一直崇文重教，在東漢末到南北朝，直到唐宋明清，在歷史上是很有作為的家族。沈氏在江南可謂人才鼎盛，在歷史上有王妃、皇后，曾出了好幾個，早有了「天下沈氏出武康」和「天下沈氏出竹墩」之說。沈氏一門有封侯的沈約，後有榜眼的沈樹本，至於將軍、翰林、巡撫之類，則不計其數。近代新文化運動主將、後成為一代書法大家的沈尹默，也是湖州竹墩沈氏家族出身……。當時，我對金庸說到這湖州沈氏一門的歷史時，看金庸也不時地點頭、微笑。我想，那一刻，他興許又想起了他的《明報》老搭檔沈寶新來了。

一開始，金庸和沈寶新，只是準備辦一份名為《野馬》的十日刊的小雜誌，以刊登武俠小說為主，但後來他們覺得日報銷量比刊物更好，於是最終決定還是辦日報更有利。《明報》最初由金庸出資三萬港幣，沈寶新出資兩萬港幣。這五萬元，三四個月就花光了，於是，金庸又投入五萬元，共出資八萬。當時，潘粵生提出「明」字，取「明辨是非」之意，他說也有聰明之意，經過一番推敲，決定取名《明報》。所謂「明」者，有光明、明理、清明、明查、光明正大、明辯是非等各種涵義，報紙取名於此，金庸感到寓意很好，他們就請香港當時有名的書法家王植波，為《明報》題筆寫了報名，一直沿用至今。今天的人們，一提起明報，只知道金庸的。其實，中國近代報業史上，以《明報》為名稱的報紙，曾先後在上海、蘇州、北平、廣東，都先後出現過。如在上海，於一九二二年十月十一日出版了第一號《明報》，由明報社出版。第二次出現在一九三二年，蘇州地區有一份《蘇州明報》，出版人為「倚紅」。《蘇州明報》以新聞為主，對開一大張《明報》報頭以隸書書寫，香港《明報》報頭與其相似。孔效儒的《明報》，以新聞為主，另外也印行《明報畫刊》，以報導電影明星生活及軟性新聞為主，與金庸創辦之《明報週刊》，內容上有相似之處。

一九五九年五月二十日，便是如今香港赫赫有名的三大報紙之一，也是金庸《明報》創刊的日子。當然，這是金庸畢生難忘的日子，這一天，象徵著他終於有了自已的陣地，象徵著他另一番天地的開端，也象徵著他真正獨立地成為一個報業人士了。

在《明報》的創刊辭上，金庸就表明了他辦這份報紙的信條和理想：「《明報》是一張同人的報紙，也是一張讀者的報紙。」「我們的信條是『公正、善良、活潑、美麗』。我們決心要成為你一個甜蜜的知心的朋友，跟你說說故事、講講笑話，討論一下問題，但有時候，也向你作一些溫文的勸告。」

爾後，金庸又進一步詳細闡述了《明報》的主張、目的和立場。是發表於《明報》第十八期的社評中，不妨一讀當年的這段文字：

我們重視人的尊嚴。主張每一個人應該享有他應得的權利，主張每個人都應該過一種無所恐懼，不受欺壓與虐待的生活。

我們希望世界和平，希望國家與國家之間，人與人之間，大家親愛和睦。我們希望全世界經濟繁榮，貿易發展，也希望香港市面興旺，工商業發展，就業的人多。希望香港居民的生活條件能不斷地改善。

我們辦這張報紙的目的，是要為上述這些目標盡一點微薄的力量。如果我們報導戰爭與混亂，報導兇殺和自殺，我們是很感遺憾的；如果我們報導和平與安定，報導喜慶與繁榮，我們是十分高興的。

從這些文字，我們可以讀出字裡行間都充滿著金庸對《明報》未來所寄託的希冀，他希望通過《明報》的創辦實現他一直以來救世濟民的社會理想。同時，香港當時是一個完全開放的社會，各種各樣的社會勢力交織在一起，錯綜複雜，各黨派政治鬥爭尖銳。香港的各種報紙媒體有很大部分作為這些黨派勢力的喉舌，言論帶有很強的政治色彩，如《大公報》、《文匯報》等；還有一些報紙雖不屬任何黨派，但也受到這些黨派的影響，如《成報》、《星島日報》等。

但金庸從創辦《明報》之初，就堅持在政治上保持中立的辦報路線，他當年之所以離開《大公報》和「長城」，都是因為覺得那裡的左派色彩壓抑了他的個性發展，如今有了自已的陣地，他當然要保持這塊土地的潔淨，不讓它滲入任何政治色彩，不論是左派還是右派之思想色彩。

保持中立的辦報立場，自然使《明報》初期步履維艱。《明報》第一天印了八千份，沒有賣完，最低時跌到了六千一百份，發行了四個月才開始回升。金庸說，辦《明報》當時誰都覺得是一件冒險的事業，舊同事、老朋友在背後人人都說：「小查這次非傾家蕩產不可！」金庸卻想，反正沒有多少家產，就是「傾家蕩產」也沒有什麼大不了。

《明報》開始時，只是一份四開小張的報紙，屬於名副其實的「小報」，頭版刊登社會性特稿，二版是副刊，也會登小說，三版是重頭戲，連載金庸和其他人的武俠小說，四版是雜文、小品、漫畫等，沒有新聞。

白手起家，《明報》最早的員工，只有三個人，金庸是社長兼總編輯，還是主筆，負責編輯部的工作，沈寶新是經理，負責報紙經營，是營業部唯一的員工，編輯只有潘粵生。由於人手不夠，金庸的妻子朱玫，成為最早的女記者，在《明報》跑香港新聞。一九五九年的香港儘管經濟還算不上繁榮，但報業競爭已夠激烈。單就日報來說，左派除了《大公報》，還有一九四八年九月創刊的《文匯報》、一九五二年十月創刊的《香港商報》、一九五五年創辦的《晶報》（原名《明星日報》，一九五七年改名）。親國民黨的有一九四九年創刊的《香港時報》以及老牌的《工商日報》。此外大多數報紙處於中間立場，如一九二五年六月創刊的《華僑日報》，一九三八年八月創刊的《星島日報》，一九三九年五月創刊的《成報》，等等。還有《南華早報》等英文日報，其中也有中間偏左或中間偏右之分。背景各異，左、中、右分明。光是五〇年代新辦的報紙，就有八十五家，平均一年新辦

八．五家，大部分為中文報紙，但能堅持十年以上的，鳳毛麟角，至今仍在出版的僅《明報》、《新報》、《晶報》等寥寥數家。

金庸曾說：「在政治取向上，我們既不特別親近共產黨，也不親近國民黨，而是根據事實作正確報導，根據理性作公正判斷和評論。」但後來證明，正是《明報》的中立特色，使其在報導和評論上，能保持客觀、公正、獨立，而最終贏得了諸多知識界人士的青睞，在報業林立的香港，開墾了一片新土地。

正如金庸說的，他相信中國古代的名言：「有容乃大、無欲則剛」。他始終認為：「報刊中可以容納各種各樣不同意見，編輯部不持偏見，不排斥不同意的觀點，同時報紙的主持人和工作人員不利用報紙來謀取自身不正當、不合理的利益，報紙必須永遠光明磊落，為大多數讀者的利益服務。」

我們不難發現，《明報》堅持的中立、公正、獨立的辦報原則，與當年未轉型前的《大公報》極為相似，相信當年胡政之等人宣導的「四不」原則，及他們身體力行的榜樣，已深刻地影響了金庸。在將近二十年後，他創辦《明報》，似乎是重新拾起他們未完的精神與事業，如果胡政之這位令人敬佩的老報人，在天有靈，看到他當年宣導的精神宗旨，卻在《明報》發揚光大，也會由衷微笑。

三、苦撐局面

剛開始時，金庸考慮如何給《明報》定位，他心裡當然希望《明報》能與當時的一些大報，如《華僑日報》、《大公報》一樣報導社會熱點新聞、評論國內外時事，但以《明報》當時的財力、物力、人力簡直是妄想。香港市面上還存在著一些小報，它們大多利用一些花邊新聞、香豔小說來吸引讀者，以滿足一些小市民們的獵奇心理，如果《明報》與這些小報為伍，雖可用很少的人力、財力招攬讀者，但顯然有違金庸辦報的初衷。

一九五九年六月六日，《明報》出至第十八期，開始改為出對開大張，頭版改為國際新聞和社評，二版為「銀百合」副刊，三版還是「野馬」小說副刊，四版為香港新聞（從第二十九期起，國際新聞改到第四版，港聞放到頭版，社評有時也刊登在四版）。當天，金庸在〈我們的立場〉社評中，提出了「公正與善良」的辦報理想，他說：「我們曾在〈發刊詞〉中說明，我們擁護『公正與善良』。這五個字，就可以說是我們的立場。我們重視人的尊嚴，主張每一個人應該享有他應得的權利，主張每個人都應該過一種無所恐懼，不受欺壓與虐待的生活。我們希望世界和平，希望國家與國家之間、人與人之間，大家親愛而和睦。我們希望全世界經濟繁榮，貿易發展，也希望香港市面興旺，工商業發展，就業的人多，希望香港居民的生活條件能不斷地改善。」

於是，金庸走了一條折衷的路線，選擇介於小報和大報之間的定位。雖然這一路線是當時最好的選擇，但卻讓《明報》的版面顯得不倫不類，一邊是金庸嚴肅的社評，而一邊又是香豔小說，從而外界對《明報》的反映，認為它整個風格極不統一，並認為如果《明報》這樣辦下去，關門大吉是遲早之事。

為了《明報》的生存，金庸和沈寶新絞盡了腦汁。金庸除了不斷地寫武俠小說、寫社評，還要負責報紙的編輯工作，多方挖掘、羅致人才，提高報紙的吸引力。沈則從提早出報以及發行、廣告上下工夫，常常半夜三更起來去印刷車間給工人遞煙。可以說，從一九五九年到一九六二年，這三年是《明報》最艱辛的草創時期，《明報》老職員曾有回憶：「查先生那時候真的很慘，下午工作倦了，叫一杯咖啡，也是和查太（朱玫）兩個人喝。」

當然，金庸也明白，一份報紙要有長久的生命力，必須要有整體的風格，要有一個統一的路線，目前這種折中的路線，始終不是長久之計，但以《明報》的現實情況，卻不得不走這條路。雖外界傳言《明報》不久就會維持不下去，但金庸卻還是憑他的意志和努力，將《明報》撐過了開創伊始的艱難時期，這在很大程度上，還依賴於他的精彩的武俠小說。果然如他當初辦《明報》之前所料，很大一批讀者，是因為要看他的武俠小說，才買《明報》的，因此金庸的武俠小說是《明報》銷量的一大支柱。當然，這武俠小說有眾多讀者，只是其一，還有辦報之理念，也很重要，金庸也說，「很多技術問題都是我從《大公報》學來的。《大公報》本身有個傳統，什麼文字可以用，什麼文字不可以用……我投身《大公報》，心裡很佩服《大公報》當時的不黨不賣，評論事件很公正，完全報導。報紙不應該歪曲事實，應該講真話，不好講的可以不講。」他自稱，「心嚮往之，時作東施之效，只恨才識難追前賢，時有畫虎不成之憾，但所作的努力，總朝著這個方向」。

正是在香港這塊特殊的土地上，金庸傳承了老《大公報》未竟的理想，《明報》的成功隱約可以看到某些老《大公報》的影子，比如堅持不接受任何方面的經濟支援，他說，「在這情形下，我們就能毫無顧忌地公正不偏，就會得到最廣大讀者的支援」。五月二十日，金庸又在〈本報創刊周年感言〉社評中說，「在政治上我們力求中立，絕不對左派或右派作任何不公平的偏袒」。他以後津津樂道的「有容乃大，無欲則剛」，其實要等到一九六二年六月「自由談」副刊誕生時才提出，一九六六年一月，《明報月刊》發刊詞也以此為編輯方針，以後遂作為《明報》的報訓。

這段時期，金庸開家本領，同時創作了《神鵰俠侶》和《倚天屠龍記》兩部武俠小說，分別在

《明報》上連載。這兩部小說和以前創作的《射鵰英雄傳》合稱「射鵰三部曲」。《射鵰英雄傳》中的主角郭靖和黃蓉也延續到《神鵰俠侶》之中，三部小說中的人物，可以編織成一張網路，書中的許多情節、人物及武功招式，也是一脈相承。

金庸當時可能考慮到《射鵰英雄傳》結束後，許多讀者對其中的人物還津津樂道，紛紛猜測這些人物今後的命運，同時又正值《明報》初創的艱難時期，重要的是怎樣爭取讀者，因而金庸採用類似續集的方式，進行創作，自有他的多方原因的考慮。

其實，《明報》創刊第一天，《神鵰俠侶》開始連載，配有大幅插圖。第五期起增加字數，每天由一千字擴充到一千二百字，第二天又增加了四百字。當時《雪山飛狐》還在《新晚報》上連載，金庸每天要寫兩個連載。《神鵰俠侶》這部小說，圍繞一個「情」字展開——「問世間，情為何物，直教人生死相許」，這也許便是這部小說的主題，然而書中描寫到的「情」，不僅僅局限於男女之情，還有愛國之情、父母親情、兄弟手足之情、知已朋友之情，無不在這部小說中得到深刻的體現，讀來確令人為之動容。

倪匡曾經說：「《明報》不倒閉，全靠金庸的武俠小說。」當時，金庸自已也說：「我們的半張小報，經半年時間，便收支平衡，我的武俠小說，可有一定讀者啊！」

如當時香港，許多中學生，每天上學都會在報攤上買一份《明報》，上了巴士，如有空位坐下，便會打開「神鵰」的版面，細細追讀，每天千把字，不消五分鐘便看完，雖很不過癮。「神鵰」連載的兩三年間，正是《明報》最艱苦的階段。金庸曾說，幾乎每一段故事之中，都有和幾位同事，共同辛勞的情景。

《神鵰俠侶》虛構了楊過和小龍女「生死相許」的愛情。第一主角楊過，是《射鵰英雄傳》中楊康的遺腹子，他的個性中有其父偏執、心胸狹窄的一面，但又受其義父郭靖的影響，有著不畏強權、敢做敢為的一面，可以說是一個具有雙重性格的人物，他與後來《笑傲江湖》中的令狐沖，算是金庸小說中最具叛逆性的人物。

楊過從一出生，就因其父叛國求榮的惡名而背上沉重的包袱，後來他也走過坎坷崎嶇的成長之路，還一度陷入歧途，幸好他受到義父郭靖，人格魅力的感染，最終走入了正途，還習得了絕世武功，成為一代大俠。在感情方面，楊過可說是金庸小說中最為執著，也是愛得最為辛苦的一個。蒼涼空曠、哀怨動人的情節，貫穿全書，奠定了悲劇的基調。

純潔無瑕的小龍女，被尹志平姦汙，楊過被郭芙砍斷了一支胳膊，當小龍女縱身跳下懸崖，留下謎一般的十六年之約時，也許小說應該結束。但金庸為了報紙生存，為迎合讀者的需要，作者卻不能嘎然而止，只能寫下去，寫一個有情人終成眷屬的大結局。楊過與小龍女的感情，一波三折、多災多難。在小龍女躍入絕情谷後，楊過苦等十六年，至死不渝。如此真摯的感情，令人可歌可歎。

最終，和小龍女分手十六年後，楊過來到當時小龍女刻字的地方，守候了整整一天一夜，小龍女沒有出現，楊過絕望，也縱身跳入萬丈深淵！可上天佑護，卻在深淵水下，楊過發現了一條狹窄的通道，游過通道，他找到了在這裡隱居了十六年的小龍女。原來小龍女，是投崖未死，無意中進入這個洞天福地，二人十六年後重逢，無限欣喜。

這兩個苦命的戀人，還是相聚了，過著神仙眷侶般的生活。當然這小說，似乎通過作者之手，編織出了一個人世間生死不渝的愛情烏托邦。

大團圓的結局，也受到過很多評論家的置疑，他們認為如此結局，破壞了整部小說悲劇性的美感，不無敗筆。然而，當時這部《神鵰俠侶》小說的連載，是《明報》這張報紙銷量的保證。可以說《明報》在初創期的讀者群，大多是香港海島上的市民，他們的知識結構、社會層次，還無法領略悲劇作品的藝術性。他們更渴望和喜歡的，還是那大團圓的結局。因此，如果金庸把《神鵰俠侶》的結局，寫為小龍女跳下谷底，不知所蹤；而楊過一個人守著這份感情孤獨終老，可能會令很多讀者大失所望，也可能買《明報》閱讀的人數大減，乃或對今後金庸的武俠小說，會失去信心，《明報》銷量，也會大幅下降。為了初創時期的利益機制，使《明報》能順利地發展下去，當然不能走這步險棋，所以說，金庸當時寫出這樣的結局，很大程度上是出於維持《明報》銷量考慮。

《明報》創刊號，即開始連載《神鵰俠侶》，一直連載了兩年多，而這些年正是《明報》最艱難的時期，可以說金庸的這部小說，見證了《明報》的每一步成長，見證了金庸與幾位同仁的努力和辛酸。難怪金庸後來修改《神鵰俠侶》時，會感嘆：「重新修改《神鵰》的時候，幾乎在每一段故事中，都找到了當年和幾位同事共同辛勞的情景。」馬克思曾說，每一個銅板中有著血淚，如果從這話作一延伸的話，那麼當時金庸在寫這部小說時，所斟酌的每一個詞語，也充滿了辛苦的血淚。

那時，金庸每天都要工作到很晚，不僅要寫武俠，還要寫社評，他就像一台產出文字的機器，不停地寫稿，夜以繼日、不知疲倦。似乎也像老巴爾扎克在寫那《人間喜劇》一樣。同時，他還需負責整個版面的編輯、策劃和設計，他事無距細、親歷親為，常常加班至深夜。然而，雖然日子過得很艱辛，但金庸卻由衷地感到充實而幸福，因為他的第二位夫人朱玫，常陪伴在他身邊，給他關懷和支持。

他們倆，在金庸還未進入「長城」之時，就已相識，之後結為連理。朱玫是一位才女，畢業於香港大學中文系，長得美貌，還是一位具有革新精神的新女性，她隨金庸一起進入《明報》，始任採訪記者，成了香港第一位女記者。在《明報》最艱難的日子裡，朱玫這位賢內助，陪伴在金庸左右，形影不離：晚上同在報社趕稿累了，他們倆人分喝一杯咖啡；一起加班至深夜回家。當時，正是困難時期，他們不捨得包船過海（當時金庸家住尖沙咀，從中環的報社回家必須過海），兩人一起立在風中，等待那隻渡船，時十指緊扣、相依相偎……。似乎在一起抗擊著人間的風風雨雨。

四、逃亡潮帶來的契機

連載《神鵰俠侶》，從《明報》創刊始，保證了《明報》每天的銷量，能穩定在八千份左右，應該說，對於一份初創的勢單力薄的報紙，能達到這個日銷量已是十分可喜了。但金庸心裡明白，這八千份的銷量，很大一部分是由於自已的武俠小說，而一份報紙要辦下去，絕不能只有武俠小說這一個賣點，他考慮著怎樣使《明報》嶄露頭角，怎樣從各方面增加《明報》的競爭力。

而正巧這時《明報》位於中環的報社要拆樓，《明報》便搬遷到上環，最後又搬到了灣仔謝斐道。彷彿應了香港民間的一句俗語：樹移死、人移活，這次搬遷給《明報》帶來了活力，實際上成了《明報》一個新的開端，這猶如史學家唐德剛所說：「物有本末，事有終始，知所先後，則近道矣。」

《明報》的興旺，卻始於謝斐道，這難道是事物發展的必然之道？

在未遷謝斐道時，為了增強《明報》的競爭力，金庸便開始招兵買馬，大力引進人才。首先花重金從大報《晶報》挖來了記者雷煒坡，從《紅綠報》挖走了龍國雲，及在香港新聞界有「才子」之稱的韓中旋，還任命雷煒坡為採訪主任。事實證明，金庸重金招幕來的這些人才，確實使《明報》得益不少。可以設想，一個由私人股份出資辦的報紙，它沒出色的人才怎麼行呢？接著，金庸還不斷開闢特色欄目，使《明報》亮點頻生，不僅僅依靠連載武俠小說拉動銷量。在娛樂新聞版開闢了「伶星專欄」，主要報導影視界明星的工作、生活、戀愛等情況，主要由雷煒坡執筆，他以「柳鳴鶯」為筆名寫了很多這方面極具可讀性的文章，很受初高中女學生及家庭婦女們的歡迎。

另外還開闢了介紹美食的食經專欄，龍國雲以陳非為筆名執掌這個欄目，同樣引起熱烈反響。龍國雲當時在《紅綠日報》，跑社會新聞表現突出，被暗中請來相助，從一九六〇年夏天起，用「陳非」的筆名為《明報》寫港聞特寫、大案內幕、軟性花邊，筆名就是雷煒坡代起的。其他特色專欄，還有簡而清以「簡老八」為筆名，寫的馬經和汪昆以「識途老狗」為筆名，寫的狗經，也受到很多忠實的讀者所追捧。

雖然金庸這一系列的舉措，在社會上引起了一些反響，為《明報》帶動了一些銷量，日銷量也已經遠遠超過一些三流的小報。第一年下來，《明報》發行量雖增加了百分之一百二十四，但只是一張副刊性的報紙。金庸在〈創刊周年感言〉中說，讀者有英、美、德、加拿大的留學生，有教授、律師、工商界鉅子、社會名流，也有職工、青年讀者。他認為原因有二，政治上力求中立，內容上力求雅俗共賞。

當然，這與金庸心中的目標還相差很遠。他對《明報》的希望，絕不是只超過三流小報，成為一張二流報紙，他的希望是將《明報》辦成一流的報紙，甚至超過那些大規模的報業集團。正當他為怎樣使《明報》再更上一個台階而絞盡腦汁時，一場突如其來的難民逃亡潮，竟然改變了《明報》今後的命運。

一九六二年二月份起，大量的廣東移民湧入香港，暴發了一股難民「逃亡潮」。造成這股難民「逃亡潮」的原因是：內地「大躍進」掀起了高潮，從而使當時大陸工農業一片蕭條。又由於一九五九年至一九六一年的「三年自然災害」的發生，導致內地經濟狀況一片混亂，甚至接近崩潰的邊緣。內地很多地方都發生了饑荒，連中共的領導人都一年吃不上幾次肉，一般老百姓的處境就更悲慘了。農村中所有的樹皮、草根全部都被充當糧食，還有至少三千萬的農民，處於飢餓狀態，可說饑民遍野。因此，居住在廣東的很多老百姓，便想方設法地來到香港，以求一個溫飽安居之所，又因為當地政府控制不嚴，導致數以萬計的廣東難民湧入香港。那段時間裡，每天都有幾千人湧入香港，不僅有寶安的，還有東莞、惠陽、廣州乃至外省的。主政廣東的陶鑄一度下令把邊關的崗哨撤了，從一九六二年五月五日到五月二十二日，人潮湧動，紛紛湧入香港，最多時一天就有八千多人，到九月才全面收縮。保守估計逃出人數不少於二十萬人。

然而，香港只是一個彈丸之地，當時香港的人口密度已很高，如於一九六一年五月三十日的人口統計，已超過三一三萬，交通、住房、醫療、飲水等方面壓力都相當大。突如其來的逃亡潮席捲香港，港督柏立基束手無策。「即捕即解」只是倉促應對之策，堵截不能解決根本問題，人流依然潮水般湧來，警察只能將他們堵在深圳河邊的梧桐山一帶。港英當局對這些非法進港的難民採取攔截、阻止他們入港的措施。每天都有一車一車的難民被香港警察遣送回深圳，但警察少難民多每天有大批難民不斷湧入，並且有越來越多的難民，置留在邊境地區，當年的香港安全正受到前所未有的威脅。

可對於這次洶湧的「逃亡潮」，香港的各大媒體報紙卻顯得十分冷靜，報導大都輕描淡寫、不痛不癢，沒有任何深入的評析和呼籲。因為，這雖是一件極具新聞價值的大事，但又是一件涉及政治態度的敏感事件，輕易表明立場勢必不是得罪港府便是得罪內地政府，所以各大報紙都坐壁上觀，靜待事態的發展。金庸對這場「逃亡潮」最初也做低調處理，不深入報導，《明報》作為一份中立的報紙，當然也不想得罪任何一方，不想因惹是非而惹禍上身。

然而從二月到五月，短短的三個月時間，這股「逃亡潮」已發展得不可收拾，越來越多的饑民被困在邊境地區，境況悲慘，港府對這樣的局勢也是一愁莫展，找不到有效的解決方法。

《明報》裡有很多人開始置疑對這個事件的低調態度，越來越多的記者從邊境地區回來，他們群情激動，有時甚至為那裡的悲慘情景而淚流滿面，越來越多的人心情無法平靜，他們追問道：「為什麼這麼大的新聞消息不讓登報呢？」金庸面對這種情況內心極度矛盾，如果全面報導，肯定會得罪很多人，《明報》接下去的路可能會很難走，但是這時他作為一個新聞工作者和報業人，這心底的良知和辦報的信條呼喚了他，他辦《明報》的宗旨不就是「公正和善良」嗎？如果現在為了不得罪人而退縮，那還談什麼正義呢？豈不成了武俠小說裡的陰險小人了嗎？於是，金庸決定對「逃亡潮」進行全面、深入的報導，派大量記者到邊境實地採訪。

五月八日，《明報》首次在頭版頭條用醒目的大標題刊出了「逃亡潮」的新聞，正式拉開對「逃亡潮」進行深入報導分析的序幕。從五月十一日起，他幾乎派出所有記者到第一線採訪，沙頭角、粉嶺、元朗、羅湖等移民聚集的地方，到處都有《明報》記者的身影，他們瞭解難民的生活、心態，並拍攝了大量照片。他們與難民面對面地交談，聽取他們的心聲，瞭解他們的需要，他們拍攝了大量紀實性的照片，聚集在山上的數以萬計的難民，年邁的老人牽著幼小的孫子，母親懷抱著嗷嗷待哺的嬰兒，……。

這是《明報》創刊三年來，首次大規模的採訪，也是第一次與幾家大報硬打硬拼、爭搶新聞。五月十三日，他發表了〈巨大的痛苦和不幸〉之社評，這樣大的「逃亡潮」，是由於「連續三年來內地的災荒，糧食發生嚴重困難」，「逃亡潮」令香港當局很感頭痛，內地當局想必也感到頭痛，更感到痛苦的是偷渡入境又被遣送回去的同胞以及他們在香港的親友。面對這樣巨大的痛苦，巨大的不幸，誰都會感到束手無策。

一幅幅極具震憾力的照片，難民們一句句聲淚俱下的自述，記者們呼籲性的特寫報導，均接連出現在《明報》的頭版頭條上，如此的追蹤、如實的報導，確引起了社會上很大的震動，引起了社會各階層的人們，紛紛關注著事件的發展狀況。

另一方面，除了大篇極具渲染性的報導，金庸的社評，也立場獨特，引起了讀者的廣泛關注。五月十四日，查良鏞安排龍國雲等記者，前往梧桐山一帶採訪，由於香港當局出動大批警察攔截，大量偷渡者被堵在山上，許多老弱婦幼在山上跌傷、患病，他們水盡糧絕，吃樹皮、木菌，坐以待斃，至親的人也無法相救，於是夫棄其妻，兄捨其弟。生平不會哭的龍國雲，每天都睜著雙眼流淚。

五月十五日，《明報》頭版頭條刊出陳非（龍國雲）的特寫〈梧桐山上慘絕人寰〉，大字標題，非常醒目。另有一篇〈邊境山頭一片呼兒喚母聲，聞者心酸腸斷〉，慈母背嬰兒，翻越梧桐山，母死兒生，哀啼屍側，同行者惻然俱無人加以援手。在首篇關於「逃亡潮」的社評：〈火速！救命！——請立刻組織搶救隊上梧桐山〉中，金庸就發出了人道主義的呼籲，他說：「想到那些陷身於苦難中的同胞，誰都會感到難過。我們極盼中共當局去派人去救援，也極盼本港當局派人去救援。最寶貴的，是人的生命！最大的仁政，是救人性命！」

他的社評往往能隨事態的發展，一針見血地指出事件的本質，提出中肯的呼籲。如針對社會上一部分老百姓不滿港府遣返內地難民，認為這是一種不人道的做法，金庸在他的社評〈巨大的定時炸彈〉中說道：「香港政府目前所採取的對策，我們可以想像得到，在決策人自已，也是相當痛苦的。……事實上，這件事好比一個巨大的定時炸彈，警方人員正在小心翼翼全神貫注地設法移開，……我們如果單憑一時感情衝動，反而去和搬移定時炸彈的人為難，豈非危險之極？」

同時，他的社評往往是對事不對人的，即只對事件本身作出評價，而並不帶有任何主觀的偏向，充分保證了《明報》的中立性質，例如他在〈協助警方，共渡難關〉的社評中，他嚴厲地反駁了台灣和聯合國某些人批評港府的做法，認為香港應對難民來者不拒，他指出這種說法，只是局外人的風涼話，根本沒有考慮到香港的實際情況。又如，他針對內地中國政府政策失誤而造成災荒，並縱容難民逃亡的態度，也發表多篇社評進行公開批評。對難民「逃亡潮」問題，《明報》不僅只作為一個新聞媒體對事態進行報導，並在社會上進行呼籲，更重要的是，以《明報》為中心，金庸發起了很多人道主義的救助活動。他在《明報》上刊出啟示，呼籲社會各界捐助救濟那些同為炎黃子孫的難民，並且每天由記者們負責往邊境運送食物。此舉激起千層浪，引發了當時香港社會各階層，不論普通老百姓，還是知識階層、富商政要，都紛紛解囊相助，有錢捐錢、有物捐物。《明報》除了每天清點捐款捐物，送往邊境，還每天公布捐助人的姓名和捐助的數量。

難民「逃亡潮」直到五月底，才漸漸平息，《明報》也停止了對此事件的報導，但這事件為《明報》帶來的社會影響，卻沒有就此消失，它的銷量一下從「逃亡潮」開始時的每天銷售八千份，而幾月之中，由於《明報》發出的光芒，甚至讓所有的大報，有些黯然失色，幾乎一夜之間，讓香港市民刮目相看，從而即刻突破了銷量在二萬多份，五月份平均日發行量三一〇六八份，當年下半年，突破四萬份。後來《明報》日銷量，約總在四萬份這個水準上。

當然我們說，促使這一銷量飛躍的原因，不僅因為《明報》對「逃亡潮」有了真實、詳盡的報導，致使原來訂買一些大報的讀者，漸漸發現《明報》不只是有武俠，它還報導了兼具新聞價值和可讀性的兩個方面，同時，還因為金庸所寫的社評獨樹一幟、深刻到位，從而使一些知識階層的人士，也開始閱讀《明報》了。

但更重要的一點：《明報》在這次事件中，表現出的難得的人道主義精神，使這份報刊，脫穎而出，贏得了很高的社會聲譽。從這以後，金庸的這份《明報》，開始逐漸擺脫只靠武俠小說撐局面的狀況，踏上了向以時事性和新聞性為宗旨的一流大報之前程。

第七章　審慎而靈活的報業生涯

一、健筆寫社評

從《明報》創立開始，金庸就開始撰寫社評，從一開始的每隔兩三天一篇，到每天一篇，幾十年如一日，一直堅持至今，因而在香港人們稱金庸是兩支筆闖天下，一支是寫武俠小說的「俠筆」，另一支就是寫社評的「健筆」。但《明報》初創時期，金庸的撰述，觀點還較平平，筆法也不夠尖銳，所以未帶來什麼社會影響。但經過「逃亡潮」之後，金庸寫的十多篇社評，篇篇立場鮮明，措辭中肯尖銳，令他在武俠小說天地聞名香港文壇後，又一次名震香港新聞界。

社評或社論這種文學表現形式，在報紙新聞上十分常見，它以報社或個人的名義出現，多是對國內重要問題、熱點問題的評述分析。一些大報紙的社評，常常具有權威性，但像金庸這樣以個人名義發表社評，且能受到社會各階層人士的喜愛，就不多見。金庸所寫社評，不僅言辭精闢、觀點獨到，而且常常帶有一點對國內國際熱點問題的預測，這些預測事後還都被事實所證實。

如一九六二年十月十日，蔣介石接連發表兩篇「雙十」文告，想借此鼓動內地軍民反共，意圖復辟。外界紛紛傳言蔣介石這一不同尋常的舉動，是否是蓄機反攻的表現。金庸立刻在《明報》針對此事發表了社評，他在社評中指出蔣根本沒有反攻大陸的實力，如此鼓吹只不過是外強中乾的表現，「蔣先生沒有軍事反攻的信心，只是把希望寄託在大陸人民自發的反共行動上。在我們看來，大陸人民如果起義反共，也不至於貪圖台方一個所謂『光復地區軍政長官』的名字。」之後的事態發展，果如金庸在社評上所說，蔣介石並沒有做出任何反攻大陸的實際行動。

金庸社評，一個重要特點，完全出於一個旁觀者、觀察者的身分，來評析問題，因而不偏向任何一方，能做到完全客觀、中立、公正地評析。在一九六二年，中國與印度發生邊境武裝衝突，面對美國國務院對中國的譴責，金庸立即在《明報》上，發表了一篇言辭激烈的社評〈美國聲明是非顛倒〉，從國際法的角度駁斥了美國所謂「中國對印度進行侵略性行動」的聲明，完全是顛倒黑白、歪曲是非。他在社評中狠狠嘲弄了美國的雙重標準，「是不是甘迺迪準備揮軍進入古巴，古巴如果奮起應戰，那就是侵略美國了？……美國的國策可以不顧是非，不講利害。然而堂堂一個大國，正式聲明中居然歪曲是非，那就為天下有識之士所不取了。」

其筆調辛辣尖銳，令人讀之酣暢淋漓。但當中國政府確實有一些不明智的行為時，金庸同樣是不偏不倚，提出批評。例如一九六三年，內地推行所謂的「社會主義教育運動」，目的在消除資本主義思想殘餘，消滅私有制，金庸認為強行的思想教育是違反人的自由權利的，而且只會適得其反，他在社評中說：「中共軍隊在手，政權在握，實在不必害怕資本主義復辟、異已分子造反。為了堅持某一種主義和理想……寧可犧牲經濟發展的利益，使千千萬萬百姓遭受不必要的痛苦，那是不是值得呢？」

九月二十三日，查良鏞在〈人不為己，天誅地滅〉社評中繼續說：聽說大陸今年農業生產比去年好，港人感到高興。中國經過了這三年來的慘痛教訓，大概已不得不認識到：將農民所有的生產資料、土地、農具、牲口、副業等全部充公，非天下大亂不可。這是違反基本人性的。……然而，「為己」這兩個字，不但是人性，不但是動物性，而且是生物性的。要七億人在一晚之間竟然覺悟，個個為公不為私，實在是「唯心」主義之至。現在農民有自留地了，雞鴨可以自養了，儘管仍舊要農民在公社地裡勞動，農民當作是不得不付出的「捐稅」，那是可以忍耐的。

又如一九六三年，中共高層決心不惜一切力量發展核武器，當時任國務院副總理兼外交部長的陳毅元帥，發表了「不管中國有多窮，我當了褲子也要造核子！」的「核褲論」。金庸在聽聞「核褲論」後，立即發表社評，表明他反對以犧牲經濟來盲目製造核武器的舉動，給當時炒得火熱的「核子論」當頭澆下一盆冷水。他在社評中，毫不留情的說，「中共一位負責首長居然說到『即使中國人民全部無褲子，也要自擁核子武器』，這句話在我們聽來，實在是不勝憤慨。一個政府把軍事力量放在第一位，將人民的生活放在第二位，老實說，那絕不是好政府。我們只希望，這只是陳毅一時憤激之言，未必是中共的政策。」

他也曾在社評中批評北京支持阿爾及爾新政府，送了九千噸小麥、三千噸鋼鐵，這個決定讓香港人反感。內地糧食不足，港人節衣縮食，將一磅兩磅的糧包寄回內地，但內地卻對痛癢無關的阿爾及爾送糧九千噸，便是九百萬個小郵包，等於全港每人送了三個小郵包。九月十八日，距離「逃亡潮」不到三個月，成千上萬飢餓的同胞湧來香港的情景如在眼前，他發表〈要求中共減少輸出糧食〉社評，當時傳來內地要給斯里蘭卡二十萬噸糧食的消息，他說不如分給老百姓吃了為妙。

從金庸的這些社評中，我們可以看出他認為發展經濟才是一個國家的重要方面，鞏固政權、贏得民心是上策，這與後來鄧小平提出的「發展是硬道理」的思想，似乎不謀而合，說明金庸那時對中國整個經濟的發展形勢，在他的社評中，已經有高瞻遠矚的眼光和見解了。金庸親撰的社評，當時排字房為了便於區分，別人執筆的社評，一般標題都用二號楷體，如果是他執筆的，則用大號宋體加黑，很好辨認，所以有「查記出品，宋體為號」（或「查記出品，黑體為號」）的說法。其他人執筆的社評，如果金庸覺得好，偶爾也會特意交代排字房，標題用大號宋體加黑，這對作者而言是一種難得的榮譽。他的社評特點是，文字淺顯明白，深入淺出，不僅見解獨到，判斷準確，而且語言富有個性。

《明報》得益於金庸的社評，而金庸撰寫社評也非一日之功，而是長期積累的結果。當年他還在重慶中央政治大學，讀外交系的時候，就對政治有很強的敏銳洞察力，常常喜歡留意時局政治的變化。爾後，他又在上海修習國際法，這使他後來在評析一些國際爭端和衝突時，能從法律的角度分析其實質，一針見血地指出孰是孰非。金庸在進入《大公報》後，他在國際電訊翻譯的職位，一幹就是好幾年，這也使他有機會接觸大量的新聞、電訊，並在這段時期養成了能從大量新聞資訊中，去訊速抓住焦點和關鍵的能力，這些對他後來寫社評，也起到了一定的幫助作用。如一九八三年十二月十五日，他在當日的社評中說：「香港人一向以態度現實著稱，但『九七問題』關涉到每個人的身家性命，在念及和論及時顯得頗為情緒化，由於前途茫茫，不免怨天尤人，對北京當局、倫敦當局、香港政府、香港的知名人士等謾罵者有之，譏嘲者有之，又或是自傷自憐，不知所措，有些像楊過失落小龍女後自創十七招黯然銷魂掌，『心驚肉跳』、『呆若木雞』、『拖泥帶水』、『無中生有』……那本是人情之常，以楊過之賢，尚且難免，何況吾輩？」

這樣的文字是其他人寫不出來的。董橋認為「他當年寫的社評不悶，主要正是因為文中穿插不少『筆者』個人的經歷和隨意的己見」。「跟隨查先生十幾年，我從他的原稿中注意到字斟句酌而不露斧痕的功力。」，「再往深裡看，查先生是小說家，寫政論往往穿插一些說部的筆觸：添一些對白，描幾幅景象，說兩句自己，行文裡頓時多了三分情趣」。

有人也許會問，為什麼金庸寫的社評，許多的預測，後來都被證實了是事實呢？我們說，這不僅由於他具備了敏銳的政治洞察力，還得益於他長期喜愛歷史，熟讀歷史書籍，尤其受《資治通鑑》影響較大。他曾說「我讀《資治通鑑》幾十年，一面看，一面研究」。「《資治通鑑》令我瞭解中國的歷史規律，差不多所有中國人也按這個規律的。」金庸常能以史為鑒，反觀和對照目前發生的形勢，而作出相應預測。金庸寫社評，判斷政治人物的心理，也許，得益於此。因為，歷史一直在歪歪斜斜地前進著，但只要其體不變，中國歷史的文獻，總有借鑒。一九七二年八月十五日，他在〈人民、政權與領袖〉社評中說：「中國的政治，幾千年來都是口中說一套，實際上是另外一套，簡而言之曰：「雜用王霸之道。」號稱行王道，實際上行霸道。政治領袖向來第一抓住自己的權力和利益，第二照顧本集團的利益，國家人民的利益放在最後。君為貴，社稷次之，民為輕。」

唯讀過金庸的武俠小說，沒有讀過查良鏞的社評，看到的只是一個不完整的金庸。另一方面，金庸從小就閱讀了大量的中國古典書籍和外國小說，中文底子深厚，在他的社評中常常引經據典，很受知識階層的歡迎；同時金庸的社評不同與一些高喊政治口號，賣弄學問的評論，他撰寫的社評，筆法平實親切，娓娓道來，像一位智者老友與你閒聊家常；他的社評令讀者讀來全無壓力，讀完卻受到有益的啟發。久而久之，金庸的社評成為了《明報》和香港報界的一塊金字招牌，當很多讀者拿到《明報》的第一件事，便是翻開閱讀金庸的社評，讀者給予的這種期望，也讓他更是筆耕不息。如此的久而久之的寫作習慣，使金庸喜歡每天晚上定時到報館他的辦公室內寫社評。

這樣的時刻，一杯清茶，在熒熒的燈下，室內一片恬靜，心中也更清靜，在如此氛圍下，金庸會慢慢翻閱當天的每一份電訊和新聞，然後開始動筆撰寫即要發稿的社評，一篇幾千字的文章成文後，他還要反覆修改，複查資料，力求寫出優質的社評。他曾說，自已的每篇社評，真可謂：「字字皆辛苦」！

從《明報》創刊到一九九二年二月控股權轉移，三十三年間，金庸親筆撰寫的社評有七千多篇，六七十年代，他幾乎每天堅持寫一篇，很少由其他人執筆。即使外出旅行，也不忘寫旅行見聞發回來。金庸一手寫武俠，一手寫社評。陳平原先生曾論述：「即便小說家無意影射，政論家的思路也不可能嚴守邊界，不越雷池半步。……同時寫作政論與小說，使得金庸的武俠小說往往感慨遙深。撰寫政論時，自是充滿入世精神；即便寫作「娛樂性讀物」，金庸也並非一味「消閒」。理解查君的這一立場，不難明白其何以能夠「超越雅俗」。儒道之互補、出入之調和、自由與責任、個人與國家，在金庸這裡，既落實在大俠精神之闡發，也體現為小說與政論之間的巨大張力。

金庸小說的背景，大都是易代之際（如宋遼之際、元明之際、明清之際）。此種關注國家興亡的思路，既有政論家的人生感慨，也有「亂世天教重俠游」（柳亞子詩）的現實考慮，還包含章太炎、周作人所說的綱常鬆弛時思考的自由度。」

《明報》初創之時，只是一份針對小市民讀者，一份靠武俠小說和「馬經」等來維持銷量的二流報紙，爾後，遂漸發展成為一份以新聞性和時事性來吸引讀者的報紙，其中無不凝聚著金庸與報社上下共同的心血。但金庸辦《明報》的最終理想，是開闢一片自由的空間，讓社會上的有識之士自由論政、發表不同觀點。所以雖然度過了草創時期的艱難歲月，經濟條件也開始好轉，但金庸還在尋思著怎樣令《明報》成為一份凸顯自由風格的報紙。

為此，他在一九六二年六月八日的《明報》上，開闢「自由談」徵稿的啟事，告訴讀者「自國家大事、本港興革、賽馬電影，以至飲食男女、吸煙跳舞，無所不談。……有條件同時刊登資本主義和馬克思主義的文章。……」

並公開宣布「自由談」這個欄目的性質是：「不受任何政治力量的影響，為純粹的民間報紙，……稿件由本報總編輯親自處理來稿，保證不偏不倚，公正無私，對任何讀者均極端尊重。」可貴的是，這個「自由談」與純粹娛樂性的副刊不同，「自由談」可談王實味、陳寅恪、《紅樓夢》等，時透著一股強烈的文化味和自由氣息。當時的「自由談」以濃厚的書生色彩，深受知識分子尤其那些離鄉背井、從內地出來的知識青年的喜歡。本來每週只出一期，因大受讀者歡迎，從七月十四日起，就變成一週兩期，每週逢三、六刊出。一九六三年一月十一日，初到香港的李文西，以「庸人」筆名投稿「自由談」，他說：「和許多青年學生一樣，我懷著痛苦的心情，依依不捨地離開了親愛的祖國，來到這號稱東方之珠，但卻是個十分沉悶的地方！也和許多從內地出來的人一樣，我愛上了《明報》的『自由談』。看了幾篇文章，手癢難禁，也想發洩一下心中的苦悶，吐出鯁在喉中的由衷之言。」金庸曾告知大家，為了「啟發讀者的理性，希望用事實來說明問題，請讀者們不要受任何宣傳所蒙蔽，不要憑一時衝動而輕下判斷」。在「自由談「上，在「自由談」上，金庸曾與曹聚仁，發生過小小的筆戰。曹是資深記者，定居香港，多次北上，備受「禮遇」，在香港發表《北行小語》《北行二語》《北行三語》等，無視「大躍進」「人民公社」造成的災難，反而以一連串「數字」大誇內地的建設成就。也曾相信過馬克思主義的查良鏞，此時已轉而信奉英國哲學家羅素的理性主義。他說，曹先生從不信到相信馬克思主義，他則是從信到不信，他們兩人向著不同的方向走，可能在某個什麼地方有過交叉點。當然，金庸當時這樣的文章，無疑也是會得罪左派人士。

這個欄目的開闢，是金庸與潘粵生、董千里一起商議後決定的。董千里與金庸，是生活中的好友、也是工作上的夥伴。董千里，原籍浙江人，比金庸年長三歲，與金庸結識很早。董千里是一九六〇年開始為《明報》寫專欄，一九六九年至一九七四年常為《明報》撰寫社評。他一直鍾愛古典文學和傳統戲曲，筆耕數十年不停，文章也寫得非常出色。自已的著作有：《成吉思汗》、《馬可波羅》、《董小宛》等歷史小說。

他寫的許多雜文、散文，文筆簡潔，內容生動，在香港文壇小有名聲。董千里，十分喜愛金庸的小說，也寫過不少評論，著有《金庸小說評彈》一書。

「自由談」欄目的開闢，旨在引起香港讀書人及知識分子們的關注，使他們踴躍來稿，以提高整個《明報》的知識品位。同時，「自由談」園地的開闢，也標誌著《明報》提升至一份以讀書人、知識分子為定位的高品位報紙。這也使《明報》最終成為香港知識界受歡迎的報紙。

二、參悟佛經寫《天龍》

《明報》艱辛創業，度過了最初的三年，發行量日增，規模也逐漸擴大，金庸所面臨事務，也日越繁多。在工作之餘，他除了撰寫社評外，武俠小說的創作，也從未停止。如今，他已無需為維持《明報》之銷量而創作。故創作的心態，發生了變化。從某種程度上來說，在這一階段創作的武俠小說，無論從精神境界、思想追求，都上升了。金庸在這一時期創造了《天龍八部》、《白馬嘯西風》和《連城訣》等多部作品，但最具影響力，最值得人們研究的，當屬《天龍八部》。

《天龍八部》自一九六三年九月三日，開始在《明報》、《南洋商報》上連載，前後連載了四年，歷時較長。其人物眾多，情節曲折，線索複雜，是以前幾部武俠小說，無可比擬。其貫穿的兩條主線，一是對權力的貪婪，一是對愛情的癡迷。對權力畸形追求，導致武林腥風血雨。為了早已失去的王權，慕容家族，不惜挑起江湖殺戮，「四大惡人」之首段延慶，也為爭奪失去的大理國王權，對人世充滿仇視，丁春秋、天山童姥、鳩摩智等，為建立武林霸權而廝殺。整部《天龍八部》有三個主要人物：丐幫幫主喬峰、大理王子段譽和小和尚虛竹，同時又通過他們三人的命運，聯結了眾多人物。對權力和愛情的追逐，是推動整部小說情節和衝突，向深處發展。人世間權力與愛情，充滿誘人的東西，古往今來，引無數英雄，對權力和愛情畸形追求，導致了多少腥風血雨。在這裡我們看到了人性的複雜，看到了人類無以逃脫的生存困境，總存著宿命論的味道。金庸在以前寫的小說，最多只有兩個主角，這次寫三個主角。這更顯示了金庸在人物塑造上的功力，日顯爐火純青。

《天龍八部》小說中的三個主角，性格迥異，各有各的故事，但他們絕不是三條平行線，他們的命運，錯綜複雜地交織在一起，最後三人還結為兄弟，並肩作戰。金庸寫這三個主角的故事，既前後相聯，又相互映襯，這一手法，是新派武俠小說的一種創新，也是《天龍八部》引人入勝的原因之一。

金庸曾說，他最偏愛的人物之一便是《天龍八部》中的喬峰，另一個是《神鵰俠侶》中的楊過。喬峰此人，無論從個性、武功到能力，都是一個英雄，但他的血統，決定了他是個悲劇英雄，而一個人的血統，是他出生之前就註定了，是他無法選擇和改變的。喬峰，「比郭靖複雜豐富得多，他有陳家洛等書生劍士型的細膩情感及敏捷思想，而沒有他們的優柔寡斷及幼稚天真」（吳靄儀語）。

為何金庸偏愛喬峰式人物，乃因他遭遇過與喬峰相似的困境。我們若讀此書第十九章《雖萬千人吾往矣》，其中有喬峰獨闖聚賢莊的英雄宴，與舊日丐幫兄弟乾杯斷義，隨後生死搏殺一幕：「喬峰端起一碗酒來，說道：『這裡眾家英雄，多有喬峰往日舊交，今日既有見疑之意，咱們乾杯絕交。哪一位朋友要殺喬某的，先來對飲一碗，從此而後，往日交情一筆勾銷。我殺你不是忘恩，你殺我不算負義。天下英雄，俱為證見。』……丐幫的舊人飲酒絕交已畢，其餘幫會門派中的英豪，一一過來和他對飲。」讀此，對金庸瞭解的梁羽生曾說：「讀者甚至會有這樣的疑問：『作者是否要借聚賢莊中的酒杯，以澆自已胸中的塊壘？』」當然，金庸對他老友之說，既有肯定之處，但又有另說。

讀金庸以前創作的小說，可以感受到深厚的儒家思想，書中的英雄，大都是忠心報國，維護民族大義的人物，如郭靖、張無忌。然而，在《天龍八部》中，卻還可發現深受佛學的影響。

《天龍八部》之名，根據金庸自已的解釋，來源於佛經：「八部者，一天，二龍，三夜叉，四乾達婆，五阿修羅，六迦樓羅，七緊那羅，八摩羅迦。」

書中用佛教中的「大悲大憫」來解釋人性中的貪念、慾念、孽緣、癡戀，流露了他在研讀佛經後，人生觀、價值觀，發生的變化。讀《天龍八部》確可讀出一連串因緣巧合的情節：比如，段譽一直對權力、武功毫無興趣，一心追求愛情，最終卻因機緣修得「六脈神劍」、「凌波微步」的上乘武功，得到無上權力，繼承了大理國王位。小和尚虛竹，一心嚮往四大皆空，卻偏偏攪入江湖是非，無緣空門，誤打誤撞，陰錯陽差，不僅成為西夏駙馬，而且得到逍遙派神功，成了江湖上談虎色變的靈鷲宮主人。喬峰一心追尋神祕的幕後主腦，結果卻得知他實為契丹血脈，生父便是幕後主腦的事實。

處心積慮欲想恢復大燕王朝的慕容複，最終卻落得個瘋瘋顛顛，只會說「眾愛卿平身，朕既復興大燕，身登大寶，人人皆有封賞。」的白日夢話，那一幕情景，令人好笑。為此，他還放棄了表妹王語嫣純潔無瑕的真摯愛情，踐踏了包不同、風波惡等人對他的忠心耿耿、出生入死的兄弟情義，而他的心中只有王朝的美夢。由於對權力的癡迷，終於導致眾叛親離，從名滿江湖的翩翩公子，變成一個瘋子，端坐土墳，紙冠高聳。

王霸雄圖、血海深仇，終歸塵土，榮華富貴，也終將如浮雲般飄逝。蕭遠山和慕容博兩人，原結有深仇、勢如水火，後來，卻因經無名老僧，指點開解，放下屠刀、立地成佛，雙雙歸入佛門。

此時，在金庸心目中的愛情、友情等人性中美好的東西，無疑要比帝王的權杖，重要千百倍。

金庸寫這些情節，似乎想向讀者們傳達佛教因果報應的教義，讓人們讀後覺得人間世事，彷彿命運中早有註定，如果強求只是徒勞；人生的大悲大喜、恩怨情仇，也不過只是雲煙一片、春夢一場，最終，都將歸於沉寂和寬恕。

《天龍八部》問世之後，不僅被萬千武俠迷，奉為新派武俠小說的登峰造極之作，還受到諸多文學評論家和知名學者的喜愛。著名的文學評論家，美籍華裔陳世驤，便酷愛此書，對它推崇備至。他說：「書中的人物情節，可謂無人不冤，有情皆孽，要寫到盡致，非把常人常情都寫成離奇不可；書中的世界是朗朗世界到處藏著魍魎和鬼蜮……這樣的人物情節和世界，背後籠罩著佛法的無邊超脫，時而透露出來……一言以蔽之，有意境而已。」的確，一如金庸筆下喬峰，「是英雄中的英雄，在他身上，幾乎可以找到所有英雄的美德。他的愛深沉、專一，沒有山盟海誓，但永遠信守如初；他的恨刻骨銘心，一刻也不敢忘記。他是契丹人，卻是漢族人撫養成人的。因為他的血統，他無法見容於漢家武林，但他又逼遼帝，不能在有生之年侵犯宋界，背棄了自己的民族。這樣一個豪氣沖天、視金錢權勢，如糞土的英雄，卻受命運的捉弄而走投無路，最終免不了折箭自殺的結局。喬峰的死，作者和讀者一樣萬念俱灰。現實是多麼嚴酷，怎麼樣驚天動地的英雄也免不了一死。」（《香港文學的一枝奇葩——金庸的武俠小說》）

陳世驤的評說，將《天龍八部》從一般的通俗文學，提升至一部帶有寓言性質的警世小說，也由此開始了文學界對武俠小說，作深層探究的風潮，爾後，越來越多的人，開始認識到，武俠小說並不一定是娛樂性的消閒作品，它同樣可以與一些嚴肅文學一樣，抒寫世間悲歡，表達深層次的人生境界。興許，這便是金庸所創造的另一個世界！一個相似於斯巴達克思式的英雄喬峰的悲劇世界。

倪匡在評論《天龍八部》時說：「是千百個掀天巨浪，而讀者就如浮在汪洋大海上的一葉扁舟上。一個巨浪打過來可以令讀者沉下數十百丈，再一個巨浪掀起，又可以將讀者抬高數十百丈在。看《天龍八部》的時候，全然身不由主，隨著書中的人物、情節而起伏。」

他還認為《天龍八部》在金庸所有小說中，排名第二，是新派武俠小說的顛峰之作。

說到《天龍八部》，也必談談與金庸一樣，在香港文壇聲名顯赫的倪匡。倪匡原名倪聰，字亦明，原籍浙江鎮海人，生於一九三五年，比金庸小十多歲。倪匡年輕時，也歷經坎坷，曾在大陸當過兵、坐過牢，從內蒙古至上海，又經廣州、澳門，一九五七年到達香港；最初在染廠做雜工。也許是青年時代的文學夢想，促使他在艱苦的條件下，堅持寫小說，給《真報》投稿，以致改變了他一生的命運。後來，他在金庸的鼓勵下，以「衛斯理」為筆名，寫科幻小說，在《明報》連載，以此開始在香港文壇嶄露頭角。倪匡作品範圍極廣，涉獵科幻、武俠、劇本、雜文、散文、文學評論等多個領域，他的代表作「衛斯理系列」在香港、內地、東南亞等地引起巨大反響。在香港，純以寫稿而致「富」的作家甚少，倪匡卻是其中之一，他是個多產的作家，而且他可以寫三十年，靈感不斷，題材不盡，且都是暢銷書。一九八七年，倪匡與哈公、胡菊人、張文達等，發起成立香港作家協會，並由他出任會長。晚年，倪匡移居美國三藩市。

倪匡與金庸是好友兼文友，關係極為親厚。一九六五年金庸計畫到歐洲，為期一個月的漫遊，而此時《天龍八部》正在《明報》連載，總不能因為自已的旅遊，中止連載，從而讓報紙天天「開天窗」。於是，金庸找到了倪匡，請他在這段時間代寫《天龍八部》，找倪匡，是因為欣賞他的文采，倪匡聽到這要求，也欣然應允，答應為《天龍八部》續寫一段獨立的故事。

誰知當金庸從歐洲回來，倪匡卻滿臉歉意地對金庸說：「金庸兄，很不好意思，我把阿紫的眼睛弄瞎了！」金庸一聽，也只好無可奈何地苦笑一下，後來他也對阿紫的瞎眼，作了別出心裁的處理，沒有任何埋怨。

講到金庸為人的謙和，在這裡插一點題外話：從筆者和金庸的接觸來看，我的最大感受，就是他對人歉和，從不臧否人物，有英國紳士風度，容易和諧地與別人合作，說說笑笑。在這裡舉個小小例子：例如我在陪金庸參觀時，有時一邊走一邊談，有時停在一個什麼地方休息，有時談得使我們雙方為之激動時，我總時不時地會貼近他身，甚至沒有禮貌地拉著他的衣袖，其實，我看得出，他是很不喜歡這個動作的，我也發覺了這不太禮貌，可有時還是改不了，但他還是很溫和地談話。我從金庸身上，真體會到了孔子說的「文質彬彬，然後君子。」的感受。所以對於代寫《天龍八部》的這段經歷，倪匡很是自豪，曾寫下一幅對聯「屢替張徹編劇本，曾代金庸寫小說」，聊以自賞。

倪匡為人生性狂疏，帶有一點反叛性格，但他重友情，為人慷慨樂施。倪匡常與金庸、名導演張徹、董千里四人，一起喝酒玩樂。倪匡與另一位武俠小說大家——古龍，也交情深厚，常常把酒暢談、無醉不歸。倪匡稱金庸為第一流的朋友，他說金庸在公開場合，一臉嚴肅，不苟言笑；但私底下與朋友一起，其實極為活潑，他與金庸交往的趣事，在香港文化界，常傳為佳話。

在撰寫《天龍八部》時，金庸恰好正研讀佛經，並收集了許多佛學典籍。金庸一生，極愛讀書，且猶愛讀三個方面的書：一為文學、二為歷史、三為佛經。他在晚年，對潛心研究佛學極為熱衷，甚至為能夠直接看佛經，還開始學習世界上現已少用的文字——梵文。他還曾花費將近五年時間，將自已多年研究佛經的心得及佛經中的教義、故事，編寫成詩歌，共計數百篇之多，尚未公之於世，從中可看出金庸對佛經，傾注了極大的熱情。對佛學的研究和參悟，一定程度上影響著金庸的人生境界和他對世對人的心態，他曾說過這麼一段話：「使我名利心沒有那麼強，沒有那麼怕死，同時也讓我相信因果輪迴，多做點善事。」

三、筆戰《大公報》

當年金庸離開《大公報》，乃因不喜其濃厚的左派氣氛，但他對《大公報》還是有感情的。然而，金庸怎麼也想不到，幾年後他與《大公報》還會勢成水火，展開了一場你死我活的筆戰。金庸自立門戶，成立《明報》，堅持中立原則，不帶任何政治色彩，因而《大公報》對《明報》和他這位昔日同人態度友好，還常常給予《明報》各方面的幫助。當時《明報》的記者外出採訪，沒有汽車，《大公報》的記者，主動邀請他們搭車同行。初期《明報》人單力薄，很多社會性特稿都是由《大公報》提供的。一九六〇年，金庸的武俠小說在台灣遭到國民黨政府的查禁，《大公報》立即發表評論，嘲諷蔣介石政府竟害怕武俠小說，為金庸的武俠小說辯護。《新晚報》每年還邀請金庸為其報慶撰文。這些舉動可以看出，那時《大公報》是把《明報》作為朋友間友好的報紙對待。

香港爆發的廣東難民「逃亡潮」，金庸最初是保持中立態度，做低調處理，然而後來事態的發展，令他不得不放棄低調的態度，對「逃亡潮」進行全面的報導。這一時期他撰寫了多篇有關「逃亡潮」的社評，其中有好幾篇是針對內地政府無視難民「逃亡潮」，發出公開批評，措辭嚴厲；金庸在「逃亡潮」中，還表明立場，支持港英政府遣反難民的政策。事實上，金庸在難民「逃亡潮」中的態度，始終是客觀的，他不過從為人的良知出發，表明自已的立場而已，他的支持和批評完全是就事論事，不摻雜任何政治偏向。誰知，這使得以《大公報》為代表的左派報紙，對其十分不滿，由此與他產生了矛盾，可說埋下了日後對立的種子。

「逃亡潮」結束後，《明報》境況好轉，日漸興旺；金庸的社評，初露鋒芒，引起新聞界的關注，正當他志得意滿、揮斥方虬之時，他於一年前，對「核褲論」的評論，卻激化了他與左派報紙，原結下的矛盾。當時蘇聯嘲笑中國無能，說中國人民連褲子都不夠穿，竟妄想製造核武器，但內地政府由此決定要在經濟十分落後，人民生活處在貧困的情況下，全力研製核武器，陳毅還宣布了著名的「核褲論」。此論一出，引起軒然大波，各國媒體爭相報導評論，香港媒體，自然也不甘人後。香港一些左派報紙，自然贊成「核褲論」，並且鼓吹中國製造核武器的壯志宏圖。

然而，金庸在《明報》發表的社評〈要褲子不要核子〉，從經濟的角度，論述了以中國目前的經濟實力，如果不顧人民的生活而製造核武器，簡直就是自掘墳墓之舉。他的社論一發表，立刻引起香港新聞界，萬眾矚目。一些報紙支持金庸的觀點，認為他觀點精闢獨到，而大多數的左派報紙，卻認為金庸這是公然「反共反華，親英崇美」。

說真的「核褲論」猶如一條導火線，終引爆了金庸與左派報紙聯盟之間的數場理論筆戰。其實，金庸的論點，無非從歷史長遠的視角看問題，因為世界畢竟不是裁判所，而是生活的地方，一切與民生相悖之為，必然可以休矣。

一九六四年十月，香港左派報紙進行了聯盟，其中包括《大公報》、《文匯報》、《香港商報》、《晶報》等左派報紙，竟發起了對《明報》的猛烈圍攻，矛頭直指金庸，甚至從公開批評駁斥，發展到大肆的人身攻擊，大罵金庸為「漢奸」、「賣國賊」，各大左派報紙，氣勢洶洶；大有罵到《明報》跨台，金庸低頭認錯，方肯甘休之勢。十月二十五日，《香港商報》發表社評〈也談核彈〉，抨擊「一小撮別有用心的黃面皮人，做出『中立』『公正』之狀，挖空心思大罵中國人的『核自衛』」。而從這一天起，《大公報》發表〈略揭最惡毒反華的《明報》的畫皮〉、〈《明報》主筆的罪惡〉、〈《明報》何以妖言惑眾〉，以及〈光榮輪不到這些人頭上〉等文章，指名道姓攻擊金庸和《明報》。

然而，《明報》雖然面對陣容強大的左派報紙聯盟，卻絲毫也不膽怯，金庸更是堅守自已對「核褲論」的觀點，用社評還擊他們的漫天叫罵，回應得有理有節，有證有據。

那時，他不惜用《明報》的全部版面，反擊左派報紙的圍攻。十一月二日，他在社評〈我們關於核褲問題的十點立場〉，寫得條理清晰、簡潔有力，金庸在社評中，重申了自已獨立的觀點：「我還認為，陳毅的話根本不通。中共為製造核彈，未必要犧牲人民的褲子，即使要減少一些褲子，也絕不至於全國人民都無褲子。如果真的如陳毅所雲，『全國人民沒有褲子』，我們相信核彈決計造不出來。」

金庸曾在求學生涯中修習過法律，因而「打筆戰」辯論，思路明晰，邏輯性強，還善用迂迴的筆法，如此的理論性社評，確令各大左派報紙，抓不到絲毫把柄。從十一月二十六日起，金庸在《明報》發起反擊，直到十二月二十二日，這場筆戰，差不多持續了一月餘。

後來，在主持香港工作的廖承志，看到此狀，發出了指示性阻止，在他的批評和勸導下，左派報紙方偃旗息鼓，但這只是暫時性的停火。不久，《大公報》又向《明報》發起了更大規模的筆戰。

一九六四年初，法國與中國政府和台灣國民黨政府同時建立外交關係，這公然是搞「兩個中國、一中一台」。然而對這樣重大的政治問題，《大公報》的報導卻避重就輕，只大談「中法友誼」，絲毫不提及「兩個中國」的問題。為此，金庸窺見了對方的疏漏，即在《明報》發表了社評：《法國陰謀，天下共見》，公開批評《大公報》的言論，似默許「兩個中國」。

這樣公然的批評，對《大公報》來說簡直就是挑釁，《大公報》當然不會善罷甘休。於是，《大公報》除了對「中法建交」一事反駁外，開始揭起了又一次對《明報》的攻擊，抓住金庸在日本《世界週刊》座談會上的一些言論小節，又展開對金庸的攻擊，稱其在言論上，反對中國的社會主義，在向日本新聞界介紹自已時，誇大了自已的職務。而金庸回應《大公報》，表示自已只不過就中國當前政治、經濟、文化等問題發表談話，何來有反社會主義之言論；至於日本將他的職務，稱之為「編集部長」，純粹為日本報紙所慣用，只是各國習慣不同而已，根本不存在誇大了他在香港報業界的職務？

然而，《大公報》並不就此甘休，抓住《明報》發表的，有關中共核彈爆炸社評中的一些把柄，發起了攻擊性的狂轟亂炸，指責《明報》發表「反華妖言」，並又翻出「核褲論」的老帳，大罵《明報》造謠生事，後來還聯合《文匯報》、《新晚報》、《晶報》等左派報紙，展開又一輪的大筆伐。由此，揭開了《明報》與左派報紙聯盟的第二次公開筆戰，相比第一次筆戰，這一次筆戰持續時間更長，力量也更密集。

金庸，也許天性不畏強勢，當他又一次面臨各大左派報紙，聯合起來猛攻時，他不甘示弱，沒有迴避與退縮之感，這一次他除了適時應戰，反而站出來主動反擊。儘管面對左派報紙的輪番筆戰，金庸毫不鬆口，始終堅持自已觀點，但事實上他的心情，還是十分抑鬱的。因真從他內心來講，他不願看到雙方之間不和諧的關係，那完全可以避免的論爭。另一方面，對他來說，畢竟曾在《大公報》工作了很長時間，《大公報》也曾經是他奮鬥學習的地方，如今他卻要公然與《大公報》為敵，與那些曾經共事過的人揮戈相戰，實非心中所願，自然令他痛心難受。

而且，當時他一邊要應付《大公報》筆戰，一邊要寫《天龍八部》，在這樣的氛圍中，當每天在寫書時，就會自然而然地將自已的內心世界，反映於他的小說情節中，不無流露。

梁羽生在評論《天龍八部》時，提及蕭峰在聚賢莊與舊日丐幫兄弟，乾杯斷義、隨後生死搏殺一段時，曾說：「作者是否要借聚賢莊中的酒杯，以澆自已胸中的塊壘？……」

這第二場筆戰，最終也在中共領導人的指示下化解了。十一月底，副總理陳毅表示：「請香港新華社，對《明報》的那個金庸先生高抬貴手。」，這場香港歷史上空前絕後的筆戰，方才告終。

在這場筆戰中，包括《大公報》在內的幾家左派報紙，非但沒有占到一絲的便宜，還替《明報》作了免費的宣傳。在很多讀者的眼中，《大公報》等左派報紙與《明報》的輪番筆戰，甚或比武俠小說連載還要精彩，他們在好奇心的驅使下，每天熱切地要追看《明報》，甚至有的讀者如一天不看此報，似乎像缺少了什麼東西似的；由此，反大大提高了《明報》的銷量，使《明報》在筆戰後，儼然成為香港首屈可指的大報之一。無怪有人開玩笑說，《明報》之所以有今天，全靠了《大公報》的幫忙，這雖是一句調侃的話，卻也道出了實情。

一九六四年筆戰結束後，《明報》異軍突起，達到日銷量七萬多份，甚至超過了《大公報》，這也使《明報》開始日進萬金，利潤也日益增高。這一切真是《大公報》等左派報紙，在對《明報》展開筆戰時，所不能預料之事。當然，從今日歷史高度看，陳毅元帥的一席話，也無不可看到他為人的氣度。是的，如從陳毅個人生涯，他也是個文人，且是個書生元帥。他在二十世紀的二三十年代裡，在上海他也曾寫過小說、散文、隨筆。他與金庸這位文人，雖未曾見過一面，但文人心靈，有時畢竟還會相通的。

四、世界，你好

一九六四年是《明報》創立五周年的日子，此時的明報已初具規模，在香港新聞界佔有一席之地；也正是在這一年作為《明報》社長的金庸，開始活躍於世界傳媒舞台上。金庸經歷報導「逃亡潮」事件，與左派報紙聯盟筆戰之後，他的社評與他的武俠小說一樣，聲名遠波，影響力甚至波及海內外各國，因而許多海外機構，盛情邀請他參加各種交流活動。此時的《明報》已經走上了一條良性發展的軌道，日發行量已在七萬份以上，每年的利潤達數十萬元，金庸已無需勞心《明報》社的日常運作，可以抽出時間，接受海外邀請，出去走走、看看，以吸取一些國家的辦報經驗，以拓展視野。

一九六四年一月，金庸應邀參加日本《世界週刊》舉辦的一次報人座談會，座談會在東京舉行，在座談會上，金庸還以《明報》社長的身分發表了演講，演講內容主要是對中國當時的政治、經濟、社會形勢等問題的觀點和闡述，金庸的演講有條有理、觀點鮮明、語言極富感染力，贏得了滿堂喝彩。回國不久後，金庸在一九六四年四月，又一次以《明報》社長的身分趕赴東京，這次他是去參加國際新聞協會（IPI）在東京舉辦的「亞洲報人座談會」。在會議期間，一天，日本新聞協會在赤阪王子飯店舉行招待會，還招待出席座談會的各地代表，金庸也是其中之一。招待會上，《每日新聞》的社長本田先生及當時的日本外交部部長大平正芳都出席，且發表了演講。

金庸這時發現，身為外交部部長的大平正芳先生態度十分謙遜，對本田先生更是畢恭畢敬。這一細節讓金庸感到很奇怪，因為當時在中國香港情況正好相反，像這樣的場合出席的政府官員必是主角，新聞報業界的人士大都對他恭敬有加。日本的朋友幫他解釋了這個疑問，因為在日本，作為報人本田，其地位比大平正芳重要得多，因為外交部部長是內閣職務，政府一改組，內閣成員就要更換，到時候大平正芳便無任何職權了；但本田卻不同，無論政府怎樣改組，只要《每日新聞》存在，他始終是報業大亨。而且，在日本報人享有充分的新聞自由，政府完全受到報紙輿論的監督。

金庸聽完這一席話後，感觸良多，他認識到任何報業的生命力，就在於它言論的自由性與報導的真實性，這更堅定了他把《明報》辦成一份完全言論自由、不受政府左右報紙的決心，也堅定了他對任何國際國內事件都真實報導的信心。他清楚地認識到：「在一個真正的民主社會中，政府絕不能影響報紙，報紙卻可以影響政府。政要可以上台下台，內閣可以改組更換，報紙的言論和立場卻必須是一貫的。報紙不誠實，讀者不看它，報紙非垮台不可。政府不誠實，報紙不斷地攻擊它，政府也非垮台不可。歸根結底，政府的命脈，是真正操在廣大人民手裡。」

在日本出席座談會期間，金庸還參觀了日本最大的報紙《朝日新聞》，在那裡他看到了《朝日新聞》現代化的運作方式。《朝日新聞》報社，還擁有自已的飛機，記者出去採訪為求快速、高效，常常坐著飛機外出採訪。在參觀中，他還看到《朝日新聞》的幾十架印報機同時運作，報紙一印出，立刻由幾十條傳送帶，同時送往打包車間，隨後在打包車間打包發行到訂戶手中。如此高效、現代化的規模和運作方式，確令當時的金庸驚歎不已，如與《朝日新聞》相比，《明報》的設備簡直是「小巫見大巫」了，這讓金庸覺得《明報》的運作方式與世界先進水準還相差很遠，需要大大吸取國外成功報業的先進模式。

一九六四年，可以說是金庸出訪國外最頻繁的一年，他剛從日本回港不到一個月後，他就接到了國際新聞協會邀請他去參加第十三屆年會的邀請函，於是他又馬不停蹄地趕赴土耳其的伊斯坦堡。伊斯坦堡是一個同時擁抱著歐、亞兩大洲的名城，位於黑海和瑪律馬拉海之間的博斯普魯斯海峽。金庸在參加國際新聞協會年會的同時，還遊覽了風光迷人、如童話般令人陶醉的伊斯坦堡。作為古代三大帝國——羅馬帝國、拜占庭帝國以及鄂圖曼帝國首都的伊斯坦堡，保留了輝煌的歷史遺產，同時它也是國際藝術、文化的中心。它的博物館、教堂、宮殿、清真寺、市場以及美妙的大自然風光，都讓金庸流連忘返。在國際新聞協會的年會上，他結識了許多來自不同國家的報人，並與他們成為了好朋友，與他們交流讓金庸由衷地感到快樂和舒心，同時他也從中得到了很多辦報經驗和啟發。

這是金庸第一次以報人的身分，參加新聞界的國際盛會，他的眼界大大開闊了，而令他印象最深的還是一些國外大報的辦報理念。從中，他看到了香港報業與國外報業的差距，回國後他將《明報》辦成世界一流報紙的熱情更加高漲。一九六四年金庸邁出了他踏上國際舞台的第一步，一年多之後他又一次受到國際新聞協會的邀請，到英國倫敦參加會議，並在歐洲作了一次長時間的漫遊。可以說，從此金庸開始以國際報人的姿態，經常活躍於世界舞台上。

五、文革中的《明報》

六〇年代中期，《明報》的利潤，已達每年數十萬元，這在香港報業行業，也算不錯的經濟效益。當有了一定的經濟實力，金庸繼續擴大了對報業的投資。爾後，《明報》開始迅速擴大規模，購進新設備，增加報業人員。而《明報》座落於灣仔謝斐道的報社，面積小又擁擠，已跟不上報社迅猛的發展，一九六六年九月十九日，《明報》遷徙北角英皇道六五一號的南康大廈，先租用十樓全層及地下半層，後又陸續租用了兩層，地下和二層放機器，十樓是編輯部，員工餐廳在頂樓。搬了新址，擴充了《明報》的規模，基本上把報社的硬體搞了上去。

緊接著金庸開始著手對《明報》的版面的策劃，準備一改原來為迎合小市民口味的版面，根據他在國外參加了一系列新聞報業界的會議後，他一直在尋思如何使《明報》有所突破，成為世界一流的大報。當時由於中國大陸還未曾開放，還處在封閉狀態下，金庸在海外的走訪，使他發現國外很多人期望瞭解中國大陸的情況，但報紙上報導中國大陸的資訊還較少，如能多報導大陸的消息，一定會使《明報》銷量上升，甚至在海外大受歡迎。

為取得大陸方面的第一手資料，他要求《明報》多採用外國通訊社和外國一些中國問題專家的稿件，另外要多轉載大陸一些報刊的文章，甚至包括一些不公開發行的文章。一九六五年，《明報》開設了一個「鄉土」專欄，專門刊登大陸公開或非公開的有分量的稿件。比如當時刊出有關「江青在上海時的情況」，也刊過「王光美日記摘錄」，這些所謂當時的「秘聞」都為了滿足讀者的好奇心。

說來也巧，此時正好有大陸移民知識青年丁望、周青到香港，加入了《明報》這個專欄的寫作。由於他們十分瞭解中國大陸的生活狀況，寫這方面的文章，比較生動、感人，這確使《明報》在香港報界獨樹一幟，廣受讀者之歡迎。而同時金庸執筆的社評，更是獨闢蹊徑，預測政局走向，常常中的，引起許多讀者的關注。三月一日，有社評分析：「最近迦納總統克魯瑪到北京，赴機場歡迎的首腦中，赫然有林彪在。林彪久不露面，這次出現，相信也有特殊意義。可以想像，中共內部正在醞釀著一種相當重大的變動。」

「山雨欲來風滿樓」一九六六年四月十九日，《明報》報導了北京市委書記處書記鄧拓，遭受整肅，他的《三家村札記》和《燕山夜話》都受到批判。這些有關大陸文革當時還屬於模糊的資訊，都使《明報》具有強烈的前衛性，預測了這場使人莫名的文革發展狀況。

一九六六年六月，「文革」剛剛開始，金庸就以其獨有的新聞慧眼，認為「文革」並不是在文化方面破舊立新，而是要奪權，是一場政治上的奪權鬥爭。而當時香港的「左派」報紙，卻認為「文革」就是文化革命上的破「四舊」而已。而當時金庸的獨特看法，卻因而使《明報》受到左派報紙的攻擊，他們抨擊《明報》是造「文革」之謠。可後來隨著文革事實的發展，卻證明了金庸的分析是正確的。

在這場浩浩蕩蕩的「文化大革命」中，《明報》大力發揮以往在報導中國問題方面的特長，及時報導「文革」的動態，在香港報界大放光芒。

一九六六年七月三日，《明報》報導中宣部副部長周揚被整，部長陸定一實際上已失去原來的地位，並預測部長職務有可能由陶鑄接掌；一九六六年七月七日，《明報》報導，陶鑄離粵滯留北京，可能接替彭真、陸定一等人的職務，而陸定一被罷官已成定局。

一九六六年八月十三日，《明報》報導，指出林彪得勢，其仕途不可估量……。

以上這些消息，當時中共官方並沒有正式公布，官方報紙也不做報導。當時就算中國大陸高層，對這些問題，也是莫測的，可以說無人所曉。但《明報》卻通過外國通訊社和傳媒的關係，取得這些內幕新聞，在香港傳媒中獨家刊載，令人關注。其實，這些都不是捕風捉影得來的消息，這些消息在《明報》刊出後不久，中共官方傳媒也相繼公開報導文革中的一些情況，從而使《明報》先走一步的報導，得到了證實。

比如，當時金庸在〈郭沫若認錯求饒〉一文中，就明顯指出：「從各種跡象看來，中共內部正在進行一項非常劇烈的權力之爭。這一次對吳晗、田漢等著名文人的清算，只是這場大鬥爭中的一小部分。鬥爭的真相，可能要事隔多年，才能逐漸為世人所知，但有一件事可以肯定，中共軍隊在這場鬥爭中，起到了重大作用，而且目前是頗占上風，但距離最後的決定，還遙遠得很。」

當時，海外傳媒的報導，普遍認為中共清算文人，是進行一場「文化革命」，破除文化上的「四舊」；金庸認為這是一場劇烈的權力鬥爭的序幕，他由表入裡，透過現象，看到了問題的實質，如果從今天來看的話，金庸當時的社評，也確是難得的政治預測和識見。

一九六六年的五月十日和十二日，金庸分別寫出社評〈彭真出了事麼？〉和〈彭真之頭痛矣！〉，認為中共清算吳晗、鄧拓、廖沫沙等人，其實就是要揪出其支持者，即北京市委書記彭真。

果真到了五月中旬，當北京市副市長吳晗、北京市委統戰部長廖沫沙、北京市委書記處書記鄧拓、北京市委宣傳部部長李琪，以及北京市委機關報《北京日報》、《北京晚報》和《前錢》雜誌等，遭到批判後，金庸再次在五月二十日的社評〈大老闆是誰？〉中，就一針見血地指出，中共清算這些人，目的是要清算背後的「大老闆」，而且預測不出一個月，這位「大老闆」就會被正面清算。

五月二十六日，金庸更在社評〈是誰發給營業執照？〉中指出，中共要清算的不僅是「大老闆」，還有發「營業執照」給「大老闆」經營「三家村黑店」的人；「……現在的問題，不單是老闆的問題，要追究比老闆更高級的人物——是誰發給營業執照？這問題可能更嚴重了，所牽涉到的，一定是中共黨內地位極高的人物。」

果然，金庸預測「大老闆」將被全面清算，半月後，「大老闆」彭真的北京市委書記、市長兩職，終於被罷免，此職由河北省第一書記李雪峰兼任。

既然「大老闆」已被揪出來，那發牌給「大老闆」的那位「黨中地位極高的人物」是誰呢？金庸在六月四日的社評：〈彭真罷官〉中，已不再含糊其辭，而是直截了當地指出，最後要「清算」的這位「黨內地位極高的人物」，那就是劉少奇了。在這篇文章中，他是這樣一層層地分析：

現在值得研究的問題是，彭真是不是真的「大老闆」？如果他是大老闆，那就罷了。要是在他的之上更有大老闆，那似乎要牽涉到劉少奇了。因為「劉、彭」關係向來十分密切，兩人的個性和作風，極為相似。在最近這場鬥爭中，劉少奇即使不是「指使」彭真，相信至少總有一些「包庇」與「支持」。但劉少奇在中共黨內根深蒂固，也可能這次動不到他。

由於這場尚未明朗化的大鬥爭，有一個要點是很明顯了：劉少奇作為毛澤東之繼承人，位置已不鞏固。本來，「毛去劉繼」是眾所公認的事，現在卻變成了「未必啊未必！」未必不是他繼承，也未必一定是他繼承，總之局面是動盪得很。

這是海外報刊中，第一次指明毛澤東發動「文革」，就是要把劉少奇打倒的文章。在這之後，金庸又多次在社評中論及此事。之後，事態的發展果然證實了金庸的預測和分析。

八月十三日，《明報》的報導，預言中共高層領導內部，將發生人員變動，林彪得勢，仕途不可估量，十五日，他的社評即以〈林彪得勢，全面推進〉為題，展開了林彪這個話題。十九日，他在〈天安門與玄武門〉社評中，說，「『文革』的主要內容，是權力鬥爭，林在黨內的地位，從第六位升到第二位，劉從第二位垮到第八位。這是暫時性的，恐怕不久就會像年羹堯那樣連降十八級，像莫洛托夫那樣去做外蒙大使，像馬倫可夫那樣去做偏遠小鎮上的水電站站長。今日天安門有點像唐朝長安的玄武門，李世民打垮太子李建成，皇位自然由他繼承了。周恩來都在極口頌揚林彪，可見其餘了」。

十一月二十九日，林彪為海軍首屆活學活用毛主席著作積極分子代表大會題詞：「大海航行靠舵手，幹革命靠毛澤東思想。」次日在《解放軍報》頭條位置發表。十二月一日，《解放軍報》又發表〈海軍全體指戰員給偉大領袖毛主席的親密戰友林副主席的決心書〉。

十二月三日，遠居香港的金庸發表社評〈林彪漸露跋扈相〉：「北京的軍人所以為這小事大舉慶祝，當然是林彪在顯示他槍桿子的力量，不但是做給劉鄧派看，做給周恩來和江青看，也是在做給毛澤東看。為什麼指戰員的決心書不寫給毛澤東而寫給林彪，其中便大有文章。如果毛澤東目前已精力就衰，那就罷了，否則林彪此舉，定然大犯毛氏之忌，這是「震主」和「挾主」之行，什麼時候毛澤東赫然震怒，再來造造林彪一反，亦非奇事。」

其實，一九六九年，在中共九大上，通過的黨章確立林彪為「接班人」後，金庸即於七月三日，就在〈林副統帥，功高震主〉社評中，就預感了，「一場新的矛盾和鬥爭，在中共內部又開始醞釀」。

一九六八年一月二日，他發表社評〈極左派紅衛兵將受整肅〉，從「兩報一刊」元旦社論中新一年五個任務的措辭推斷，紅衛兵在今年之內，將逃不過被整肅的命運。

八月六日他在〈敗事有餘，成事不足〉社評中，金庸斷言：「這場大鬥爭，不管中間有多少反覆，有多少曲折變化，最後的結果非常明顯：紅衛兵永遠不可能得到勝利。如果哪一天紅衛兵真正在全國範圍中取得了勝利，我們的社評立即收檔，從此不寫，因為這是事理之所必無。如果這樣淺白明顯的事情也看不通，也下錯了結論，哪裡還有資格評論天下大事？還不如及早收檔之為妙。讀者們如果不信，不妨將這篇社評剪了下來，立此存照，看我們的判斷會不會掉了眼鏡。」

而當江青炙手可熱之時，金庸即有一篇社評〈「算老幾」江青失勢〉中，就說：「江青的突然崛起，當然百分之百是仗了毛澤東的勢，她自己本人在黨內有何資歷？有何貢獻？有何才幹？有何實力？所以中共黨內許多人提到江青時，只稱其為『算老幾』而不名。」

至一九六八年五月二十七日，金庸的社評是〈女主弄權，必鬥將相〉，其中講到呂后，武則天，「太陽底下無新事，許多事件似乎很現代化，其實其真正本質，和一二千年前的事並無多大分別」。

十二月二十八日，他的社評〈電影明星和自殺〉說：「若不是憑著毛氏個人的威信，中共的功臣宿將早已將這個過去電影明星解決了。……江青只有兩種命運，要麼大權獨攬，要麼就給祕密清算，長期軟禁。……但以江青為人，在毛逝世之後，是絕對不會脫離政治圈的。……國家的政權是一種極為猛烈的毒藥，身體抵抗不住而偏要去服食，那是非死不可的。」

一九六九年十一月十二日，劉少奇去世，這個消息，《明報》率先報導，金庸甚至相信，這是全世界首次以文字公開報導。

總之，有關「文革」的報導和評論，在香港所有的報刊中，《明報》是最為出色的，也是最為捷足先登的。

當時的《明報》，把「文革」作為是報導的重點。外國通訊社的電訊稿，來自大陸報章的新聞，本報記者所撰寫的內幕新聞和評論文章，加之金庸的社評，都充斥在《明報》的頭版，大大滿足了香港市民瞭解「文革」內幕和動態。其中有不少文章，是預測「文革」發展動向的，且很多都被後來的事態發展所證實。

比如，金庸所撰〈自來皇帝不喜太子〉這一社評，正是他自從預言劉少奇以後、預言林彪沒有好下場的定論。而歷史事後的發展，也證明了林彪最後出逃，無葬身之地的下場。

金庸的社評，隨著時間之推移，就更顯其精闢和深刻的內涵，似充滿著別人皆醉吾獨醒的精神。他對「文革」的發展趨勢、中共政治鬥爭內幕之分析，後來的發展事態，也確無誤。似乎所有一切，都在他意料之中，成為史眼看人的獨到之處。當時金庸不僅以他的武俠小說，被譽為「第一俠筆」，同時也以他精闢的社評，被譽為「香江第一健筆」。

正如「逃亡潮」，救了艱難起步的《明報》。

「核子褲子」之爭，又令《明報》銷路大增。

到「文革」期間，《明報》銷路，更突飛猛進。

到一九六八年時，《明報》的日銷量，已突破在十二萬份以上，後穩定在十萬份以上。至此「大報」地位，正式確立。

不難看出，《明報》每一次的發展，都與金庸關注「中國大陸」有關。

就當時在香港發行的日報，已躍居了第三位，成為香港舉足輕重的一份重要報紙。

「文革」期間，《明報》還率先開闢一個專為刊登大陸消息的專版，名叫《北望神州》，該版先後由周青和丁望這兩位熟悉當時中國大陸情況的人主編。他們兩人都是當時香港首屈一指的專家型中國問題記者，在他們的精心編排下，《北望神州》專版，出盡風頭，香港所有報刊，無可匹比。此後，這個專版，易名為「中國消息版」，繼續發揚。

當時，外國的報紙、刊物、大學和研究所，均開始重視《明報》。而金庸在一九六九年，只是謙虛地說：「很簡陋和微小的一個開端」。

雖然，金庸自謙「只是一個「講故事人」，且「文學的故事性」，本就是他一生的追求。

筆者寫此，不禁想到他的歷史往事，這是否源於金庸之出身，而海寧也是浙江或江南儒家思想的重要之地。而且，他的家鄉，在歷史上，不正是皇帝、名人，出入之地？他對皇帝的政治戲，從小就耳濡目染，如果再說得遠一點，他的生命裡，還搏動著孔子留下的「悠悠萬事，克己復禮」有關。至少，是一種儒家思想與海寧文脈五百年的再繼承。當然，有說梁羽生某些地方是接受了歐洲十九世紀文藝思潮的影響，則金庸是接受了今日西方的文化影響，尤其是好萊塢電影的影響，在他後期的作品，這種影響也許更顯著。這從梁羽生化名為「佟碩之」，寫下長達兩萬字的《金庸梁羽生合論》，曾於《海光文藝》連載了三期，他們兩人所受的文化影響、各自作品的特點或優缺點，可見一斑。

但金庸始終認為：「我自幼便愛讀武俠小說，寫這種小說，自己當作一種娛樂，自娛之餘，複以娛人（當然也有金錢上的報酬）……」但若其根子上追根溯源，還在中國儒家思想範疇，只是在其表現手法上，有了吸收創新而已。

六、「六七風暴」

正當大陸處於「文化大革命」的高潮時，香港自然也受到這股「紅色」風潮的影響。一九六七年夏天是個異常悶熱的夏季，香港爆發了被稱為「香港式文化大革命」的「六七風暴」。這場在對香港造成嚴重災難的「六七風暴」起源於當年春天發生的勞資糾紛，以當時香港渣華郵船廠、南豐紗廠、人造花廠為首的一些公司工人，因發生了一連串的勞資糾紛，相繼罷工，他們紛紛靜坐罷工，要求增加工資。由於「左派」工會的介入，使原先單純的工人罷工，演變成激烈的工人運動。工人們手持《毛主席語錄》遊行示威，張貼大字報，靜坐抗議……。

當時的港府，為了防止大規模聚會，出動了大批警察，驅散著遊行的工人、逮捕工人頭目……。然而，由於警察動用了武力，而工人拒捕，使矛盾進一步激化，演變成警察和工人的正面衝突，而且在當時愈演愈烈。

港府出動警察鎮壓工人的行為，引起了「左派」人士的不滿，他們組織成立了「鬥委會」決心領導這次運動，對港府進行對抗到底。在國內，已被造反派控制的外交部，也曾發表聲明，堅決支持香港同胞們的造反行為，在北京還舉行了集會，以聲援支持香港的「左派」鬥爭行為。

如此，每天有上萬名「左派」人士，在港府外聚集抗議，而港府則又出動警察，採取另一次規模更大的鎮壓行動。這使得「左派」與港府正式決裂，開始了長期的對抗。由於工人的大罷工和「左派」人士的抗議行動，香港社會出現了空前的混亂。交通有時陷入了癱瘓，經濟也曾出現過一片蕭條，於是香港老百姓的日常生活，受到嚴重的影響，人心惶惶，香港幾乎處於岌岌可危的情景。

在這場「六七暴動」中，金庸一開始便支持港府的行動，站在了「左派」的對立面。這使《明報》和他自己，之後都面臨最大的一次危難，金庸也無不在「六七風暴」中，經歷了他人生中一次嚴峻的考驗。

五月十二日，金庸在〈盼儘早恢復安寧〉社評中，說出自己觀點：「撫心自問，或者誠實坦白地說一句，相信絕大多數人都會承認：我們已選擇香港為久居之地，希望能在這裡過一些太平日子。環境有變，外國人當然撤退，有錢人大都已安排了退路，可以遷居，百分之九十九的中國人不管環境如何變化，他們總是留在香港。我們每個人的利益，是和香港整個的利益緊密地聯繫在一起的」。

當時，外交部「革命造反派」核心人物、常務副部長姚登山表示堅決支持香港同胞的革命造反精神，在北京舉行十萬人集會，支持香港的鬥爭。從五月十六日起，新華社香港分社發動各新聞單位、工廠、學校、電影公司和其他中資機構人員，到港督府遊行示威，張貼大字報，聲討港督迫害香港同胞、殘暴鎮壓中國工人的行徑。就在同一天，左派陣營在九龍的工聯會工人俱樂部，宣布成立「港九各界反對港英迫害鬥爭委員會」（簡稱「鬥委會」），負責人是《大公報》社長費彝民等。

如此嚴峻局勢，金庸的態度，卻一直很明朗，從五月十八日起，他在《明報》發表一系列社評：〈中共是否即要收回香港〉、〈英國的香港政策〉、〈每個香港人的責任〉、〈命運相同，同舟共濟〉、〈香港居民在懇求〉、〈十二天來的噩夢〉、〈豈有他哉？避水火也！〉，呼籲港人克制，避免暴力。

六月一日，面對左派「不愛國」、「賣國漢奸」等指責，金庸發表〈愛國愛國，愛的是「國」〉的社評，直言中國這個國家已經存在了五千年，「所謂『愛國』，愛的是『國』，而不是愛哪一政府、政黨或黨魁」。「愛國，是愛我們的國家，並不是假愛國之名而愛自己。」

由於《明報》觀點，支持港府，反對「左派」。六月五日，在澳門當權的「左派」勢力，宣布不准《明報》和《明報月刊》進入澳門，至此，當時已有十份香港報章被禁止行銷至澳門。

六月九日的《明報》發表了一個社評：〈本報被禁行銷澳門〉，他說：「自由是不可分割的，當人們喪失了言論自由之後，隨之而來遷移的自由、選擇職業的自由，以至宗教信仰、求學和婚姻的自由都會逐步地喪失。……為了寶愛我們的自由，絕不能容許左派人士將他們專斷的意志強加於香港三百多萬居民的身上。……」這充分表明了金庸的《明報》不畏強權，決定與「左派」鬥爭到底的決心。他還嚴辭提出：「你們禁止《明報》銷入澳門，我們經濟上當然受到損失，但你們想壓迫我們投降屈服，那完全是癡心妄想，你們在香港不能取得勝利，《明報》當然得繼續出版，跟你們鬥爭到底……」。

金庸很清楚，與「左派」對抗，後果難於想像，因當時「左派」已經對一些支持港府、反對「左派」的報社，採取了過激的襲擊行動。對抗「左派」，使《明報》處於生死存亡的關頭。

《明報》當時在北角英皇道五六一號。那時的形勢處於非常危急的狀態下，為了防止意外之事的發生，金庸指示員工把《明報》所在的標記都拆了下來。此外，編輯部大門裝上鐵閘，字房工人把鑄字用的鉛熔成鉛液，以備暴徒來犯時的防衛。這也算是當時《明報》全體員工的預防性措施。

有一天，果然有幾百名「左派」分子，他們浩浩蕩蕩地衝到英皇大道五六一號大廈，要砸碎《明報》的機器設備。可他們找了近半天還是找不到《明報》編輯部，後來找到時，《明報》編輯部已拉上大閙，而正好此時香港警府也及時趕到。從而使《明報》得免砸燒之災。但「左派」分子燒不到《明報》報館，他們當然不會就此而甘休。他們買通了當時印刷《明報》的建明印刷公司機房的一名員工，在六月二十三日凌晨，以「偷偷摸摸」的手法，撬換了《明報》那日的版面，並印行發售。

結果二十三日的《明報》一出版，全城譁然。原來，在《明報》第四版上，刊有一篇署名為「明報機房工人鬥委會」的聲明，題目是「敬告同業，行動起來」……聲明還說，《明報》機房工人已成立「鬥委會」，呼籲同業「行動起來」，不可承印《明報》的東西……。還說，「我們流血流汗，挨更抵夜，老闆卻賺了大量金錢，到瑞士去做寓公，這樣的事情絕對辦不到」。

其實，這段文字的排印和字體十分粗糙，完全不同於《明報》的其他字體，明眼人一看就發現這是臨時偷樑換柱造成的。一連幾天，數以千計的讀者給《明報》來電、來信；除了個別不明真相者，對《明報》提出批評和指摘外，絕大多數讀者，都對《明報》表示了支持和同情。

對於「左派」分子「偷樑換柱」的手段，《明報》發表了一系列文章，對這樣的行徑，提出了嚴辭痛斥：「……事實上，《明報》系統的工作單位，根本沒有什麼『鬥委會』的存在，我們對於維護廣大市民安全的措施，基本上表示贊同，對於『左派』盲動主義表示厭惡、『六二三明報事件』，只有讓人更加清楚一小撮『左翼』教條主義的搗亂分子，是如何的卑鄙無恥，如何的見不得人。他們把『愛國』這一名詞竊為已有，成了他們的『專利品』；凡擁護他們的，就叫做『愛國』，反對他們的，就叫做『賣國』，這是滑天下之大稽！」……

而七月以後，「左派」的行動，恰進一步升級，他們燒巴士、燒電車、殺警察、打巴士電車司機、燒健康院、炸郵政局、用定時炸彈爆炸建築物、攻打茶樓、大石投擲行人和汽車，向警察投擲魚炮、爆炸水管、燒報館車輛……香港幾乎變成了一個恐佈世界，人人自危。

七月二十八日，金庸在《明報》社評指出，「少數搗亂分子一開始便和廣大群眾為敵，失敗的命運早已註定了」。

金庸還譴責這些左派們是在「利用祖國人民的血汗錢，來收買一小撮『牛鬼蛇神』，以實現破壞《明報》的『自由、理性、和平』的崇高立場，一小撮不是左派的『假左派』，他們所要的這種見不得光的大陰謀，又說明了什麼？一句話，他們對明報『怕得要死！恨得要命！』

當然，在這麼亂糟糟的形勢下，作為《明報》及員工，自然首當其衝，成為「左派」分子襲擊的重點目標，人身安全受到了嚴重的威脅。這時，金庸已離開香港。

那段時間，金庸每晚都打長途電話回報館，詢問情況，叮囑大家出入要小心；另外，據說，金庸還寫信給當時的《明報》總編輯，要他與當時任採訪主任的龍國雲，主持大局，如形勢惡劣，他們兩人可以自行先把《明報》暫時結束……。

然而，經過「六二三事件」後，《明報》的發行量卻迅速攀升上去，反而從原來的八萬直升到十多萬份了。金庸還表示《明報》是廣大讀者自已的報紙，永遠是與忠實的讀者休戚與共的。

我們今日可以看到當年香港的「六七風暴」確是一場劫難，造成了五十一人的死亡，有八百多人在風暴中受傷，由此而造成的財產損失不計其數。最後，中國政府表態，認為香港應該保持現狀，這次「暴動」，才逐漸平息。風暴基本上在八月以後香港局勢趨向緩和。

直至十月份後，香港市場恢復正常。而那時的金庸，一直為香港警方暗中保護。直到一九七九年，主持港澳工作的廖承志複出，下令左派不要再攻擊《明報》，文革期間之香港風波，才平息下來。金庸曾為此事，確經受了生與死的考驗，也可看出金庸在氣質上，是不畏強暴的，他後來也說，他在大是大非面前，「生命受到威脅，但是非善惡既已明確，我絕不屈服於無理的壓力之下。」當時的金庸，確做到了這一點。

七、政治寓言：笑傲江湖

「文化大革命」在大陸鋪天蓋地地進行，「六七風暴」在香港爆發，金庸也深深陷入這一系列政治事件之中。在這段時期他更深刻地關注中共的政局變化，每天寫社評，預測「文革」的走勢，他清醒看到權力鬥爭，給整個社會帶來的毀滅性災難。不禁使他對這個社會，進行更深層的思考。

當時，他儘管忙於寫社評，但還是堅持著武俠小說的創作，因而不自覺地將自己的反思帶入其中，由此，出現了第一部帶有政治寓言性質的武俠小說《笑傲江湖》。

《笑傲江湖》自一九七六年四月二十日起，開始在《明報》連載，在這部小說中，金庸塑造了一個極具個性特點的武林俠客——令狐沖。

令狐沖，不同於金庸以前武俠小說中的男主角，他性格中帶一點自負、帶一點反叛，但又不同於楊過的孤傲孑然；他為人光明磊落、頂天立地，但又不同於郭靖的憨厚熱腸，他有一點心機和計謀，但都是為了救人，從不甩詭計害人；他無視禮教規範、隨意行事，不像陳家洛永遠為自己的出身、社會規範所累。令狐沖救人就是為了救人，絕不是為了行什麼大義。

他是天生的「情種」，但又不同於段譽的風流，他對小師妹岳靈珊用情極深，他也懂得感情不可強求，最終與深愛著他的任盈盈結為眷侶。然而，令狐沖這個人物，最可愛之處，是他不稀罕功名利祿，視金錢、權力，為無用之物，他只想做一個真實的普通人，而不帶任何社會面具。

正是這一點，使他在歷經磨難、屢受挫折、身陷險境時，依然能樂觀豁達、百折不撓；也正是因為這一點，之後，令狐沖能修得了上乘武功，能夠得到極大的權力和財富。但他在人生的選擇中，始終想退出江湖，與任盈盈歸隱於綠竹巷，從而獲得夫唱婦隨、逍遙快活的生活。

金庸小說開篇〈滅門〉，寫出川西青城派余滄海為奪取《辟邪劍法》，以殘忍手段將福州福威鏢局林家「滅門」；早就處心積慮的華山派「君子劍」岳不群坐收漁利，將僥倖漏網的林平之收為徒弟，醉翁之意也在《辟邪劍法》；嵩山派左冷禪千方百計企圖得到《辟邪劍法》，合併五嶽劍派，實現稱霸武林的野心；日月神教教主東方不敗練成《葵花寶典》而成為「天下第一」；岳不群、林平之雖然都得逞一時，卻最終免不了眾叛親離……。

《笑傲江湖》「成為中國政治的象徵與隱喻」。「千秋萬載、一統江湖」，這簡簡單單的八個字，卻喻為權力和個人崇拜的象徵，也可說是「普天之下，莫非王土」的另一種翻版，令無數英雄、無數爭權者，沉迷其中。在剛愎自用、專制獨裁、自我膨脹的任我行、東方不敗，熱衷權勢、心狠手辣的左冷禪，虛偽狡詐、為達目的不擇手段的偽君子岳不群，不甘屈服又不願抗爭，藏頭露尾，在強權夾縫中苟且偷生的莫大先生等人物身上，無不可看到權力對人性的異化和扭曲，看到人性中陰暗的一面。金庸曾一針見血地指出：「政治上大多數時期中是壞人當權。」吳靄儀也曾很有意思地說：「未把握到權力的人暗裡籌謀，既得權力的人處心積慮防人奪權，未得到權力的人洞悉當權者喜聽奉承的弱點，但一旦得到權力，自己卻不知不覺地重蹈覆轍。」的確如此，將獲得無限的權力視為人生的最高目標，這是數千年來被封建專制政治毒化的畸形現象。

日月神教教主任我行，被東方不敗困於西湖底，東方擔任教主後，執掌大權。爾後，東方不敗，專心修習任我行傳之的《葵花寶典》，不再問事，將教中所有事務交給總管楊蓮亭處理。東方不敗讓手下無論年長老幼，都熟讀教主寶訓，大行個人崇拜之道。黑木崖上，對東方不敗的個人崇拜，大行其道。其同性戀者楊蓮亭，推波助瀾，使個人崇拜之風登峰造極。所有教眾提到東方不敗，都必須加上「文成武德，仁義英明」的定語。個人崇拜遍及老弱婦幼，對於未成年的孩子尤其有效。他們被要求讀教主的寶訓、聽教主的話，楊蓮亭抓了童百熊一家老幼，問道：「童家各人聽了，哪一個知道教主寶訓第三條的，念出來聽聽。」一個十歲左右的男孩背誦：「文成武德、仁義英明」「對敵須狠，斬草除根，男女老幼，不留一人。」楊蓮亭道：「很好，很好！小娃娃，十條教主寶訓，你都背得出嗎？」男孩道：「都背得出。一天不讀教主寶訓，就吃不下飯，睡不著覺。讀了教主寶訓，練武有長進，打仗有氣力。」

《葵花寶典》就是權力的隱喻，爭奪《葵花寶典》，如同幾千年來對權力的角逐、廝殺，結果無不以喪失人性為代價。所以，金庸指出，「那些熱衷於政治和權力的人，受到自己心中權力欲的驅策，身不由己去做許許多多違背自己良心的事，其實卻是很可憐的」。

林平之原是個天真的熱血少年，卻為了復仇追逐權力，傷害了愛他的岳靈珊、也令自已痛苦不已……可見這權力是多麼可怕而危險的東西啊！

金庸在《笑傲江湖》的後記中也寫道：「那些熱衷於政治和權力的人，受到自已心中權力欲的策驅，身不由已去做許許多多違背自已良心的事，其實卻是很可憐的。」

你看，上官雲見到任我行，滿口都是肉麻的口號、高調的諛詞，從「教主千秋萬載，一統江湖」，「教主令旨英明，算無遺策，燭照天下，造福萬民，戰無不勝，攻無不克，屬下謹奉令旨，忠心為主，萬死不辭」，到「教主指示聖明，曆百年而常新，垂萬世而不替，如日月之光，布於天下，屬下自當凜遵」，「教主胸有成竹，神機妙算，當世無人能及萬一」。

當任我行在黑木崖上安然接受舊部的跪拜時——「令狐沖退到殿口，與教主的座位相距已遙，燈光又暗，遠遠望去，任我行的容貌已頗為朦朧，心下忽想：『坐在這位子上的，是任我行還是東方不敗，卻有甚麼分別？』只聽得各堂堂主和香主讚頌之辭越說越響……令狐沖站在殿口，太陽光從背後射來，殿外一片明朗，陰暗的長殿之中卻是近百人伏在地下，口吐頌辭。他心下說不出厭惡……」

然而在這個充斥著瘋狂、混亂的塵世中，金庸還是給我們留下了一線生機的希望，那就是令狐沖這個人物。也許，金庸的心中也呼喚著有這樣一個人物的出現，期望用令狐沖喚起人們心底對真、善、美的追求，以使這因權力之爭而暗無天日的渾濁世間，能滌蕩澄清起來。

在《笑傲江湖》中，金庸第一次也是唯一一次放棄他所擅長和鍾愛的，那用歷史與武俠相結合的創作方式，從而使這部小說，通篇看不出任何歷史背景。金庸對此作了解釋：

寫《笑傲江湖》那幾年，大陸的文化大革命奪權鬥爭，正進行得如火如荼，當權派和造反派，為了爭權奪利，無所不用其極，人性的卑汙集中地呈現出來。我每天為《明報》寫社評，對政治中齷齪行徑的強烈反感，自然而然也反映在每天撰寫一段的武俠小說之中。這部小說，並非有意地影射文革，而是通過書中一些人物，企圖刻畫中國三千多年來，政治生活中的若干普遍現象……不顧一切的奪取權利，是古今中外政治生活的基本情況，過去幾千年是這樣，今後幾千年恐怕仍是這樣。

的確，如沖虛道長在《笑傲江湖》這部書裡，出場不多，但關於權勢，沖虛道長和令狐沖，卻有一番對話：

「權勢這一關，古來多少英雄豪傑，都是難過。別說做皇帝了，今日武林中所以風波迭起，紛爭不已，還不是為了那『權勢』二字。」

「原來左冷禪是要天下武林之士，個個遵他號令。」

「正是！那時候只怕他想做皇帝了，做了皇帝之後，又想長生不老，萬壽無疆！這叫作『人心不足蛇吞象』，自古以來，皆是如此。英雄豪傑之士，絕少有人能逃得過這『權位』的關口。」

正因沖虛道長和令狐沖，對權勢都有較清醒的認識，因此，他們能置身於鬥爭的漩渦之外，安然無恙。（〈略論金庸小說對中學生的正面影響〉）

《笑傲江湖》至一九六九年十月十二日，共連載了八百五十七天。其在《明報》連載時，西貢的中文報、越文報、法文報，計有二十一家報紙，同時連載，影響範圍波及整個海外。從文學角度來講，《笑傲江湖》是一部超出了武俠小說範疇，足與世界上一流的文學作品媲美，它的主題深刻，內容浩瀚壯闊，情節跌宕曲折，語言生動細膩，結構嚴謹，令人一讀再讀、回味良久……。

《笑傲江湖》是金庸武俠小說中一部獨特的作品，後來它更是成為「金學」研究者們探討得最多的一部作品。

第八章　《明報》集團的崛起

一、海上升《明月》

《明報》的發展歸功於金庸的經營理念，從《明報》度過草創期，規模日漸擴大後，金庸便決心發展成以《明報》為核心的大型報業集團。這是他從國外交流得來的經驗，這種經營模式，在國外十分流行，有利於報紙迅速擴大規模，同時也可規避風險。為此，他在經營《明報》之餘，辦過多種雜誌和報紙，如一開始的《武俠與歷史》雜誌，以後與新加坡《南洋商報》合辦的《東南亞週刊》、《華人夜報》等。這使「明報」規模擴大，橫向拓展了空間，觸角波及海外。而在「明報」旗下，辦得最成功也最具影響力的，當屬以學術人文定位的《明報月刊》，以娛樂為定位的《明報週刊》。

《明報月刊》籌辦於一九六五年下半年，金庸決意創辦《明報月刊》時，他之根柢《明報》，已出版六年，由於業務蒸蒸日上，已初具經濟實力。當時，金庸剛從國外參加一系列交流座談會回國，便開始捲入了與「左派」報紙聯盟間的筆戰。在筆戰中，不少海外華人時刻關注著《明報》與「左派」報紙間的情況，他們對金庸在筆戰中的勇氣和才智贊佩不已，這一時期金庸不斷收到來自海外的書信，支持他在筆戰中堅守立場。筆戰結束後，金庸與這些身在海外卻心繫故國的知識分子們還常常書信往來，他們中既有年輕的、也有年長的，有學文的也有學理的，但卻不約而同表達了一個共同的願望，那就是他們希望能有一本獨立的、沒有任何政治背景的中文刊物，來作為海外華人瞭解祖國情況的視窗，同時也成為各地華人交流思想感情和意見的平台。這一想法與金庸當時的想法不謀而合，辦一份客觀、獨立、不帶政治色彩的中文刊物也正是他長久以來的一個夙願。

當年，他還在《大公報》作一個小小的副刊編輯時，就曾想與周榆瑞等朋友辦這樣一份刊物，後來由於現實情況變化而胎死腹中。如今海外華人的熱情讓他又重燃了當年的夢想，而且以這時《明報》的經濟情況和人力條件辦這樣一份刊物也非常及時可行，於是，金庸欣然擔當起了這一使命，在國內外牽線組織，準備辦刊前的一切工作。

一九六五年年底，一份寄託著金庸和海外華人殷切希望的中文刊物——《明報月刊》問世了。《明報月刊》定位於一本文化學術刊物，堅持「獨立、自由、寬容」的辦刊宗旨，主要刊登大量海外學人寄來的一些學術水準較高的稿件，還刊登有關中國政壇、政要的內幕長篇文章。應該說《明報月刊》的成功問世，確凝聚著海外有識之士的心血，他們雖身處歐洲、亞洲、美洲各地，但通過一封封鴻雁傳書，多方商量創辦《明報月刊》的具體事宜，這種辦刊方式在新聞界並不多見，當時傳為一段佳話。

金庸作為海外華人盛情推舉的人選，出任《明報月刊》的主編，他認為《明報月刊》目標絕不是盈利，而是一種世界華人精神的寄託。金庸堅持宣導相容並蓄、思想自由，以「嚴肅負責的態度，對中國文化與民族前途，能夠有積極的貢獻」，他的理想是將《明報月刊》辦成猶如「抗戰前後的《大公報》式」的雜誌。

一九六六年一月初，《明報月刊》創刊，於香港悄然問世，金庸在「興奮中帶著惶惑不安」，寫下〈發刊詞〉：「這是一本以文化、學術、思想為主的刊物，編輯方針嚴格遵守『獨立、自由、寬容』的信條，只要是言之有物、言之成理的好文章，我們都樂於刊登。對於任何學派、任何信仰的意見，我們都絕不偏袒或歧視。本刊可以探討政治理論、研究政治制度、評論各種政策，但我們絕不作任何國家、政黨、團體或個人的傳聲筒。我們堅信一個原則：只有獨立的意見，才有它的尊嚴和價值。任何人如對本刊所發表的文字感到不同意，我們都樂於刊載他的反對意見。」

為了能達到這個理想，金庸將自已的精力從《明報》上分了出來，全力撲在《明報月刊》上。《明報月刊》初創時，只有金庸和王世瑜兩人，因此從選稿、改稿到版式、圖片選擇，全由金庸一手包辦，他彷彿又回到了《明報》的初創期，他日日夜夜地在編輯部查資料、翻圖片、編稿件。另外他還為《明報月刊》搜集有關的書刊，曾數度前往日本購買大量珍貴資料。《明報月刊》對於他來說，彷彿一個新生的嬰兒，充滿著生命力和希望，儘管勞心勞力，但他還是忙得不亦樂乎。為了《明報月刊》，他也甚少顧及家裡的事，有時往家裡吃飯的時間也碩不上，只能由他的太太朱玫，常常做完飯菜給他送至報社，他吃完後一刻不停又開始工作。

創刊號只印了兩千份，沒想到銷路出乎意料地好，各處報攤五天內就銷售一空，讀者紛紛到報社求購。創刊號一再加印，一直印到第五版，約有上萬冊。《明月》從創刊號起，即連載蔣夢麟的回憶錄《西潮》，從第三期開始，獨家連載張國燾的《我的回憶》，張在早期共產主義運動史上有著重要地位，當時住在香港，回憶錄一經刊出，就在海內外引起極大反響，《明月》即從海上升起，可謂一炮走紅。「文革」席捲中國的前夜，金庸自稱跟「文革」對著幹，彭德懷受迫害，《明月》發表文章，稱譽彭大將軍，出版《彭德懷集》，記錄他的功績，披露對他攻擊的不公道。北京揪鬥吳晗、周信芳，《明月》附贈《海瑞罷官》《謝瑤環》劇本的小冊子。鄧拓、廖沫沙挨整，《明月》發表「三家村」的文章，還出鄧拓的集子，還附上鄧拓的詩。當時，沈從文、夏衍、秦牧的文章也都有刊登。金庸又發表社評，如〈周信芳開始受清算〉〈為紅線女抱不平〉等，對中國文化的遭殃，表達了無比的悲憤和惋惜。

《明報月刊》辦了將近一年多，在海內外引起極大反響，深受知識分子們的喜愛。當然，他是在「拼了命出版《明月》」，同時他說，「我決定把性命送在這刊物上的」，於當時那樣的環境下，不無誇張。金庸決心將這份許多人認為絕不可能生存的刊物辦成，當時他家還在九龍，特地在港島跑馬地租了一層樓作為編輯部。那段時間他常去日本，獨自在東京神田町的舊書店，翻找舊書，尋找可以用作插圖的舊圖片，那時的心情也是寂寥的。此時金庸考慮自已既要寫《明報》的社評，又要繼續武俠小說，工作量實在太大，因此他總想物色一個合適的人選替他坐鎮《明報月刊》。但尋覓這個人選卻也並非易事，畢竟《明報月刊》對於他來說彷彿是親生的孩子，他需要找一個可靠的人來交付，這個人既要有豐富的辦刊經驗，又要有深厚的文化底蘊和文人氣質。

在當時香港的文化界，金庸也想到一些文人可來幫他接這個差，但想了許久未妥，胡菊人慢慢進入了他選擇的視野。

胡菊人，原名胡秉文，生於一九三三年，廣東順德人，畢業於珠海書院英語系，後在美國新聞處工作，也曾任《大學生活》、《中國學生週報》社長等職，在辦刊上經驗豐富；同時胡菊人在當時的香港文壇也小有名聲，他本身是為文人型的學者，人文氣質無與倫比，而且他還是位中國古代文人式的雅士，曾師從香港著名古琴大師，寫作之餘品茗弄弦、吟詩詞調音律，好不幽雅。當時胡菊人，正在一家美國文化刊物《今日世界》編輯部任職，月薪一千二百元港幣，被視為優差，薪水高，假期多，職業穩定，人事簡單，做滿十年可以移民美國，還有退休金。而金庸開出月薪是二千港元、總編輯、全權負責編務，不受過問等優厚條件，誠懇地邀菊人加入《明月》。但胡菊人，還是猶豫再三，因他想走教授、學者之路。但金庸一再要他加盟，並誠懇認為，就算你將來到大學裡，當一個學院的院長，也未必及得上一個像《明報月刊》這樣的雜誌！這樣的勸話最後還是打動了胡菊人。

一九六六年十二月，胡菊人還未離開《今日世界》，就開始利用晚上和週末時間編《明月》第十三期，一九六七年春天正式到《明月》工作，接替金庸出任總編輯之職。胡菊人在《明報月刊》這個位置上，一幹就是十三年，他對《明報月刊》傾注了極大的心血，每當深夜時分，他清瘦挺拔的身影，還常出現在《明報月刊》的總編室。

在胡菊人的心血經營下，《明報月刊》成為了一份高水準的文化學術刊物，在海內外建立了廣泛的影響範圍，如一輪光彩奪目的明月冉冉升起。胡菊人還邀請一批有名的政論家如徐復觀、牟宗三、司馬長風等人為長期撰稿人，他們有關中國及國際政治的分析文章，精闢深刻，有力地提升了《明報月刊》在國際上的地位。當時，有殷海光、周策縱、余英時、夏志清、李歐梵、林毓生、夏濟安、金耀基、余光中、陳之藩、唐德剛等，均為此刊撰稿。

一九七一年釣魚島主權起爭端，保釣運動風起雲湧，《明月》不惜版面，連續發表報導、評論和考證文章，還有詳圖、參考資料，從歷史、地質歸屬等方面詳細論證這是中國的領土。當一旦有這樣的好文，即與《明報》社評相呼應，使《明月》成為這一保釣運動的先鋒刊物。

胡菊人在《明月》工作了十三年，他曾不無感慨地說，「這得感謝查先生。而查先生那句話，也確是使我在以後一直當編輯，至今未已，學者之夢當不成，但是文化人的職分倒是盡成了。」其間《明報月刊》成為批判「文化大革命」和「四人幫」的最尖厲的雜誌。與此同時，釣魚台運動風起雲湧，美日出賣中國權益，《明報月刊》也及時而有力地作出了強烈的回應。

胡菊人後回想說，一個編輯「收到好稿最快樂」，最難忘就是收到精彩的稿子，他特別記得陸鏗的〈三十年，大夢將醒乎？〉，文筆內容兼美。一九七九年十月號大型特輯頭條刊出（署名「陳棘蓀」），他加了個編者按：「這是一篇踏實而大膽，情理兼備、文氣如虹的好文章，謹向讀者鄭重推薦。」此文一出，好評如潮，美國政府趕緊翻譯作為主要參考，台灣當局要軍人閱讀，並邀作者赴台，可見文章的感染力。

余英時曾經說：「我一生投過稿的報刊不計其數，但我始終覺得《明月》最令我有親切之感。自由、獨立、中國情味大概是我對《明月》最欣賞的幾點特色。」

唐德剛的《李宗仁回憶錄》、周策縱的《五四運動史》、湯因比的《人類文明的反省與展望》等，都在《明報月刊》連載。

龍應台回憶此刊時，也曾說「七〇年代台灣的大學生，正是吸收《明月》的文化養分，在這養分中成長起來的，『香港對於我們那個時候的台灣，簡直就是一扇自由的視窗，唯一有自由空氣的地方』」。

《明報月刊》的成功，使金庸夢想成真，也使世界各地華人知識分子，把《明報月刊》當作自已的雜誌，支持著、幫助著、關注著它的成長。《明報月刊》的成長階段，正是「文化大革命」翻天覆地之時，那時的《明報月刊》對於知識分子們來說，就猶如一堵堅實的城牆，這道城牆是「保藏中華文化中值得寶愛的東西」，在知識分子的眼中有非凡的價值，為金庸和胡菊人在香港乃至整個華人思想文化界，贏得了崇高的聲譽和地位。

《明月》已成為《明報》系統的金字招牌，在知識分子當中，備受尊崇。

一九七六年一月，金庸在〈《明月》十年共此時〉曾回憶說：

現在阿訥十二歲了，已會翻閱月刊中的圖片和一些最淺近的文字。原來，我們的孩子（我們夫妻二人的）和我們的刊物（我們工作人員與作者、讀者們的）都已長大了。朋友們都說我們的阿訥很美很乖，也說我們的月刊辦得不錯。我只希望，當我自己的生命結束而離開這世界時，阿訥（還有她的哥哥姐姐）也仍是這樣乖，過得很幸福。我們的月刊也仍是像過去十年那樣，從不脫期出版，得到許許多多人的喜愛。

金庸一直來把《明報月刊》放在不為之賺錢的定位上，而是把它放在宏揚人文氣質上、人類精神昇華的層面上。所以《明報月刊》絕非是大眾化的，只是少數文化人閱讀的一種高品位的精神性的讀物，它最後做到不虧也不盈已屬不易。這份刊物，無疑寄託了金庸心靈中的儒家傳統思想文化的理想色彩，如我們作一種追溯的話，也無不反映了金庸作為查家書香門第出身的一顆最後的種子，當它有了一定適宜的土壤時，那怕有巨石壓著、它也能曲曲折折地生長起來，它必定會開出它所開之花。真所謂：北方不開南方來，有種必定會開花！

二、《明報》的多元發展

《明報月刊》的發展步上了「軌道」後，令金庸在國際報界聲名遠播，許多東南亞的企業家和商人都紛紛表示想與金庸合作，一起搞活當地的報業。金庸幾年前就有了與海外機構合作辦刊的經驗，早在一九六三年他就與新加坡的《南洋商報》一起合辦了《東南亞週刊》，金庸的武俠小說《連城訣》就曾在這份週刊上連載，吸引了不少讀者，雙方合作也愉快。

一九六七年三月十八日，《明報》與新加坡的梁介福藥行創辦人梁潤之，合股創辦《新明日報》，在三個月以後，又在另外一個地方吉隆玻發行。

一九六八年十二月後，為了擴大發行和方便讀者，就分頭在兩地同時排行發行，名稱分別為《新加坡新明日報》與《馬來西亞新明日報》，但是為了三地共用文化資源，其副刊、小說的稿子，則在香港、新加坡與馬來西亞三地同時刊用。每天出六大張，售價一角。從《明報》編輯部、經理部派出去的工作人員，在當地獲得良好聲譽。作為金庸謀求在海外發展的宗旨，《新明日報》在創刊時，就闡明其大政方針為：「……本報既無任何政治背景，亦無黨派關係。立場保持超然，立論公允不偏，揚善伐惡，守正不阿……」總之，此報雖為商業性報紙，但儘量實現金庸心中長期存在的、把它辦成一份有儒家文化色彩的報紙，以文人辦報的方式，促進國家社會繁榮及團結。當然，這也確實附合東南亞一帶傳統文化的共同的特色。

因為東南亞一帶，畢竟有著共同的儒家文化圈，所以在《新明日報》創刊之初，還是充分發揮了金庸的開家本領，以連載他的武俠小說來吸引讀者，當然同時刊出有特色的娛樂——如馬經、娛樂圈內幕，還有可讀性很強的副刊。每天六大版，售價當時是一角，能讓人接受。於是這份報紙，很快在兩地海外得到迅捷發展，沒有幾年就擠身於當地的大報行列。如當年新加坡金庸合股辦的《新明日報》，到了一九七九年，其發行銷售量已達到每日十萬份的數量，這在當年的新加坡，也是非常不錯和了不起的事。

《明報》除了在海外的兩份日報外，還辦了《華人夜報》、《明報晚報》以及《財經日報》、《明報電視週刊》，同時還有一份屬《明報》集團下面的小說雜誌《野馬》。當然，多元的經營，好的一面是發展壯大了金庸的報業集團的實力，但負面是由於人員的不穩定，以及有的刊物，辦不了多時就停刊了。

一九六七年九月《華人夜報》創刊，金庸夫人朱玫是社長，總編是由香港的「報壇鬼才」王世瑜擔任。由於該報定位是一份娛樂性的晚報，走大眾化路子，所以刊出的是吃喝玩樂、一些香豔和豔情小說。

《華人夜報》創刊後不久，發行量就有三萬多份。但是金庸夫人朱玫認為格調低，她是社長，就和總編王世瑜之辦報方針不同，雙方就此發生了矛盾，但王世瑜不買金庸夫人的賬，不予理睬，甚或雙方發生了爭執不休。王世瑜為此憤而辭職，還帶走了一些得力記者。爾後，自已去辦了《今夜報》。由於他有辦報經驗，此報發行量不斷上升，在香港小報行列成為姣姣者，使他賺了不少錢。而《華人夜報》少了人才，終難以維持，於一九六九年停刊。

過了幾年以後，金庸確不記前嫌，肚量很大，還是千方百計想辦法，請王世瑜仍回《明報》集團工作。日後，還請王世瑜座上了《明報》總編輯的位置。還讓他兼了《明報晚報》、《財經日報》社長、總編、總經理等多項重要職務。

從這些方面，我們也可以看出，金庸之所以能把他的報業，做到輝煌而長時不衰，我想，最重要的原因，還是他在用人上有一系列愛才、用才之道，同時還有大度寬容之心。從王世瑜的來去自由並不記前嫌，仍然把他放在重用職位上，便可見其一斑。怪不得司馬心有一篇小文〈學一點金庸〉（新民晚報《今日論語》）是講與王朔之間相悖的關係，他稱讚說，「金庸的大度，真值得稱頌，真應當學他一點，以大興批評面前的『謙和』之風。」

林行止學成歸國後，重進《明報》，很快被金庸任命為《明報晚報》的副總編輯，並主持經濟版。說起林山木，也就是林行止先生，我們今日已差不多無人不曉他之大名，他的一些談經濟類的文章就很有特色，特別是上海《文匯讀書週報》刊出了對他的訪談後，如一提到張五常教授的《賣桔者言》，很自然便想到了林行止先生了。當年他中學畢業後，就先踏入社會工作，六〇年代進金庸的《明報》做一般工作，但因有才幹、好學，很受金庸賞識。一九六五年金庸資助他到英國劍橋攻讀經濟學。一九六六年初，他在英國收到《明報月刊》創刊號，裡面還夾著金庸夫婦署名的大紅卡片。從此，他經常為《明月》寫「英倫通訊」。一九六八年，他替《明月》採訪傅雷之子、鋼琴家傅聰，這是他第一次以記者身分所做的採訪，也是傅聰「投奔西方」後首次接受中文媒體的採訪，在《明月》三月號刊出，受到廣泛關注。

林行止，為人非常聰明，他獨闢蹊徑把報紙的重點，放在當年香港市民非常關注的股市行情上，當時香港可以說人人關心，遷動千家萬戶做股票，股民們搶著要看這張報，當然這與他學經濟分不開，他的股評預測，往往像《易經》推卦一樣，有一套理論，而且還非常正確，所大受香港股民喜歡。就這樣便使這張《明報晚報》風行不已，發行量不斷攀升，達到每天就銷數萬份。從而也使林行止賺了很多錢，這時他與做電視新聞的在香港也算有名的女記者——駱友梅結婚了。爾後，他告別了金庸的《明報》事業，開始了自已的創業前程。

到了一九七三年下半年，林行止自已辦報了，他和妻子共同創辦了一份名叫《信報》的報紙。這份由林行止夫婦一手創辦的報紙，竟然成了金庸的《明報晚報》的強大對手，也不知怎麼的，《信報》銷量直線上升，而金庸的《晚報》訂數一直反而減少。弄得金庸最後不得不把《明報晚報》停刊。

然而，這並不影響他們之間的關係，不影響他們共同的追求，對於林行止本人，金庸一直把他作為一個好朋友，並非因為林離開了他，同時使他利益上受了損失而反目，他們依然是報業界或其他場合中的好朋友。

三、《明報週刊》的亮相

《明報月刊》為金庸在海內外文化學術界贏得了不小的聲名，而他在「六七風暴」結束後，創辦的《明報週刊》，也為他帶來了滾滾的財源，成為「明報」集團的一棵「搖錢樹」。如果將《明報》喻為一輪初升明月的話，那《明報月刊》和《明報週刊》便如兩顆最閃亮的衛星，簇擁著《明報》周圍，令它的發展氣勢如虹、蒸蒸日上。

不同於《明報月刊》的文化學術定位，《明報週刊》定位於娛樂時尚界，主要針對的讀者群，是女性讀者和年輕人，走的是軟性路線。他認為週刊，是大有可為的，於是正式創辦《明報週刊》，報紙當時初創時的重點是刊載娛樂圈新聞。但《明報週刊》不再像以前那樣是附在大報《明報》免費贈送，而是單獨出售，每份訂價五角。這個售價，大多數業內人士認為讀者難於接受。因為當時香港的中文報紙每份只售一角，而《明報週刊》訂價五角，這可是個高價錢，所以當時有不少人對金庸的做法，不盡贊同。他們認為，週刊一直免費附送，如今要花錢買，加上價格又那麼高，肯定難以打開銷路。況且，《明報週刊》也並非是香港的第一本週刊，在它之前早已有了《星島虎報》和《星島週刊》，可是金庸力排眾議，堅持已見，他認為：「我們可以加多一些彩頁，多刊載一些適合家庭婦女看的軟性文章，銷路是完全可以打開的」。

由於金庸的堅持，別人再無話可說了，當然有人心裡也在嘀咕：我們讓它走著瞧吧！一九六八年五月二十日，在《明報》九周年社評中，金庸就宣布創辦《明報週刊》，拖了半年，到十一月十七日才正式問世。之所拖了這麼久，是因為「《明報》和《明月》的讀者，會對週刊抱有相當的期望，不能辜負了這番期待。」（〈明報十周年紀念〉）

金庸當時創辦此刊時，興許想效仿當年的《國聞週報》，他曾說過如此的話：「取法乎上未必就一定能得乎中，但想到一個光輝的榜樣，似乎總有一些軌跡可循。」在金庸的堅持下，定價五角，大小八開，頁面二十的《明報週刊》。內容有港聞，國際新聞，經濟，娛樂，有戴天、陸離、亦舒等人的專欄，娛樂是重要特色，這期的新聞，有美國前總統艾森豪的大孫女結婚、香港影星洪波在台北自殺等。令很多人，都始料不及，此週刊居然還開了香港娛樂週刊的先河。

《明報週刊》最初由潘粵生主持，但不久他被金庸安排到新加坡負責《新明日報》編務，空缺便由雷煒坡頂上。

雷煒坡，其人為香港報界採寫娛樂新聞的資深記者，可以說是這方面的宗師級人馬。他曾以柳鳴鶯為筆名寫「憐星專欄」，寫盡娛樂圈眾星，為《明報》添色不少；後來一直主編《明報》娛樂版，他負責採寫的娛樂專欄「俱紅樓主」的筆名，也曾名噪一時。

《明報週刊》到了雷煒坡手中，經他一雕琢，就大放光芒。尤其是刊登「香港小姐何秀汶情書」的那期週刊，一經出版，轟動一時。這是一個女子，寫給前面一個男友的許多私人信件，這些情書，纏綿悱惻、恩恩怨怨，這當然很吸引香港市民，對私生活的好奇心，所以當信件一經刊出，並公諸於世時，全城轟動，銷量一下子增加了好幾萬份，《明報週刊》因此也進入第一個輝煌期。

一九七三年四月十五日，香港的功夫巨星李小龍暴斃，雷煒坡作為一個資深記者，他極為敏感的心裡，很清楚這又是個新聞瀑波，一瀉千里的好時期，他立即動用所有人力採訪、搜集資料，炮製了一個「李小龍專輯」。這期週刊一經出版，半天就全部售空，幾次再版，都賣到斷市。從八月到九月，《明周》好多期，都有李小龍的內容，不乏獨家報導，如〈兩個軟化李小龍的女人〉、〈林燕妮為李小龍伸冤〉、〈李小龍事件牽連第三個女人〉，二五二期的封面標題，是《從醫學觀點看李小龍死因》。李小龍的死，使《明周》攀上一個高峰。這一年，十九歲的台灣美女林青霞也首次出現在《明周》封面。

一九七六年九月九日，毛澤東去世，《明周》在九月十二日這期，即刊出〈毛澤東每月薪水幾何？生前最喜歡吃些什麼？〉，九月十九日刊載〈基辛格眼中的毛澤東〉等。的確，在雷煒坡的苦心經營下，當年被認為要五角錢一份的《明報週刊》，其發行量就不斷攀升上去，這樣的成功，似乎令原先就看好的金庸，也是始料所不及的，更不用說那些原先「讓它走著瞧吧」的人所驚詫不已了。

當時，《明報週刊》的採編人員只有幾個人，但他們創造的效益卻極高，幾乎是驚人的高額數字。七〇年代，《明報週刊》一年盈利有好幾十萬，到了八〇年代，更躍升到一二千萬。而到了八〇年代末，它的廣告收入就達到了七千五百萬元的高峰，真是香港其他同類型刊物望塵莫及的事。這時的《明報週刊》，到達了第二個輝煌時期。

由於《明報週刊》成功，不少人就加以仿效，各種各樣的娛樂週刊就紛紛面世，令香港出版界顯得更加熱鬧非凡。這股週刊熱潮，至今仍然方興未艾，而《明報週刊》也算得上開山鼻祖，仍然不甘後人，銷量依然遙遙領先。

《明報週刊》的成功，最初有賴於金庸的商業眼光、生意頭腦，到後來則主要是雷煒坡一手締造。雷煒坡也因此被譽為香港編娛樂週刊的第一高手。

由於全情投入《明報週刊》，雷煒坡後來積勞成疾，到台灣療病一年多時間。其間，金庸每月照樣給雷煒坡支付薪金。雷煒坡回港後，金庸懇請他再主理《明報週刊》，所出條件比以前更優惠：一、大幅加薪；二、不限制雷煒坡的上班時間。從此，雷煒坡通常一周去報館二次，更多時候都是在家裡用電話、傳真遙控編務。

金庸對雷煒坡這個人才，如此厚愛，眾人稱讚，真可以說是金庸一眼相中的奇才之一。由於雷煒坡主政《明報週刊》之際，通過這個傳媒在香港的一步步壯大、發展和質的提升，他也和金庸一樣，伯樂式地相中與培養了不少才人。如後來離開了該週刊自己去創辦《香港週刊》和《城市週刊》的李文庸與董夢妮，他們倆辦的這二份刊物，當年在香港都很有特色。還培養出了擅長寫散文的的鐘玲玲等一些作家……他們或她們，日後在香港文化新聞界，都非常有影響。

金庸能夠把一張《明報》之網，遂一延伸開去，一如眾星拱月似地辦了多種報刊，這實與他的膽識分不開，其中他能識才用才，是最重要的。而《明報月刊》和《明報週刊》始終是圍繞《明報》的兩顆最為燦爛的星辰，其中《明月》給金庸帶來了以人文學術為上的品牌，而《明周》卻給他帶來了財富的高額利益。而金庸一生報業生涯之交相輝映、星漢燦爛，如作一考察的話，正因有了這兩份刊物的成功，所謂「兩星拱月」，成就了他一生的事業。

四、《鹿鼎記》問世

當金庸的《笑傲江湖》連載結束後，萬千武俠迷，開始期盼查大俠的下一部武俠小說，終於迎來《明報》開始連載金庸的最後一部武俠小說——《鹿鼎記》。時間是一九六九年十月二十四日。

然而，當武俠迷們懷著極大的期望追看《鹿鼎記》時，小說中的情節和人物卻一反金庸所有小說的模式，呈現在讀者面前完全是一個非武林的世界，書中的第一主角，既不是大俠也不是英雄，只是一個出身於妓院、混跡市井的小人，這不禁讓所有的金庸武俠小說迷，發出了疑問，《鹿鼎記》究竟是否真正金庸所寫？北京大學的嚴家炎教授曾說：「……《鹿鼎記》與以往金庸小說的不同，是在創作風格有所改變，以及主人公從俠士換成了皇帝，而不在「為民造福」的精神或者對傳統文化的態度有什麼變化。《鹿鼎記》的出現，標誌著金庸的視野，由武俠小說向歷史小說轉變……」

《鹿鼎記》是從江南一場文字獄開始。金庸在注解中說，這段故事是為痛惜「文革」文字獄而寫。當時，「文革」的文字獄高潮雖已過去，但慘傷憤懣之情，兀自縈繞心頭，他不由自主地寫進了小說中。《鹿鼎記》中的江湖也籠罩在爭權奪利的陰雲之中。

這部小說，在《明報》的連載時間是：從一九六九年的十月二十四日開始，直至到了一九七二年九月二十三日為止，一共在報上連載了兩年零十一個月。其實，對於讀者來說，金庸這部《鹿鼎記》通過讀小說、看電視，大家無不熟悉。當看了這部武俠小說後，我們的心中，對書中二個人物非常注意，也正是這兩個人物構成了有似歷史小說的建構。一位是政治人物——清代的康熙皇帝。中國觀眾，無不對反映宮廷的政治生活很感興趣，康熙正是中國歷史人物譜上，很了不起的人物，他開拓了中國歷史上康、乾盛世。二是《鹿鼎記》裡，出現了一個只會繡腿花拳、擅長花言巧語的小人物——韋小寶。這個人物有點兒像小丑、又有點兒像阿Q式人物。他生於妓院，長於妓院，連名字也寫不了，簽名時只寫一個「小」字，「拿起筆來，左邊一個圓團，右邊一個圓團，然後中間一條槓子筆直地豎將下來」。他不是英雄，而是「反英雄」，在其身上，差不多能找到國民性中所有的弱點：阿諛奉承、溜鬚拍馬、見風使舵、厚顏無恥、營私舞弊……但正是這樣的人，卻成為了生活中的強者。在朝廷得到皇帝的寵信，身居高位；在江湖他得到天地會等幫會的信任。甚至連顧炎武、黃宗羲、呂留良等一代大儒，都要推舉他做皇帝，嚇得他手裡的茶碗，掉在了地上。最後，帶著七個如花似玉的老婆飄然而去。

金庸所塑造的韋小寶，「使顧炎武的滿腹經綸、陳近南的蓋世武功變得一錢不值」。他從小就看戲、聽說書，對歷史上為爭奪權力不惜血流成河、屍骨如出的故事，並不陌生，他教羅剎國的索菲亞公主，先挑起天下大亂，然後亂中奪權，立竿見影。索菲亞問他：「你怎知道叫兵士殺人、搶錢、搶女人，就可以殺沙里扎，殺彼得？」韋小寶微笑道：「中國人，向來這樣。」

金庸是怎麼解釋的呢，他說：「中國立國數千年，爭奪帝皇權位、造反、斫殺經驗之豐，舉世無與倫比，韋小寶所知者的，只是民間流傳的一些皮毛，卻已足以揚威異域，居然助人謀朝篡位，安邦定國。」

韋小寶，沒有像武林世界中的人物那樣有混跡江湖的武功，但他在現實生活中，卻有他的絕技——即高明的玩弄手段和權術之法。他，正是憑著這近似無賴的手段，可以在任何地方很吃得開。這一套手段就比一把有形的劍，更厲害，甚或比武林中任何一把銳利的劍，更高妙。

故事藉韋小寶的經歷，敘述了清初康熙年間，宮廷及民間的一幕幕歷史故事，如智擒鰲拜、三藩之亂、天地會起義等。從妓院到宮廷，從江山到江湖，韋小寶無往不勝的法寶，到底是什麼？有人總結，一是察言觀色，隨機應變，拍馬常常拍得恰到好處，二是吹牛撒謊，隨時隨地可以漫天撒謊，糊弄人。

《鹿鼎記》出現的情節，確扣人心弦，是金庸眾多作品中，最為作者喜愛的其中一部。金庸塑造出韋小寶這個典型人物，比喬峰、令狐沖、胡斐、郭靖等，無疑更接近生活的真實，也更讓人思考。

英譯本之譯者閔福德（John Minford）為香港理工大學翻譯系教授，閔教授曾指出，金庸乃是全球有名的中文小說家之一，他的名字，無論在香港、北京、台北、新加坡或各地華人社會，早已深入民間，無人不曉，但對於西方讀者而言，還是有點陌生。其實，西方讀者甚為渴望通過翻譯作品，以瞭解何謂武俠、何謂中國武術、何謂中國文化等有趣的課題，而金庸到底又怎樣能把這些元素，揉合起來，讓人讀得興味盎然。

事實上，透過故事的細膩敘述，撇開文字中詼諧一面，中國的傳統文化得以再次認同。一位中國評論家曾經提到，金庸在書中描述的智慧與詼諧，都以中國傳統佛、道思想為中心，看來笨拙愚鈍的背後，卻是精靈巧妙的表現。金庸也對這部小說，作了這樣的解說：「在動筆寫《鹿鼎記》之初，我本來想寫一部以揚州為開始的背景，比較不怎麼傳統的武俠小說。但主角韋小寶逐漸在自己心中成形，他頑皮狡猾之性格，作者竟控制不住他自己表現中國傳統文化中的腐敗墮落的一面，從而使《鹿鼎記》，變成了一部連作者也意想不到的奇怪小說。」《鹿鼎記》可以看作是金庸寫武俠小說的一種新嘗試，英雄的時代已經過去，他走向了韋小寶。一部《鹿鼎記》不再是英雄的慷慨悲歌，說是武俠小說，已沒有了「俠」。「『大俠』走至窮途末路，那麼金庸又有什麼出路可以提供呢？他提供了三條路線：令狐沖的出世、韋小寶的玩世及康熙的以天下為己任。」

金庸從一九五五年起，十七年間，他一共寫了十一部長篇武俠小說，四部中短篇，他用書名首字作了一副對聯：「飛雪連天射白鹿，笑書神俠倚碧鴛。」只有寫於一九七〇年的短篇《越女劍》沒有包括在內。他的十五部武俠小說，「始於書劍飄零、指點江山，終於逐鹿問鼎、一爭天下。始於乾隆的少不更事，終於康熙的老謀深算。始於紅花會，終於天地會……始於天山，終於鹿鼎山。始於殘缺的英雄，終於完美的流氓。始於查良鏞自撰聯語為回目，終於取查慎行的詩聯為回目。始於『為賦新詞強說愁』的青春憂鬱，終於『卻道天涼好個秋』的強自寬解。始於『齊人有一妻一妾』的茫然，終於唐伯虎坐擁七美的坦然。始於萬隆會議開幕的序曲，終於『偉大的無產階級文化大革命』的尾聲。始於書、劍，終於鹿、鼎；始以江山，終以天下……」。

在推出的英譯本時，金庸也說了這樣的話：「我當時寫韋小寶這個人物的時候，受過魯迅先生的啟發。他寫阿Q，是當時中國人的典型，一方面寫他的精神勝利，一方面描寫大多數中國人的愚昧、盲目，渾渾厄厄、糊裡糊塗地過了一生，他受到欺壓，最後殺了頭，好像很可憐。阿Q是早一個時代的人，現在的人當然與阿Q不同了，現在解放建國之後，阿Q精神更少了。你現在到中國農村去，也看不到阿Q了。你和他們談世界大事、談克林頓，他們都知道，講英國也知道，和阿Q時代這種人不同了……」

從商業利益來說，《明報》此時成了香港舉足輕重的大報，有國際性的影響，不再依賴武俠小說吸引讀者，《明報》集團也已粗具雛形，金庸的武俠小說創作生涯終於走到了盡頭。「目前情況下，如果我的生活沒有太大改變，可能就不再寫了，一來我不希望自己寫過的風格、人物再重複，過去我寫了相當多，要突破比較困難；再者武俠小說出自浪漫想像，年紀大了，心境自然也不同。」

一次，楊瀾採訪金庸時，又說到他的《鹿鼎記》，他說：「我寫的韋小寶，就是在海外見過的人多了。我想，阿Q是以前典型的中國人，現在典型的中國人不是阿Q……而是韋小寶了，不是說中國大陸，而是說海外的、香港的。有一批中國人，因為華僑眾多，為求生存，有一些中國傳統中很不好的道德品性和個性。還有一部分典型中國人，像韋小寶這樣子，自己為了升官發財，可以不擇手段，講謊話、貪汙、腐敗，什麼事都幹。這種事情在康熙的時候很普遍，現在可能也沒有被完全消除掉……」

當然，從金庸的《鹿鼎記》這部書，我們得到的啟示是很明顯的，那就是通過韋小寶的仕途之路，以及作為一國之君的康熙皇帝和韋小寶這樣的官僚關係，能存在於中國歷史上的康乾所謂的盛世時代，這正說明了中國國民性的悲劇時代，但這樣的文化悲劇性時代，像魯迅說的，有許多人卻又正是「做奴隸而不得的時代」……。

由於金庸突破了自已乃或傳統的武俠小說的模式，確引來了許多讀者的質問，一時眾說紛紜，因為對於中國的武俠小說，讀者大都已有了心中的模式和框子、有了長期的閱讀定勢。所以，對於金庸另一種描述方式的《鹿鼎記》，這樣的武俠小說，有的讀者說好，也有許多讀者，提出了疑問。在眾多讀者關心的問題上，我們不妨看一看金庸與楊瀾就這有關話題的一次對話：

楊瀾：你在《鹿鼎記》這部書中，所透視出的問題，這恐怕是整個人類存在的問題。但是這樣的人卻生活過得很好，您在最後讓他（韋小寶）又有了美滿的家庭，又有……。

金庸：我始終認為，在一個合理的社會中間，這種人將來要受到懲罰的，如果是很講法制、法律的地方。像韋小寶這樣完全不遵守法制、法律的人，殺人放火、坑蒙拐騙什麼事情都幹，在不合理的社會，這種人很能過得好，不止一個太太，有七個太太。有人問為什麼寫七個太太？我說那時候七個不夠，還要多。

楊瀾：妻妾成群啊！也許在那時代，在一個可悲的、沒有法制的時代，是這樣的。

金庸：那時候做大官的人，不知道有多少太太，歷史上就是這樣子，不是講現在，而是講康熙的時候，雖然從表面上看，它還屬於個中國歷史上的盛世時代。

楊瀾：所以跟你過去的武俠小說所不同的，是用一個反英雄的角色，也是表達自己的一種社會理想，從反面來寫它的。

金庸：不是理想，而是當時社會的現實。在一個很不民主、不講法律的、專制的時代中間，韋小寶這樣的人就會飛黃騰達，好人會受到欺負、迫害，所以寫韋小寶這個人，也是為整個否定那個封建腐敗的社會。

我讀金庸的《鹿鼎記》，可以說是在一個極偶然的機會時讀的，但是當一上手就放不下了，因為它是在講歷史，且是在講述著一個中國歷史上所謂盛世的悲劇性故事。金庸從表面上看，他是帶著平靜的敘述性口吻來描述這部歷史的，其實他是在調侃與評擊這樣的不合理的所謂盛世時代。也許，金庸面對的，就是中國封建社會長期性延續，一個又一個封建王朝，週期性崩潰和重建，以及中國國民性悲劇時代，一次次的重現，即一如出現韋小寶那樣的人物，他也只能在這樣的歷史長河前，歎謂不已。而作為小說家的任務，他寫出了繼魯迅後的另一個阿Q典型，表現了人性中的普遍性，從而超越了一般意義上的武俠小說。金庸所面對的現實，以他之力，只能精心構思出《鹿鼎記》這樣的作品，以示警世和醒世，僅能如此而已。

五、儒俠的經營風格

作為《明報月刊》、《明報週刊》及其他報紙雜誌的創辦，使《明報》逐漸形成了以《明報》為核心的報業集團。金庸是《明報》的創始人，也是《明報》這個大報業王國的締造者。我們可以說，作為小說家的金庸，才情橫溢、極富想像力；而作為社評家的金庸，又指點江山、揮斥方虯；同時作為一位報業經營者的金庸，卻又有別人意想不到的經營家的另一面。

他在香港歷史上，開創了文人辦報的成功典範，開始僅只幾個人，租了幾間房，不多年就發展到在香港屈指可數的多元的報業集團，自然有其獨特的經營理念和風格，有自己一套特有的管理方法。從《明報》到他的多元化經營的《明報》集團，這麼一個龐大的新聞群體，無論從管理到經營，從不靠佈置任務或開會講話來完成的，若從美國的《有效的管理》一書來看，作者認為開會或佈置任務，是最無效的管理方式。說也奇怪，《明報》的一步步成長，卻都是在金庸那一張張「字條」下，來實現他的經營與文化理念的。他最擅長喜歡用筆代口來進行管理。比如他用筆向手下發布指令，用筆與作者交換意見，甚至用筆來回應和解決一些員工的不滿情緒與糾紛……

金庸曾說「我管《明報》其實是很獨裁的，我拿起稿就改，由頭改到尾。」可以說《明報》是他的「一言堂」，他說一不二，對此，就連幾十年來他的親密合夥人、老同學沈寶新，也全都是聽他的。有一次，他在杭州發言時，就無忌諱地說：「……在香港辦《明報》我是主要投資人，擁有報紙百分之八十的股權，另外一位擁有百分之二十的股東的沈先生，是我在浙江讀中學時的老同學，我們是好朋友，他從來不反對我的意見。我做董事長、社長、總編輯、社評執筆人，什麼事都是說了算，不用討論。」

金庸不僅懂得人盡其才，才盡其用，且還是個識才、賞才、惜才之人。而且他也從不以什麼頭銜自居，他本人打電話回報社，也自稱「查先生」，對別人稱呼他什麼，也從不計較。而在《明報》工作過的人很少看到他發脾氣，也很少有笑臉，他平時說話不多，那張四四方方的國字臉，總給人一種嚴肅木訥的感覺。真的，說起金庸的面部表情，筆者無不有一種身歷其境的體會。

那次，我陪金庸在一個江南小鎮，走走看看，每到一處，我總以看他的面部表情來行事或與他談天說地，如果當他對這件事反應在面部表情，是一臉嚴肅時，我往往就不再去和他興談什麼了，也不再要求他或麻煩他什麼事了。比如講，我陪金庸每到一處，總有許多讀者拿了他的書要他在書上簽名，金庸有時一臉笑容，就請他多簽幾本，但當他那張四方臉，暫態間嚴肅了起來，我們就阻止別人再去叫他簽名了，包括照相也是如此……。但他也很有耐心，比如有一次他夫人喜吃小攤上煎的嗅豆腐，在一條小街上，他站著，可等一個多小時，沒一點脾氣。所以，在歐陽碧眼裡，金庸是典型的江南人面孔，一說起話來便帶著微笑。不論他講什麼，都是一副笑瞇瞇的臉孔。不過，笑儘管笑，他想要做到的事，他會全力以赴排除萬難去實現。不喜歡他的人，背後稱他為「笑面虎」。

金庸主持有四百多人的一個《明報》集團，他平時卻不太喜歡說話，不擅辭令，講話很慢，似乎每一個字都經過深思熟慮後，他才說出來。金庸不擅辭令，不是那種講話滔滔不絕的人，與他善於寫作形成了明顯的反差。與他做過多次對話的池田大作，曾說他「質樸寡言」。倪匡說他講話一向不多，廣東話、國語都不行。「他講話很慢，有時，給問得急了，他便會漲紅臉，訥訥的，半晌說不出話來，真教旁人替他著急。」我與金庸在一起吃飯，只見他夫人會講話，他只是偶爾插上一句。比如當時有一詩人在座，詩作中有「女人是一口井……」金庸慢慢笑起來，只是開玩笑地說，「男人也是口井！」

香港的女作家林燕妮，有過對他這樣的評說倒很有意思，她說：金庸談吐溫文，但性格可說剛多於柔，強多於弱。《明報》系列是他的王國，他的作風有點像帝王，永遠禮教周到，但休想影響他的決定一分一毫。她還說金庸：「他是天生便有權術的人。在他的王國內，沒有什麼人能逃得出他的五指山。他創下了文人辦報不但不倒，而且極度成功的先河……」

董橋曾說：「我追隨查先生做雜誌、做報紙那麼多年……我在查先生處學到的最實際的東西，是他對新聞寫作與評論的技巧，以及他對編採人員的專業的尊重與寬容。他常說，那也是他從實踐中學習到的修養。」

管理一份報紙，你若要辦好，是相當困難的，需要各方面的人才。單只是作為一個懂中國文化的人，就很難辦好報紙的。香港社會畢竟是一個很商業化的社會，競爭也比較激烈，學中國文學、西洋文學的人很多，但真要辦好一個文化企業，而且辦成這樣的規模、這樣的興旺，就並非是很容易的。他自然必須接受香港工商業的薰陶，這些文人到了香港社會中，經過磨練就不是一個簡單的文人了，他有了工商業跟企業管理方面的知識，所以在香港文人辦報的可能性就比較大了。當然，在香港要辦報容易，可辦好卻不易，而要達到一如明報這樣的業績，就算在自由的香港，也不是那麼簡單了。

對於《明報》的成功，金庸曾告訴過親手創辦日本創價大學的池田大作，有如此一番話：「我想，我成功的地方是喜歡思考，不墨守成規，遇到有困難時，通常很快就找到解決的辦法。不過，我卻不是個能搞大生意的人，搞大生意的人對金錢很重視，對賺錢很有興趣，但我對此卻常是糊裡糊塗的。」

其實，金庸，並非是對什麼事都「糊裡糊塗」的，他是處事非常精明的一個人。我想，他辦報有大效果，可能有二種情況：一是他做事比較認真，一般來說做事比較認真，總能收到效果。二是可能他小事比較糊塗，而大事不糊塗了。所以有人評說他對金錢不但不是沒有興趣，而且也非常在意，甚至可以說錙銖必較。金庸在《明報》內部，一直被稱為「精明」的老闆，當然他之精明，有他的利己主義的合理性。也就是車爾尼雪夫斯基〈怎麼辦〉裡邊所描寫的「合理的利己主義者」。

金庸說過：「我辦報辦了幾十年，對於一磅白報紙的價格、一方英寸廣告的收費、一位職工的薪金和退休金，一篇文章的字數和稿費等等，長期以來小心計算，絕不隨便放鬆，為了使企業成功，非這樣不可。」而曾和金庸共過事的林燕妮曾說：「很多人認為文人辦企業，易流於情緒化，不會精打細算。金庸卻不，說了不能加薪便不加薪……」

其實，有些事金庸管得很細，連排字房的工作都要親自過問，或許「五月風暴」時被換版的往事，讓他記憶猶深。《明報》副刊請專欄作者也要通過他，不僅副刊編輯，就是總編輯都無權決定，都得他來批准。約稿、組稿，甚至修改稿件他都要管，有時甚至把稿子通篇都改掉，引起過作者的抗議。倪匡曾說：「查良鏞當他那張《明報》是性命，是寶貝，尤其是那個副刊，一直以來，都死抱著不放。」

金庸管理一個報業集團，並非用空話套話，而另用他法，寫字條給具體一個人，就是他的獨創模式。比如，要交代員工辦什麼事，有什麼指示或意見，或與作者交流意見，他喜歡以筆代口，寫字條。他的字條通常寫在明報的便箋上，還有固定之格式，上款某某先生或兄，然後列出要辦或要解釋的事，若事情超過了一項，就會標明號碼，逐項詳細開列，下款常常只署一個「查」字，還有日期。有時上面還有「社長意見請傳閱」的刻印字樣，然後發給各版編輯。他的字筆劃分明，工工整整，如同他的性格一樣一絲不苟。如，他給董橋的一張，便是如此：他給董橋等人一張字條：

董橋先生、編委、編輯、校對各位：

本報不要用「若果」，這是廣東方言，不是正統的普通中文。本月十七日我寫的社評中，兩個「如果」都給改作了「若果」，相信因為我草書的「如」字，校對先生以為是「若」字之故。以後一般文章中都不要用「若果」……

請編委各位研究一下。查九〇、十二、廿七。

在這方面金庸似乎很專斷。

即便是向專欄作者約稿，金庸也喜歡寫字條，李文庸就收到過金庸邀請他為《明報》副刊寫一篇小說的條子。因為，在他看來，「新聞自由，是報社員工向外爭取的，而不是向報社內爭取的。報社內只有雇主與雇員的關係，並沒有誰向誰爭取自由的關係」。金庸還直言不諱地說，「我在主持《明報》時，關於香港回歸後行政長官直接選舉還是間接選舉的問題，和主持編務的編輯主任看法不同，他消極抵制，我並沒有即刻將他解雇，仍保留他的職位，但不讓他處理實際工作了，換一個聽話的人來做。」甚或已金庸手下辦事，接近五年的吳靄儀曾也說：「我很怕他。」當她做《明報》督印人時，想改革高層的人事，金庸對她很不滿，認為她「野心很大，想獨攬《明報》」。在有關香港問題的爭論中，他們之間也有著尖銳的分歧。曾給《明報》寫專欄的李文庸也曾說：「金庸表面上不苟言笑，冷漠肅穆，再加上他有一副不怒自威的尊容，使屬下見到他的時候，噤若寒蟬，《明報》機構上下百餘個職員，在背後都以『主上』稱呼他。在人、材、物等管理上，他有自已的決斷。如《明報》員工，對報社有任何意見，都可直接給金庸寫信，記者稿件被版面編輯刪改，會寫信給他，編輯想要加工資會寫信給他，辭職也會找他。還會有人給他打小報告，說某某人背後在報館內罵他。他不無感嘆地說：「《明報》內部所有的人只聽我一人的話，可以說是成功，也是失敗」。

我對上述的看法，都認為是情理中的事，因為金庸從一九四九年北上重回香港，白手起家並不容易，他當然要精打細算，而對於他手下之人，當然薪水越加得多越好，有更大的自由權更好。但若如果雙方換一個位置，你擔綱了這個諾大的報業集團，也都會這麼想、這麼做的。老闆與夥計、乃或夥計與老闆，世上之事無不如此。我一直贊同車爾尼雪夫斯基的觀點，即看一個人「要使人成為真正有教養的人，必須具備三個品質：淵博的知識、思維的習慣和高尚的情操。知識不多就是愚昧；不習慣於思維，就是粗魯或蠢笨；沒有高尚的情操，就是卑俗。」如若以金庸精明與否，主要是看他於管理者身分以外的場合，是怎樣一個完整的人。

金庸一直強調《明報》從不「炒人」是事實，但員工忍受不了低工資會自動離職者有之，不需要他主動「炒人」。他公開說：「明報有四百員工，每人加一百，一年就是幾十萬。」自六〇年代中期，《明報》在香港報界享有盛譽以來，凡有過《明報》工作經歷的人，的確會身價大增，成為新聞界一種重要資歷。許多在《明報》工作過的職員，離開之後，開創自已的事業，多能獨當一面，現在香港報界一些頭面人物，如《蘋果日報》社長董橋、《信報》社長林行止、《東方日報》主筆陶傑等，都曾在《明報》擔任過重要職務。

都說金庸吝嗇。當然是看場合，對朋友，有時他也很慷慨。這一點倪匡的體會很深。他有什麼困難，金庸都會幫忙。有時倪匡等錢用，金庸就會預支版稅給他。這是倪匡跟明報出版部的人親口說的。倪匡支版稅，並不是小數目，通常都是十多萬。金庸從來沒有皺過眉頭，頂多帶點勸告的口吻對倪匡說不要亂花錢。文人一般天生浪漫狂放，常常花錢較為隨性，如倪匡、古龍，因而文化人辦企業大多較為浪費，不會精打細算，然而金庸雖為文人卻其有經濟觀念，他曾說：「辦報紙、不能過分浪漫」，一語點出了他厲行節儉、精明理財的性格。

對於金庸的經營、理財，節儉等觀點，我認為在香港這個市場經濟比較成熟地方，文人辦報賺錢是不簡單的。我記得《易經》上曾說：「大畜，剛健篤實，輝光日新其德也」，這就是說在一個市場競爭機制下，如果能懂得在經營中，慢慢蓄積自已的資本實力，能止、能斷、能不斷創新，那麼這個經營者的業績，必定是穩步而又篤實的，如此，他的經營也一定能立於不敗之地，最終能達到光輝的境地。故可以說，《明報》是二十世紀後半葉，香港「文人辦報成功的典範」，但金庸有自已說：

「文人辦報，文人在組織編輯採訪當然是好的，但是辦報主要是企業家的工作，比較困難，對文人來講，就不會做。……管理一份報紙是相當困難的，需要各方面的人才。單單是中國文學，就很難辦報了。……香港社會是一個很商業的社會，學中國文學、西洋文學的，他自然而然接受到工商業的薰陶，這些文人到了香港社會中就不是一個簡單的文人了，工商業跟企業管理他也有知識，所以在香港文人辦報的可能性比較大。」這一席話，也是一個告誡，即道出了你一介文人如在香港辦報，若不融入商業社會之競爭與適應，就註定要失敗。

我想，這便是金庸作為一介儒商或儒俠的經營風格，也許，這是其他人，即一介書生，或沒有經營頭腦的人，是不太能學得好的東西。這樣的例子很多，當大陸市場經濟熱潮時期，不知有多少人從各種單位走向此潮，後來百分之九十是失敗的，稍舉一小例，一如像黃宗英那樣的強女人，先後在南方或其他地方，投入過多項經營活動，結果是都蝕了本，退敗後歸。如此之例，可謂不計其數。拙著《易經與經營之道》一書中，如讀者有興趣，可找到很多例子，當然，這是題外之言了，不多贅述。

第九章　從「俠」到「儒」

一、掛印封筆

自一九五五年金庸應《新晚報》總編輯羅孚的要求，開始撰寫第一部武俠小說《書劍恩仇錄》開始，到一九七二年他的最後一部小說《鹿鼎記》在《明報》連載結束。整整十七個年頭，金庸共創作完成了十二部長篇武俠小說和三部短篇武俠小說，從而為讀者創造了一個個令人難忘的武俠社會的新世界。可以說，在這十七年中，金庸也經歷了人生的高潮低谷、起伏波折，在他之心靈裡，也無不嘗到了入世社會的甜酸苦辣，雖說他每天可以在一個他自已構思的武俠世界中熬遊不息，這也許就是他當時借此出世的一種生活方式。

由《大公報》的副刊編輯，成為活躍於國內國際新聞界的報業大亨；在這十七年中，喜愛金庸的武俠迷們，已經習慣了每天能看一段他的武俠小說，習慣了期待他一部又一部的新作品讓世人消遣，也可以說是這十七年裡，新派武俠小說從萌芽期走向了高潮期。而到了一九七二年，對喜愛金庸的眾多武俠迷來說，應該說是傷心的一年。因為，這一年金庸在寫完《鹿鼎記》後，他便宣布封筆，從此不再寫武俠小說了。這一宣布對眾多武俠迷來說，無疑是殘酷的打擊，對他們來說金庸的封筆，彷彿象徵著一個武俠世界的終結。這是否有點說得過份呢，然而至少我們可以說，一如金庸式的新武俠小說在這個世界上就此中斷了，這倒並非言過其實，但總是廣大金庸謎的一大遺憾！

至於金庸為何一如他小說中的大俠那樣，最終退隱江湖，選擇掛印封刀，不再涉足武俠小說界，其原因到底是為了什麼？從他正式宣布開始，這不禁引起了外界許多人士的揣測。

但金庸一如他筆下許多功成名就的人物一樣，去意已決，絕不回頭。

正式封筆後，當人們不斷迫問為何不寫、會不會再寫時？金庸的解釋是：「有兩種情況，一方面是自已感覺困難，一方面是寫小說的慾望現在很淡了；寫小說本身是相當辛苦的事。」

的確，對於每一個寫小說的作者，都會有辛苦的感覺，特別當寫了多部作品後，作者更感到如此。所以金庸說：「我第一部寫《書劍恩仇錄》，還算成功，就一直寫下去了，寫到最後一部《鹿鼎記》，那是在一九七一、一九七二年間就寫完了，覺得沒多大興趣，就不寫了。」

一個作者有一個作者之個人風格，如要創新另一種風格，並非是一件很容易的事，金庸隨著年紀的增大，寫作的心境當然大不相同了，他說：「目前情況下，如果我的生活沒有太大的改變，可能就不再寫了。一來我不希望自已寫過之風格、人物再重複；過去我已寫了相當多，要突破這境界比較困難。再者武俠小說出自浪漫想像，年紀大了，心境自然不同。」

他自已也都談到了，寫小說者很辛苦；當寫小說的慾望淡了；就沒多大興趣了；不願意重複自已；年紀大了，心境不同……而創新並非是件易事……

但人們仍然覺得這樣的理由不夠充分，覺得他「掛印封刀」可能還有更深層的原因。但金庸還是很平和地與讀者談了自已真誠的看法：「任何事物，皆有一個盡頭，從理上來說，甚至宇宙也有盡頭。小說創作也不能例外，到了盡頭，再想前進，實在非不為也，是不能也。再寫出來，還是在盡頭邊緣徘徊，何如不寫？」

有人覺得金庸的小說是：「書劍江山」時期的陳家洛，瀟灑出眾、才氣揮放是涵蓋乾坤之作。到了郭靖、楊過那一類型之獨立，是「截斷眾流」；而到了韋小寶，武功什麼都不會，烏七八糟，偷、搶、摸、都來，但他能從心所欲，不會武功最後一刀卻把人殺掉，自已也搞不清喜歡哪個女人，但最後最漂亮的七個一把就抓過來了，所謂隨波逐浪，令人羡慕不已。而寫了韋小寶以後，就很難寫了，到佛家所謂無相的隨波逐浪，人已到至境，無可無不可了，那以後怎麼再寫呢？」

答案似乎可從金庸的封筆之作《鹿鼎記》中，去尋找一點線索。《鹿鼎記》是金庸全部武俠小說作品中最為獨特的一部。由於它的獨特，以至於最初讀到這部作品的「金庸迷」們，竟懷疑起是否是金庸親筆所寫。我想，金庸先生特地要去南潯專為《鹿鼎記》尋根，並付出體力，瞭解當時文字獄的一個個現場細節，這是我陪他所親歷所見。故此小說他是用盡心力而為的。

《鹿鼎記》不僅是金庸的親筆，且又是他的顛峰之作。某種意義上，它已非單純的武俠小說，而是借了武俠小說形式的社會小說。是一部揭露封建帝國之荒唐，寓戲劇於悲劇之中。正如有些人之評論，認為這種顛覆，恰恰正是金庸在創作思想上的昇華，是在寓莊於諧中對現實中的一些現象的批判。《鹿鼎記》裡具有美好人性的人物，都被韋小寶不同程度地玩弄與操縱。而這正是金庸對人性進行深層次的反思結果。試想陳近南若不是因為想利用韋小寶的身分刺死康熙，在與沐王府爭奪明朝正統之時占盡先機，又怎麼能被韋小寶欺騙糊弄？而康熙若不是想利用韋小寶剿滅天地會，又怎會讓他在朝廷之中胡作非為？而風流倜儻的鄭克爽，若不是因為膽小怯懦，又怎會在韋小寶面前賠了夫人又折兵……等等本該代表美好人性的人物，就因為自己人性中的貪婪和怯懦的弱點，被韋小寶這樣的小人利用，並玩弄股掌之中。我有時讀著此小說，也有《紅樓夢》裡的影子。《鹿鼎記》創作於一九六九年，通過對韋小寶的小人得勢，反映出當時中國「文革」反文化、反人性、違背社會發展規律的現實。這是無可置疑的。同時也有《金瓶梅》的影子。只要是封建帝國未消亡，我們的小說，包括武俠小說，都脫離不了如此的夢魘般的場景。因為無論是韋小寶，仗的是康熙，賈府仗的是皇妃，西門慶仗的是官衙……真可謂「一部炎涼景況，盡此數語中」。《鹿鼎記》的創作思想高度，可能正是在於這一點。

一直以來，以金庸的功力，卻僅僅被世人名以「武俠小說家」，這在金庸好強的性格，無論如何都心有不甘，於是，《鹿鼎記》的問世，其實隱含著金庸為自己「正名」的意思——即金庸多多少少在暗暗希望，將來能將「武俠小說家」的名頭去掉，因為那「武俠」二字，只是當時為生存、賺錢之所需而用，而如今那時期已隨風而過，他心中需要的是一個儒家式的附合中國文人的頭銜。

《鹿鼎記》被很多人認為是金庸最好的小說，又是金庸最為用心投入的一部。此小說在人物、結構和思想深度等方面，都見出其超群之處。有了這樣一部顛峰之作，以金庸的明智，應以此封筆為最佳選擇。

作為武俠小說家揚名於世，實非金庸的本意。金庸始終沒有泯滅的是他的政治抱負，因他受儒家理論的影響，可以說「不為良相，亦為良醫」。於是，停了小說創作，便有更多精力、時間去投入社會創造。應是當年已近五十歲金庸考慮的核心問題。爾後，我們如從金庸在一九八〇年代，於社會活動方面的活躍，恰恰也證明了這一點。

封筆之後，金庸緊接著又進行一項龐大的文字工程：全面修改近二十年來創作的所有武俠小說，並且出版自己的武俠小說全集。

小說的結構嚴謹，句子也幾乎無懈可擊了。但是有人卻對金庸的修改，大為不滿，他們覺得在感情注入方面，修訂過的小說，已不如原來的小說。新版注重精雕細琢，斧鑿痕跡太深，不像舊版那樣感情是自然流露。這也許是讀者對金庸這位小說家的苛求，抑或是已習慣了的一種閱讀方式，再要重換口味，總感不是滋味了，這就像四川人吃慣了麻辣，再嘗蘇州邦的帶甜味的菜，總覺得沒有自己家鄉菜來得好了。

二、十年修訂

宣布封筆之後，金庸並沒有閒下來，他不再寫武俠小說但還是繼續寫社評，他在《明報》的社評一天不斷。同時他還開始著手進行一項艱巨的文字工程：對他所有的十五部長篇和短篇小說進行修改工作。這項修訂工作自一九七二年開始，到一九八二年結束，共花了將近十年時間來修訂、出版他所有的武俠小說集。

金庸所有的武俠小說都是每天寫完一節，然後在報紙上連載的，因此一部小說創作的時間較長，往往要持續兩到三年，長的甚至要四年以上，如《天龍八部》就是以這麼長的跨度來完成的。所以難免出現情節前後不連貫、脫節，甚至有自相矛盾的地方。另一方面，有些小說連載時為了能吸引讀者，往往寫了一些與小說整體性關係不大的情節和人物。

一九八二年，金庸終於將他所有的武俠小說修訂完成，說來湊巧的是，除了《越女劍》，其他十四部小說的書名的首字，正可組成了一幅對聯：「飛雪連天射白鹿，笑書神俠倚碧鴛。」應該說金庸的小說不禁產生了無數的武俠迷，還產生了許多對金庸小說進行評論、探究的學者。他們從文學性、藝術性、思想性等多個視角，對金庸的小說進行分析評價，這些學者逐漸形成了一股聲勢浩大的群體，於是乎「金學研究」應運而起、蔚然成風。比如，從金庸經十年修訂自已的武俠小說以後，中國的許多學者隨著金庸小說在大陸版的發行，對他的研究也漸多且深。我們看北大的錢理群教授曾在一篇文章中，說了他對金庸小說引起關注的緣由，他說：「……那時我正在給一九八一屆北京大學中文系的學生講「中國現代文學史」。有一天一個經常和我往來的學生跑來問我：「老師，有一個作家叫金庸，你知道嗎？」我確實是第一次聽說這個名字。於是這位學生半開玩笑、半挑戰地對我說：你不讀金庸的作品，你就不能說完全瞭解了現代文學。」他還告訴我，幾乎全班同學（特別是男同學）都迷上了金庸的小說。……並且還認為，金庸的作品比我在課堂上介紹的許多現代作品有意思得多……這是第一次有人（而且是我的學生）向我提出金庸這樣一個像我這樣的專業研究者都不知道的作家的文學史地位問題，我確實大吃了一驚……。爾後北京大學嚴家炎教授，於一九九四年起對金庸武俠小說的研究就於論文的形式，先後在香港《明報月刊》、嶺南學院的《現代中文文學評論》以及中國社科院的《文學評論》等多種雜誌上發表刊出，從而更推動了人們對金庸小說之研究。甚至有人認為這是一場「靜悄悄的文學革命」……

金庸曾說：「至於小說，我並不認為我寫得很成功，很多時候拖拖拉拉的，拖得太長了。不必要的東西，太多了。從來沒有修飾過。本來，即使最粗糙的藝術品，完成之後，也要修飾的，我這樣每天寫一段，從不修飾，這其實很不應該。就是一個工匠，造成了一件工藝品，出賣的時候，也要好好修改一番。」這就是金庸為何對自已平時寫的小說要進行修訂的原因。他還對讀者交待說：「我寫小說都是一天寫一段，有些一寫兩三年，有時候寫到後面忘了前面是否交代過，有時沒有伏筆，事後補救，反正讀者看到時都被補齊了。」因此，他要花整整十年時間修訂全部武俠小說。

當然，即使經過十年修訂，「在報紙上連載的痕跡」依然很明顯，情節安排中有不少缺陷和不足，主要是巧合太多，偶然性太多，不合情理。所以閻大衛先生在分析金庸小說的主要弱點時，就道出了二個方面：

其一是在寫小說時，太著重商業利益。金庸在一九五九年創辦了《明報》，在開始時，有過一段相當艱苦的時期。為了增加所辦報紙的銷路，金庸的武俠小說在報上連載，以吸引讀者。在這種情況下，不得不處處考慮讀者是否會喜歡讀，所講故事是否能吸引讀者，使讀者再接著買明天的報紙讀，這樣作者在寫作時，就不得不服從商業的利益。……

第二個問題是寫得粗糙。金庸在寫這些小說時，多是每天寫一兩千字，有時是報館的工作人員在一邊等著，金庸寫完後就立即拿到報社去排印。

當然能以這種方式，寫長達百萬字以上的長篇小說，是需要相當的功力的，這利功力也一定是會得到人們所敬佩的，但是，也容易流於粗糙。這種粗糙明顯地表現在金庸的小說中，如歷史事實引用不夠準確，地理背景的描寫馬虎，情節前後的矛盾，以至於人物性格無緣無故突然變化等，這些都和真正的文學精品有相當的差距。

……如果，在報紙上連載不得不這樣寫，在出單行本時，作些大動筋骨的修改，將原書作較大的壓縮，把商業利益的影響刪到最低限度，也許會有大的改進，可惜金庸沒有更多的精力放在這樣的修改上。

一九八一年四月，在接受新加坡《商報》記者杜南發採訪時，金庸直言：「我說老實話，我以為我的武俠小說是第一流的，但說是偉大的文學作品，那就不夠資格了，這是真心話。」一九六九年他對林以亮說：「其實，武俠小說雖然也有一些文學的意味，基本上還是娛樂性讀物，最好不要跟正式的文學作品相提並論，這樣看就比較好些。」這和他心中自認為不過是個「講故事人」是一致的。

筆者長期注意金庸對自己作品的看法（包括見諸於各報刊他發表的講話），以及各類別人對金庸小說之評述，總似有一個感覺，有時把他作品評得過高了，而有時卻低了。我想，對他之作品，最終並非由媒體來左右，也並非由某個權威的專家、學者可決定的，我想時間將是最好的評論人，它也是最好的濾器，將是最恰當的評論員。當然，十年之修訂也並非是白費的，總有其存在之理。

三、與蔣經國的對話

一九七二年基辛格的訪華，標誌中美兩國打開了長期的僵局，開始了進行正常外交活動，這也導致了大陸和台灣之間關係發生著微妙的變化。金庸每天關心大陸的政局，當然也看到國民黨與共產黨當時之關係，也發生了一些微妙之變化。

當時，《明報》在金庸十餘年的努力之下，已成為香港舉足輕重的大報之一；金庸本人除武俠小說大師之尊外，更是香港著名報人和著名社評家；恰在此時，兩岸關係發生微妙變化，於是金庸便成了兩岸都希望爭取的對象，而大陸正值「文革」，所以兩相比較之下，台灣方面可能性更大，發出邀請也順理成章。可以說在台灣方面，只要相當的人來，至少在香港能獲得一次有影響的宣傳。

金庸當然是明白人，無論你台灣當局高層，究出於何種動機，都不妨礙他作為一個小說家、報人，以及名流這樣一種身分，去台灣走走看看。但是金庸究竟以何種身分去接觸台灣的高層呢？他也經過了多種選擇，因為，這畢竟是去台灣，是作為一種社會角色而去。

他當時想，既不以武俠小說家的身分，也不以《明報》社長的身分，如以《明報》記者的身分出現，就比較有理而又妥當。當然，當時以什麼身分去，在外界的說法就不一了。但如果我們從當時的形勢看，說金庸是以《明報》記者身分去台灣，這在客觀上說，是比較有利的。

金庸雖生活在香港，但他一直來很關注台灣問題。一九六三年十二月二十七日，針對蔣介石說，憲法是台灣的「犀利武器」，他即在社評〈台灣的「犀利武器」〉中，尖銳地指出：「雷震目前尚在獄中，日前且有遭受虐待之說，單是這件事，便足以說明憲法的本質。」

一九六四年十月二十二日，他在社評〈總統向小民致訓詞〉中，批評蔣一副居高臨下的模樣：「在今日世界中，每個人民都是堂堂大丈夫，你做總統、主席、總理、將軍，不過是擔任一種公共職務，我做文員、賣貨員、工人、農民，也各盡自己的責任。你有什麼資格來向我訓話？」他公開表示，「不贊成台灣的一黨專政（事實上是蔣氏一家集權）制度」，「我們絕不贊成蔣介石再參加競選……本報專欄中有人主張他繼續當下去，這並不代表本報的意見」。又說，「我們向來以為，民主自由的主要精義，是容忍異己。報紙上應當容許發表不同意見。」他對終身制，也有尖銳的批評。金庸始終站在一個觀察者的中立立場，就事論事，既不向著大陸，也不向著台灣。但他不是無原則的，有自己的觀點、看法，那就是辦報人的獨立、客觀、公正的立場。一九七一在五月十六日，金庸在社評中曾說，台灣是否能維持現狀，主要決定三個因素，首先是，「台灣是否政治清明、經濟安定，是否能得到大多數人民的擁護」。

一九七三年，香港在經歷「六七風暴」後，經濟開始平穩發展，政局也開始穩定。然而在中國大陸「文化大革命」，依然還未結束，政局依舊處於動盪之中。也正是在此時，金庸接到台灣國民黨政府的邀請，到台灣走訪。他也明白這次國民黨政府邀請他訪台的用意是為了什麼。當然，從他的內心來說，無論邀請與否，一直以來，金庸就很想去台灣走一走、看一看的。

因為作為社評家的他，確也密切地關注著台灣的走向、變化。不言而喻，促成此行的內情，無論在金庸還是在台灣方面「都是秘不可宣的」。當時的台灣，經濟保持了多年的高增長，自一九六五年美國對台的經濟援助計畫終止以來，一直維持每年百分之十以上的平均實際增長率，是世界上最高的增長率之一。一九七二年的增長率是百分之十一，國民平均收入超過三七〇美元，在亞洲僅次於日本、香港和新加坡。當時台灣的「行政院」，正致力於發展經濟。台灣人對蔣經國的口碑，一般相當不差，都說他當「行政院長」後，有許多革新，對他寄以重大期望。「小蔣」出任「行政院長」一年，台灣各方面都有顯著進步，而當時在外交上，台灣遭重大挫折。

蔣經國、嚴家淦等，雖與金庸初次會面，但卻是久聞其名。《明報》上的社評是一方面；另一方面，蔣經國、嚴家淦等，也都是「金庸書迷」，對書中英雄人物可謂瞭若指掌。

蔣經國是在「行政院」的會客室裡與金庸會面的。會客室正中掛著一幅大油畫，畫中是蔣經國伴著父親在山溪邊觀賞風景；另一邊是一幅書法，寫著幾句格言，意思是說成大事者，必當艱苦卓絕，能忍人之所不能忍，也就是我們儒家大師所說的「天降大任於斯者也……」之類的話。既然看到了蔣的父親的畫，金庸先問「老先生」蔣介石的健康情況如何？蔣經國謝後答道：因為感冒正在家休養，不過近來已康復了些。接著雙方之間切入了正題。

金庸道：「目前人們關心的，是台北當局對北京的和談呼籲作什麼反應？……」

蔣經國不假思索地答道：「絕不和談」。停了一下，又說：「傅作義在北京『二二八座談會』上的發言是看到了。傅作義是國民黨政府的『叛徒』，由他來發出和談呼籲，那顯然是對我們的一種侮辱……絕無和談的真正誠意。」

蔣經國反問：「如果林彪、黃永勝之類人物投向了台灣，由他們向中共發出和談呼籲，中共會怎麼想？……」

金庸緊緊追問道：「但如果是毛澤東或周恩來向台北呼籲和談呢？」

「在目前情勢下，北京強而台北弱，我們在許多方面都遭到過困難，雙方根本不可能進行任何平等的談判。對台北而言，和談就是「投降」。要「投降」，那也不用談判，「投降」就是了。但我們絕不「投降」。對於共產黨打打談談的策略，我們是瞭解得很深刻的，過去也有過不少慘痛的經驗。我們在大陸上失敗了，但至少是失敗中得到了經驗教訓。……」

金庸靜靜地傾聽著。他記憶力極好，從不用筆記或錄音，只是問和聽，但過後他可以準確地複述出談話的全部內容。蔣經國承認：當中共進入聯合國、尼克森到北京、日本與北京建交的消息不斷傳來時，確實給台灣朝野帶來巨大的震動；然而時間漸漸過去，大家對於新形勢也能適應了。

但蔣經國在他和金庸的談話中，又堅決否認了「台灣獨立」的可能性，並堅持一個中國的立場。談話中，提到了周恩來。蔣經國說：「抗戰時在重慶常和周恩來見面，他的確是很能幹的。周恩來對中共有大功勞，如果中共沒有周恩來，那是搞得一團糟了。」

最後，蔣經國客氣地請金庸對台灣提些批評。因為已談得很久了，金庸顧及時間，便只提了一點：「聽說台灣的軍事、政治、經濟、社會各方面，事無巨細，都要由蔣先生親自決定。我以為你應當掌握政策，一般實際事務交由部屬分層負責。在一個民主政體中，應當職權分明、同時你也可以節省些精力。」

蔣經國微笑著沉思片刻，然後解釋道：「你的意見很對。只不過我求好的心太切，總想把一切事情推進得快些。看到工作不理想，心裡就很焦急，我親自去督促推動，總希望大家多加一把勁。」

金庸點頭表示理解這種心情，但心裡又想：這顯然還是家長式的領導，還是繼承「老先生」的傳統來辦事。這仍舊是「人治」而不是「法治」。但也觀察到，台灣的政治氣氛，比以前開明，只是出於當政者主動的開明，不是源於人民大眾，也不是輿論的推動，本質上還是中國數千年來的政治形式。

告別蔣經國後，金庸仍思緒不斷，他想：「公平的說，蔣經國當上了『行政院長』一年，台灣各方面便有顯著進步。特別在實行自由市場經濟方面，使台灣經濟上了一個台階。而在外交上有挫折，但這是任何人都無能為力的……」

金庸注意到，台灣所發生的變化是多方面的。其中之一便是正致力於發展經濟。事實上，還在金庸來台之前就聽說，台灣現在的行政院，是「經濟內閣」。而他所要訪問的「副總統」嚴家淦，之所以能升到「總統」的高位，主要就在於他在經濟建設上的貢獻。這次在台灣與蔣經國的接觸，後來金庸回憶認為，他們之間的談話，因為畢竟是同鄉，口音相同，還是感到很親切的。

這次有機會去台灣，金庸還同時要去「總統府」與嚴家淦會面。「總統府」確顯出與別人不同。紅地毯從大門一直通向會客室，兩邊有衛兵持槍敬禮。這場景讓走在紅地毯上的金庸，感到嚴肅之至。但進了會客室，與嚴家淦開始談話後，氣氛又全然不同了。金庸在與嚴的接觸中，自始至終都感覺到，他似乎是坐在一位經濟學教授的家裡，聽他講經濟理論。

嚴家淦的平易近人，是金庸早就聽說了的，所以也並不感到意外。

給金庸印象最深刻的，是在與嚴家淦的談話中，對方並未誇誇其談地談自己的政績，而主要卻談台灣經濟發展中的缺點，而不談優點。嚴從經濟物質第一性的角度，從為老百姓增加收入為切入點，向金庸娓娓道來：「我們國防費用負擔很重，預料美國的軍援不久就會停止。但我們要儘快提高人民的生活水準。關於國民收入，有很多種解釋，如果一個國家的國民平均收入很高，但軍費開支、政費開支用去了一大部分，老百姓的真正收入就不太多。我們應該要使老百姓的真正收入增加得更快。……」他還意味深長地說：「如果我們勤勤懇懇地為老百姓做事，我們是不會完蛋的。」之後，當金庸問起台灣有沒有製造核武器的打算，嚴家淦回答：「我們絕對不造，我們在軍事上唯一要防備的只是中共，他們也是中國人。我們不能對中國人投原子彈，相信他們也不會對我們投。發展核子武器要耗費巨大的財力物力。……我們的錢主要用來發展經濟，提高人民的生活水準。我們在大陸上打不過他們，現在就跟他們比賽，誰能使大多數老百姓吃得更好，穿得更好，住得更好，受更好的教育，生活得更加自由而快樂。這要很多錢，很多很多的錢。花錢去造原子彈，老百姓就要勒緊褲帶了。辦政治和辦經濟，每一件事都是選擇，每一塊錢都要發揮最高效用。」

嚴家淦談鋒很健，談著談著早已超過了預定時間。金庸也感到時間過去得特別快，這時，突然有一個秘書進來輕輕說：「張秘書長在外面，有事請示！」一聽這話，金庸感到超過了時間，有些不好意思地連忙起身告辭。但嚴卻對他說：「不忙走，不忙走。」讓金庸重又坐定。嚴便親自出去請張寶樹（中央黨部秘書長）進來，要他一起參加，繼續談下去……。

與蔣經國、嚴家淦等台灣政要的談話，給金庸留下了深刻印象。後來金庸在《明報》上說：「這次我到台北，印象最深刻的事，不是經濟繁榮，也不是治安良好，而是台北領導層正視現實的心理狀態，大多數設計和措施，顯然都著眼於當前的具體環境。」

這篇文章，就是金庸在台灣的見聞錄，也就是當時香港讀者非常關注的、長達三萬字的〈在台所見．所聞．所思〉，這是後話，在下面還將講到。

現在，還是讓我們再來看看金庸在台灣所到之處的足跡，以及其他方面的一些觀感。

四、寶島之行

結束了與台灣國民政府高層的對話，金庸發覺在雙方的談話中，沒有「唱高調」的感覺，也沒自已只講自已好，或只是一味的「浮誇吹噓」的樣子，好像在「腳踏實地」做事，這讓金庸感到了台灣經濟發展的希望，因為蔣經國和嚴家淦的務實作風，讓他很受感動。

之後，他還來到了高雄、桃園、新竹各地，在那裡他特別來到一些普通農戶的家裡，去走走看看，使他有了些許的感受。因為他來到台灣後就受到上賓的待遇，接觸的大都是政要或新聞報界的知名人士，這些人生活大都十分優越，但他明白要瞭解台灣的真正狀況，不能只看這些上層階級的生活，他想瞭解那些生活在底層的人民生活狀態。

金庸離開高雄時的大清早，他看見成千人坐電單車在馬路上迎面而來，頗為壯觀。一問，原來是一家大工廠的工人去上工。金庸心想：至少，大工廠工人的生活水準不算低。

在桃園和新竹，金庸隨意去看了幾戶農民家庭。只在門口張望，沒有作採訪。看上去，房屋很簡陋，家具也有些破爛。但一家有電視機和電單車。另一家客廳有一個小電冰箱。他感到台灣人的生活水準，雖然比不上香港富裕，但總有一個感覺，他們的生活狀況卻安居樂業。

去台灣，金門總是要去看一看的。金庸此行也安排了去金門。金門島，事實上是個大要塞，地底的坑道縱橫全島，大卡車和坦克車通行無阻，地面上和地底下，到處是炮位和機關槍陣地。金門的防守副司令接待了金庸一行，並帶他到各處去參觀。一路，金庸邊看邊問：「共產黨如果打金門，是不是能拿下來？」副司令答道：「世界上沒有絕對攻不陷的要塞，問題是代價。」他說，要攻就必須有重大犧牲，而他們要考慮到是否值得冒險。副司令又告訴金庸：現在的隔日炮轟金門只是形式上的，偶而打幾發空炮，送些宣傳品過來。雙方的心理戰、喊話、廣播、空飄和海飄也都降級了。副司令說：「金門老百姓六萬餘人，一律參軍訓練，人人發槍發子彈。」

金門的清潔，讓金庸十分難忘，他相信這裡是全世界最清潔的地方之一。當然，金庸在金門也同時看到了一派緊張的備戰狀態。

雖短短幾天，但金庸一直細心觀察。他感到，台灣人很有禮貌，待人親切和藹。商店的店員、餐廳的侍者、的士司機、開電梯的工人，幾乎個個笑臉迎人。台灣人對客人的熱情，令金庸自然地聯想到香港人，香港人往往做了幾十年鄰居，卻從來不含笑招呼，似有那種「老死不相往來」的感覺。

金庸對台灣治安良好，其感受也很深切。在酒店。金庸偶遇幾位香港來的熟人，於是約了一起到一個朋友家玩「沙蟹」。這是金庸十分喜歡的一種遊戲。幾個人一直玩到深夜，他到了深夜三點多鐘出來在街上走，沒有人覺得有絲毫害怕的感覺。而在香港，這樣的「安全」則是許多年前的事了。

台灣人情味濃，大家做事不免要講情面。只要有熟人，什麼事情都方便些，大大小小的特權階層，自然由此產生。金庸注意到：甚至買一張對號火車票、訂一家酒店房間，往往也要講交情和面子。這反不如香港那樣一切直率爽快、公事公辦好。

金庸覺得台灣人工作效率，有大大提高的必要。他認為台灣人做事不太緊張，這頗有東方社會中那一份閒散，沒有了香港社會快節奏的工作狀態。還見到一些人很愛擺架子、打官腔，那通常是較低級的公務員，似有小官僚氣的作風，事情辦不好，先把一切責任推到別人頭上再說。對金庸來說，這種作風已有二十多年沒見到了，香港和新加坡社會是極少有這種作風的，而台灣卻相當普遍。但不管怎樣，這第一次的台灣之行，終於使金庸了卻了多年來的一樁心願——到台灣走走看看。短短十天的行程，他的腳步是匆忙的，但至少讓他尖銳的眼光，看到了一個真實的台灣，雖也感慨良多，然不虛此行。

回到香港後不足兩個月，金庸便於一九七三年六月七日起在《明報》上連載了長達三萬字的訪台紀行。這便是〈在台所見・所聞・所思〉。在此文中，金庸說：「不論是三民主義、共產主義、民主自由、中華文化的傳統等等，其中可能有合理的部分，也可能有不合時宜的部分。在台灣而言，應當採用最能為台灣人民謀幸福的辦法，最受台灣人民歡迎的辦法，使得最大多數台灣人民生活得最快樂。」他還說了這樣的話：「我相信中國最大多數人民所盼望的，就是這樣一個政府，希望大陸和台灣將來終於能和平統一，組成一個獨立、民主、中立，人民享有宗教自由、信仰自由、言論自由、企業自由，人民權利獲得充分保障的民族和睦政府。我這一生如能親眼見到這樣的一個統一的中國政府之出現，實在是畢生最大的願望」

金庸的這段話，也比較受香港市民的青睞，當時《明報》連載十天，受到一時之轟動。連載後，文章受到廣泛注意，接著又出版了單行本，在報攤廣為發行。後來，又應海外讀者要求，在《明報月刊》分期刊出。

〈在台所見・所聞・所思〉一文，更多記錄了金庸台灣行的「所思」及「所聞」，其中既有對台灣的建言，更有他多年積累的對中國民族、中國社會發展的深入思考。

金庸他的武俠小說，也在這次寶島之行幾年後的一九七九年的九月，終於在台灣遠景出版社，出版了金庸正式授權的《金庸作品集》。這在台灣也引起熱烈反響，報紙不斷連載，評論界聞風而至，影視界要把金庸作品搬上銀幕、螢屏。但《射鵰英雄傳》卻沒有解禁，因在台灣警備總部眼裡，《射鵰英雄傳》的書名，有「政治色彩」。出版時，只能改名《大漠英雄傳》，但台灣電視公司，準備開拍電視連續劇，交由陳明華導演。由於陳導演的《倚天屠龍記》，贏得極高的收視率，《射鵰英雄傳》開拍消息一傳出，立刻震驚其他兩家電視台。但是，送審之後即被「警總」封殺。原因是毛澤東〈沁園春・雪〉裡有一句「成吉思汗，只識彎弓射大鵰」，有人認為，這是嘲諷蔣介石不過一介武夫。但金庸撰文辯護說：「射鵰是中國北方民族一種由來已久的武勇行為。《史記‧李將軍列傳》中，李廣曾說：『是必射鵰者也！』王維有詩：『回看射鵰處，千里暮雲平。』又有詩：『暮雲空磧時驅馬，秋日平原好射鵰。』楊巨源詩：『射鵰天更碧，吹角塞仍黃。』溫庭筠詩：『塞塵牧馬去，烽火射鵰歸。』黃庭堅詩：『安得萬里沙，霜晴看射鵰。』中國描寫塞外生活的文學作品，往往提到射鵰『一箭雙鵰』的成語更是普通得很。……毛澤東的詞中其實沒有『射鵰』兩字連用，只有一句『只識彎弓射大鵰』。中國文字人人都有權用，不能因為毛澤東寫過用過，就此獨佔，別人就不能再用。」

不過金庸武俠小說，能在台灣解禁，對金庸來說，無疑是非常高興的一件喜事。他認為他的作品能讓台灣讀者欣賞，是中國特有的一種文化之傳播，他的武俠小說也並非是打打殺殺而已，也希望更多的知音，能對他小說有一個正確的瞭解。

我們可以看到，在台灣版《金庸作品集》的「序言」中，他曾說：「自已創作武俠小說的企求，並非要『文以載道』，而是想創造一些人物，使得他們在讀者心中變成活生生的、有血有肉的人」。其實，金庸與台灣的許多武俠作家，都有往來、交情，如古龍、諸葛青雲、臥龍生等。他說：「我個人最喜歡的武俠作家，第一就是古龍，第二是上官鼎（劉兆玄），然後是司馬翎、臥龍生、慕容美。」每當金庸去台灣或台灣的武俠小說家來香港，他們經常聚會吃飯、打牌聊天，香港的武俠作家，倪匡、項莊、張徹、王羽等，大家都成為朋友，也是幫中成員。當然，金庸是主要的請客者，被大家一致稱為「幫主」。

但是筆者近十年來，讀了金庸的各類談話，他的社會的活動、以及筆者與他近距離的接觸和交談中，不難可以看到，金庸身上畢竟有很深的儒家思想，影響著他。無論是在年輕時代，中年時代，抑或是在今日，他已進入了耄耋之年，其實，是長期在做著「以文載道」的一番事業，而且可以說，他之後半世，一直在祖國大地，飄灑著他的「以身載道」之情——「道可道，非常道……」我想，金庸所載之道，是愛民族、愛祖國之道也。

五、離婚與喪子

金庸在武俠小說中所描寫的男女之情愛，大都幾經波折、盪氣迴腸，而在現實生活中金大俠的感情和婚姻，也同樣是一波三折，歷經三次婚姻的他，曾坦言自已的婚姻，是不成功的。金庸與第一任妻子杜治芬，從杭州、上海到香港生活，沒幾年就分手了，因雙方沒有子女，不太有麻煩的事兒和後遺症。但對第二次婚姻的失敗，就有許多麻煩發生。他與第二個夫人朱玫的離異，總使他心存內疚，覺得對她不起，心裡很是懊悔。同時，因為他與朱玫鬧離婚，間接導致當時十九歲的長子查傳俠，在美國自殺身亡，一九七六年金庸與朱玫離婚，而十月長子查傳俠又在美國自殺！這在他生活中發生的一連串的事兒，便成了他心中永遠的傷痛。

朱玫，英文名露茜，新聞記者出身，是位聰明、能幹、美麗的女子，懂英語，小於他十一歲。當金庸還在長城電影公司做編劇時，二人就相識了。也許，她身上散發出的現代女性那獨立、自信、堅強的氣質，吸引了金庸，於是關係日親，終於在一九五六年五月一日，在香港美麗華酒店舉行婚禮。當時金庸還在《大公報》工作，並以「林歡」等筆名寫影評、電影劇本。很多新聞界、電影界的人到場祝賀，包括《大公報》社長費彝民，電影演員陳思思、張錚、喬莊等。《長城畫報》刊登了他們的結婚消息。才子配佳人，當時眾人都覺得這應是一段美滿姻緣。之後，金庸離開長城電影公司，自己開創《明報》。

《明報》初創時，可謂步履維艱、篳路藍縷；然而在這段艱難的歲月中，朱玫沒有任何怨言，堅定地與丈夫站在一起，共度難關。她一方面悉心操持家務，照顧剛出生不久的查傳俠，讓金庸沒有後顧之憂能全心撲在《明報》上成就一番事業；另一方面，在工作上她更是巾幗不讓鬚眉，成為當時香港唯一的女記者，她還常常與金庸一起在報社加班到深夜。那時，這一對夫妻真把這初創之報社，當成了自己的家，如作戲說的話，《明報》也就是他們的「夫妻老婆店」了。

後來，《明報》漸漸有了起色，走上了良性發展的軌道，但金庸又開始準備擴大《明報》的規模，希望將它發展成為大規模的報業集團，他的整個精力和時間，大多投放在事業上，家裡的一切幾乎全由他之第二任妻子朱玫負擔。金庸剛創辦《明報月刊》之時，當時他與朱玫已生有兩男兩女，朱玫這位秀外惠中的女子不僅將家裡孩子照顧得妥妥貼貼的，還處處為他的生活起居著想。因為由於擔心金庸忙起來連午飯也顧不得吃，她還天天從九龍的家裡把親手做的、可口的飯菜送至他位於港島的辦公室裡。應該說，金庸有今天的成功和榮耀，背後也正有著朱玫這位女子的默默奉獻和無私關懷。在一九六九年五月二十日，《明報》十周年報慶，在文華酒店舉行宴會，朱玫身著玫瑰紅的禮服，燙頭髮，滿有精神地與丈夫一起出席，迎接嘉賓。在合影時，他們夫婦和沈寶新夫婦坐在一起，一對小兒女傳俠和傳詩蹲在他們前面，那時，確是一個幸福的家庭。

金庸在事業上的耕耘終於獲得了收穫，《明報》終於穩居香港大報的地位，還成為了頗具規模的報業集團。誰也沒有想到，這時金庸和朱玫這對共過患難，經歷艱辛的愛侶卻在感情上出現了裂痕，甚至演變成了婚變，這也確應了俗話所說的「世事難料」。當然，從現在來看，引起他們婚變的導火線，真猶如一出肥皂劇中俗套的情節：失意的中年男子經常留連於一家餐廳，喝一杯咖啡，偷一點閒。一位年輕美麗的女侍應，偶然發現這個經常在下午時分出現的中年男子，就是一位有名的武俠小說家。喜愛看武俠小說的女子，也常常的上前詢問，並與那中年男子攀談起來。那中年男子也覺得與這位年輕女子談得頗為投機……。

有一次，也不知為什麼，竟在結帳時額外多給了那女侍十元小費，誰知那女子卻斷然不肯接受，她說她知道他是個文人，文人靠寫稿賺錢，並不容易，所以這十元錢她不能接受。這一舉動讓中年男子不禁對她刮目相看，並和她交上了朋友，之後，他也經常的來餐廳與這位女子交談。就這樣一來二去，紅顏知已變為親密戀人，兩人還共築起了愛巢。然而這段婚外戀，當時間久了，還是被這位中年男子的妻子發現了，導致他與妻子關係慢慢破裂，最終導致無法挽回的地步。

表面上來看，金庸與朱玫婚姻的破裂，似乎是因為金庸在外的感情出軌，但實質上當時兩人的感情似已經出現了危機。如果兩人的感情十分好的話，即使金庸在外遇到那位年輕的女子，也不可能真會擦出火花，正是因為與朱玫的感情上，已漸產生隔閡，才使他在那個年輕女子身上找到了感情的寄託，並一發不可收。朱玫為人很能幹，對工作很認真，甚至有點固執，兩人時常因為工作大吵，或許傷了查的自尊心，於是出現了婚外情。所以這才是金庸與朱玫婚姻破裂的根本原因。

這真猶如車爾尼雪夫斯基在《怎麼辦》一書中所描繪的那個主人公，她只在某一個時刻，做了一個離異之夢，後來就雙雙分手了。香港作家林燕妮在〈香港第一才子金庸〉一文中，就提到朱玫的性格，說她「也屬剛性之人」；而金庸的個性，也是外柔內剛，不輕易改變主見。兩人剛結婚時，由於

《明報》初創的壓力，他們之間有一種積極的力量且有很多事忙著去應付，雖有些許矛盾，也較少，且大多潛伏著、不易生長；但一旦渡過創業期之難關後，兩人的矛盾便越來越明顯，常常因對事業發展方向的不同看法，而爭吵不休，兩人這種「剛」對「剛」的性格內因，使金庸與朱玫的婚姻裂痕越來越大。

人的生命中的一些事，也往往是忙中添亂地糾夾在一起。就在朱玫與金庸之間鬧婚變的期間，金庸的長子查傳俠，卻在美國自殺身亡，這一惡耗傳來，突兀裡真讓金庸陷入了巨大的悲痛之中。當時的查傳俠，在美國哥倫比亞大學讀書，年僅十九歲，本應是志得意滿、豐華正茂的年紀，可從小出生在富裕家庭的他，卻有一顆比其他青年更為脆弱的心靈，據說查傳俠在十一、二歲時，就寫過一篇文章，說人生很苦，沒什麼意思……。雖然我們無從得知，十九歲的查傳俠在美國自縊前，心裡想的究竟是什麼？但父母的不和，在兒子心靈裡塗上了陰影與憂鬱，肯定對他的思想產生了很大的影響。他曾多次嘗試勸說父親，希望能挽救他們的婚姻，但改變不了這個事實。據說，他只因為和女友在電話裡吵了幾句，便產生了輕生的念頭。但長子的死，帶給金庸的傷痕卻是永恆的，成為他心中永遠無法癒合的傷口。

金庸在兒子死後，親自將骨灰捧回香港安葬，還在《倚天屠龍記》後記中說：「張三豐見到張翠山自刎時的悲痛，謝遜聽到張無忌死訊時的傷心，書中寫得太膚淺了，真實的人生不是這樣的，因為我那時還不明白。」

一句「我那時還不明白」之話，可包含著白髮人送黑髮人無限的悲涼，令人不忍卒讀。金庸曾回憶「一九七六年十月，我十九歲的長子傳俠，突然在美國哥倫比亞大學自殺喪命。這對我真是晴天霹靂，我傷心得幾乎自己也跟著想自殺。當時有一個強烈的疑問：『為什麼要自殺？為什麼忽然厭棄了生命？』我想到陰世去和傳俠會面，要他向我解釋這個疑問。」

中年喪子，確給金庸心靈帶來了沉重的打擊，他也由此開始轉向從佛經中尋求人生的答案，從中找到些許的心靈安慰，同時長子的死，也讓他和朱玫的婚姻徹底走到了盡頭，他主動向朱玫提出了離婚的要求。

朱玫明白她與丈夫的婚姻，是維持不下去了，但她提出了兩個要求才答應離婚。第一個是一筆錢，作為她以後生活所需補償；第二個是金庸今後無論與誰結婚都不能再有子女。金庸答應了這兩個要求，與朱玫正式離婚。如此，金庸現在共有一男兩女，均為朱玫所生。

相比金庸晚年的聲勢顯赫，朱玫的晚景卻頗為淒涼，在孤獨與貧困中度過了她的下半生。她為人有義氣也有剛氣，《明報週刊》總編輯雷偉坡結婚，在郊外舉行婚禮，她也到場祝賀。金庸問：「要不要我送你回家？」朱玫只回以淡淡一句：「不用了。」

朱玫，是在孤獨和淒涼中度過後半生，有時會到英國去住，據說那裡有她的親戚。一九九五年前後有人看見她在港島銅鑼灣的街邊賣手袋。有人告訴金庸，他表示不至於。他說：「我一直想接近她，想幫助她，她拒絕，她不願意見我，我通過叫兒子去照顧她，她也不願意見到，她情願獨立。」

一九九八年十一月八日，她病死於香港灣仔律敦治醫院，享年六十三歲，替她領死亡證的不是她的前夫，也不是她的子女，而是醫院的工作人員，不禁讓人感嘆。

筆者寫此，不禁使人聯想起……中國古代歷朝歷代的興衰，也無不如此，一批志同道合的人，共同在苦難中打天下，而在功成名就後，往往是能共患難而不能共富貴，而作為一個家庭，難道也重蹈其能共患難而不能共富貴的悲劇嗎？

金庸的第三任也是現任妻子叫林樂怡（洋名叫阿May）。筆者於二〇〇〇年陪金庸到江南為《鹿鼎記》尋根時，有機會與她初識。一個文雅、天真和直率的女人，當時，在我眼中看來約四十多歲的模樣。我們大家在一起時，她任何時候可有說有笑，一點沒有世俗的顧忌。林最初認識金庸時，她十六歲，比金庸小二十多歲。他們倆愛的火花，是在扎角麗池一間酒店裡萌芽。那時她是那家酒店的侍應。有一天，金庸剛與朱玫吵過架，正失意苦惱，就到那家酒店悶坐，那時他工作累了常去喝咖啡的地方。這次金庸一臉愁意，引起了林的注意。她想請他吃碗麵，正在失意的金庸，也因此注意上了林姑娘。不知為何，這次卻一見鍾情。女作家林燕妮曾說：

> 他一共有過三位妻子，第一位結縭於微時，未有子女便分手。第二位朱梅（玫），是與他共同打江山的女強人，美麗能幹，他們生下兩兒兩女。也許英雄見慣亦尋常，婚姻中少了互相欣賞，再加上其他原因，終於分手了。
>
> ……現任查太比查先生年輕二十七歲，查先生最愛美人，現任查太焉能不好看。她勞名林樂怡，長得很清秀高雅，但亦相當害羞，很怕見報，跟孩子們相處倒是很融洽的。

人家見到林樂怡，總禮貌地稱呼：「查太……」金庸就馬上笑瞇瞇地說：「不用叫她查太，叫她阿May就可以了。」有一次金庸與王光英夫婦吃飯，林國語不是太好，他們之間談天常用國語，林在旁邊靜靜地聽，一般不會插話，聽不懂時會問身邊的丈夫，金庸會停止談話，用廣東話小聲講給她聽。

在歐陽碧印象中阿May很直爽，沒有老闆太太那種驕橫和頤指氣使。有一次她到七樓的老闆辦公室，阿May也在，兩人正在談論去英國旅行的事，金庸交代了一句，有事先出去了，這時阿May竟跟她說：「我說去倫敦應該去看看朱玫，他不願意。人家其實人挺好的，都不知道他怎麼想的。」口氣中帶著一些埋怨。現任妻子不滿丈夫不去看前妻，這樣的事歐陽碧還是第一次見識。她認為這只能說明阿May性格爽朗，毫無心機。

當記者問及金庸和現任太太林樂怡「怎樣維繫良好的夫妻關係」，他坦言：「也沒什麼。平時她什麼都很遷就我，到她發脾氣時，我便忍住不回嘴。跟她的關係不算特別成功，又不算很失敗，和普通夫妻一樣啦。」他說林樂怡最喜歡的他的作品是《白馬嘯西風》，「因為她覺得很傷感。女人感情都比較豐富」。

金庸對陶傑（曹捷）也說過：「夫妻之間是生活溝通，而不是思想研討。想避免衝突，就少說為妙。夫妻之間不一定要興趣相投，而是雙方留點兒空白，彼此都有自己的空間。我太太喜歡澳洲，但我不喜歡……我看的英國書多，受那邊大學的影響也深。我也喜歡法國、義大利，每次去這些國家就去瞻仰古跡。這種心情又跟我回內地一樣。但中國文化是我生命的一部分，有如血管中流著的血，永遠分不開的。」

當問他如何經營「忘年之交」的婚姻，他笑著說：「雖然例子不多，但還是可以的，最重要的是互相尊重。」太太很照顧他的生活起居，非常注意他的飲食，不准他吃這吃那，而他也能欣然接受。除了飲食之外，他的居家都是由他太太來裝飾，美輪美奐，用心及智慧都反映在那裡。

一九八六年耶誕節，《明報》在香港中環一家茶餐廳舉行聯歡會，有兩百多人參加，人來人往的，他們夫婦和《明報》高層人員被安排在「主席台」，台上的人有點拘謹，而阿May手拿一個「捲蛇」玩具，正放在嘴上吹，不吹的時候要捲起來，吹起來裡面充滿空氣，像個圓紙棍。她不斷地吹，而且當眾將「捲蛇」尾巴對準老公的臉，一下一下地吹，如入無人之境，而金庸像個寬厚的長者，微笑著輕輕推開她的手。後來他乾脆也拿了一個「捲蛇」，一下一下地吹起來。這一幕給親眼目睹的歐陽碧，留下了非常深刻的印象。阿May那種活潑爽朗的性格，就像天真的小女孩跟父親玩耍一樣，完全不顧及她的老闆娘身分，也不在乎周圍那麼多人的注視。

金庸有一次請溫里安等人吃飯，飯後他們夫婦要走過街口去坐另一部車子，也許是因為騎樓太暗，水泥地太滑，他們夫婦一度想牽手，但又沒有牽成。「或許是因為我們的車子正在後頭。兩人不知怎的，忽然都有些不好意思罷，那欲牽未牽的手，始終沒有牽成。」

看到這一幕，溫里安在車上哈哈大笑起來。那天下午，金庸帶溫里安上了他家的遊艇，溫問他：「這遊艇有沒有名字？」他笑答：「本來沒有，要叫就叫作『金庸號』吧。」溫看這遊艇的氣派裝潢，少說也價值一百萬港幣吧。時近下午，他們到甲板上曬太陽，他太太阿May和女兒則下海游泳。金庸說：「我現在這個太太不是他們的母親，但大家相處得很好。」

在《明報》女編輯歐陽碧眼中，阿May跟兩個女兒年齡接近，雖是繼母，卻不像是母女，倒像是姐妹。她們又說又笑，有時有時聲音太大，反要丈夫喝止。筆者在和金庸與林樂怡倆接觸之中，金庸就算看到林的自說自話，乃或林要去小攤上吃小吃、買東西，他就是不太贊同，但總聽之任之，耐心總很好。可能金庸年紀大了，這已是第三次婚姻了，也便顯得格外珍惜。

六、董橋接手《明報月刊》

我讀董橋作品，他的第一本集子《鄉愁的理念》是在一九九一年出版，讀他的第二本集子《這一代的事》也快在一九九二年的年底了。當讀完此二書，只感到董橋的作品文筆清美且有韻味，當時在心中就想：董橋何許人也？這樣大致又過了二年後，才知道金庸屬下的《明報月刊》在總編胡菊人離開後的一九七九年，是由董橋接任胡的位置的。董橋，其人是香港的一位才子。他原在英國的ＢＢＣ電台中文部工作，一九七九年回到香港，任職於美國國際文化交流總署。胡菊人在《明報月刊》幹了十三年，奠定了這個刊物的人文氣質的個性，它在香港及海內外，使這個刊物備受尊崇和青睞。由於胡菊人本身也是位學者，且辦報兢兢業業。所以胡一走後，金庸極為痛惜，而董橋就是這個時候被金庸請過來接胡的班的。

董橋從一九八〇年一月接手金庸的《明報月刊》，而到了一九八六年十月董橋離開《明報月刊》之前，他做了近七年《明報月刊》的總編輯，在他手中共編了八十期。在他編完這八十期後，他曾說：「我接菊人兄之後主編《明報月刊》快七年了。我於一九八〇年一月十六日接手為十七期組稿；到了今年十月號的二五〇期，我整整編了八十期。十月一日之後，我調去替查先生做別的工作，《明月》總編輯一職自二五一期改由張健波先生出任。」

董橋在七年中完成了八十期的《明報月刊》編輯工作，之後他在〈「八十」自述〉一文中，回憶了當時由他接手辦刊的方針：當年，查先生給我的聘書上，提醒我必須「遵照《明月》一貫中立、客觀、尊重事實、公正評論之方針執行編輯工作。在政治上不偏不倚，在文化上愛護中華民族之傳統，在學術上維持容納各家學說之寬容精神。西方的憂時之士認定「這是一個不思不想的時代」；我的觀察經驗雖然不容許我肯定我熟悉的東方世界已經墮落到這個境地，可是，就在這短短的八十個月期間，我確實深深體會到中華民族的傳統價值系統已然出現裂痕，國共兩黨意識形態的困境不斷引發出政治異化，加上社會解體，文化庸俗的現象觸目皆是，學術思想又遲遲不能邁進「由聖入凡」的入世過程，我實在不得不認真反省知識分子失職不失職的問題了。於是，面對文革震盪、四人幫倒台之前海內外知識界的反思，我雖然無權判斷自已是不是做到了查先生給我的提示，我卻一直沒有輕心、淡忘那幾句話的重要和真諦。

的確，胡菊人離開後，在董橋手裡繼續將《明報月刊》發揚光大。一九九九年八月十二日，董橋這樣回憶：「一九八〇年我接編《明月》的時候，文革過去了，鄧拖著重傷的中國踉踉嗆嗆走回國際舞台，月刊的政治文化取向面臨新的考驗，我不斷參考英美各類雜誌的編輯方針，不斷修葺自已的視野。」在當時這麼一個國內外複雜而又多變的形勢下，在商品經濟充滿急功近利、人文精神日漸衰落下，如何來辦好這份刊物，確是罷在董橋面前的兩難選擇。所以董橋說：「政治要有用世的寄託；文化要有高潔的靈機；學術思想蘊蓄的應該是人情所繫的關愛。一本綜合性的思想、文化、生活雜誌有這樣一股毫不凝滯的氣質，也許足以在時代思維的大道上留下一星半點的腳印了。「君自故鄉來，應知故鄉事。來日綺窗前，寒梅著花未？」劉大杰論王維這首詩，竟說他「除了他個人以外，對於現實的社會，是完全閉著眼了！」其實，我很同意梁實秋先生的觀點，不但十分欣賞王右丞的情思品位，他那篇〈請回前任司職田粟施貧人粥狀〉的仁者用心，也的確教我感動：他畢竟是睜著眼睛尊重現實社會的事實，願意把所得的兩份職田捐出一份作施粥之用，「於國家不減數粒，在窮窘或得再生！」雜誌和人一樣，氣韻之間既要有窗前寒梅的體貼，也要有雪中送粥的涵濡，不必輕加類別。」董橋終於用他自己那種特有的一腔文人品性，編完了八十個月的《明報月刊》……

爾後，他卻非常感謝金庸：「現在，我終於做完我認為應該做的事情。陸象山所說的「不識一字也要堂堂做一個人」，在我這樣淺薄的人聽來別有一番啟迪。離任在即，我當然不忘謝謝這八十個月裡那麼多讀者、作者朋友跟我一起自反自省，一起關懷社會秩序與文化秩序中的和諧境界。查先生自始自終容忍我的學術癖性和編輯品位，我尤其衷心感激。」

從董橋的這番話，我們是可以充分體認到金庸是非常信任董橋的編輯方針和信念的，同時也可以看到他是非常放手讓編輯去發揮自己的心智和才氣的，從不橫加干涉，這也便是金庸辦報辦刊的成功之道。

從窗前寒梅到雪中送粥，「關懷社會秩序與文化秩序中的和諧境界」，實際上就是《明報月刊》的風格。對此，一九八五年十二月，董橋寫過一篇題為〈靜觀的固執〉之短文，他是這樣說的：

接編《明報月刊》的這六年裡，我看到中國大陸痛定思痛，埋頭修補人類尊嚴的一塊塊青花碎片；我看到台灣經濟拖拉機機件失靈，大家忙著清理大觀園內物質文明的汙水；我看到香港的維多利亞陳年披巾給拿掉，政治著涼的一個噴嚏噴醒了多少高帽燕尾的春夢。就在這個時候，我也看到朝秦暮楚的個人信仰隨隨便便篡改價值觀念；各種政治宣傳向商業廣告看齊。利用現代傳謀科技的視聽器和印刷品，日夜不停騷擾中西文化中靜觀冥想的傳統。於是，我和我主編的《明月》也都生活在兩個世界裡，一個是熱性的政治世界，一個是冷性的文化世界；我和我主編的《明月》也有兩個聲音，一個是對文化之真誠與承諾，一個是站在政治邊緣上的關懷和呼籲。

從胡菊人到董橋，《明報月刊》的編輯風格，有不少的變化，但關懷的基本方向沒有變化。當然，月刊也沒有放棄對香港的關注，一九八一年英國公布新國籍法白皮書，二百六十萬具有英國國籍的香港居民只有國民身分而無公民資格，香港輿論譁然，《明報月刊》也還是組織了不少稿子討論這個問題……

但筆者認為董橋在有一段說到「行動人生」（政治之說）與「靜觀人生」（文化功能）時的評論是非常發人深思的：「說「文化」而不說「學術」，那是因為我不希望毫無遠見的學術帳單壟斷整個知識市場。說「關懷」而不說「絕望」，那是因為我對海峽兩岸和香港的前途依然抱著不少希望：我的希望與其說是寄託在政治制度之上，毋寧說是擺放在文化理念之上。政治是一種「行動的人生」；文化卻是「靜觀的人生」。在朝的政治行動可以顛倒乾坤，在野的文化靜觀始終是一股制衡勢力，逼人思其所行。我常覺得，人生「行動」的餘地和機緣畢竟不是太大太多，客觀環境往往只容許人生退而靜觀其變；而知識的惟一好處，大概就是教人怎麼創造轉圜的餘地，不是教人怎麼開拓衝刺的空間。這樣說，「靜觀」似乎更有其真誠的性格和剛毅的精神了。」其實董橋從人類的長期生存與人生之終極幸福觀來看，他的希望還是「與其說是寄託在政治制度之上，毋寧說是擺放在文化理念之上。」

《明報月刊》是少數人閱讀的一份高格調的刊物，並不是大眾化的，從商業利益來看，它無疑是奢侈品，但其中寄託了金庸、董橋他們的精神理想，有一種文化使命感。爾後，以張健波接手《明報月刊》後，從一九八八年到一九九五年，董橋又做了七年多《明報》總編輯。

對《明報月刊》的三任總編輯，有人作了比較分析，人們之評說是：胡菊人的使命感強，張健波的社會觸角廣，但文化、學術的聯繫，則是董橋的優勢。我們可以看到「明報月刊」的每一個階段，無不帶上了這三任主編濃厚的個人特色。但是，筆者在讀了董橋的許多文章後，還久久不能忘懷的，是他對文化理念的那段話，他說「當然，文化的功能不太容易用統計資料去分析和總結；在「行動」表面上戰勝「靜觀」的這個時代裡，一本以文化、學術、思想為主的刊物能夠給「行動的人生」調劑出多少靜觀的智慧，則更是無法計較了。」

此話說得多好，正如董橋在自已的一本書的自序中所說：「年來追求此等造化，明知困難，竟不甘休，遂成《這一代的事》」——啊，也許這人間的一代代的事，無論是往事或現事，總那麼曲曲折折的相生、相傳，生生不息。

第十章　二十八年後的故國還鄉

一、北望神州

從台灣回到香港後，金庸更加深切地想回大陸看看，想再次踏上令他魂牽夢縈的故國神州。自一九五三年離開故國之後，他只零星地回過上海、杭州，短暫地與同學，胞妹查良璿相會，也去過廣東，以及深圳、廣州、佛山、從化、新會等地，便再沒踏上過大陸的土地。身在香港的他，只能以他描繪的武俠小說中的神州大地、常常出現在他筆下：那千里冰封萬里雪飄的關山內外，那長河落日的塞北草原，那草長鶯飛的江南水鄉……同時他在社評中時時關注著的中國大陸的命運，雖遠隔千里，但總隔不斷他對故國的思念之情。

「文化大革命」的爆發，令祖國大陸陷入一片混亂之中，遠在香港的金庸，對此確憂心忡忡，痛心疾首，他雖然心繫祖國，在心中北望神州，可縱然是思鄉情切，在那長長的十年文革動亂中，金庸是無法踏足大陸的，最多也只能是空懷一腔濃濃之鄉愁。一九七三年從台灣回港後，他曾深情地說，「二十四年過去了，故鄉山水風物依然，人事卻已全非。或許是變得更加好了，或許我們不喜歡這樣的改變，但午夜夢回，總是會有鄉愁罷。這種心情，我們從大陸來到香港的人也是一樣。飄零海外的，自不免有故鄉之思。」

當時，大陸還在進行著「文革」，政局混亂以使鄧小平為代表的一些中共重要人物，仍然遭陷害、被打擊，大權旁落；而以江青為首的一幫人，卻大權在握，左右著中國的命運。金庸經常在《明報》的社評中，稱讚鄧小平，為鄧小平的際遇打抱不平，而對那些得勢的當權派卻大膽筆伐，尤其對正處於權力巔峰、不可一世的江青，金庸更是極力痛斥，不留情面。他在社評中常常說她「不知往哪裡躲」……意為有朝一日，不知往哪裡躲得了她的滅頂之災的命運。一九七六年九月九日毛澤東去世，金庸預料內地局勢將變，發表了〈巨大變動，勢不可免〉、〈將有漸變，而非突變〉、〈軍心所向，決定成敗〉、〈各地態度，更趨重要〉等一系列社評。

從十月十三日起，「四人幫」被捕的消息得到證實前後，他接連發表〈北京發生的重大事件〉、〈未來變化，仍然很多〉等社評。十八日，他在〈打垮江青，普天同慶〉社評中說：「廿七年來，中國內地很少有哪一件政治變動得到群眾這樣普遍的真誠擁戴。甚至在世界上，也沒有哪一個國家會對此事不喜。」一九七七年七月六日，《明報》報導鄧小平將復出的消息。七月中旬到下旬，他連續發表了〈鄧系人物紛任要職〉〈鄧小平位居第二〉等社評：「鄧小平恢復了黨政軍的七個職務，而聲望之隆，更是他生平所未有，隱隱有凌駕於華國鋒之勢。他有才幹，有聲望，在黨內，政府內，軍隊內，地方上布滿了親信舊部……」

所以，在「四人幫」橫行一世時，金庸不能回神州故土；一直到鄧小平「東山再起」，重新掌握中共實權，同時等到中共十一屆六中全會召開，徹底否定了「文革」，重新評價毛澤東的是非功過後，金庸才得以償願。

自從一九七七年鄧小平在萬眾呼喚之下「東山再起」，執掌大權後，他極力撥亂反正。在一九七八年年底召開、一九七九年初結束的中共十一屆三中全會上，鄧小平提出推行改革開放政策，把全國的工作重點，轉移到經濟建設上來。從此，他在中國推行了一系列的改革措施，中國大陸出現了前所未見的生機，而鄧小平也因此被譽為中國改革開放事業的「總設計師」。

作為一份長期報導、評述中國問題而著稱於世的報紙——《明報》，自然對大陸的這一變化非常關注。但是，在《明報》上出現的，不再像以前那樣幾乎全是清一色批評中國的文章——因為在繼續批評中共一些不良弊端的同時，《明報》也以很大篇幅，報導中國改革開放政策、成果，支持中國重點發展經濟——也就是說支持鄧小平的改革開放的新政策。

《明報》向來以大膽、大量報導中國問題而著稱，故中共領導人對這份報紙很關注，它是不少中共官員必看的「參考報紙」之一。《明報》的這一變化，引起了中共高層的注意和興趣。他們對金庸的看法和認識也開始有所改變。

這時，中共方面有人提出：應該邀金庸在適當的時候，到大陸訪問。

他們的理解是：金庸這樣有地位、有名望、有才幹的報人，應該是「統戰對象」，要好好團結；像《明報》這樣有相當影響力的報紙，應該把它爭取過來為中國的開放報務。

於是，中方有關部門正式向金庸發出資訊；邀請他回大陸參觀訪問。

金庸接到邀請，並不感到突然，這是他意料之中的事。他隨即向中方提出一些要求，其中一條就是：想見鄧小平。

金庸說，幾十年來，在中共的高層領導之中，他最想見的就是鄧小平：「我一直很欽佩他的風骨。這樣剛強不屈的性格，就像是我武俠小說中描寫的英雄人物。」

中方的報告很快就送到鄧小平那裡。金庸對鄧小平仰慕已久，而鄧小平對金庸不但不陌生，還特別欣賞他。鄧小平是從《明報》的社評中認識金庸這個人的。

金庸在自已撰寫的社評中，反對中共批判北大教授馬寅初，支持馬寅初的「人口論」，反對盲目的「大躍進」，支持慘遭迫害的彭德懷，反對「文革」，反對江青和林彪，反對紅衛兵「造反」，反對江青之流困擾周恩來，批評「左」傾路線。這些觀點，基本上和鄧小平的主張和看法是一致的。所以，很早以前，鄧小平就已經留意到這個跟那些人云亦云、看風使舵的報人、評論家，截然不同的金庸，非常欣賞他深邃的理論和獨到的見解。

當然，給鄧小平留下最深刻印象的，可能還是金庸一貫以來對他的支持和擁護。尤其是鄧小平七〇年代被打倒，落難到江西省的那段艱難歲月，金庸時常在《明報》的社評中，稱讚鄧小平，支持鄧小平，反對中共對他的處置，並預言他將「東山再起」。

在那個年代裡，別說是在國內，就是在海外，在報章上公開支持、稱讚鄧小平的文章，少之又少，而像金庸那樣常常在社評中，客觀評價鄧小平的、擁護鄧小平的，也很難找到第二個人。

在「文革」落難的日子裡，像金庸這樣的支持和擁護，多多少少會給空生事業處於低谷的鄧小平，帶來一些安慰，甚至是一些力量。從某種意義上來說，金庸是鄧小平的一個志同道合、觀點上相近的「知音」。從那個時候起，鄧小平就覺得，金庸是值得一見、值得一談的不是朋友的「朋友」。

金庸對鄧小平的支持和擁戴還不止於此。

在鄧小平復出後，金庸不斷在《明報》上撰文支持鄧小平的改革開放政策，對鄧小平安排務實派執掌黨政大權，大加稱讚，並力擁鄧小平當國家主席……。

所有這些，鄧小平都知道得一清二楚。興許對於鄧小平來說，他也想見見金庸這位特殊的「朋友」，不尋常的香港報人。

所以，我們現在可以想像，當他看到有關部門送來的邀請金庸訪問大陸的報告時，他抑或有些高興。隨即，鄧小平就在報告上寫下批示：「願意見見查先生。」

在國務院港澳辦公室、新華社香港分社和中旅社等機構的安排下，一九八一年七月十六日，金庸攜妻子和一對子女起程回大陸。陪同金庸去大陸的還有中方的一些官員。

當坐在從香港飛往北京的客機上時，金庸真不知是帶著一種什麼樣的心情。看著舷窗外，重重飄浮而過的白雲，心潮起伏、浮想聯翩，往事歷歷如在眼前……

一九四八年，第一次南下香港謀業的時候，自己才二十四歲。那時，身無半文，只有滿腔熱血，連乘計程車過海的十元港幣，也是向鄰座的香港《國民日報》潘社長臨時借的。

想到這，金庸不禁暗暗一笑。那位人人稱為「小查」的小青年，如今已是大名鼎鼎的新派武俠小說一代宗師、富有的報人、指點江山的社評家，如今正作為中共政府的貴賓，衣錦還鄉。撫今追昔，金庸靜靜地梳理著往事，他喃喃自語：「呵，記得最後一次離開上海、杭州是什麼時候了？哦，算起來已有二十八年了，真是『年後還故國』啊！」

二十八年間，大陸風雲變幻，但不管怎樣，大陸畢竟是他的家國，如今在闊別多年之後，終於回來了，而且是風風光光地回來了。當飛機飛到華北上空，可以看得見華北大地的時候，金庸按捺不住亢奮和激動的心情，頻頻俯視那片他既熟悉、又覺得陌生的故土……

雖然，對於金庸來說，算不上是「少小離家老大回，鄉音未改鬢毛衰。」但那離別了二十八年之後，終又重踏上了這片魂牽夢縈的土地。確也是使他難於用任何言語所能表達。

二、見到小平同志

一九八一年七月十八日，對金庸來說應是一個意義非凡的日子，這一天他終於見到了他一直由衷敬佩的中國政治家——鄧小平。會面安排在人民大會堂的福建廳，金庸在廖承志的陪同下，他與妻子和一雙兒女，進入人民大會堂，向福建廳走去，他為了表示尊敬，大熱天仍穿著一套西裝，還結著領帶，不知是因為天氣炎熱的緣故，還是他心情有點兒緊張和興奮，使他手心微微有點出汗。

當他還沒有走到福建廳，金庸就看到了鄧小平的身影，原來鄧小平已在大廳門口等候他們了，見到他們一行走來，鄧小平熱情地走上前去，與金庸握手。鄧小平滿臉笑容，親切地說道：「歡迎查先生回來走走！你的小說我讀過，我們就像是老朋友了……」，這般的話，一如見到分隔多年的老友，金庸看到鄧小平親切的笑臉，格外驚喜，誠懇地說道：「我一直對你很仰慕，今天能見到你，很感榮幸！」這時鄧小平也對他說：「我一直對你很仰慕，今天能見你，很感榮幸！」鄧小平笑盈盈地、還對他說「對查先生，我也是知名已久了！」

隨即，金庸向鄧小平介紹了自已的妻子和兒女們，鄧小平也表示：「歡迎！歡迎！」大家見面以後，鄧小平、廖承志與金庸及其家人站成一排、大家一起合了影。

七月份，北京是大熱天，北京人都喜歡穿短袖衫，但金庸為示尊重，那天穿著一套西裝，結著領帶，似乎別樣的嚴肅。當大家一坐下來，鄧小平就對金庸說：「今年北京天氣好熱，你脫了外衣吧。我是粗人，就穿這樣的衣服見客。咱們不用拘禮。」那天，鄧小平、寥承志都穿短袖衫。金庸就把外衣脫了，談話的氣氛顯得更加輕鬆、活潑。鄧小平是「老煙民」，身旁的茶几上放著一包香煙。

他自已用火柴點了一支熊貓牌香煙後，就和金庸談起半個月前結束的中共十一屆六中全會。

十一屆六中全會，是中共歷史上一次非常重要的會議。會議通過的〈關於建國以來黨的若干歷史問題的決議〉，澄清了混亂的思想，指出「文化大革命」是「建國以來最嚴重的挫折和損失」，決議還第一次全面地評價毛澤東的是非功過，指出毛澤東「逐漸驕傲起來，逐漸脫離實際和脫離群眾，主觀主義和個人專斷作風日益嚴重，日益凌駕於黨中央之上，使黨和國家政治生活中的集體領導原則和民主集中制的不斷受到削弱以至破壞」，但毛澤東的「功德是第一位的，錯誤是第二位的」。

另外，六中全會還進行重大的人事變動，華國鋒等一些「凡是派」下台，而鄧小平欣賞的胡耀邦等務實派則執掌黨政大權。

如果說，幾年前的十一屆三中全會，提出改革開放，把全國工作重點轉移到經濟建設方面來，是鄧小平複出後的第一個漂亮戰，那六中全會，則顯示鄧小平這場撥亂反正的戰役正告全面勝利。

所以，鄧小平談起這次會議，興致盎然。他問金庸：「對於六中全會，海外的看法怎麼樣？」

作為一個著名的報評家，金庸在報紙上評價中共政治生活，論述中共領導的是非，已經有二十餘年了，但面對面跟中共最高決策者就中共政治問題的談論，卻還是頭一次。長期以來熱衷於指點江山的金庸，與他最仰慕的政治家對談政治，自然也興致頗高。他毫無顧慮，侃侃而談：「一般覺得，六中全會的決定很好。對人事變動，大家是十分滿意的。關於若干問題的決議，主要對於毛澤東主席的評價，一般覺得比想像中的為好，因為其中缺點與錯誤的部分，本來一般預料不會說得這樣多而透徹。現在的決議說得相當坦白公正，實事求是。」

一個是著名政治家，一個是知名政評家，兩人談起政治問題，當然不會流於一般的敷衍。在這樣融洽和喜悅的氣氛中，政見和才智可以充分地表露出來。

鄧小平告訴金庸，在不久前召開的中共十一屆六中全會，當寫定〈決議〉時，差不多花了一年半時間。在寫〈決議〉過程中，我們反覆進行了討論，最大一次的討論會有四千多人參加，此外有一千多人參加的，有幾百人參加的，有幾十人參加的。〈決議〉要經得起歷史的考驗，所以必須鄭重。「文革」與毛澤東思想這兩大問題，是不能迴避的，必須有明白而正確的交代。毛澤東思想不但對中國，對全世界都有重大影響，尤其是對第三世界，所以如何準確地評價，是十分重大的事情。

提到「毛澤東思想」，金庸表明自已的一貫看法：「馬列主義和毛澤東思想，是一些原則與理論，在實際應用上，我想應當適合國情，適合各國不同的具體情況。」

對金庸的看法，鄧小平點頭稱是：「現在世界上的社會主義有多少種？中國建設社會主義社會，要採用符合中國國情的方法。」鄧小平還坦率地對金庸說：「對六中全會的『決議』，也有一些人不滿意，反對的。」鄧小平認為，寫「決議」的目的，是總結經驗，統一認識，對歷史問題作出實事求是，恰如其分的總結，然後大家不要再多談了，不要再糾纏在從前的歷史問題裡，應該一心一意向前看。

怎麼向前看?鄧小平向金庸解釋道：「我們還要做三件大事。第一，在國際上繼續反對霸權主義，維護世界和平。第二，實現台灣回歸祖國，完成祖國統一大業。第三，搞好經濟建設。」

對如何統一國家，金庸有自已獨特的見解，這見解乃是務實的和溫和式的，他對鄧小平說：「我覺得，在國家統一這件事上，中國大陸的經濟發展、提高人民的生活水準，是最基本的因素，比之軍事行動、統戰活動等等更加重要。」

金庸的觀點鄧小平頗加稱讚：「你說得很對。三件大事之中，國家的經濟建設最重要，我們的經濟建設發展得好，其他兩件大事就有了基礎。經濟建設是根本關健，目前的經濟需要調整。許多美國的經濟學家、外國的一些專家們，都認為我們的經濟調整工作是必要的。調整要穩，時間不妨長一點。步調不妨慢一點。欲速則不達嘛。調整完成的目標，可以放到本世紀末。」

說完，鄧小平問金庸：「查先生是做新聞工作的，接觸的人很多，大家對我們有什麼意見？」

金庸坦誠地說：「主要的意見是，希望目前的政策能長期推行，不能改變。大家有些擔心，不要目前的政策執行了一段時間，將來又忽然變了，因為過去的變動實在太多了。」

鄧小平點頭贊同：「查先生說得對。國內人民的主要意見也是這樣。這六中全會主要辦了兩件大事，一是通過了「決議」，第二是對人事作了新的安排，這件事的目的，就是要保證我國政策的連續性。」

說到人事安排，金庸認為：「鄧副主席本來可以擔任主席，但您堅持自已不做，這樣不重視個人的名位的事，在中國歷史上，以及世界歷史上，都是十分罕有的。這令人十分欽佩。」

鄧小平笑了一笑。他又點上一支煙，大大吸了一口，吐出煙霧後，就對金庸說：「名氣嘛，已經有了，還要什麼更多的名？一切要看得遠些，看近了不好。我身體還不錯，沒有什麼病，但畢竟年紀大了，現在每天只能工作八小時，再長了就會疲倦。胡耀邦六十六歲，不算年輕，但他身體好，精力充沛。可以工作十二三小時，再長期工作一段時間沒有問題。……我們擔任領導的人，也不能太忙，往往越忙越壞事。」

接著，金庸和鄧小平就「領導人越忙越壞事」的問題暢所欲言。金庸說：「中國傳統的政治哲學，是盼望國家領導人『清靜無為』。共產黨人當然不能『無為』，要『有為』。但領導人心境清靜一些、工作清靜一些，還是好的。」

鄧小平回答說：「擔任領導的人，不能出太多的主意。如果考慮沒有成熟，不斷有新的注意出來，往往要全國大亂。政治家主意太多是要壞事的。領導人寧靜和平，對國家有好處，對人民有好處。」還說，「你們《明報》要我當國家主席。當國家主席，資格嘛，不是沒有。不過我還想多活幾年，多為國家人民辦點事，一當國家主席，恐怕要縮短壽命。現在和中國建立外交關係的國家有一百二十多國，每年有許多國家的元首到中國訪問，國家主席就要迎送、接待、設宴，這許多應酬要花很多時間和精力，搞得多了就很累。」

後來又談起了人才問題。金庸說：「十年『文革』，使國家少了幾百萬名人才。」對此，鄧小平很有同感地說：「粉碎『四人幫』之後，這情形一時還扭轉不過來。培養人才是長期性的事，破壞十年，恢復至少要二十年。……」鄧還說：「每一方面都需要有才能的人作出貢獻。不但要起用全國人才，外國的科學技術，外國的專家我們也歡迎。」

當然，這次金庸見到鄧小平，他是非常難得、同時也非常高興。一個是三落三起、飽經憂患的中共領導人，一個是二十多年來，常常執筆論政的報人，兩人的交談是坦誠的，不用外交辭令，沒什麼拐彎抹角，他們之間，只是無拘無束地談話。他們還談了人民外交，經濟建設，鄧小平自動不做黨的主席等問題。當然，金庸只感到時間是那麼緊，不知不覺間已很快過去了一小時了，會談也很快要結束了，此時金庸真捨不得和鄧小平分手。

但會談終於要結束，鄧小平站起來並要親自送金庸離開人民大會堂。在送別的那刻，他們非常親切地從福建廳一起走出來，金庸和鄧小平一起邊走邊談，一直走到人民大會堂福建廳的大門外，他們倆人還站著親熱地談了一會兒，最後一刻時，鄧小平握著金庸的手熱誠地說：「查先生以後可以時常回來，到處走走、看看，最好每年來一次。」金庸對鄧小平的一番熱誠，連聲致謝。

這次金庸在北京受到鄧小平會見後，接著他又去了新疆、內蒙古及其他十三個城市走走、看看。

那次見到鄧小平後，金庸回香港後，他根據記憶將那天的談話，整理成文，以《中共中央副主席鄧小平的談話記錄》為題，刊登在八月二十五日的《明報》及九月號的《明報月刊》上。

《明報月刊》同期還發表了〈中國之旅——查良鏞先生訪問記〉，此訪問記成為讀者的搶手貨，曾一版再版。當記者問及金庸對鄧的主張與政策，有什麼看法時，他回答道：「他重視實際，不相信教條，這應當是克服各種困難的關鍵。他的『白貓黑貓論』是眾所周知的。」當記者又問：「你認為鄧小平目前所推行的政策，是解決中國各種問題的唯一道路？」金庸是這般回答：「這要從各種實際條件來看問題。第一，我相信中國內地目前沒有別的政治力量可以取代中共的領導地位。第二，我相信中國在幾十年內不可能實行西方式的民主，即使可能，也未必對國家人民有利。第三，我個人贊成中國實行開明的社會主義，總的來說，這比之香港式的完全放任的資本主義社會中的極度貧富不均，更加公平合理。不過內地個人自由大大不夠，共產黨搞經濟缺乏效率，不能儘量解放人民的生產力，過去所積累的左傾思想與作風太嚴重。我個人贊成一步一步地不斷改革，不相信天翻地覆的大革命能解決問題。在這些具體條件之下，鄧小平的政策比之中共過去任何時期都好得多，比之蘇聯、波蘭、東德、北韓這些共產國家都好得多。我衷心盼望，依著目前這條道路走下去，中國終於能將馬列主義教條、無產階級專政、毛澤東的各種各樣的恐怖政治運動全部拋諸腦後，以中國人務實的方式，建設中國人自己的社會主義，使中國人民幸福而自由。」

當時金庸是鄧小平在人民大會堂正式單獨會見的第一位香港同胞，中央電視台在當晚的新聞節目中，播放了鄧小平和金庸兩人會面的消息。新華社、中國新聞社都作了詳細的報導，世界的新聞媒體，也同時報導了這件事，成為一時轟動的新聞。

金庸與鄧小平的一次單獨見面，在當時確顯得異乎尋常，所以到了一九九七年，金庸與池田大作對話時，他還說：「鄧小平先生肯定是中國歷史上、世界歷史上一位偉大的人物，在我的心目中，他是一位極可尊敬的大英雄、政治家，是中國歷史上罕有的偉人。」

金庸對鄧小平的評說，主要感謝鄧在一九七八年後，把中國帶入了一個前所未有的改革開放的時代。

當世界變得越來越喧囂、浮躁、越急功近利時，當我們讀了鄧小平曾說的「領導人寧靜和平，對國家有好處，對人民有好處。」這句意味深長、帶有哲學意義的話，深感那是句非常了不起的話。從而使筆者突然想起了大作家吉辛，在他的《四季隨筆》裡的幾句話：

「能拯救人類免受破壞的大多數好事，都產生於沉思的恬靜生活。」

這句話和鄧小平的話，可以說是至理名言，都是哲人的大思考。如果我們每個人做到了，實際上就是為人類的福祉，作出了貢獻。

三、廖公的宴請

促成金庸的故國之行，與鄧小平的會見，其關鍵人物是廖承志。廖承志當時任全國人大副委員長，同時兼任國務院港澳辦公室主任，是當時中共主管港澳事務的最高長官。說起廖承志這個人，他與金庸還頗有點緣分。他是國民黨元老廖仲愷先生的兒子，早在「二戰」時期，廖承志就受中共之命到香港，負責中共在香港的一切活動。當時「左派」報紙聯盟對《明報》和金庸展開兩次猛烈的圍攻，最終還是因廖承志出面，對「左派」報紙聯盟，進行規勸而化解的。

金庸到達北京後的第二天，廖承志就設宴招待，邀請金庸一家吃飯，同席的還有港澳辦、新華社香港分社等部門的官員。廖承志雖然位居高官，但畢竟是文化人出身，性格樂觀、豪爽，平時總是嘻嘻哈哈的。席間，對同是文化人的金庸，雖然大家是第一次見面，但廖承志視金庸為老朋友一樣，放開胸懷，談笑風生。他向金庸講自已怎麼被張國燾扣留、講延安的窯洞生活，講「西安事變」、講毛澤東……等歷史話題。講到有趣的地方，就發出朗朗的笑聲。

席間廖承志自然也談到了《明報》。廖承志對金庸說：「查先生的社評寫得不錯，時常有一些獨特的見解，不過有些觀點，我們並不認同。」這時，金庸也歉遜地作了說明：「我寫社評的時候並沒有想到要符合誰的標準，我只是按照我自已的原則和立場寫出我對事情的看法，所以在有些問題上，存在分歧是難免的。」金庸的回話，雖禮貌、歉遜，但似乎也不肯讓人。接著，廖承志又向金庸盡情表述了自已對《明報》的看法，有議有論，褒貶有之。而金庸也儘量向他解釋自已的《明報》辦報的方針和宗旨，以求共識。

廖承志見席間氣氛有些凝重，就轉換話題，談他自已所經歷的一些往事。金庸當然也知道廖承志，是位多才多藝、能寫能畫的人。當一起談開廖承志的逸聞趣事時，廖承志在席間向金庸談開了一些趣事：「有一年，我參加中共代表團赴蘇聯出席聯共全國代表大會，赫魯雪夫在台上口若懸河，大發議論，我聽得很乏味，一時興起，便畫起了赫魯雪夫的速寫和漫畫，把他的形象極度誇張，難看極了，畫了一張又一張。當時，坐在我身邊的是東德代表，他看到赫魯雪夫的漫畫，剎時目瞪口呆，竟然也張開了嘴笑了起來……」說完，廖承志又哈哈大笑起來。金庸向來嚴肅，莊重有餘，詼諧不足，話語不多，但在席間也被廖承志無拘無束的豪爽性格所感染，對廖承志有唱有和，歡聲笑語蕩漾在宴席上，也禁不住和廖一起笑起來。在這樣比較有說有笑的氣氛下，他們又回憶起那十年文革中，一些新聞報導，又同時扯起了關於《明報》，關於廖承志的事來了……。

十多年前，有過這樣一件事，一九六六年十月二十三日，《明報》曾以〈廖承志？中國新聞社？〉為題的一篇社評，曾經論及廖承志的政治前途。當時，廖承志是國務院僑務工作委員會主任。一九六六年十月，他曾兩次到廣東省湛江市看望歸國的難僑，中共官方通訊社——新華社和中新社，都就此事發了電訊，香港的幾家左派報紙也都報導此事，但各自報導的內容卻有不同。

十月十八日，《大公報》刊載「中國新聞社湛江十七日電」，題目是：〈廖承志抵湛江面告歸國難僑：「毛主席周總理慰問你們」〉。報導是這樣引述廖承志的話：「周總理要我來看望你們，告訴你們，毛主席對你們非常關心，毛主席和周總理問候你們。」同一天，《文匯報》也刊登這則新聞稿，但標題與《大公報》顯然不同，三行大標題、六行小標題中，完全不提「周總理」的名字。

同一天的《新晚報》刊載的是新華社的電訊稿，稿中引述廖承志的話，卻是這樣表述：「我們偉大的領袖毛主席和他的親密戰友林彪副主席，以及周恩來總理讓我把問候的話帶給你們。你們辛苦了！」第二天，從《大公報》和《文匯報》同時刊出了中新社的「訂正啟事」，說昨天的電訊稿中，在「毛主席和周總理」之間，必須加入「他的親密戰友林彪副主席」。金庸在讀了這樣的報導後，非常敏感地注意了這麼一種奇妙的文字變化，而他也馬上意識到這裡有文章好做。於是他即寫了一篇預測性的社評，在《明報》評論此事。

金庸在這篇社評中，指出了當時兩個同屬中共領導的國家通訊社，在報導同一件事情上，雙方為什麼產生了報導上的不同？金庸評析道：「值得注意的是，中共的兩個國家通訊社，於同一日報導同一件事情，為什麼內容竟有重大不同？到底廖承志提了林彪之名沒有？如果廖承志根本沒有提林彪的名字，那麼廖承志不免有點『牛氣』了（牛鬼蛇神氣息也）。如果他提了林彪之名而中國新聞社故意漏去，那麼中國新聞社是犯了『滔天大罪』了（中共若干省分的宣傳人員因未及時傳達林彪的指示，均被指控犯了『滔天大罪』）。或者是廖承志，或者是中國新聞社（或其主要負責人），兩者之一，不久必被清算，立此存照，且看驗與不驗。」

果然，幾天之後，廖承志就遭到批判。廖承志被清算，是否與社評中所指之事有關，別人不得而知；但作為主管僑務工作的最高官員，一定會看港澳的報紙資料，所以相信廖承志是會看到《明報》這篇關於他的社評的。但當他看到這篇社評時感覺如何，寫得如何？那只有他自已才知道了。

談完了《明報》文革中的有關廖的那篇社評後，廖承志又在席間談起了香港的幾家報紙的辦報傾向、銷量……廖承志對香港情況瞭若指掌，令在座的金庸佩服有加。雙方在這樣的情狀之下，談香港報紙的傾向，談社評的觀點，都不免涉及到比較敏感的政治問題。

廖承志是見過大場面的外交高手，為避免一味地去討論這些問題，從而為使席間氣氛，趨於輕鬆，廖承志在談到金庸的社評時，又來了一番自我調侃：「其實，寫文章不容易。我也喜歡寫文章，但周總理就時常批評我的文章，說氣勢有餘，但太長，如『長江大河、與沙石俱下』，其中大有不必要的句子，應當多刪削刪削……」廖承志的這一番話，又引來大家一陣笑聲，宴席上的氣氛，變得輕鬆、熱烈。

這次金庸訪問大陸之時，正是中英兩國政府就香港前途進行談判的前夕；在這之前，鄧小平已經公開向外界表示中共對香港前途問題的立場，即在香港的主權問題上，中共絕不會有任何讓步，但中國對香港恢復主權、政權後，仍然保持香港的繁榮穩定。當時，對於即將舉行的中英談判，國際社會非常關注。因為香港的前途問題，籠罩著五百多萬香港人士的心。

在這樣特定的時期，金庸和廖承志會面，自然都會談起這個問題。廖承志詳盡、耐心地向金庸解釋中共的政策是：「繼續保持香港的繁榮穩定，絕不是什麼權宜之計。大力發展經濟，是中國的主要任務，而香港長期的繁榮穩定，對中國經濟的發展是非常有利的……」廖承志希望《明報》能多宣揚中共對香港前途問題所採取的立場、政策，而金庸也表示，有責任、有義務通過自已的《明報》，做一些有利於香港繁榮穩定的工作。

其實，關於香港的前途問題，近年來金庸在他的《明報》社評中，也時有評述，但與中共高層官員坐下來面對面談這個問題，則是第一次。也正是在這樣的背景下，從此之後，一介書生的金庸，在依然筆論春秋的同時，又親身介入了另一種政治生活，以前所未見的熱情，為香港的前途奔走呼號，以致引發了一連串的風波。

四、故國萬里遊

金庸這次回大陸，除了想見鄧小平等中共領導人，聽他們談香港問題外，還想見見闊別多年的親戚朋友，遊覽一下祖國的大好江山。距上一次回上海、杭州，已有二十八年，親人紛紛從全國各地趕到杭州和金庸見面。七月十八日晚上，人們已在中央電視台的新聞節目中，看到鄧小平與他會面的鏡頭。兄弟姐妹在歷盡滄桑之後重聚，這是多少年來查家最大的喜事。儘管「文革」期間，不少親人受過苦，一個弟弟在工廠裡被綁毒打了好幾天。世事無常，痛苦的往事，轉眼間，化為雲煙。當年他倉促離開大陸，許多家人親友還留在國內，此時在闊別二十八年後，他按奈不住激動的心情，迫切地希望能與失散的家人們重聚，與久別的故友們敘舊。

弟弟查良鈺，這樣回憶這次三十三年後的兄弟相見：「七月底的一天，小阿哥給我發來電報：小毛弟，×日在杭州一聚。接著，我就收到了小阿哥寄來的路費。八月初，我帶著兩個孩子到了杭州。三十三年了啊！見面時，我們都是撲向對方的，那種骨肉相見的激動，真是無法用言語來表達的，我與小阿哥擁在一起，久久沒有分開。在杭州那幾天，我和小阿哥總像有說不完的話。……我們的談話常常持續到深夜……。」

著名畫家黃永玉，是金庸的老朋友。因為五十年代初期的黃永玉，也還在香港《大公報》工作，與同在《大公報》任職的金庸相識、相交，而且大家相處非常好。直到一九五三年時，黃永玉重返大陸，並在北京中央美術學院教授版畫。從此兩人就各分南北，難能一見。這次金庸能有這麼個好機會故國還鄉，所以兩個老朋友在北京相見，萬分高興，兩人追憶起三十年前的往事，不禁興歎歲月已逝、良宵難共。

金庸得知黃永玉在大陸的三十年間屢遭劫難，其中之一就是在「文革」中，他因「貓頭鷹風波」，遭到了全國範圍內的極左分子對他的「大批判」，「四人幫」垮台後才獲得了平反。聽到老朋友的不幸遭遇，金庸無限感慨，他看到黃永玉之畫越來越有風骨，他之書畫也在國內外知名度越來越高，金庸很敬佩黃永玉這樣的知識分子，覺得他有膽識、有氣節。並為這位老朋友而高興不已。

在新疆遊玩時，金庸接觸到一些「文革」前，「文革」中到新疆墾荒的上海青年，其中有一個上海青年就為金庸開旅行車。他對金庸說：「以前每隔十年，可以回上海探親一次，假期四十八天，旅費公家支付，最近縮短為每五年一次，大家就滿意多了。如果再縮短為每三年一次，自然大家會更加高興。」聽了這樣的話，在金庸心中無不有一絲絲欣慰。

在浙江老家，金庸還有些親人，令他無限思念。七月十八日晚上，他們從電視上看到鄧小平會見金庸的情景，非常高興，都為查家出了一個有地位、有名望的名人而感到自豪。為了見見闊別三十年的兄弟姐妹，金庸專程去了杭州，而親人們也從各地趕來杭州和金庸聚首。金庸瞭解到，在「文革」

期間，他的不少親人都挨了整，他的弟弟曾在做工的工廠裡，被綁起來打了好幾天。這次金庸一到杭州，就給他的小阿弟寄了路費，而小阿弟也已經和他的小阿哥分別三十三年了，這次帶著兩個兒子一起到杭州闊別重聚，那骨肉兄弟相見後，令他們悲喜交集，真有說不完的話要說，但又不知從何說起？因為畢竟是分別三十三年了，一家人聚在一起，在那荷花初放的美麗的西子湖畔，談起這些不愉快的往事，無不都是輕描淡寫的，況時間已是流逝，夢魘也已結束，真可謂「逝者如斯夫……」啊，在金庸的心頭，只有那一腔濃濃的鄉愁，總使他魂牽夢縈、終難抹去……如今，金庸的親人們，物質生活已有了改善，心境也還愉快。撫今憶昔，大家都沉浸在親人相見的歡樂的氣氛中。

金庸在武俠小說中，寫過不少著名的地方。但寫這些地方時，金庸一般都是天馬行空式的想像和描繪，因為這些地方他壓根兒就不曾去過。這次回大陸，又得到中國旅行社的精心安排，金庸自然不會放過到那些地方去走走看看的良機。他戴著草帽，穿著短袖襯衫，脖子上佩著一條擦汗的白毛巾，登上他嚮往已久的萬里長城，時而在長城上低頭徜徉，時而眺望起遠方連綿起伏的群山，那已有五十七歲的金庸，似乎像一個青春少年那樣，每到一處，飽覽山河，興奮不已，頻頻叫人為他拍照留念。

他去了《書劍恩仇錄》中，寫過的蘭州、新疆。他參觀了蘭州歷史博物館，坐在那塊隕石旁拍照；在新疆古城高昌，他興致勃勃地遊覽了那些遠古的建築物，驚歎人世間的滄桑巨變。在天池邊，他驚喜地發現幾個維吾爾族的小孩子手裡捧著天山雪蓮，那就是《書劍恩仇錄》中陳家洛，採來送給香香公主的那種雪蓮，他用一塊錢人民幣向小孩子買了兩朵，帶在身邊，帶回香港。這不禁又使他想起自己作品中的人物：「陳家洛依著她目光望去，只見半山腰裡峭壁之上，生著兩朵大碗公般大的奇花，花瓣碧綠，四周都是積雪，白中映碧，加上夕陽金光映照，嬌豔華美，奇麗萬狀。那少女道：『這是最難遇上的雪中蓮啊，你聞聞那香氣。』陳家洛果然聞到幽幽甜香，從峭壁上飄將下來，那花離地約有二十餘丈，仍然如此芬芳馥郁，足見花香之濃。那少女望著那兩朵花，戀戀不捨地不願便走。」

這是他筆下的天山雪蓮，陳家洛初遇香香公主，採雪蓮給她。可二十幾年後，他第一次來到天池，金庸去了《射鵰英雄傳》中寫過的蒙古地域，茫茫無際的草原，蘑菇形的帳篷，草原上奔跑的羊群……這些反映了當地民俗風韻的景致，居然也令他覺得很親切。

這次大陸之行，除了遊北京、內蒙、新疆和甘肅，金庸還去了成都、重慶，還坐船經長江三峽到宜昌，並經武漢到上海、杭州，從南到北，又從西到東，足足用了三十三天時間，遊覽了十三個城市。雖然舟車勞頓了三十三天，但金庸不但一點也不覺得辛苦，還覺得這次在各地親眼看到的祖國風光，是人生一大享受。但有些遺憾的是，由於時間關係，他沒能按計劃遠赴西藏高原，觀賞藏族風光和領略藏族風情……。

訪問大陸回香港後，當記者提起《明報》長期以來反對中共「左」傾，提起他因長期「反共」而遭香港的「極左」分子恐嚇時，金庸深有感觸地說：「比之國內大多數的知識分子的遭遇，我們是幸運上萬倍了。在大陸反對『極左派』，那才是真正需要風骨和氣節的。在香港抨擊『四人幫』和『極左派』，算不了什麼。大陸成千上萬的人，為了反對『極左派』而慘遭迫害。鬧得家破人亡，妻離子散。我們只是躲在庇護所裡叫叫嚷嚷，有時慷慨激昂一番，有時冷嘲熱諷一番，那絕對是不能跟人家相比……」

在大陸訪問期間，不少朋友都和金庸談起鄧小平，大家都稱讚鄧小平有風骨、有氣節。聽完，金庸說：「當大陸上批鄧批得很激烈的時候，我聽到有人說，鄧小平的反應是：『聾子不怕天雷打，死狗不怕滾水淋』。意思是說，任由你們批判，我也不理睬。鄧小平如此剛強不屈，真令人敬佩！」

和鄧小平見面會談後，每當與朋友談起鄧小平，金庸對鄧小平在過去的艱難歲月裡，表現出來的風骨更加敬佩。而對他在大陸推行的改革開放政策也更加支持和擁護。他認為，鄧小平的新政策比之中共過去任何時期都好得多，比蘇聯、波蘭、東德、北歐這些共產黨國家都好得多。金庸相信，朝著這條道路走下去，以中國人務實的方式，就一定能使中國人民幸福和自由。

金庸對鄧小平的崇敬是發自內心、由來已久的，但這種崇拜又不是盲目的。其實，從閱讀方面講，中國最高領導人鄧小平，興許是內地最早接觸金庸作品的讀者之一，據他夫人卓琳女士說，鄧先生在七十年代後期，自江西返回北京，就托人從境外買到一套金庸小說，很喜歡讀。

當然，鄧小平的一些觀點和看法，他也有不同意、不認同的地方。從北京回到香港後，金庸曾經對記者說：「……比如鄧小平說：『文革』前黨很有威信，大家都聽黨的話，很守紀律，黨發出一個號召，就有成千上萬青年上山下鄉；除了極少數例外，基本上沒有問題。我卻並不這樣認為。我想這件事中，多多少少會有強迫的成分。……我認為最好是用物質鼓勵、優惠條件等來使人心甘情願去做任何事。當然，這不是容易的事，需要相當豐厚的物質條件。」

在大陸跑了一圈，與一些人的交談，金庸更加相信，僅僅靠威嚴、號召，往往不是最好的辦法，而實實在在的物質鼓勵，產生的作用卻更大。

除了飽覽了祖國美好風光，金庸還在大陸觀看了一些戲劇演出。在烏魯木齊，他看了寫曹操逼宮的晉劇《逍遙津》；在成都，他看了川劇《楊貴妃》；在上海，碰上當地正在舉行紀念梅蘭芳逝世二十周年的文藝演出，他看了《生死恨》，劇中四位年輕青衣，精彩的唱功，給他留下美好的印象。金庸的內地之行，與鄧小平的會面，打開了與大陸關係的新局面，最明顯的變化是，《明報》社評的批評字眼越來越少。也是從這時起，他對整個中國充滿了一種樂觀的情緒，他說：「對中國內地樂觀，對台灣樂觀，對香港樂觀，也就是對整個中國樂觀。我覺得中國內地目前發展經濟的基本政策是對的，但應當逐步讓人民有更多自由，更多的機會。……」

而此時始，《明報》進一步加強了對大陸的報導，並享有北京官方給予的特權，中新社每天都向《明報》提供中國方面的消息，《明報》有選擇權，不是每篇稿子都用，如果採用，則以「本報專訊」名義報導。這一特權，連左派《文匯報》、《大公報》都沒有。因此引來各方面的揣測，《明報》與北京官方，是否有什麼不尋常的關係？是否已改變一貫中立的立場？

在這種情況下，金庸重申「有容乃大，無欲則剛」的辦報信條：在我們所處的環境裡，有條件在報刊內容上兼收並蓄，在意見上儘量欣賞任何一面的好處，儘量「與人為善」，可以有條件獨立生存，無求於人。……總之是設法做到無愧於心，盡一個報人的責任就是了。

一九八〇年十月起，廣州的《武林》雜誌，連載《射鵰英雄傳》，標誌著金庸的武俠小說進入大陸，第一天，發行即賣出四萬多冊。一九八一年七月二十六日，《明報》報導了〈廣州首先解禁武俠小說〉的消息。

金庸這次的故國之行，使他大開眼界，又使他收穫不小，當他重又回顧了自已二十八年來所走過的人生歷程，真使他激動不已，浮想聯翩，如夢如幻，但又粲然如此……更使他流連忘返。

第十一章　為香港回歸參政議政

一、回港後的暢談

金庸三十三天的內地之行，其實是對中國內地的一次認真的把脈，是他重新認識中國共產黨和中國內地的過程。從內地回到香港後，金庸有好長一段時間處於激動和亢奮之中，這除了因為鄧小平的會見、中共中央的極高禮遇，令他強烈地感受到那種前所未有的成功和滿足外，可以說是極大地調動起他關注、思考中國共產黨及其領導下的政治、經濟、文化的一種激情——這種激情，對金庸來說比過去任何時候都還要強烈。

回香港後，金庸興致勃勃地接受了《明報月刊》記者的獨家採訪，詳盡地回答了記者提出的問題，暢談了他內地之行的所見、所聞、所想。

在金庸訪問內地的前前後後，中共官方傳謀都用「經濟繁榮、治安良好」的辭句，形容中國內地的現狀。當記者問及內地目前是否「經濟繁榮、治安良好」時，金庸認為：「經濟繁榮」還談不上，和外界先進地區相比，那差得遠，也比不上台灣，但和前幾年相比，可繁榮得多了。治安如何，我沒有親身體驗，看情形也不見得很好，比之一九五三年時大概差得多；但比之香港的治安，當然不知好了多少倍。不過我覺得內地秩序還不太好，到處有點亂糟糟的感覺，尤其是馬路上的交通，汽車喇叭之響，實在令人感到厭煩。總的感覺是人實在太多。在各大城市中，街上行人的擁擠，與香港簡直不相上下。」

當記者問及這次北行，印象最深的是什麼?金庸說：「我發覺中共從上到下，不再浮誇吹牛，多講自已的缺點，很少講成績，這一點給我的印象最深刻。」

當問起此行感覺到的最重要的變化是什麼?，金庸深有感觸地說：「最主要的是人們的恐懼感大大減少，在日常談話中，人們對不滿意的事情毫無顧忌地說出口來。其次是各種令人討厭的提防猜忌和政治措施極少存在。飛機場和火車站上不再見到荷槍的解放軍來回巡視。拍照毫無限制，也不必先沖印了才能帶出來。在火車上，廣播中不再長篇累牘地誦讀《人民日報》社論或毛主席文章，而是播放輕音樂，包括台灣的《高山青》、《橄欖樹》等，甚至有JINGLE BELL, JINGLE BELL的聖誕音樂。」

金庸又向記者講起內地人民的生活狀況：「總的來說，內地居民的生活條件還相當艱苦，尤其是居住條件。我去了七八個老朋友和親戚的家裡，他們都住得很差，令人心中很不安。食品供應是大大改善了，糧票的作用已不大，大多數食物都可以在自由市場上買到。國營菜場中買肉還是要排隊。衣著不成問題，交通大家騎自行車，最大的困難似乎是住房。一般人的收入當然還是很低，薪水二十五年來基本上沒有調整，只每月加了五元副食津貼，還有一些獎金，不過數字不大。公教人員就沒有什麼獎金。」

當問及農村生活時，金庸的看法是：「農民最高興，實行生產責任制、包產到戶之後，每一家的收入都增加很大，又可以自由建屋。因此最熱烈擁護新政策的是農民和牧民。我在內蒙古見到一戶牧民，他們這一家本來只准養八頭羊，宰一頭羊要得到批准。現在新政策下，國家以公價向他們每年收購八頭羊，數字不變，但此外可以天南地北地由牧民自已去養羊，自由宰殺。現在這一家養了八十頭羊，還有幾匹馬。草原上牲口吃草根本不要本錢，政策一變，生產的改變可有多大！」

當問及工人的生活時，他說：「工業中問題重重，工人似乎不怎麼積極。幹部的勁頭好像也不怎麼足。相信主要是生活還得不到重大改善的緣故。說起來，大家都羨慕農民。我一個弟弟是煤礦工程師，他說到他礦上的一些困難，一到農忙時節，礦工缺勤的特別多，許多人回家去幫助家人在農地上耕作，因為農業上的增產都是自已的，礦上勤工所得的獎金卻寥寥無幾。」

另外，記者和金庸還談到香港前途問題。記者問：「香港今後能長期維持現狀的可能性，你現在的看法，比之這次去中國內地之前，感覺得增加了，還是減少了？」

金庸不假思索地回答記者：「我更加覺得，香港人如想長期維持現狀，大有更加『好自為之』的必要。第一是要經濟更加健全，大家拚命地在地產上賺錢的行徑，終究是行不通的，因為這無疑是在破壞香港的經濟。第二，香港人自已的所作所為，比之英國人的所作所為，影響更為重要。第三個問題比較小，就是香港到中國內地去的遊客增多，大家言行要多多檢點。有一小部分香港遊客的作風，就好像第二次大戰後初期去世界各地遊玩的美國人，自恃有錢、氣焰囂張，令當地人士大為反感。雖是個別情形，但反感的積累，對香港人會相當不利。」

內地之行回來，金庸對照台灣、香港現狀，發現了兩岸三地的優點、缺點，最終得出一個結論：「訪問內地回來，我心裡很樂觀，對內地樂觀，對台灣樂觀，對香港樂觀，也就是對整個中國樂觀。我覺得中國內地目前發展經濟的基本政策是對的，但應當逐步讓人民有更多的自由、更多的機會。台灣發展經濟的基本政策也是對的，但要努力縮小貧富之間的巨大差距。……香港最寶貴的是生活自由、法治精神以及發展經濟的效率與靈活性……最糟的是極端自由資本主義下的不公道。」

最後，當記者問：「對於中國內地和台灣，你短期內有什麼希望」時，金庸回答說：「希望鄧小平健康長壽！希望蔣經國健康長壽！」

說完，金庸又向記者解釋，他這樣說，並不是「左右逢源」，只是因為鄧小平和蔣經國都對他很客氣；「凡是對我客氣的人，我都希望他們健康長壽。在中國內地、台灣、香港的許許多多朋友，我都衷心希望他們健康長壽。我沒有資格做鄧小平或蔣經國的朋友，不過我深信他們所實施的改革，比以前的政策好得多，是進步而不是倒退。就算他們對我不客氣，我還是希望他們健康長壽。

「從前中共和台灣的政策都不大好，甚至不好，我就兩面都不贊成，人家說我『左右不討好』。現在我覺得雙方的政策都在進步，有人就說我是『左右逢源』。其實男子漢大丈夫，既無求於人，又需要討好什麼、逢迎什麼呢？」

一九八三年五月二十日，金庸以社評形式發表聲明〈自由客觀，絕不改變——《明報》出版廿四周年〉，一再承諾「自由客觀的風格絕不改變」：

「我們有一個斬釘截鐵的志願：絕不會對不起《明報》的老讀者。如果環境變遷、條件變動，

《明報》不可能再維持自由客觀的風格，我們立即關門收檔。」同時他又說，「我們不信局勢會變得很糟。中共目前務實派的路線，對中國國家人民有利，長期來說，對香港也有利。……但世事往往有出於意料之外的不幸變故。萬一中共極左派復辟，香港人失卻自由與法治，《明報》怎樣？《明報》當然停刊不出，我們辦報的人走得掉的就溜之大吉，走不掉就沉默偷生，活一天算一天。在此以前，我們出版一天，就一天為維護香港人的自由與法治而努力。」

金庸這話還是很坦然明白的，他也作好了人生底線的準備。從大陸訪問歸來，當然有很多問題令港人疑問不解？因為那時是改革開放之初期，人們還只是剛從十年文革中蘇醒過來，而金庸的回答倒是中肯而又實是求是的。

二、「哈公怪論」的消失

當時，香港一家雜誌甚至發表文章說，金庸辦報成功了，他也置辦了不少房地產，他不想放棄，所以改變辦報立場以討好中共，以免將來被「共產」。金庸看到這樣的文章也忍不住要撰文公開反擊：「……那真是門縫裡瞧人，把人看扁了。如果局勢真的有變，難道『討好』一下，就能保住身家嗎？如果連這樣簡單的道理也不明白，我怎麼還有資格來評論世事時局？」

到了一九八四年，金庸在談到《明報》時明確說：「我對中共的態度，是同意的支持，不同意的批評，總的來說是支持鄧小平的改革開放政策。」

「……有容乃大，無欲則剛。前者是說各種意見可以發表，儘管報紙有本身立場，但應該尊重別人的不同意見，這是民主社會的基本精神。『無欲則剛』當然並不是說完全沒有慾望，而是說不可以有不正當的慾望，利用報紙到達自私自利的目的。如果想求別人一些好處、或面對政權想討好一些生意機會，便算是有不正當慾望，在處理上便不可能剛強。辦報當然有慾望，一是希望讀者多，二是廣告多。但堅持上述兩個原則，肯定可以達到目標。我們不是無原則的批評，例如共產黨不可以說它一無是處，要是它做什麼也是錯的話，這個政權兩三天已垮台了，不會發展至今。它也有合理的地方，不可單憑一已偏見反對它。我們只是秉持實事求是，公正客觀的原則辦事。」

金庸一連串的公開表態，一度平息了輿論對他和《明報》的批評。但是，後來《明報》一專欄「哈公怪論」突然被腰斬，因而再起波瀾。

「哈公」者，香港有名的雜文專欄作家的筆名，作者文筆幽默，諷刺時弊，經常發表挖苦大陸官方的怪論，每天都吸引了不少讀者的追讀，是《明報》讀者最多的專欄之一。哈公原名許國、許子賓，福建泉州人，一說是潮汕人。一九三三年生於菲律賓，一九五一年來香港。在左翼的香港長城電影公司工作期間，曾與金庸共事。金庸創辦明報後，他應邀擔任明報出版部經理，七〇年代後期開始在《明報》副刊開設「哈公怪論」專欄，早期叫作「滾古堂怪論」，後期改名為「哈公怪論」。

在怪論中，經常透過哈婆、小哈女等家庭人物，針貶時弊，以冷嘲熱諷、嬉笑怒罵的文字，吸引了不少讀者。哈公曾在他的一篇怪論中，形容香港和台灣是掛在中國體外的兩顆睾丸，對於中國的生命至關重要。如是，無論中港台互動的演變如何，很多人仍然欽佩哈公的精采論斷、無與倫比。他的港式幽默作品，後結集為《哈公怪論》、《哈公語錄》等書。

一九八四年五月，香港電視，播出鄧小平怒斥耿飆、黃華「不在香港駐軍是胡說八道」的新聞後，哈公寫了一篇〈八道胡說〉的怪論，被《明報》壓下不發，於是，他罷寫九天。一九八五年五月，總編輯潘粵生認為哈公〈律政司應自律〉一文不宜發表，哈公於是再度罷筆抗議。

由於《明報》，兩次腰斬「哈公怪論」之專欄，無疑引起了外界的猜疑，讀者「函電交馳」、議論紛紛，普遍認為金庸被「統戰」了……。一九八六年一月二十八日，金庸在〈什麼是言論自由？〉的社評中，對此有一番辯稱：「《明報》以前對中共的政策猛烈抨擊，近年來卻讚揚多而抨擊少，這並不是我們自律了，而是根據理性的判斷，以前中共專制橫蠻的政策必須予以抨擊，目前中共開放改革的政策，值得讚揚鼓勵。……近來我們對中共的批評比較溫和而婉轉，主要是對事而不對人。這是事實。因為，我們認為這是在支持開明改革路線，在反對保守頑固路線。」

「哈公怪論」真正從《明報》消失，是在一九八七年二月以後的事。原因是總編刪節了這位「哈公」的文章。後「哈公怪論」由「祈彈怪論」取代，祈彈是《明報》主筆徐東濱的筆名。

八〇年代，《明報》之中國新聞，占了三分之二篇幅，而「特約通訊」欄目，經常刊出徐鑄成等名家文章。也在這個時候開始，經中共高層批准，《明報》可以在中國境內，限量發行，雖然只限於黨政機關、宣傳文化機構訂閱，但《明報》畢竟悄悄地進入了大陸，幾年後發行量突破一萬份。一九八九年六月，金庸在一篇社評中稱：「過去幾年中，明報能有限度的不公開進口，高層和中級幹部、大學教授講師和研究生、報刊的編輯人員，有機會天天看到。我們希望能帶進外界的訊息，說明能影響中國前途的人士，多瞭解些世界真相，把中國帶上富強康樂的道路。儘管我們的作用很小，總覺得是努力在為國家民族盡一已之力。」

一九八五年王震到香港，金庸送他一套《鹿鼎記》。事後王震有信給他：

金庸著名作家尊敬的朋友：

承贈大作《鹿鼎記》一箱，深表謝忱。現已開箱，與同行諸位取出，各自開卷閱讀。我曾聞我的老伴告，先生大作她讀過一本，滋滋有味，惟恐孫輩正在中學，課程緊，孫輩很喜歡閱讀而收藏起來。你的文學生動活潑，描述歷史各社會階層人物形象內心活動逼真，這對於豐富生活、歷史知識、古漢語成語今釋又極其美好。你贈我大作，我轉贈中共中央黨校圖書館文學室與多人共賞，這樣閱讀的人就多了。祝您「業精於勤」，創造和發展文學事業，節節勝利。

此致

敬禮

王震　一九八五年四月二十四日

一九九三年三月二十日，金庸在北京重提此事：「我不禁想起數年前在香港見到王震將軍的情景。當時他問到我的小說，後來我送了他一套，他寫信致謝。他對武俠小說還是有些成見，認為年輕人沉迷於斯，有礙學業，所以不想讓他的孫兒們看我的小說。

當然，對於明報的變化，金庸也承認，但他始終認為與其說是《明報》在變，倒不如說中共政策在變，大陸在改變，在向好的方向發展……當然，那「哈公怪論」的專欄，雖因作者抗議而罷寫，可畢竟隨時勢之發展，這樣的專欄，遂自然而然淡出了《明報》。

三、關注香港的前途

歷史一踏進八〇年代後，幾百萬香港市民突然間發現，原來香港前途問題已經近在眉睫了——因為，新界的租約期，行將屆滿，香港的存在和發展正受到周圍環境的變化而變化。

在此之前的一九七九年，港英政府就已經向中方試探這個問題。那一年，港督查理浩到北京進行親善訪問，鄧小平會見他時曾說：「叫香港的投資者放心。」

當時，雙方沒有提及新界租約問題，也就是說並沒有觸及香港前途問題的實質，所以香港仍然風平浪靜。

到一九八一年，鄧小平又對前來北京訪問的英國外交大臣卡靈頓表示：「在十六年內或十六年後，即使香港的地位有變，投資者的利益也不會受到損害。」

到了一九八二年四月，前英國首相希思到北京，進一步試探這個問題，鄧小平明確地對他說：「無論將來香港政治地位如何，香港經濟現狀會保持不變，請投資者放心。」

希思聽後也理解鄧小平的弦外之音：香港主權必須歸回中國。消息傳到香港，投資者恐慌，市民焦慮不安，不少人都認為陰影開始籠罩著香港市民，像「六七暴動」期間一樣，移民潮、移資潮，又似乎要開始彌漫著香港了。

香港前途問題，已不再是一些知識分子和政要清談的專利，而是全港幾百萬市民都迫切面對的現實政治問題。

金庸也一樣，對香港前途問題非常關注。那一兩年，每月倫敦來的政要到香港，金庸都和他們見面會談，交換對香港前途的看法。

但金庸又和普通的香港市民不同，他關注香港前途問題，但他冷靜、理智，一開始就以現實的態度，去看待這個問題。

一九八一年二月十九日，在中英雙方官員就香港前途問題試探性接觸時，金庸就通過《明報》的社評，對香港前途問題進行了理性的分析，也表明了自已的看法。

在當時的一篇社評中，金庸就為香港回歸獻計獻策，他誠懇地指出：問題的關健之所在，是中英雙方有必要在這一兩年內，設想出一種妥善的方式，保障香港的長期安定。這種方式必須具備下列條件：

一、中國政府絕不簽署任何喪失領土主權的協定，一切安排不能影響中國作為一個大國、社會主義革命政權的體面，不能稍有損害中國的榮譽和民族尊嚴。簽署這項協議的中國領導人，在將來任何情況下，都不致被政敵、評論家、後世的歷史家指責為喪失國家民族的利益。這種安排能使中國政府和群從普遍視為是勝利和光榮，同時實際上的確對中國有利。

二、這項安排不能違反英國重視法治、自由、人權的原則，不致成為英國的負擔。英國政府及領導人不會因簽署這項協定，而在國會中受到強烈反對，英國公眾與報刊的輿論，不會認為不符合英國的民主傳統與人道主義精神。在政治、外交、戰略、經濟的考慮中，這項安排對英國有利。

三、新的安排不改變香港政治、社會與經濟現狀。香港居民普遍安心，外國的投資人得到保障，工商業的經營可以有較長期的計畫。香港經濟繁榮，科持發展。香港各界人民的生活有長期性的健康發展。

要滿足這三個條件，似乎不大容易，其實各方面既有善意和共同要求，總之是有辦法的。這篇社評，是香港報章最早專論香港前途問題的文章之一。在這之前，金庸已有不少社評論及這個問題，但對香港前途問題，提出比較具體和實質性的看法和建議的，應該說，這篇文章是有遠見和可操作性的。

金庸在這篇社評中的觀點，也可謂真知灼見，因為後來中英兩國政府關於香港問題的會談，基本上是在社評中提出的三個條件這個範圍內進行的。

緊接著金庸又發表了〈關於香港未來的一個建議〉之社評，這可以說是對香港前途的預測，他認為中國會在收回香港之前約十五年左右正式宣布。此文一開頭就觸及香港前途問題的實質——即同時會宣布香港之現狀今後不變：

關於香港的未來，中英雙方的想法是相當一致的，維持香港的現狀，對各方面都有利益。但採取怎樣一種安排方式，使中英港三方面都感到滿意，卻頗不容易。相信在今後一兩年中，北京、倫敦、香港的領導人都會鄭重考慮這個問題，也會有各種方案提出來。我們試提一個建議，以供參考。

在這篇社評中，金庸還談到了以什麼樣的形式來進行的問題，他說：

方式是由中英兩國外交人員經過磋商和研究後，訂立一個香港的條約或協議，或由兩國外交部長發表一個聯合公報。我們把這個協議暫稱為「香港新約」。協定在北京、倫敦或香港簽字都可以，那只是形式。內容主要為三點：一、香港是中國的領土。二、香港現狀不變。三、中國如決定收回香港，應在十五年之前通知英國。

這三個要點很簡單，但相信已能充分滿足中英當局以及香港居民三方面的要求。

在分析了這三方面內容如何滿足中英港三方面要求後，金庸最後指出：

協議中當然應有各種詳細規定，例如：說明鑒於歷史上的原因、為了發展中英兩國的友好關係、便於促進和平貿易，因此香港的現狀不變；說明中國在收回香港之前，港英政府的職權和過去相同；規定中國正式提出收回的通知後，港英當局在十五年後應作有秩序的移交，保持一切設施的完整等等。

這是香港最早詳盡論述中英關於如何就香港前途問題談判、談判會達成什麼協議這個問題的文章之一，它更是香港所有報章中第一篇最準確地論述這個問題的社評。甚至可能是全世界論及這個問題最早、最準確的文章。我們可以說，金庸在這方面，確是一個卓有遠見的政論社評家。

一年半之後，鄧小平會見英國首相柴契爾夫人，中英正式揭開香港問題的談判之幕。中國當局正式告知柴契爾夫人，中國決定收回香港主權和政權——這是一九八一年九月，離一九九七年七月一日，恰好是十五年，正與金庸在社評中提出的建議的第三點完全吻合。

更有甚者，爾後，中英雙方會議的主要內容，以及最後達成的協議，也基本上與金庸所建議的要點相符，那就是：香港是中國的領土，香港的現狀保持不變。

在香港前途問題，還沒有拿上中英兩國談判桌之時，大多數的香港人都有恐慌的心理，但有些人也對前途問題抱有幻想。當然，抱有幻想的，也有一些英國的政客。比如，香港有人希望英國人在「九七」之後，仍然管治香港，或者香港獨立；英國政客希望繼續向中國租用新界等等。

金庸瞭解中共當權派的心理，他認為所有這些幻想，都是不現實的。

一九八一年二月二十一日，金庸在《明報》的社評〈世事豈能盡如已意〉中，向中英港三方面提出「忠告」是：

> 中國當局不能期望，香港居民能夠眼見租借期只剩下九年、八年、七年……一天天的減少，而仍能心平氣和、心安理得的和以前一樣做生意，過日子。那時候社會上如有任何變動，都不會是向著好的一方面發展。
>
> 中國當局不能期望，那一天中國想收回香港了，在一年或半年前提出通知就可接收，如果有這種可能，在此情況出現之前，敏感的香港人早就能夠走的就走了個乾淨，不能走的早已無法維持原來的生活，不能期望對港英政府作種種「喝令」或「影響」。英國的原則很明確，如果不能在這裡進行絕對獨立自主的治理，那麼就結束治理，和平而客氣的離開，絕不委曲求全，犧牲原則。

英國當局不可能期望中國能承認南京條約，同意香港本島是屬於英國永久的割地；不能期望北京當局會簽訂新的租借條約，將新界和北九龍自一九九七年起再續租九十九年；不能期望中國會長期承認香港是英國的殖民地。

香港居民不能期望，香港可以像新加坡那樣獨立，可以像瑞士那樣成為一個政治上中立的純經濟區，可以由中英聯合保證香港的現狀永遠不變……香港的現狀將來，總有一天會變的，但如事先能有十五年的通知，一切就能有秩序的、損害最少的改變。

這些「忠告」，來自金庸理性的分析，是現實主義的觀點，這對後來英國人，香港人放下幻想，以現實主義的態度，對待香港前途問題，使中英談判順利並達成協議，應該有一定的新聞導向作用。可以說是最有現實意義、最有社會價值和最為精彩的。

很多人在中英談判期間達成協議之後，如再回過頭來看看這些社評，都無不佩服金庸分析問題的透徹和富有遠見。因為他的分析之根底，是一切從現實與理性的角度去審時度勢的。

一九八二年九月，中英兩國政府正式就香港前途問題進行談判。首次談判後，新華社發表聲明：「中國政府關於收回整個香港地區的主權的立場是明確的，眾所周知的。」……，金庸從一九八〇年以來發表的二百五十多篇有關社評中選取一二八篇，結集出版《香港的前途——《明報》社評選之一》一書。這是他迄今為止公開出版的唯一一本社評集，黃色的封面上，他手書的「香港的前途」書名是紅色的，「《明報》社評選之一」是金色的，上下各有他喜歡的金、紅色線條裝飾，很扎眼，封面上特別印了兩行小字：自由＋法治＝穩定＋繁榮：—（自由＋法治）＝—（穩定＋繁榮）。

如今，香港已早收回，也正如金庸在有關香港前途問題的結集：《香港的前途——《明報》社評之一》一書，那「封面上的特別注明」的，正朝著——自由、法制、繁榮、安定，闊步走去！

四、為《基本法》草案再赴北京

一九八四年九月二十六日，中英兩國政府代表草簽了關於香港問題的《中英聯合聲明》。十月十九日，中共十二屆三中全會即將舉行，主持會議的胡耀邦，抽空在中南海與金庸會面，在座的還有中央書記處書記胡啟立、中共中央辦公廳主任王兆國等。胡耀邦一見到他，便熱情地說：「很歡迎你到北京來！……香港的朋友們以前見過幾次，個別會見談話的，你是第一位。」隨即胡耀邦將五十五歲的胡啟立、四十二歲的王兆國介紹給他。同時，胡耀邦談到當天上午在民主黨派人士會上講的話：「若說哪一個人『無比英明』，我說言過其實。你說我們比較『開明』，可以。開明是開，開放是開，廣開言路是開，開誠布公是開，開創局面也是開。英明還加上無比，就不那麼合適了。」他又說，「我們開創這個局面不外靠小平同志說的三條，一靠正確的政策，二靠集體，三靠有遠見，有長遠打算，要提拔年輕幹部，關心下一代」。胡耀邦還透露「四人幫」還活著，每天看電視、看報紙，國慶日在電視上看了閱兵遊行。「江青看了電視，她說鄧小平那麼健康，真沒想到。她說她和鄧小平本來沒有什麼大的分歧，只是小問題上有分歧（眾大笑）。她是顧左右而言他。」說到華國鋒、汪東興，胡說：「他們不同，他們打倒『四人幫』有功，不過錯誤也不少。」「他們還是堅持那一套，想搞第二次英明領袖。華國鋒現在的待遇比我高……我們總結了歷史經驗，對犯了錯誤的同志，生活待遇不降低，子女不受影響。」當金庸問及：「海外人士擔心，推行藏富於民的政策，不可避免會發生有人錢多有人錢少，一部分人富，一部分人窮，社會上不免會有矛盾。中央對此有什麼考慮？」胡耀邦讓胡啟立做了回答之後，又補充說：

「這裡有一個引導的問題，也有政策問題，不著急。中國還有貧困地區，我們還給予補助和救濟。憲法規定，勞動力不是商品，可以付給一定的報酬，保持較好的待遇，但勞動力不能買賣，不能變成人身依附關係。這就根本不存在勞動力的剝削問題。『生產致富』與『剝削別人勞力』是兩回事。我們社會主義的經濟體系是不會受到衝擊的。」

談話結束時，胡耀邦對金庸親切地說：「查先生明天不走吧？明天中午簡單廣播，後天早上可以拿到我們三中全會決議全文。歡迎你下次再來，全國沒有去過的地方，可以到處去看一看。」

這初次見面，胡耀邦坦率、熱誠、開朗的個性，給金庸留下了難忘的印象。胡耀邦是鄧小平之外，金庸最心儀的中國領導人。

這次的相會相見，而三年後，胡耀邦遽然去世時，金庸即寫下充滿感情的社評〈致力改革、正直誠懇、深得人心〉：「然而中國成千上萬老百姓，尤其是知識分子，對他著實有一份敬愛和親厚的感情。與其說他是作出了巨大的貢獻和功績，因而使人愛戴，不如說由於他對開放和改革的熱誠與堅持，坦率性格之可親可愛，感動了千千萬萬中國普通人民的心。……胡耀邦是成功的，他贏得了海內外無數中國人的感佩和敬仰。」

一九八四年十二月九日，中國總理趙紫陽和英國首相柴契爾夫人分別代表中英兩國政府，在北京人民大會堂正式簽署《關於香港問題的聯合聲明》，鄧小平、李先念等中共領導人出席了簽署儀式，北京中央電視台通過人造衛星向世界實況轉播了這一歷史性的場面。

一九八五年四月十日，全國人大第六屆第三次會議通過決議，決定成立香港基本法起草委員會，負責起草基本法。這時，中國政府通過新華社香港分社告知金庸，中方邀他參加基本法起草委員會。《聯合聲明》生效後，起草香港特別行政區基本法的工作隨即提到中共的議事日程。

金庸自創辦《明報》起，一直堅持為《明報》撰定社評，寫了二十多年，論盡天下大事，但那只不過是紙上談兵、書生論政；而參加草委，則是真正的參政議政。作為一個筆論春秋的社評家，對參政議政自然抱有很大熱情。況且，在四十年前，風華正茂的金庸，曾一度闖外交官之門，想從政報國；另外，在武俠小說創作和報業方面已經登峰造極的金庸，也一直期待著在另一個領域開創自已的一番事業。

但是，金庸也有所顧慮。他想：《基本法》起草委員會是中方成立的機構，參加草委，《明報》讀者是否認為我親共，甚至認為《明報》會變成了左派報紙？所以，在以後當他和池田大作談起這件事時，他曾回憶、說起，當時自已的一種心態：「當中國方面最初邀請我參加中華人民共和國香港特別行政區基本法起草委員會時，我就很躊躇。那時我是香港《明報》有限公司的董事會主席，全面負責報紙的行政和編輯工作，又親自撰寫社評，如果我參加《基本法》起草委員會，擺明了和中國當局站立於同一條陣線，不免有損《明報》作為一份獨立報紙的形象。

但後來考慮到，我隻身南來，赤手空拳，一無所有，終於在香港成家立業，建立事業與名譽，有了一個幸福家庭和幸福生活。這一切雖有自已辛勤努力，但全是出於香港這一環境之所賜。」

當時，《明報》的同仁也有這個擔心。他們向金庸表示：你參加草委，有些讀者或許會對我們報紙的獨立立場，感到懷疑，這對我們報紙是有損失的。

但經過一番考慮之後，金庸決定接受中方的委任。他向《明報》的同仁解釋：「我認為我應該為我所愛的香港出一番力，做些有益於香港人的事。我於一九四八年三月來到香港，身無分文，此後在這裡成家立業，過了幾十年自由自在的生活，香港給予我的實在極多。我在香港社會中受到愛護尊敬，能有較好的物質生活，心中常自有感激之情，只覺我比別人所得為多，而回報不足。這一次有機會為香港花五年心力，真正做一件重要的事，然後退休，心中會感到安慰。」

至於參加草委是否與《明報》獨立的立場會衝突，金庸對他們說：「《明報》的立場，絕不因我擔任起草委員而有絲毫改變，如果中共改變目前的政策，回頭採取極左路線，《明報》一定會激烈批評反對。那時如果我不能再去北京開會，自然只好不去，在那樣環境下，即使去開會也不會有什麼用，北京也不會容許我們制訂一部旨在保持香港穩定繁榮的基本法。香港的前途，畢竟取決於北京的政策路線。」

一九八五年六月十八日，中華人民共和國香港特別行政區基本法起草委員會正式成立，委員五十九人，其中內地委員三十六名，香港委員二十三名。港澳辦主任姬鵬飛，被任命為主任委員，副主任委員有香港南聯實業公司董事安子介、香港環球航運集團主席包玉剛、香港大公報社社長費彝民、中國社會科學院院長胡繩、民盟中央副主席費孝通、全國人大秘書長王漢斌、香港東亞銀行總經理李國寶等。金庸以新聞工作者的個人身分參加了草委會。

當天，金庸以〈目標是求「不變」〉為題，於六月十九日的《明報》撰寫社評中，表明自已對基本法的四點意見：實際重於理想，經濟重於政治，自由重於民主，法治重於平等。

後來，金庸又向新聞界闡明自已的這四個觀點。他認為：「我提出這四點意見，並不是不要政治、不要民主、不要平等。『重於』是『在重要性的比較上』佔先，『不要』則根本否定。兩者完全不同。孔子說：足食足兵，民信之矣。三者都不可缺少，但『民信之矣』重於『足食』、『足食』重於『足兵』。他強調建立人民信心的重要，並不是說人民可以不必吃飯，國家可以不要軍備。將來寫成的基本法，如果內容比較偏於保守，我相信整體上對香港會較有好處。畢竟，大多數香港人是怕變，是希望不變。將來社會上如果真有改變的需要，大勢所趨，勢不可擋，一部《基本法》也萬萬阻擋不了。因為《基本法》通過之後，也不是永遠不能修改的。」

一九八五年七月一日，金庸到北京出席基本法起草委員會第一次全體會議。

走進人民大會堂，金庸見到不少他仰慕已久的重要人物，如錢昌照、雷潔瓊、胡繩、費孝通、張友漁、錢偉長等人，他們都是草委，見到他們，並和他們交談，金庸非常地高興。與金庸以前有過交往的老熟人如李後、魯平、鄧偉榮等，也參加草委。見到他們，金庸自有一番舊友重逢的樂趣。

在這之前，金庸曾指示《明報》印行了一本中英文對照的《中英關於香港問題的聯合聲明》，裡面還附有聯合國頒布的《公民權利和政治權利國際公約》與《經濟、社會、文化權利國際公約》的全文，以及與之有關的若干文件。這個版本比一般的中英文聯合聲明之版本，篇幅增加了四倍。

金庸編印這個版本，用意是很明顯的。他認為：「為了體現中英聯合聲明中這一項的規定，對這兩個國際公約有詳細研究的必要，其中的根本精神和條文，應當吸收入《基本法》之中。」

為此，金庸把這近百本中英文對照的《中英聯合聲明》書冊帶到北京，分派給各位草委作參考。

由此可見，金庸對起草基本法，既抱有極大的熱情，也投入很大的精力，他希望能在這方面發揮自已的一些作用。

七月四日，金庸在全體會議上，以〈一國兩制與自由人權〉為題，向委員們作了長篇發言。一開始，金庸就大讚特讚「一國兩制」的現實意義和歷史作用。他激情滿懷地說道：

……「一國兩制」的構想，對於香港的將來固然具有決定性意義，對於台灣以及全中國也事關重大，中國和平統一大業的最後完成，極可能要以這構想作為基礎。

眼光再看得遠一些，這構想對全世界、全人類、以至整個人類歷史，都能產生深遠無比的影響，主要的作用，在於這構想使得「全球戰爭的避免」成為可能……

一個國家，兩種制度，的構想，很容易推演而成為「一個世界，兩種制度」。一國兩制如能成功，全球兩制的和平共處、和平共存也成為非不可企及的設想。這使得人類的文明不致被核子戰爭所摧毀，人類的長期性進步不受阻礙。同時這也表示社會主義對自身制度的優越性深具信心，不怕競爭。這構想可以說是馬克思主義的發展。馬克思主義本來不是一成不變的，外界的條件改變了，革命的方針策略也相應改變。

如果從這構想發展出一系列的世事變動，人類終於能避免核子大戰。

由鄧小平的「一國兩制」設想，引申到「一個世界，兩種制度」，以及「全球戰爭的避免」將成為可能，這是金庸一個大的聯想，是對鄧小平「一國兩制」這「天才」設想的至高評價。

接著，金庸又向委員們表明他關於「一國兩制」在香港的試驗不容許失敗的理念——

「一國兩制」的情況，在人類歷史上並未長期而安定地出現過。一個國家中有兩種不同的經濟制度、社會制度並存，在社會發展的過程中當然常有，但那總是不安定的，兩種制度總是以戰爭或武裝鬥爭的方式來互爭雄長，過不多久，一種制度便吞併了、消滅了另一種制度。

中英聯合聲明是對「一國兩制」的構想的第一次國際性認可。中國領導人提出了一個完整的設計，英國領導人認為是可行的。雙方同意之後，以國際條約的形式固定之。兩個大國決心在香港長期施行。

……，……

實踐是檢驗真理的唯一標準。任何科學理論的真假，都須用實驗、實踐來檢查考核。在香港的試驗不容許失敗，這不單為了香港五百多萬同胞、中國十億同胞，也為了全世界整個人類。當然，香港的試驗如果失敗了，還可在別的地區再作試驗。但香港如果一試而成，中華民族的興旺便快速得多。我們香港人、中國人由此而對人類歷史作出了永久性貢獻。

對於即將展開的基本法起草工作，金庸也表明了自已的看法。他明確表示，基本法主體應該是維持香港人原有的「自由和人權」

保持香港資本主義體系的強大經濟力量，應當是基本法的目標。基本法中要規定保障香港居民的自由和人權，這不但是符合中英聯合聲明中兩國政府的承諾，也是保障自由經濟必要的手段。因為以集體主義為主導的生活方式，與自由經濟不能配合。

> ……政治制度、社會制度總是為經濟制度服務的。先進工業資本主義國家實施一人一票的直接選舉，這並不是唯一的選舉制度。香港的經濟環境與社會目標不同，將來在基本法中如何規定，值得從長計議。中英聯合聲明中規定，要「保持香港原有的資本主義制度和生活方式，五十年不變」。其中「原有的」三字值得注意。世界各國的資本主義制度和生活方式並非完全相同，我們的主要目標是「保持原有的」制度和生活方式，並不是大作改變而去搬抄別國的制度和生活方式。

聽了金庸的發言後，錢昌照、雷潔瓊等幾位老前輩，便拉著金庸的手，連聲稱讚。雷潔瓊用英語讚許金庸的發言：「你的發言好極了！」

金庸一生中最後一段風風雨雨的歷史，從此揭開序幕。從此以後，他常常是兩地跑，為了中國的政治和經濟，也為了中國的文化。

草委會第一次全體會議，很多時候草委們是參加分組討論的。金庸與港澳辦副主任李後、僑辦主任廖暉、外交家柯在鑠等草委分在第三組。在討論中，金庸對此提出了自已的看法。他說：「一般法律條文中往往有「但」如何如何的規定，中國法律的術語稱之為「但書」。「但書」的規定比本文優先。譬如說：某條馬路不能泊車，但星期天不在此限。任何人星期天在該處泊車就不算違例，交通警察如要控告，必定會輸。香港《基本法》可說是中國憲法中的「但書」。法律如果規定某種特殊情況為例外，那麼只要出現這種特殊情況，就須以「例外」來處理。比方說，犯某種罪要處某種刑罰，「但」如犯人是未成年人則從輕發落。只要犯人未成年則非從輕發落不可，如果不從輕處刑，法官就違法了。」

七月九日，中共領導人胡耀邦、鄧小平、李先念、彭真等來到人民大會堂，會見草委會全體委員，並一起合了影。中共幾個最高領導人會見草委會委員，顯示了中共對《基本法》起草工作的重視。參加這次草委第一次全體會議，與一些老朋友和那些他仰慕已久的人物在一起談論《基本法》起草工作，金庸覺得很高興。

當然，會議也有令金庸不滿足的地方。會議結束後，他曾向新聞界透露其中的一些「內幕」：「有些委員在發言之時，以姬鵬飛主任那篇講話作為『立論根據』，似乎只要一引姬主任的講話，那就絕對正確，理直氣壯之至。有些人的發言不是自已的見解，而是姬主任講話中的『精義』。其實，姬主任在講話中，是說得很謙遜的，說是『講點意見，供各位委員討論時參考。』兩次講話最後都說：『不當或不足之處，請批評指正。』他在參加我們第三組討論時，一再說自已提出意見是『拋磚引玉』，請大家批評指教。但不少委員的發言態度，對姬主任的講話未免過分重視強調，令人聯想起當年人們引作『毛主席語錄』。在內地討論問題，引用權威人士的意見或許是一種方便，但對於我們習慣於西方民主社會中生活方式的人，總覺得人人都是平等，對於一種意見的評價，應當根據於意見本身，而不是提出這意見之人的身分和地位。」

金庸的看法是：「我贊同姬鵬飛主任的講話，但反對過分突出主任委員（甚至副主任委員）的重要性。每一個起草委員的發言權，應當都是相等的。」

這次會議，是金庸第一次正式的議政場合。金庸在這次會議中不同凡響的表現，以及他所表現的正義立場與政治才幹，為他不久之後出任《基本法》政制小組負責人，確是做了一個很好的鋪墊。同時，當金庸回香港不久，即召集《明報》的部分編輯和記者座談，向他們暢談《基本法》起草的情況。

一九八六年四月十八日至二十二日，基本法草委會第二次全體會議召開，草委會成立了「中央和香港特別行政區的關係」、「居民的基本權利和義務」、「政治體制」、「經濟」，「教育、科學、技術、文化、體育和宗教」五個專題小組。金庸被任命為「政治體制」小組負責人。中方負責人肖蔚雲是著名法學家、北京大學法律系主任、《中華人民共和國憲法》的起草委員會委員。會議標誌著《基本法》的制訂工作，進入了具體起草的新價段；但是，不久由金庸一手策劃的一場所謂的「政制風波」也即將刮起。

當然，金庸永遠不會忘記一九八四年十月十九日能在北京的人民大會堂與胡耀邦的親切交談，當時胡很忙，即將舉行的十二屆三中全會由胡主持。想不到五年後的一九八九年四月十五日，胡耀邦竟在北京病逝。這對金庸來說，是一件無論如何意想不到的悲傷之事。胡耀邦去世時，金庸寫下充滿感情的社評〈致力改革、正直誠懇、深得人心〉，他曾說：「然而中國成千上萬老百姓，尤其是知識分子，對他著實有一份敬愛和親厚的感情。與其說他是作出了巨大的貢獻和功績，因而使人愛戴，不如說由於他對開放和改革的熱誠與堅持，坦率性格之可親可愛，感動了千千萬萬中國普通人民的心。……胡耀邦是成功的，他贏得了海內外無數中國人的感佩和敬仰。」一九九三年三月下旬，金庸離京之後，特到山東東臨渤海的最尖端「天盡頭」遊覽，見到胡耀邦題字的碑，一塊是「天盡頭」，另一塊是「心潮澎湃」。想起當年胡耀邦，金庸情不住禁地寫下「天盡頭，地盡頭，東望滄海水悠悠。追憶胡耀邦，心潮澎湃不能休。」的紀念詩，以深深懷念胡耀邦。因為，胡耀邦以非凡的膽略和勇氣，組織和領導了平反冤假錯案、落實幹部政策，使大批受到迫害的老幹部，重新走上領導崗位，也使其他大批蒙受冤屈和迫害的知識分子和人民群眾，得到平反昭雪、恢復名譽。胡的逝世，使金庸更想到自己的家庭出身，他的「外交官之夢因此破碎，因出身不好而受歧視，終生不能與別人平等，那是最大的違反人權。」「中共取消階級成分制度，是十年來在人權問題上所作的最大改進，歐美國家對此全然缺乏瞭解。」而這個改革，正是在胡耀邦手裡完成的。所以，胡耀邦病逝後，金庸一直像失去了什麼似的，而胡的音容笑貌，卻永遠留在他的記憶中。

五、主持「武林大會」

對於設計一個什麼樣的政體可以使大家基本滿意，香港各界意見也不一致，同時政制小組內的十九位成員也意見不一。籠統而分，意見主要分為兩種，一種是主張加速香港的民主政體改革進程，在香港儘快儘早實施激進的民主政制；另一種則強調以維持香港的政制現狀為原則，並在此基礎上進行循序漸進式的政制改革。

一九八六年四月成立的《基本法》小組，金庸被任命為「政治體制」小組的負責人，小組負責人還有內地委員蕭蔚雲（時任北京大學法律系主任）。成員則有：李後、魯平、毛鈞年、雷潔瓊、張友漁、許崇德、李福善、查濟民、鄭偉榮、項淳一、鄔維庸、黃保欣、廖瑤珠、譚惠珠、端木正、李柱銘、司徒華等人。

身為小組負責人的金庸和蕭蔚雲，其職責就是召集、主持政制小組會議，對小組工作進行協調。政制，是一個國家或地區的政權組織形式。《基本法》政制小組的任務，就是為未來的香港特別行政區設計一套政制形式。

對於整個《基本法》，金庸發表了他對香港未來政治體制的基本看法，他說：「我個人的理解，政治體制是整個《基本法》的一部分，政治制度不能脫離經濟制度、社會制度和生活方式而超然獨立，不可能其他部分「繼續保留」、「保持原來的體制」，獨有政治體制卻急速大變。」的確，政制小組一開始展開工作，金庸就堅持他的這個原則。

香港《基本法》的起草過程也不是一帆風順的。各種不同的立場與看法，主要表現在政制方案的爭議；而政制引起的不同焦點，則又幾乎集中在立法機關和行政長官的產生問題上。

第一次政制小組會議，草委們就發生激烈的爭辯，在行政、立法、司法三者之間的關係和各自的職責等問題上，大家爭論不休。一種意見認為三權分立實際上仍然會有一個主導，問題是應該行政主導還是立法主導？這個問題大家爭論了好長一段時間。有意見認為，要設計一種具有香港特色的政制模式，這種新的政制模式是能夠對未來之香港既可保持政治上的穩定，同時又可使香港的經濟持續繁榮。對於如何建立這樣一種新的政制模式，經過半年多時間的激烈爭辯，到了一九八六年一月，在深圳舉行的小組會議上，草委會政制專題小組終於達成了以下幾點共識：

第一，政制要有助於發展資本主義制度，有利於保持香港的繁榮穩定；第二，中國收回香港的主權不是為了對香港實行革命性的改造，因此，要保持原有政治體制的優點；第三，要兼顧社會各階層利益，逐步發展適合香港情況的民主參與。

爾後舉行的小組專題會議上，政制小組又擬定了有關行政和立法機關職權的行政最高首長，在當地通過選舉或協商產生，報中央任命，如有嚴重違法和瀆職行為會受到彈劾；行政機關執行政策，編制財政預算案，提出法案及議案；立法機關通過法律。

香港政制內容之原則定了以後，草委會政制小組接著又討論更加具體的實質問題：行政機關、立法機關和行政長官如何產生？這段期間香港的形勢，真可謂群雄並起，風起雲湧。因為這一切既關係到香港本身的前途問題，同時又關係到每個人複雜的利益問題。

香港本原是個自由港，代表各種利益的各階層都有自已的主張，但歸納起來，問題無非集中在這兩方面：行政長官如何產生？意見大約可分為兩類，一類由一個小團體提名，然後一人一票普選；另一類是由大選團來選舉；而在立法機關的產生問題上，主要分歧則在於首屆直選和功能團體舉選各自的比例，及是否有選舉團（或顧問團）成分。

各種意見不一，爭論不休，各有各的道理。身為政制小組負責人的金庸對當時的情況有一個回憶（對池田大作對話）：「……他們兩位（指香港大律師李柱銘和香港教師協會主席司徒華）要求進行急劇的民主大改革，在特區成立後立即實施一人一票的分區直接選舉，並在特區成立前以全民投票普選方式先行選出行政長官。他們兩人在會中是少數，但意見堅持不讓，經常和其他小組成員發生激烈爭辯，同時得到香港傳播媒介和青年、學生的支持，時時施行群眾性的壓力。……」

當時在香港，李柱銘、司徒華代表「民主派」在政制小組內雖是少數派，但在香港社會卻有很大的力量，得到輿論的廣泛支援，而且他們始終堅持自已的意見……而對於此問題的分歧，主要集中在未來香港行政長官和立法會議員的選舉方式上。

而金庸提出的「協調方案」主要側重於談行政長官的產生，他主張「一人一票普選行政長官」，但同時強調，在提行政長官候選人的程式上，要作嚴密周詳的規定。他還認為過分的激進是行不通的。

由於《基本法》中政制部分是香港各界最為關注的，所以它的起草過程也最複雜和最艱難。自一九八六年四月各專題小組成立以來，政制小組開的專題會議比任何專題小組都要多，但工作進展卻還是最為緩慢。到了一九八七年八月，草委會舉行第五次全體會議，其他專題小組基本上都已提交比較完整的方案，而政制小組只是提交了部分條文初稿，有關特別行政長官的產生及立法機關的組成和產生辦法仍然沒有得以解決。

在全體大會上，金庸向其他草委們解釋此乃為了多聽取港人對不同方案的意見。他在發言中聲稱：「……政制小組內部的多數，不一定就是香港人中的多數；而草委內部的多數，也不一定是香港人中的多數。……政治上成熟的智慧，應當是互諒互讓，各退一步以達成協議。在草委會中得到全面勝利，如果受到香港半數或接近半數的人反對，我們的工作不能算是成功。」

第五次草委會全體會議之後，就是《基本法徵求意見稿》的諮詢期。拿不出完整的政制方案諮詢香港市民，那如何是好？

據金庸自己說，如果單純靠表決，當時就可以得到一個主流方案。但他認為應當爭取一個團結和諧、照顧到各方面利益的表決結果。他說：「不能使中國當局失面子，而香港大多數人又能得到實際好處。」

於是，金庸和肖蔚雲等其他小組成員達成共識：在徵求意見稿中並列出各種政制方案。其中，行政長官產生辦法共五個方案，金庸「一人一票普選行政長官」的「協調方案」為方案之五；而立法機關的產生辦法則有四個方案，李柱銘、司徒華提出的「一九〇人方案」也在其中。顯而易見，金庸是傾向於一個兩全其美、既讓中方滿意又能讓港人接受的方案。

一九八八年五月至九月，《基本法徵求意見稿》在香港公開徵詢市民意見，香港各界、各階層、各團體在政制方案的討論上仍然是百家爭鳴，意見不一。

這期間，《基本法》草委會的內地委員兩次到香港來徵詢市民意見。金庸在多次地與他們交換意見後，產生一種「柳暗花明」的感覺。他說：「我發覺，他們本來原則性太強的態度已經開始轉變。他們在用心傾聽各界的不同意見，尤其第二次，好幾位內地草委都強調不能一面倒，要爭取團結和諧，但保持穩定的目標當然不能放棄。我發現了轉機，心中暗暗喜歡，似乎經過這次諮詢，政制上有了打破僵局的可能。」

內地委員訪港之後，金庸就開始構思他的「新協調方案」，以綜合各方意見，以形成一個政制小組的「主流方案」。

「協調方案」怎麼寫呢?金庸乾脆閉門兩天，終於擬出一個政制方案的新協調草稿。望以他和肖蔚雲兩人的名義提出這個方案。肖蔚雲從北京給金庸傳來一封信，明確表示：「這方案乃你多方考慮的結果，應以你的名義提出，建議作為小組討論的基礎。」

在和香港許多人士接觸、協商後，金庸向他們透露了「新協調方案」的主要內容，徵求他們的意見。他們都反對金庸的「新協調方案」，認為分三個階段舉行全民投票的時期過長，立法會議普選成分的起點太低，整個方案過於保守。這時的他始終想能以最大之努力來找到一個平衡點，在聽取了香港各界人士的意見後，金庸又對「新協調方案」進行修改、補充。其目的，是為了應對香港的民意，金庸將方案略作修改，行政長官的產生方式前三屆由間接選舉產生，在第三屆任內，由香港全體選民投票，決定第四屆是否普選產生。這個方案最後成了小組的「主流方案」，經十二月初的草委主任擴大會議和一九八九年一月的草委全體會議討論通過，將成為香港未來政制的藍圖。

這個時候的金庸，雖然人在香港，但已根本無法顧及《明報》的工作，極少回報館上班。他以全副精力專注於政制方案的協調工作。

十月份開始，金庸就找一些人座談、對話，瞭解社會各界人士對政制方案的意見，並推銷自己的「新協調方案」。

在徵求意見稿諮詢期結束後，以程介南、陳子鈞等人為代表，他們策劃、組織了一次關於協調政制的方案，後被香港人，稱為「武林大會」。

「武林大會」於一九八八年十一月十二日在香港舉行，離即將在廣州召開的政制小組會議有一星期。出席「武林大會」的包括政制方案「一九〇人方案」、「八十九人方案」、「三十八人方案」的倡議人，以德陽港人協會、傑青協會、勵進會、大學畢業同學會、勞聯、工商等團體的代表，與會者還有廖瑤珠、黃保欣、鄔維庸、譚耀宗等草委，一共有七十多人。金庸主持大會，擔任「武林大會」的主席。

出席「武林大會」的各界人士對政制方案徵求意見稿展開激烈爭辯，極力推銷自已的看法或方案，唇槍舌劍，此起彼伏，那場面，真一如金庸武俠小說中的「華山論劍」的味道。但是，大家經過一番「過招」之後，結果仍然不分勝負、互相爭論，但是好不容易最後達成了五點原則性的共識：（一）各方案提案人均認為互相協調交換意見是好方式，彼此不應持對抗和排斥性的態度，大家也希望爭取有機會繼續對話；（二）行政長官應通過選舉產生候選人，由中央人民政府任命；（三）行政長官的選舉應以民主的方式選舉；（四）選舉行政長官應用充分民主的程式提名；（五）香港特別行政區立法機關最初用混合選舉方式產生。

共識達成了，但在具體的問題上仍然爭議不休。在「武林大會」上，關於行政長官的選舉方法，有堅持首屆行政長官普選產生與間選產生兩種不同意見，而主張行政長官由間選產生者，其中的直選比例由最少四分之三不等，而最終發展至全港一人一票選舉的過程。有意見認為應以固定時間表方式，也有意見認為應以靈活機制或引發點方式，時間分別在第二至五屆之間。

金庸最後在「武林大會」上總結發言說：「各不同政見方案人士一起出席較大規模會議，誠意商討，氣氛熱烈，會議有相當大成果，對本周草委政制小組的會議肯定有幫助。」

金庸又向與會者透露：「將於本周在廣州舉行的政制小組會議，一定要就行政長官、行政機關和立法會議的產生問題達成主流方案，而且一定要有新方案，然後交由香港市民諮詢。」

金庸草擬「新協調方案」，原本希望能化解各方各派分歧的意見，儘快達成政制小組的主流方案，但又有多少人能理解他的一片苦心呢？的確，他的用心良苦，在不多時日後。卻引來了一場為這個「新協調方案」的風暴，這也是金庸所想不到的事，當然這是後話。不過，道路總是曲曲折折的，為了實現香港未來政制的藍圖，不可能是一帆風順的嘛？

六、一寸丹心誰人知

在「武林大會」進行的當天晚上，金庸特地又去李柱銘辦公室，帶著非常誠意的態度，重又與李柱銘、司徒華等人進行協商會談。然而，儘管是一番誠意，竟然也說服不了對方，他們卻對查嚴正地說：「……我們不會放棄既定原則，在本周的政制小組會議上，我們一定反對你的方案，堅決鬥爭到底。」金庸感到無法談下去，就回到家裡對方案作更多的思考。第二天他再去找當時的新華社香港分社社長、草委會副主任許家屯商量，兩人雖也討論了一些問題，也探討了香港民主進程的快慢步伐，但達不成共識，解救不了當時金庸心中的那份焦急，看來在當時的形勢下，也不可能有多大幫助。

爾後，金庸趕到當時委員們住宿的廣州白天鵝賓館參加會議，在該賓館會議廳召開的政制小組會議上，以他的「新協調方案」為基礎，與會者進行了熱烈的討論。但李柱銘、司徒華一改平日開會時議論滔滔的作風，保持沉默。他們不滿意會議以這一方案為討論基礎，以及以舉手表決的形式決定第二屆行政長官由間接選舉產生，因此不發一言，作了無聲抗議。他們仍堅持他們所主張的「一九〇人方案」，其中包括一九九七年七月一日前，在香港普選行政長官。為了表示抗議以後幾天的會議，他們也只是出席，但拒絕討論。這次會議上很多人為金庸的苦心和努力講了許多公道話，特別是草委會副秘書長魯平、以及香港草委李福善先生。

消息從廣州傳到香港，輿論一片譁然，十一月十九日、二十日，香港大部分報紙都批評金庸的「新協調方案」過於保守，有民主派人士甚至指責他的「新協調方案」出賣了港人利益。整個香港的普遍反應，都是不贊成「新協調方案」，包括一些向來親中的團體，也表示不滿，認為這一方案的民主進程太慢……

可以後的三天會議，仍以「新協調方案」之第二稿，作為討論基礎。而香港反對的聲音此起彼落，迅速形成了一個反對金庸方案之強大攻勢，簡直使他處於「四面楚歌」的境地。為了應對香港的民意，金庸只能將第二稿之方案略作修改。修改稿認為關於行政長官的產生方式，前三屆由間接選舉產生，在第三屆任期內，再由香港全體選民投票，從而決定第四屆是否普選產生。「新協調方案」最後成了政制小組的「主流方案」，如經十二月初的草委主任擴大會議和一九八九年一月份的草委全體會議討論，如對「主流方案」沒有什麼修改的話，這一方案，將有很大可能成為未來香港的政制藍圖。

開完政制小組會議後的十一月二十二日晚，金庸乘火車回港，剛下火車面對的就是一片抗議的聲音，三十多位香港「民促會」代表打著抗議橫幅，在火車站迎接他。出了站，又立即陷入了更多抗議者和記者的包圍中。記者們蜂擁而至，紛紛責問他：「全世界民主國家的行政首長都是由一人一票普選產生的，為什麼你要逆歷史潮流提出如此保守的方案？」金庸的回答是：「自古以來沒有一個國家的行政長官是真正由一人一票選舉出來的。」有一記者單刀直入地追問：「查先生，有人說你們的方案實際上等於出賣了香港下一代人的政治權利，你是怎麼看的？」聽著這樣的提問，金庸嚴肅地回道：「下一代的事自有他們去管，我們現在所需要做的就是盡力維護現在香港這六百萬人的利益和權利。」

金庸方案，當時連《明報》內部很多高級編務人員也不同意他的觀點，《明報》督印人、社評主筆吳靄儀發表了〈主流方案引起的猜疑〉一文：「魯平在廣州答記者詢問時說，有關政制的方案是在港草委提出來的，政制是特別行政區的問題，北京不好過分干預。這幾句話的意思似乎是說，要是香港人不滿意通過的方案，讓他們責怪在港委員，責怪香港人好了，這不是北京干預。可以想見，北京會告訴全世界，歷史也會記載，特別行政區政府架構的方案是由在港委員提出的，得到全體（除了兩人）在港委員接受的，而人大在通過了這個方案，頒佈為基本法的一部分。」

社會輿論普遍反對主流方案，金庸成了眾矢之的，千夫所指。香港報紙、電視台、電台、雜誌紛紛就此展開討論，各種猜疑紛至遝來：「主流方案到底是怎麼出來的？是否有什麼背景？起草者想達到什麼目的？是不是接受了別人的授意？而金庸只不過進行了包裝？他是不是想通過出賣香港人的利益而達到個人的目的？他是不是想當政壇盟主，想做第一屆行政長官或立法會主席？……」啊，「一寸丹心誰人知」？我們完全可以想見當時金庸在香港的孤立處境。處在這樣的情況下，說真的，金庸好在手中尚有《明報》這塊輿論陣地，面對潮水般洶湧的批評，他像六〇年代遭左派報紙圍攻時那樣，他惟有利用《明報》社評來進行反擊，除此還有何法呢？這一次，他也只能通過他的一枝健筆、通過《明報》社評為自已辯護了，這似乎也成了他處於困境中惟一的底線了。想起宋楊萬里的詩「一寸丹心白日明」，金庸相信世事也總能越辨越明，如此，他又鼓起信心去戰勝這由於參政議政而面臨的困境。

處於這樣的境地，處於這般的形勢，他又如何著筆來寫這篇有理有節的社評呢？其實從八〇年代中期以來，金庸已不再每天寫社評，而由他和吳靄儀、徐東濱等輪流執筆。雖然如此，但涉及中英、中港之類的敏感議題，便需要照顧他本人的立場。有時到了緊要關頭，社評員不敢下筆，更是非得由他親自出馬不可。他自已以後還作出過有關民主要求、基本法等問題由他本人執筆的指示。也有社評委員根據他平日的文稿修改，去揣摩社評方向，甚至連語法筆法，也儘量模仿。資深執筆人董千里說：「我為《明報》撰寫社評，自始自終，沒有受到社方任何干預，但主要由於我的自律，而非他（金庸）的寬容。」

由於金庸這二年來曾化了很多時間研究過各國的政制模式，所以在十一月二十四日，只化了一個多小時，金庸很快就寫下了〈沒有一國的行政首長是直選產生〉社評，第二天在《明報》發表。社評從主流方案談起：

「這方案公布後，引起了一部分人士的批評，認為發展民主的腳步太慢。民主促進會等若干社團更表示不能接受，要求在一九九七年七月一日政權交接以前即舉行選民普及的投票、直接選出行政長官。他們所持的主要理由是：今日世界上所有民主國家的行政長官都是通過普及的直接選舉產生的，香港卻要到二〇一二年才有可能普選行政長官，未免太落後了，在十五年中（九七以前由英國管治，與基本法無直接關係）抹殺了香港人的政治權利。……其實，以我們粗淺的歷史知識與國際政治知識所知，古往今來，從無一個國家曾以普及的直接選舉選出行政長官。」社評又接著回顧古希臘城邦之政治，又說：「直接選舉選出行政長官，在古希臘城邦政治時期，有些城邦曾實行過一段時候。不過那不是普選，因為只有自由民才有投票權，人數極多的奴隸沒有投票資格的。」緊接著他理直氣壯、有根有據說了自己的看法，他說——

「在今日，有些國家的行政長官不是經由選舉方式產生的，那不用說了。至於採用選舉方式的，全部是間接選舉，無一例外。（或許有極少例外，希望讀者來函指教）。古往今來，全世界似乎都沒有出現過普及直選行政首長，香港要首先創始，為天下先，當然也不是絕對不可以。但絕不能說各個民主國家的行政長官都是普及直選，所以香港也要在一九九七年普及直選。因為世界上恐怕沒有那回事。或許又有人說，民主國家的最高行政長官固然都是間接選舉產生，但香港特別行政區不是國家，只是一個地方政府，地方政府的行政長官許多都是普及直選。這一點我們同意。不過各國地方政府非普及直選的也很多，英國的市長就是間接選舉產生……」

但是，事與願違，金庸在《明報》上越想用知識抑或道理來說服人家，但後果卻往往相反。他寫的社評非但不能平息眾怒，還掀起更大的風波，這也許是金庸所始料不及的事。當然從總的情勢之發展看，香港許多民眾要求加快民主步伐之心較急切，這在金庸心中也是知曉的，但古人說「欲速則不達」，一個時代的發展總有自已的規律，不可能一蹴而就走向完滿的。

七、「主流方案」引來的風波

「金庸主觀太甚，流於謬妄，不知是否年紀大了變得糊塗無知？」……「報紙是社會的公器，金庸利用報紙來強化自已的立場，以及利用自已的影響力，去影響《明報》的辦報方針，這是否適當？是否妨礙了新聞自由？」……當時的香港，可以說無論是擅長於發表社會評論的各類報紙、抑或是各式記者，大多對金庸的言行表示了懷疑和憤慨。但是，在排山倒海般壓過來的輿論面前，見慣了風風浪浪的金庸，卻不驚不慌，仍然冷靜、沉著地應戰著這場由他引發出來的風波。被譽為「香港第一健筆」的金庸，充滿自信，認為自已的觀點是靠得住的。於是，在第二天的社評中，他又繼續為自已辯護——他不為反對他的與論所動、卻在不慌不忙中繼續應戰，但他所寫的第二天的社評，說話口氣溫和了一些，出詞用語似也中肯了些。

第二天的社評題為：〈直選首腦少之又少〉，金庸在他的社評中，大量列舉了一些國家的元首和行政長官產生的方法。他似乎用勸告的方式說：香港不是獨立國家，是否應當遵從其他民主國家的方式行事，姑置不論。至少，一般民主共和國的首腦極大多數是間接選舉產生的，有大選舉團方式，有議會間選方式，有混合的間選方式；直選產生的為數甚少。至於英國、日本、瑞典、丹麥、荷蘭、盧森堡等君主國家元首乃是世襲，馬來西亞，加拿大等國的元首或在君主輪流、或為委任，均毋庸多說。所以，要求直選行政長官者的主要立論是不成立的，因為他們所根據的並非事實。

在社評中，金庸還勸告香港人必須把「普選」和「直選」兩個概念弄清楚，不要把這兩件事混淆不清。金庸認為，這次廣州會議通過的政制主流方案，關於行政長官的產生，性質上還比較接近德國的選舉首腦方式。

最後，他進一步闡明「直選首腦少而又少」的觀點究竟是什麼？他認為：這次通過的政制主流方案，規定第一、二、三屆的行政長官，通過一個選舉委員會選出，選舉委員基本上由一人一票的直選產生，只容許少數的例外：香港的全國人大代表可能不是由直選產生（政協委員因為是委任，所以不列入）。極少數的功能界別或許只能由一成員一票的直選產生。

功能界別的議員或選舉委員，性質與民主國家參議院議員或大選舉團成員有些類似，以後再行討論。

當然不能說，選舉委員會的方式是十全十美的。不過有兩點可以肯定：第一、民主國家的首腦和行政首長，由直選產生的少之又少。第二，西方民主共和國家中以大選舉團或混合選舉方式選出首腦的，為數殊不在少。

社評一見報，群情更加激憤——不滿、反對、批評、謾罵的聲音，如潮水般向他湧來。基本上整個香港社會的輿論，都是反對金庸在此社評中的觀點。但是，作為金庸來說，他卻反而認為可能自已的觀點沒有表達得充分和清楚？所以又在十一月二十七日的《明報》上，他繼續發表了第三篇社評，題為〈民主國家如何選出行政首長？〉。在這篇社評中，金庸再次羅列英國、美國、加拿大、澳州、紐西蘭、愛爾蘭、印度、法國、義大利、德國、瑞士、瑞典、挪威、丹麥、日本、前蘇聯、中國等國家的行政長官選舉模式。最後，金庸又分析了選舉方式：為什麼所有民主國家都不採取一人一票直選行政首長的方式呢？顯然這方式中含有重大缺點，以致任何國家都不願採用。香港特別行政區不是獨立國家，只是一個有高度自治權的地方政權。地方政府以普及直選方式選行政首長，危險性沒有獨立國家那麼大。這一點我們同意，不過認為事先必須通過極審慎周詳的候選人提名手續，例如法國的選舉總統。如果只由十分之一立法機關成員提名即可交由全民直選，任何國家迄今為止都不敢冒這風險，恐怕也沒有什麼國家的省分或大城市的地方政府敢冒這風險。

金庸在這篇社評中的解釋，真可謂越辯越激起港人對他抗議，他原以為世事可越辯越明，但他的社評真一如火上加油，並非是他想像的如願以償。十一月三十日，香港嶺南學院、理工學院、樹仁學院的二十名學生代表，高舉兩幅橫額，上書「你有強詞奪理的自由，我有火燒《明報》的道理」和「歪曲事實引得人人憤，斷章取義必須引火燒」，來到明報大廈門外，將二十六、二十七、二十八三日的，《明報》和三篇經影印放大的社評當眾焚燒，以抗議金庸近日有關行政首長選舉問題的社評「斷章取義」。「歪曲事實」。他們並不時高呼「為公理，學生燒《明報》」的口號。發言人嶺南學生會會長陶君行表示，金庸身兼草委會政制小組召集人及明報社社長二職，他們期望《明報》會中立報導基本法事宜，但《明報》社評近日的表現則令人失望。陶君行並表示學生正考慮，是否要求金庸辭去召集人之職，另外他們正籌組文稿，準備在《明報》及其他媒體發表反駁金庸的文章。

同一天，一些學生和民主派人士還結隊遊行到《明報》大廈，向金庸提交抗議書。對學生火燒《明報》，金庸表現得非常冷靜；「小孩子、學生哥衝動一些無所謂的。」他認為學生根本未弄清楚事實，對他作出錯誤批評。他說：「學生哥不懂事，可以問問政治學的教授，或者致電美國領事館詢問，或到圖書館翻翻書。」

十二月一日，金庸向基本法諮詢委彙報「主流方案」形成的情況。會後，記者們問他近日為何在《明報》撰寫社評。金庸解釋說：「自一九八五年出任基本法政制小組港方召集人後，已不在自已報章上撰寫關於《基本法》的社評，並一直遵守著這諾言，但現時基本法差不多要提出來通過，卻有很多對我不公平的言論，所以我要將事情說清楚。」

金庸又說，昨日要向他遞交意見書的學生和一些民主派人士，連一些基本的觀點還未弄清楚，所以他會透過文章先讓他們知道具體事實，若仍有不同意見，大家才再商量。

他說，那些學生覺得他在社評說大部分的國家首腦是由間選產生的，於是就認為他反民主，學生政治學修養實在太差。金庸又指責「民主派」還未認清原則問題，民主與否，與直接選舉和間接選舉是無關的。他認為李福善法官在這個問題上講得最清楚，直選不代表絕對民主，只是選舉的方式真正的民主是普及選舉，使每個人都有平等、公平的投票權益才是真正民主。

雖然金庸一二再再二三地想講清道理，其目的是想「平心靜氣」地平息這場風波，但這一切都無濟於事，一場聲勢浩大的潮流已經滾滾而向他泊來……他，處在這樣的漩渦，能中流抵柱嗎？那樣的時刻，他有好幾夜似乎沒有好睡過，心中也禁不住有些許的感嘆，他感嘆世事有時候的無知，感嘆世事之多變，心中禁不住又湧起杜甫的二句詩：「白髮千莖雪，丹心一寸灰。」……然而，這感嘆在金庸心中不會滯留太久，因為，在他心裡想的更多的是「平心靜氣」這四個大字，惟有它，才是解決當前問題的最實際的途徑和方法。

八、平心靜氣談政制

「民主國家也都不採取一人一票直選行政首長⋯⋯」，這確是金庸想從其他國家引證經驗而用於說服香港的市民。但是，他用之社評的諸多論述，似乎並不頂用。自政制小組通過「主流方案」後，反對金庸與「主流方案」的浪潮，一天比一天高漲，十一月二十六日、二十七日、二十八日三天的社評，更給這場反對金庸的浪潮火上加油，並使這樣的態勢走向白熱化。

從一九八八年十一月二十八日起，金庸以〈平心靜氣談政制〉為題，一連十二天在《明報》上以「章回」形式之文字，連載了一系列評論，也就是說他洋洋灑灑一共發表了十二篇大文，為自己和「主流方案」辯護，那時，他真是做到人們常說的不厭其煩的境地。他耐心地介紹「新協調方案」與「主流方案」出台的前後經過，以及他為此方案所作的真誠的努力。

「談政制」為什麼還要加上「平心靜氣」呢？金庸說：「我見到有些發表在報章上的文章頗有意氣、情緒激動，我認為，儘管政見不同，仍應作理性的探討，以辯明是非曲直。」對此，他在文中也承認：「要為自已解釋辯護，是最沒趣的事，如是私人事務，你相信也罷，不信也罷，你懷疑我的人格，難道我的人格就會被你懷疑壞了？不過這是公眾事務，又牽涉到旁人，有需要澄清一下。」

在文章中，金庸繼續解釋「主流方案」。在一番引經據典、旁徵博引之後，金庸對行政長官的產生形式得出兩個結論：（一）、「由於世界各民主國家的行政首長都是由一人一票直接選舉選出，所以香港特別行政區行政長官也應如此產生，否則違反世界潮流」他始終認為，這般的立論不能成立，因為它不符合事實；（二）、政制小組關於初期選舉行政長官的方案，符合目前所可能獲知的香港民意中的多數意見。

關於「新協調方案」與「主流方案」的草擬經過和討論過程，金庸也以大量筆墨詳細介紹，說明方案是協調各方意見而得來的，其討論過程也是合乎情理的。

另外，金庸也在文中提及在政制觀點上與他針鋒相對的李柱銘和司徒華先生，他說，他和李柱銘私交很好，但因為政見不同，所以極少談政治；至於司徒華，金庸說，雖然與他極少交往，但一直很尊敬他明晰的分析能力。金庸不厭其煩、連篇累牘地介紹草委會、政制小組的工作情況，「新協調方案」和「主流方案」出台、討論經過，顯而易見，是為自已辯護。

當然，這組〈平心靜氣談政制〉的文章，筆調是儘自已的一切可能去做到「平心靜氣」地講情況，說道理，以讓廣大香港市民能理解他之苦衷。

十二月六日，《基本法》草委會主任擴大會議，在廣州舉行，討論政制小組提供的「主流方案」，政制小組只有金庸和蕭蔚雲出席。「主流方案」在會議上獲得通過。

在此之前的短短十多天中，對「主流方案」不滿的團體和人士向金庸提交了八份關於政制方案的意見書，包括工聯會、傑青協會、民主協會、政府華員會、大學畢業同學會和基本法諮委張家敏各自倡議的方案，以及「三十八人方案」和「三十九人方案」。他們都希望擴大會議能對他們提交的方案進行討論。他們對主任擴大會議不抱有太大希望，只是覺得既然還有機會，就不妨爭取一下。

金庸在會前對記者說，八份意見書都建議將決定普選行政長官的全體選民投票，提前到第三屆任期內舉行，而非「主流方案」所寫的第三屆內舉行。他甚至認為，主任擴大會議可以根據上述意見修改「主流方案」。

然而，最後的結果是：擴大會議對「主流方案」沒有做出任何改動，決定將它原封不動地呈交給一九八九年初舉行的草委會第八次全體會議表決。

當時，草委會副秘書長魯平解釋說，「主流方案」乃經過政制小組一條一條地在大多數人贊成下通過的。他還說，八份意見書建議的提前在第二屆決定普選行政長官的方案並非代表港人共識，因為起碼「民主派」就不贊成。消息傳回香港，各派人士大表失望。

提交「三十八人方案」的程介南、倡議「五千言方案」的張家敏失望之餘，都表示還會奔走呼號、準備最後一戰。「民主派」的楊森第一個反應是：「預料會這樣。」他說，所謂主任擴大會議，只不過是一種形式，「主流方案」是政制小組通過的，主任會議當然不肯負起任何責任，而且壓力已有政制小組承擔。

第二天的十二月七日，金庸似乎以一個勝利者的姿態回到香港。一踏進家門，他就看到一束鮮豔的紅玫瑰擺在桌上，上面有一封普通香港市民的信，金庸急忙拆開，一看，是送花人寫的，信上說，自已向來是反對金庸的「主流方案」，但近日讀完他的十二篇〈平心靜氣談政制〉社評，才瞭解到事實真相，特送這束玫瑰花，以表示理解、支持。半月來，金庸已成為眾矢之的，所以，有人送花以表示支持，對於正身處輿論漩渦中央的金庸來說，是多麼地難得。面對著這束玫瑰花，金庸覺得好溫馨，心中自然而然地湧起一股暖流。

過去許多年後，當他回憶往事時，他曾對池田大作說過這樣的話：「當時我在理論上和『民主派』的學者、宣傳家仍展開激辯。對方不顧事實，一味高喊口號，要『一人一票直選』。其實，一人一票的分區直選，未必就是最公平最民主的方式。日本最近的國會選舉，就改變舊制而分為兩部分。五百名議員中，三百名由分區直選產生，二百名由政黨比例產生，每名選民都投兩票，成為『一人兩票』。……香港的青年們受到了宣傳鼓動，不冷靜地瞭解事實，不考慮具體情況，一味認為『凡是和中國當局看法一致的，就是親共、出賣香港人的利益。』」

上述與池田大作的對話，在九七香港回歸後，政治的現實，也漸漸印證了他的理性的思考。

金庸對當時的香港的現實，有一段出自肺腑的話，他說：「……我始終希望扮演一個協調者的角色。一直以來，我都希望在草委大會內部，或者政制小組內部，保持民主的聲音：希望這種聲音能在《基本法》中得到反映。再說，現在的政制主流方案，其實也不單是我個人的意見，而是經過政制小組通過的。

假如我們過早地發展政黨政治，過早地發展激烈的政治鬥爭，那麼共產黨就會被迫參加。相信大家都會同意，假如共產黨參加實際的政治選舉活動，他們一定贏；要是真的出現這個局面，我便不再留在香港了！」

金庸的肺腑之言，真使人想起民國初宋教仁這位激情滿懷的歷史人物，他當年也為了實現所謂的「政黨政治」，到處奔波，馬不停蹄，一腔熱血，其結果是如何呢？讀了金庸的這段話，又使筆者又很自然地想起新黑格爾主義的代表人物——克羅齊（Benedetto Croce，一八六六至一九五二）他曾說過的一句話：「一切真歷史都是當代史」，只要是真歷史，對我們將永遠是鮮活的一面鏡子！

第十二章　竹裡坐銷，花間讀書

一、退出草委會

草委會第八次全體會議於一九八九年一月九日在廣州舉行，主要議題是表決起草委員會各小組提交之草案。會上雖有香港的李柱銘和司徒華提出修訂金庸設計的「主流方案」，但他的提議卻只有一名草委支持，連提出提案的機會都沒有。最後，大會通過了這個備受當時有些香港人反感的「主流方案」。但於此同時，草委會接受了由查濟民提出的修改提案。這便是人們常說的「雙查方案」。（即金庸和他的高三輩的同屬長輩、代表香港工商界的查濟民先生）二月二十一日全國人大常委會通過了由草委會提交的「基本法草案」。如此，當時大家稱之謂「雙查方案」將成為香港未來的政制方案。

當全國人大常委會通過了這個「基本法草案」時，人們同時非常關注著「雙查方案」，那麼接下去的事，我們的傳主——金庸先生，那未來的特區首任行政長官，是否會由他來擔綱呢？此時，這個熱門的話題，在當時的香港確議論紛紛。

然而，曾投入了極大熱情和精力於《基本法》起草、並一度被視為未來特區首任行政長官的熱門人選之一的金庸，恰恰在同年的五月二十日，卻毅然辭退了《基本法》草委這個神聖的職務，這突兀的舉措，確出乎很多人的意料。雖然，他已向人們表明他做出這個抉擇的原因，但有些人還是對此舉感到疑惑不解：「金庸炮製主流方案，不就是想當行政長官嗎？怎麼在這個時候就不幹了？」……

其實，金庸的決然退出，倒真有點像他描繪的武俠小說中所按排的人物命運。你看他為《書劍恩仇錄》中的陳家洛，《碧血劍》中的袁承志，《射鵰英雄傳》中的王重陽、郭靖，《神鵰俠侶》中的楊過，《笑傲江湖》中的令狐沖，乃至貪財狡猾、深得皇帝寵信的《鹿鼎記》中的韋小寶，哪個不是在江湖上成就一番事業之後，就棄高官厚祿而不為，飄然而去呢？我們不難看到金庸筆下的這許多人物，其結局不外於二：一是鞠躬盡瘁、死而後已，二是飄然而去，遁世隱居。似乎這才是他筆下人物的真正出路。

「但是凡有利於香港順利過渡，有利於保持香港繁榮安定、自由法治者，今後仍當以新聞工作者之身分盡力。」當此事傳開後，金庸在接受記者採訪時，曾坦然說：「……草案工作也已接近完成，只是在經過第二次諮詢後，參考香港人的意見，再做若干修改而已。」

在他看來，既然《基本法（草案）》已被人大常委會通過，他設計的「主流方案」將會成為未來特區的政制藍圖，已算是完成了一番事業，至於官位，金庸多次說過，歷史上他最欣賞的是范蠡和張良，他們都是在轟轟烈烈、熱熱鬧鬧地幹一番事業之後，飄然而去，不戀留於名利與權位。

有意思的是，就在金庸宣布辭去草委職務的十多天後，他為自已的得力幹將之一、《明報》督印人吳靄儀所撰寫的《金庸小說中的男人》一書作序，在序裡他所談的全是俠客的「隱退」故事，其中一段寫到：「從社會觀點來看，置身事外未免是逃避責任。但即令是「知其不可而為之」的孔子，也主張「道不行則乘桴浮於海」。孟子說：「窮則獨善其身，達則兼善天下」。以兼善天下為目標的是我小說中的第一類男主角，第二類男主角則在努力一番之後遭挫敗，意興闌珊，就獨善其身了。「且自逍遙沒人管」（《天龍八部》的一句回目）是道家的理想，追求個性解放、自由灑脫，似乎另有一番積極意義。儒家的「獨善其身」則有較強的道德內涵。」這確應該是金庸當時的心情寫照。也可看作是金庸辭去草委職務的一個闡釋。另外，他還說：「只希望在現實條件許可下，為香港人爭取到盡可能好的條款。」「提出崇高的理想很容易，但如根本無法實現，徒然造成混亂和損失。……我們可循序漸進的發展到充分民主；至於時間的快慢、是否取消全民投票等等，我並無成見，只求能得到多數人贊同。」

從這些話裡，我們其實也可追溯到金庸從中國儒家思想出發的政治文化之理路，也可說是一種傳統合理的延伸。我們如一讀杜牧的「丸之走盤」的妙喻，也可略知一二。他曾說：「丸之走盤，橫斜圓直，計於臨時，不可盡知。其必可知者，是知丸之不能出於盤也。」

我們如為「丸之不能出於盤」說句通俗話，就是說，如你想的是「根本無法實現」的事，那就只能按照循序漸進的路子走。

金庸辭去草委職務後的近一年中，香港的政制方案，又經過了許多回合的爭論，直至一九九〇年二月十六日下午，在草委會第九次即最後一次全體會議上，根據委員們的意見，對「新主流方案」又作了三項重要修改，其結果均獲得三分之二以上贊成票通過。至此，圍繞著基本法政制方案內容而展開的爭論，終於塵埃落定了。

當然，無論是「主流方案」或者是「新主流方案」，無疑都凝聚了金庸的一份心血。五年來圍繞著香港基本法的風風雨雨，也使他心靈歷經了從不理解到理解的磨難過程，到此，對金庸來說，在他心中也確落下了一塊沉重的石頭，五年風風雨雨的草委生涯，至此全部結束。

二月二十七日，鄧小平、江澤民、楊尚昆、李鵬、萬里等中共領導人在北京人民大會堂會見了出席最後一次會議的全體《基本法》草委，並和他們合影留念時，金庸已不在其中了。

五年前，鄧小平等中共領導人也曾和參加第一次全體會議的全體《基本法》草委合影。與那次相比，參加這次合影的草委們少了九個人，他們是因病不能到會的包玉剛，先後去世的郭棣活、費彝民、賈石、錢昌照，被指從事與草委身分不符活動而遭免職的李柱銘、司徒華。還有就是提出辭職的金庸、鄺廣傑。

不少草委認為，金庸是頗有影響力、也是作了很大貢獻的草委之一。有不少草委曾和他經過數年共事，和他建立了相當深厚的友誼，如李平、魯平、鄭偉榮、蕭蔚雲、項淳一、許崇德等等。金庸雖沒有出席這次慶功大會，但他對這次會議還是非常關注的。其實，最後的《基本法》政制方案，實質上與金庸的「主流方案」不相上下。金庸看到這個方案時，唯一的反應是：「結果也只能是這樣。」

其後，人們還是時常向他問起有關政制方案的問題，而金庸幾乎每次都以這句話表明他的看法，他說：「中方為了使香港人安心，在許多方面都作了重大讓步。我認識到什麼是中方讓步的極限與底線，當時的所謂「主流方案」與「雙查方案」，相信已到達了底線；而其中「取消大選舉團」和「十年後公民投票」等幾項，事實上已經超越了底線……」這些話，從某種意義上說，其實也是金庸自已參政議政之底線。

爾後，當港督彭定康拋出的政改方案，招致中方猛烈炮轟的時候，金庸更理直氣壯地對記者說：「我自已比較驕傲的是，可能我對中共比別人瞭解多一些。一九八八年，我倡議「主流方案」，很多人說保守，但我和魯平、李後有著較長時間的交往，我覺得「主流方案」已是他們的底線了。我在中國接受的底線上推出來……我覺得自已問心無愧。」

由於草擬《基本法》是一項關係到香港回歸的政治工作，金庸參與和主持的政制方案草擬，其本身便具有了政治色彩。因此，人們都認為金庸擔任草委就是參政了。但金庸否定此說。他認為參政應該是取得政治地位，得到權力，而參加草擬《基本法》，只不過是一種社會工作，如同他參與香港政府法律委員會，當廉政公署的社區關係委員會成員一樣。

參與草擬《基本法》是參政還是社會服務？可暫且不論，但金庸仍然認為五年的參草，確是他一生中一段非常有意義的重要的經歷。所以，他對這段人生經歷，充滿了無限希望，他曾說「……我一想到中國，立刻就出現『龐大』的概念。九百多萬平方公里的面積，是香港的九千多倍；十二多億人口是香港人的二百倍。我們投入這樣一個大家庭之中，真正是前途無限……」

這些充滿了無限深情的話語，真猶如他自已的詩作〈參草有感四首〉中所說的心裡話：任重道遠乾坤大，循序漸進天地寬。其實，這二句詩似乎包含了《易經》中之乾、坤兩綱了。興許，這兩句詩也是金庸對未來香港的全部希望。

二、部署引退

時間到了一九八九年五月二十日，金庸在《明報》三十周年茶話會上，他宣布辭去社長職務，只擔任《明報》集團有限公司董事長，這就是說他只掌握政策和大計，其餘日常事務他就不管了。金庸向《明報》員工解釋說：「我年事已高，今年已六十五歲了，已超過香港一般退休年齡十年，不勝劇繁，退休之念存之已久，希望逐步提升本公司年輕一輩接班，從家長式的管理改為制度化的管理。」

金庸卸任社長後，《明報》集團有限公司另組行政委員會，負責報社的日常行政工作。行政委員由明報週刊督印人兼總編輯雷煒坡、明報總編輯董橋、明報督印人吳靄儀、集團公司副總經理許孝棟四人組成，雷煒坡任主席。

而後，雷煒坡又擔任金庸的《明報》社長一職。卸任《明報》社長一職，是金庸淡出江湖的實質性的第一步。不久，他向外界透露了出售《明報》股份的消息。三十年來，《明報》一直只有兩個股東，金庸占八成股份，沈寶新占兩成股份。他們倆這般的二八開的股份，可以說已合作了這麼久，金庸心裡很清楚，這樣的合作已落後於新形勢之要求和變化，另則，他的年齡也需要新的接力棒來把事業做下去。

《明報》當年的盈利接近一億港元。消息一出來，不少財團都主動向金庸表示，希望能成功收購《明報》，眾所周知有國際傳媒大王梅鐸的《南華早報》、英國報業大亨麥士維的《鏡報》集團、新加坡《聯合早報》集團、日本德間書局集團（包括《東京時報》）等。香港百富勤證券公司的梁伯韜、創辦《資本》和《資本家》雜誌的出版商鄭經翰聯手和金庸多次接觸、協商，價錢差不多已談好，梁、鄭連一張十億元的支票都準備好了。但金庸最終沒有與他們達成任何協議，他覺得他們收購《明報》只是商業行為，無法體悟《明報》所包含的文化意義。他認為雖鄭經翰對出版有熱誠，為什麼沒有賣給他呢？主要怕時間久了，他們會為了利潤而把《明報》折散出售，如此自已一生辦報心血，不就化為烏有了嗎？金庸左思右想，最後，他決定暫時擱置出售《明報》的計畫，先將《明報》公開上市，發行《明報》股票。

一九九一年二月三十日，金庸舉行記者招待會，正式宣布《明報》企業於三月二十二日掛牌交易，上市的主要業務有：《明報》、《明報月刊》、《明報週刊》、明報出版社及翠明假期旅行社等，他的武俠小說因為牽涉複雜的版權問題，難以作價上市。

三月二十二日上午九點四五分，在香港聯交所二樓訪客廊裡舉行了《明報》企業上市酒會，出席的嘉賓包括聯交所正副主席利國偉、黃宜弘等。十時正，《明報》企業正式上市，共發售新股七千五百萬股，每股認購價為二點九元。如此《明報》共集資二一七五〇萬元。招股反應十分熱烈，從而獲得二十五點七倍超額認購，凍結資金五十二點二六億元。上市第一天，交投活躍，全日成交二一三八萬七千股，平均每股成交價為二點九九元，成交值達到六三九七萬餘元。

在《明報》企業上市的同時，金庸與《明報》企業簽訂了三年合約，表示自已至少為《明報》再服務三年。他本人的持股量，則從八成減到六成。他說，將《明報》上市，是他退休計畫的重要一步。他不想通過上市賺大錢，而是想減少對《明報》的控制和參與，最終完全退出《明報》。所以，原有股東——金庸持有百分之六十五，沈寶新持有百分之十五。這樣其實金庸和沈寶新都減少了自已可應用的資本金。金庸認為主要目的是為了使《明報》公眾化，為了把此報傳承下去而在社會上不至消失，因為有了更多的人能參與下去，就算他不在了人間，也不至於使《明報》隨著時間的發展而四分五裂，甚或垮台。他認為他在香港白手起家，賺了足夠的錢，已經大大可以保證他和他的子女生活了，他希望借《明報》上市，可以吸引最好的人才來把報紙辦得更好。

於此同時，金庸又向外界透露，他有意出售《明報》的股份。找上門來的人不少，其中之一是香港智才顧問管理公司的總經理，一個三十出頭的年輕人——于品海，他又一次稍稍進入了他的視線。說起這位年輕人，正是兩年前聯同日本德間書局來和金庸洽談購買《明報》股權的那位青年。可當年由於日本人討價還價，金庸感到與外國人交易沒趣，所以最後沒有能談下去。而這次他是不再帶日本方面的人來了，而是單槍匹馬一個人上門來和金庸洽談，因為在于品海看來，他單獨一人出馬，成功的可能性也許更大。的確，《明報》上市後，對於金庸來說，最終想找到一個好的接班人，確始終是放在心上的事，但金庸知道這樣的事也是急不了的，至少目前他可以在家好好地休閒一下了。

卸任後的金庸，確很少去《明報》了，除了在家裡用電話和傳真機作一點工作上的遙控外，大都在自已家裡讀書，也儘量多讀一點佛經。他在研讀佛經時，他似乎體悟到了無欲無求是佛經所闡述的最高境界。但金庸認為自已是做不到的，他說自已離這個境界太遠了……第一，他做不到人生不需要物質之財產。第二，他不可能不要妻子、兒女。第三，他不可能不要名利。金庸這樣的話確是很坦誠的，對於他從目前的處境來講，他能實事求是做到的，也只能是慢慢地淡出自已一手創立起來的《明報》的事務性工作，抑或能追求一點閒適，過上一點閒雲野鶴似的生活。其實，金庸從他少年到青年、從壯年過渡到老年，他是一個活動型的創事業的人，他不可能一下子戛然而閒。從他的一生看，他嚮往於幹出一番事業來，如今雖功成名就，這也正如一輛車子在道上迅捷地跑，真要剎車也不能太急，它必有慣性，只能慢慢地趟一回，然後再安適地停下來。而當前他為了實現這步人生之棋，能使自已真正閒適下來，惟一放在心上的事是如何物色接班人的問題。

為了《明報》接班人問題，對於金庸來說，也是他平生最重要的一件事，所以他慎密思考，如何在晚年做好這件事，他總把此事放在頭等位置。他曾徵求過子女們的意見，希望他們能接管好《明報》，但因為他的二女一子都不從文，也都有自已的一份事業在做。所以，子女們都表示對此沒有很大的興趣。而金庸當時在心中，是怕自已隱退後，子女會把股權出售，令《明報》解體，於是，他決定在自已還有能力管事時，盡力向外物色一位對辦報有熱忱之心，同時也能把《明報》辦好的接班人。

當然，金庸對於跟他一起辦報的同仁，或一起同甘共苦的人，是不會忘記的，所以他首先考慮的是他手下的一些得力幹將，是否有人才來接管好《明報》這份事業。金庸開始有退休念頭的時候，就常提起與他和沈寶新一起創辦《明報》的潘粵生。潘粵生此人，曾在《明報》服務了三十多年，他當過《明報》的總編輯。但在一九八九年，他移民到了加拿大，移民前他是《明報》的副社長。他曾為《明報》立下過汗馬功勞，金庸當然首先想到他位人選。另一個被金庸考慮過的接班人是一九八七年應聘為《明報》集團總經理的鄭君略。但後來，鄭君略因出任了無線電視總經理一職，而離開《明報》了。

再接著就是雷煒坡了，他長期主持的《明報週刊》，被公認為香港娛樂週刊的開山鼻祖。金庸卸任社長後，就是由他繼任社長一職的。跟隨金庸在《明報》三十年的雷煒坡，也是金庸一度考慮的接班人人選……

對於上述提到的一些接班人選，金庸對他們總是左考慮右思索，似乎這些人接《明報》之班都是有資格的，然而如仔細分析，總是有這有那的缺憾。也許，我們從旁觀者立場看，覺得金庸考慮太沉重或太多了些，但如從一個白手創業者之角度看，就不是那麼一回簡單的事了。

金庸是創業者，是香港《明報》之先驅，回首往事，創業維艱，令他歷歷在目，記憶猶新，如今他要布署引退，且又要有優秀之後來者接班上去，作為當家人，不絞盡腦汁行嗎？

三、淡出《明報》

正當金庸為接班人一事大傷腦筋的時候，兩年前聯同日本德間書局前來洽談購買《明報》股權的那位年輕人于品海，又重新找上門來了。這次他與金庸說，是希望由他管理的智才顧問公司購入《明報》的控制性股權。

當年，雖然雙方未能談成合做事宜，但于品海以他的才識，給金庸留下較好的印象。所以，當他再上門來時，金庸就隱隱約約地感覺到，與這個年輕人洽談，可能會談出個好結果來。第一次商談後，金庸果然表示有意思再談下去。

金庸平時給人的印象是「深不可測」甚至有點「老謀深算」，不經過一番深思熟慮，他是不會輕易把《明報》轉讓出去。和于品海初次洽談後，他就通過別人瞭解于品海這位年輕人的一些人生事業發展的情況。

于品海，原藉山東人氏，在香港讀完中學後，就到日本去，以教中文、英語，並也在餐廳做事謀生過。後來，又去了美國，到加州聖地牙哥大學讀電視新聞系。但學費不足，于品海大約在一九七七年輾轉到加拿大讀大學。其間，他曾辦一份抄寫的中文刊物，自已負責寫稿和聯繫廣告，在唐人街賣。

一九七九年于品海回港後，曾和一些朋友辦了一份論政雜誌，僅僅出了四五期就停刊；其後他又加入《財經日報》任翻譯及編輯工作，一九八一年底離開《財經日報》加入中華總商會任助理秘書，隨後又入傅厚澤家族公司工作。

到了一九八五年，于品海自立門戶，創辦智才管理顧問有限公司，自已打天下。當時的註冊資金為二百萬元，其中二十萬元是于品海的資金。「智才」的第一宗生意是通過一家日本銀行的介紹，在中國廣西桂林發展酒店專案——漓苑酒店。該酒店目前仍是由智才直接控股的酒店。在發展漓苑酒店期間，智才成立了多家公司，包括室內設計、酒店管理和地產發展的公司，這些公司日後成為智才發展其他項目時的工具。

于品海生意上的發展，是由中國大陸的業務開始的。但到一九八八年底有感於中國大陸的經濟政策出現急劇的收縮，智才開始縮減在大陸的投資，轉而在香港、泰國和菲律賓等地物色投資機會，一九八九年，智才在大陸的業務完全停頓，至一九九一年初，才重新再進軍中國市場。一九九一年初，智才以出售旗下酒店套取的現金一點五億港幣，全面收購上市公司南海紡織，取得五十點七的股權。如此短短幾年裡，他的總資產躍升到六七億元。不知怎麼的，金庸似乎從于品海身上看到了他所尋找的接班人的希望。

也許金庸當年在香港也是這樣白手起家的，所以，在他看來並非要物色目前就有多大家檔的人，而重要的是看這位接班人，究竟有多少潛在的力量可持續發展。金庸認為于品海有豐富的企業籌畫、投資的經驗，同時又對傳媒事業有很大熱忱。他還非常年輕，不失為《明報》掌門人的合適人選。

然而，金庸對于品海的為人還要打破沙鍋問到底，令他最不放心的是，于品海是否有特殊的背景。是否有政治集團或經濟集團在背後為于品海撐腰，進而將來會改變《明報》的立場。於是，他曾向于品海在《財經日報》時的同事打探，得到的結果是，肯定于品海沒有什麼特殊的政治背景，這確使金庸對這位年輕人放心了。雙方整個談判過程是非常順利的，而且，于品海還明確表了態，他說就算金庸目前不把《明報》賣給他，也願意再等上八年、十年的，他都會等待的。這位年輕人的一種熱誠和執著，真真是打動了金庸的心。

到了一九九一年十一月份，兩人終於達成了初步的協定。一九九一年十二月十二日，金庸和于品海終於聯合宣布：「智才管理顧問公司技術性收購明報企業。」

具體的收購辦法是，于品海與金庸先聯合組建明智控股公司，于品海的智才公司占百分之六十股權，金庸則占百分之四十。明智再以三•〇二五元一股，向金庸購入所持明報企業的四千五百萬股，向沈寶新購入四千五百萬股，湊成明智的百分之六十，加上金庸的百分之四十，股權恰好略超過百分之五十。收購完成後，金庸仍直接擁有明報企業百分之二十五股權。金庸之參股明智，願意以小股東地位讓于品海控制《明報》，自然是對他的極大支持，也是對他懷有極大的期望，目的只有一個，就是能讓《明報》今後的發展方向不走樣。

收購過程中，智才要借款二點七二三億元給明智，金庸則借一點八一五億元。金庸出售股權原可套現三點一七六億元，但扣除明智一點八一五億元，則實得一點三六億元。

此外，明報企業又以一點六五六億元向智才購入Pacific Development Corp. Ltd.（PDC）全部股權，而PDC的唯一資產是百分之五十點七南海紡織股權，即二點四三五億股。南海紡織又以一點三八億元向明報企業購入舊廠房。

這樣翻來覆去後，結果智才在這次收購中出資一億六百七十萬元，明報出資二七六〇萬元，金庸則套現一點七六億元。新成立的「明智控股公司」由金庸出任主席。明報企業的發展也開始邁向多元化，以出版業為主，地產為副；出版業由金庸負責，地產方面由于品海主持。

「深不可測」的金庸把最有江湖地位的《明報》的控制權出讓給一個三十出頭的年輕人，消息一傳出，整個傳媒、出版界議論紛紛。一時間，引起了各界人士之傳言滿天，有說于品海是日本財團的Front Line Man，責任是代日本人逐步控制香港媒體。

亦有指金庸肯輕易放出控制了數十年的《明報》，事情絕對不會如表面般簡單，故推測必有後著，更大的事情，仍未發生。就連《明報》的員工，也有不少人對此感到不可理解。在金庸和于品海宣布改組《明報》的當天，《明報》的記者曾訪問金庸，詢問《明報》改組的有關情況。

記者問他收購明報企業的財團很多，為什麼最後會選擇了智才和于品海。金庸回答說：「自從我公開表示要退休之後，連智才在內，一共有十一個機構向《明報》探詢過收購或參股的可能；眾所周知有梅鐸先生的《南華早報》、麥士維的鏡報集團、新加坡的聯合早報集團、日本德間書局的東京時報集團，此外本港有好幾個財團。我一個個鄭重研究，有時還請獲多利等著名財務公司分析對方的提議條件。但第一，我不想將《明報》賣給外國公司；第二，我不希望收購《明報》的機構純粹從生意出發，而不是對新聞事業有一種奉獻精神與責任感。……」

金庸還坦誠相告說「經過相當長時期的交往和瞭解，我覺得于品海先生的經營管理才能令我十分佩服，正是鞏固與發展明報企業的理想人才，同時他對新聞事業具有熱誠，那是非常難得的性格。他出的價錢明顯不是最高的，連第二、第三高也不是。但我樂意將明報的控制股權交在他手裡，正如日本的伊藤忠集團、西武集團、南海紡織的唐驥千先生等著名商界人士投了他一票一樣，我也投了他一票。我只盼望他不可過分急進，應以穩健手法來經營《明報》。《明報》集團今後有重大發展，我是有充分信心的，我們其他同仁的責任，倒是應該不斷研究各種行動中「失敗的可能性」，以及「萬一失敗，如何善後」。」

當時，財經界的人士說，金庸這次轉讓股權，實際上並沒有套現多少現款，但控制權卻出讓了，這未必是「明智之舉」。當記者提到這個問題時，金庸解釋說：「那是觀點與目標的問題。《明報》是我一生的事業與名譽，是我對社會、對朋友、對同事的責任……如果從利益的觀點來看，明報企業上市對我個人的經濟利益明顯是不利的，本來我有百分之八十股權，一下子變為百分之六十五，我自已一毫子也沒有收到，收到的股款全部放在公司，一時不能作十分有效的運用。但為什麼要上市？我要使《明報》公眾化，讓許許多多人來參與，否則我一旦死了（人總是要死的），《明報》四分五裂，就此垮台。我要吸引可能得到的最好人才來辦《明報》。我賺到的錢雖不算多，但一生總之是夠用了，妻子、子女的生活也不會成問題了，再要更多的錢做什麼？《明報》是我畢生的事業與名譽，是我對社會、對朋友、對同事的責任，應當努力做對《明報》最有利的事。何況這並不是犧牲，對《明報》有利，即使在金錢上，對我自已也最有利。不能只看一兩年的短期利益。」

至於失去控制性股權，金庸說，這是他和智才商談時自願交出的。他說，他對權力的慾望很淡泊，只是因為目前《明報》編輯部的同事不讓他放手不管，新參加的股東也堅絕不讓他放手不管，盛情難卻之下，才答應再辛苦幹幾年。

當然，人們最關心的還是于品海接掌明報企業後，《明報》編輯方針是否因此改變。金庸回答說，《明報》的股權雖然有變，但報紙、雜誌的編輯卻仍歸他管，這方面不會有變。

他還透露說，于品海曾一再向他保證，絕不干預編輯部大小事務。于品海對他說：《明報》和《明報週刊》最大的資產是報格和編輯方針，是編輯部一批精英人士，他絕不會蠢到來破壞自已最大的資產。于品海的這一番話，確是非常真切的話，如我們設想一下，原《明報》一批好編輯跳走了，那麼接下去報紙的風格也變化，銷量就會走下坡路，那于品海還有什麼錢好賺呢？所以，就在《明報》改組當天，于品海也公開表示，他收購明報企業，純粹是商業活動，是一項長期投資，不涉及政治，他也不會干預編采方針。他甚至說，智才買得《明報》，明報企業市價每股約三元，此時縱使有人出價二十元，他也不會轉讓。

的確，金庸為找到于品海這樣的接班人而高興，在這段成功交易的時間裡，他們對《明報》今後之發展，雙方找到了共識，他們投機萬分，他們非但在香港海闊天空地聊談，還兩個家庭雙雙一起去日本旅行，把他們快樂的傾談移到了日本風景秀美的溫泉旅遊地。他稱他們倆達到了所謂的「君子國交易」的境界。于品海得以繼續從金庸處購買明報股份，終成為明報的大股東。又是兩人各取所需，皆大歡喜。

至此，我們再回頭來看這位年輕人——于品海。到筆者寫這部書時，他還處於四十多歲之壯年時候，也許正是大展宏圖之年。他在十九歲時辦加拿大三省唯一的一份中文手抄報紙，雖那時沒有多大成就，但已經播下了發展自已獨立事業的雄心壯志。到三十歲零成本收購菲律賓上市公司——馬尼拉希爾頓酒店。這位成功的企業家能跨出這一步，是他人生命運上的轉捩點，也是他邁向更大發展的關鍵的一步。爾後，僅時隔了三年，這位當時三十三歲的于品海，緊接著又成功收購香港聯交所上市公司——南海發展公司。為了實現他年輕時代心中之夢——涉足文化報刊業，就在這一年，他又從金庸手中收購明報，成為明報第二代業主。但他並未曾滿足，因為高科技在改變著人們的閱讀習慣，當他度過三十九歲時，他又跨向了另一個高度，他經營了傳訊電視輸光一億美金的產業。這位年輕人的人生事業轉折，就這樣一轉百轉，待他到了四十一歲時，也就是我們孔子所說的四十不惑之年，他真可謂捲土重來，壯年之運命，據報傳他又成就了中國數碼資訊董事會主席。

如此，于品海成為了三家上市公司的老闆，他所屬的公司是：明報企業是于氏家族的「兒子」，南海發展是屬他資產的「孫子輩」，而原來于氏的馬尼拉希爾頓酒店，則像變魔術似的卻成了「曾孫」一輩了。三家上市公司由于品海一手掌控。而作為金庸來說，他也完成了人生命運之轉折——那交班的任務。

選好接班人，金庸的退休部署算是基本上完成了。金庸說，從此他可以「且自消遙無人管」了呢……在如此獲得人生輕鬆之際，他之心靈喜悅自不待說，他認為自已無不是做了一件非常及時的好事。

四、在牛津作訪問學者

金庸淡出《明報》後，往往在記者答問中，自稱已垂垂老矣。其實，在他心中乃是「廉頗老矣，尚能飯否？」你看到的他，年近七十仍能去英國講學，仍能北上京城與中共高級領導人暢談中國前途，仍能寫社評，仍能每年出版一本英文的時事評論集，這難道是老嗎？金庸顯然是寶刀未老，心靈是健康和年輕的。

金庸，一如《射鵰英雄傳》中的周伯通，晚年的功夫更勝早年，他剛把《明報》的控制權交給年輕的接班人于品海後，金庸就宣布於一九九二年二月份，將到英國牛津大學當訪問學者。時間大約半年。原來，牛津大學的聖安東學院和現代中國研究所分別選出金庸為訪問學者，投票是一九九一年十月三十日和十二月五日分別經過一番討論後通過的。

金庸無論從少年到青年，恰逢國家不穩定和動亂之時，在青少年求學的年月裡，經常奔波不定，自浙江至重慶，就因戰火而飽受顛沛之苦，在當年那種內憂外患、國破家亡的狀況下，他雖有志於學，也想出國留學，但都付之煙雲。如今，雖已夕陽時候，但還能有機會到著名學府遊學，他真從心底裡感到十分高興。他說：「事先我擔心不被牛津大學選上，選上之後覺得很光榮。我在中學就夢想能到牛津或劍橋去讀書，這個夢想不能實現，常常覺得乃終生遺憾。現在能以相當教授的資格去講學、研究，高興得很，覺得這個機會不能放棄。如果可能的話，後年我還想去劍橋作些研究。學術上要真的做點成績出來才行。」

我們可以說，一九九一年的金庸，是剛剛卸下一點重擔的開始，雖要遠赴牛津講學半年，他仍然會為《明報》寫稿。這是他和于品海兩人達成的共識。金庸答應于品海，到英國牛津大學後，會通過電話和傳真，繼續替《明報》寫稿，和報館保持聯絡，領導編輯部的工作。

到英國後，金庸寄寓於牛津大學城，環境幽靜，學術空氣濃厚。香港和這裡一比，就顯得喧喧嚷嚷、車水馬龍的，在香港辛勞忙碌了幾十年的金庸，終於找到一處像聖地那樣清幽的地方，真使他有一種似隔世之感，也別有一番滋味在心頭。

金庸以其武俠小說而大名蓋世，在牛津大學，也有不少學生是「金庸迷」。他們早已風聞其名，如今知道「查大俠」就在牛津，便蜂擁而來，聽金庸談文論俠。

在牛津大學，金庸是當訪問學者，主要從事一些學術研究和交流，偶爾也給學生講講課。他講的大多是中國歷史和文學，但學生們最有興趣的還是香港問題。一講到香港問題，整個課堂就擠滿了人。

有一天，金庸在牛津近代中國研究中心主持講座，講的還是中國和香港問題。講座廳裡擠滿了人。那天的講題是：〈香港和中國：一九九七年及其後五年〉。他以英語演講，侃侃而談，談中英關於香港問題的談判，談中共對香港的基本政策，談中國經濟建設和政治生活的情況，談香港的現狀，最後，他由此推測出一九九七年之後的香港社會的情況——「……對大部分老百姓來說，對從事經濟活動的人來說，對店東、銀行家、售貨員、經理、製造商、會計師、秘書、地頭小販，在一九九七年之後的香港，都可以生意照做，工作如常。由於香港的自由經濟符合中國的最佳利益，符合共產黨的最佳利益，符合中上層官員和他們子女的最佳利益，所以，他們在經濟上，會很樂意、很合作的讓香港人一切不變，以符合香港人的最佳利益……」金庸憑著對香港和中國政治的瞭解，作出了如此的判斷。

講完後，大家報以熱烈的掌聲。這次聽講的有英國政界人士，也有一些專家、學者，連前英國駐北京大使伊文思也來聽金庸在牛津的講座。

雖然遠離東方，身處歐洲一隅，但金庸仍然還是關注著中國和香港的情況。他遠去英倫之時，他推崇的鄧小平正好發表了「南巡」講話，並引發中國大陸的又一次經濟熱潮，海內外為之矚目。在倫敦市中心武士橋的旅館裡，金庸曾向慕名前來採訪的英國記者談論鄧小平及其「南巡」講話。

金庸說，鄧小平發表「南巡」講話，顯示黨內有人主張堅持計劃經濟模式，壓制市場經濟模式。鄧小平的話「要全力促進經濟發展，不管它姓社還是姓資」，可以說是最後定案，紛爭從此平息。他說，鄧小平這句話透露出來的資訊就像莎士比亞一句名言那樣清楚：「名字是什麼？我們稱為玫瑰的花兒，換了一個名字，也同樣芳香。」

金庸還向記者推測，在鄧小平身後，不會有蔓延全國的內戰與大亂。理由是經濟改革的大勢浩浩蕩蕩，已不可逆轉，而經濟改革，早始於各地農村的包產到戶、鄉鎮企業等政策。中共軍隊兵員大多數自農村徵召，農民最先受惠於改革的福澤，因而軍方與改革的利益實為一致，在如此強大的利益連環下，軍方支持改革，應無疑問。

半年遊學時間是短暫的，金庸很珍惜這段生活。他研修佛經多年，到此時才真正領略到，原來卸下工作重擔，隨心所欲，逍遙自在，是一件多麼愜意的事情！

但是，遊學半年，金庸感覺到，他不適合於從事學術研究。他從牛津回到香港，接受記者採訪，被記者問到「你還有什麼抱負，希望在餘生中達到」時，金庸回答說：「我在牛津時，是希望能夠做學術工作，但我的個性不適合，學術的基礎也不好，現在才開始，已做不成世界第一流的學者了。我還是比較適宜做創作工作，我沒有積極的抱負，但求平平淡淡，生活自由自在就最好。」

這次在牛津大學最使他感動的是，當年第一次世界大戰（一九一四—一九一八）和第二次世界大戰（一九三九—一九四五）中，那些為國犧牲的牛津大學的教師與學生，當他在該校看到為這些陣亡烈士所掛的紀念牌時，無不引起他對歷史往事之沉思。日後他曾不無感慨地對池田大作說：「這些人都是英國的精英，如果不是年紀輕輕就在戰爭中犧牲，他們都是牛津或劍橋的教授、講師、博士生、碩士生、大學生，這一排排的人名中，不知要出多少位優秀的政治家、大學者、科學家、藝術家……可是這些生命忽然無端端的化為塵土，那真是多大的浪費。越是歷史悠久、規模宏大的學院，殉國名錄中的姓名越多。每次見到，我都憮然傷懷感嘆良久。」讀完這段話，我總想，這正和金庸自已在二次大戰中的經歷是分不開的，因為他也是在戰火紛飛的年代裡生存下來的，二次大戰波及的國家是那麼多，世界各民族逢難遭殃，中國更難倖免。身處戰亂、風雨坎坷，他之生命之種竟留存了下來，也才有了金庸的今天。

五、筆戰彭定康

金庸在英國作訪問學者，當他返回香港時是在一九九二年，當時恰逢原港督衛奕信離任，新港督彭定康（原英國保守黨主席）接任。

金庸與原來的幾任香港港督關係一直來相處都很好，如他與麥理浩、尤德和衛奕信的交情，都一如朋友，交情很深。比如，他認為衛奕信未必很有本事，但卻是一位君子，很清廉，是真正愛護香港的讀書人。前任其他的港督，也都知書達禮，大都有中國的經驗，能知中國文化、讀中文的書報，尤對中國文化中的儒家經典，情有獨鍾。

至於彭定康，當英國首相年初宣布他將就任香港總督時，金庸始終想不通的是：「怎麼會將港督的職位交給一個競選失敗的政客呢？」

彭定康，是牛津大學歷史系畢業生，肚子裡是有墨水的。他們在倫敦見面時，彭定康就對金庸說：「我讀過你在《明報》的一些英文譯文的社評。」他還直率地談了一些對《明報》的意見。後來，金庸更瞭解到，彭定康在其候任的幾個月間，他很用心地看了一些香港方面的書，也著力研究有關香港問題，竭盡全力去做準備工夫。所以，當彭定康於一九九二年七月正式到港履新時，金庸對他的印象還是不錯的。

但是，金庸怎麼也想不到，他到任僅兩三個月，彭定康居然在一九九二年十月，竟會在香港立法局拋出那個令中方極度不滿的「政改方案」——《香港的未來：五年大計展新猷》，彭定康提出了另一個香港政制改革的方案，這個方案與原通過的《基本法》是違背的。所以一出台就遭到中方的嚴辭抨擊，港澳辦主任魯平就指出彭定康是「香港的千古罪人」。這突然發生的一切，確是金庸所始料不及的一件事。金庸回港兩個星期後，曾專門邀請新聞界的一些老朋友們閒聊閒聊，誰知，有人向金庸問起政制方面的問題。當時，彭定康剛出任港督，香港一些「民主派」人士正在為爭取增加一九九五年立法局直選議席而四處遊說，大造輿論。

在新聞界朋友一再請求下，金庸就香港當前的政治事務發表了個人的看法。他認為，港督彭定康很能幹，有他的處事作風和手段。但在香港政制問題上，他不可能作出重大改變，如直選議席和行政局的運作，因為政制問題早已由《聯合聲明》和《基本法》規定。他說，彭定康若要表現其能力，重點應該在香港的內政上。

他又認為，香港當前的最大問題是如何平穩過渡至九七年，而非直選議席多寡問題。他說，民主是達致法治和自由的手段，它本身不是目標。「民主派」的想法是行不通的，不可能的事就不該做。十月下旬，彭定康訪問北京，受到中方冷遇，最後不得要領而返。十一月，立法局再次辯論政改方案，最後政改方案得以通過。至此，中方不再批評政改方案，而將矛頭完全指向彭定康，而彭定康在言詞上也與中方針鋒相對，絕無退讓之意。

距離香港回歸之日，也僅只有五年了，可來了個新督，又一次把政改風波再度刮起。

曾提出政制「主流方案」而一度為輿論群起而攻之的金庸，向來主張香港的民主制度以比較穩健、比較緩慢的速度進展。而彭定康激進的民主改革方案，再度觸發他的政制主張。原本想「平平淡淡」過日子的金庸，逢到這樣的情況，他坐不穩了，他便親自操筆上陣，與彭定康論戰了。

十月十九日，金庸在《明報》發表〈是否既能「定」，又能「康」？〉之社評，在文中一針見血炮轟了彭的主張。緊接著第二天（十月二十日）他又發表了題為〈功能選舉的突變〉的長文，繼續抨擊彭定康的政改方案。金庸直接指出，彭定康關於功能組別的選舉，說到底就是將以往功能團體的選舉，變成分職業界別的直接選舉。他說，自中世紀以來即已形成傳統的功能代表政治，突然給彭定康創造性地改變了全新的形式，成為分職業界別的直選，這是很難令人同意和接受的。

金庸在社評中說：「這樣的改變，是任何人所想像不到的。即使是民主急進派的領袖李柱銘先生和司徒華先生，在基本法草委會議的討論中，或是在其他任何場合，也從未提過這樣大膽而想像豐富的創見。以我之孤陋寡聞，也從來沒有在任何書籍、報刊上讀到過，沒有聽任何人談起過。」

當時，金庸雖然賦閒在家，但他仍然是《明報》集團董事長，仍然在名義上掌管《明報》，仍然通過電話和傳真遙控《明報》的運作。那段時間，《明報》曾發表多篇社評，如〈殖民地上沒有民主，如有民主非殖民地〉等尖銳的批評文章，猛烈地抨擊彭定康激進的政改方案。

親自操筆與彭定康論戰，對金庸來說，是一件很不得已的事情。他不想再置身於政制的紛爭之中，只想平靜地過日子。所以，筆戰彭定康一輪之後，金庸就棄筆不寫這些使人煩的東西了，此時他之心境是——早早回歸於寧靜與淡泊的閒適生活。

為了香港的平安過渡與穩定繁榮，金庸不得不迎頭與彭定康展開筆戰，後來他與池田大作進行對話時，用了一個章節，名為「香港的明天——面對回歸」，其中用了很多篇幅，談了與彭定康筆戰時的觀點，概括起來他是這麼認定的：「我和彭定康先生在倫敦和香港都曾會晤過。由於大家都是英國牛津大學的校友，我曾向他懇切進言，希望他放棄他的政治改革方案。我直率地對他說：這些方案不符合中國的既定政策，不符合香港現實，所以是行不通的。即使他堅持已見，一定要推行，在一九九七年七月一日之後，就會給中國全部取消推翻，所以不但對中國和香港不利，也會對英國、保守黨和他本人不利。他不相信中國會推翻已成為既成事實的香港政治制度，認為一種比較民主的制度在香港推行之後，會得到多數香港人的喜愛和支持，就成為傳統。將來中國接管香港之後，不可能違反香港民意而取消這種制度。

他似乎認為中國與香港的政治局勢和英國是一樣的，政府和政治領袖必須服從民眾的大多數意見，不可能違反民意，否則便會垮台，於是便滿懷信心的推行他的政治改革方案。他當然明白共產黨的施政方式和英國這種西方資產階級民主國家不同，但他長期在英國的政治氛圍中生活與活動，「依賴民意」便和飲威士忌酒、吃牛排一樣，是他生活中不必思索的一部分。其實，這種直覺的政治信念用在香港是大錯而特錯了。他完全不瞭解，馬列主義者確信，資本主義社會中的所謂「民意」，全是資產階級的宣傳工具（例如報紙、電視、電台、廣播、雜誌、政治領袖、政治家、文人、花錢買來的廣告等等）製造出來的，根本不是人民群眾的真正意見，所以不足重視。

英國在香港施行殖民地統治，港督是獨裁者，有決定一切的大權，從來不需要聽取什麼民意。在香港，一百五十年來也從來沒有什麼民主制度。

加之，蘇聯和東歐國家的共產政權這幾年中紛紛崩塌。這也使英國的政客們心中產生了一種錯覺，以為中國共產黨政權也會在西方國家民主的壓力下垮台，即使不垮台，至少也會做出讓步。

這些認識和估計全然錯誤。我於一九九二年十月十九日及二十日在《明報》上分別發表了兩篇社評，概括地指出了香港的各種實際情況。那是冷靜的敘述事實，不包括自已的好惡和是非判斷，只是說：「事實是這樣，你喜歡也好，不喜歡也好，這是必須面對的事實。」

西方國家對於中國收回香港，是充滿敵意和反感的，不但是英國，而且更有美國、西歐、澳洲、加拿大等等。不但是政府當局，更有傳播媒介、報章、雜誌、新聞記者、編輯、作家……他們認為一個自由的城市淪入了共產主義者之手，是民主的悲劇，是西方資本主義世界的悲劇。於是一切報導和預測，都根據於他們的價值判斷和情緒、偏見。日本的傳媒也並無例外，他們不來作實地考察，而憑著自已主觀的意願而寫作，於是強調「九七」之後香港必會混亂，人心動盪而痛苦。

人心動盪是有理由的，信心不足，那也不錯。至於「九七」之後必定混亂，就不見得會是事實。「九七」還沒有到，大家都只是推測。我是憑著對香港的充分瞭解，對中國政治的瞭解，而作出這樣的判斷。

後來港督彭定康先生提出的政制改革，將原來的「功能組別選舉」改為變相的「一人一票直選」。那是不符《基本法》規定的，也違反中英兩國已成立的協議，中方絕對不接受，決定在九七之後取消作廢。結果真是取消了。彭定康先生公開宣布的預測全部錯誤，而我的預測卻實現了。」……

啊，如今香港已經回歸八年了，我們可以說，金庸為了香港的明天，上述的話是既現實又是非常中肯的，因為，金庸畢竟是一個懂得中國實際的人！

第十三章　退而不休的金庸

一、與第三代領導人的會面

正當金庸淡出報業生涯，交出《明報》的控制權，在牛津大學度過了一段恬淡而安靜的學人生活，此時，他剛返回香港以後，卻接到了國務院新聞辦公室、港澳辦公室和新華社香港分社的聯合邀請到大陸訪問，且按排中共中央總書記江澤民與他會面。當金庸接到這個通知後，他感覺原以為完全可以過上退隱的書房生活，過上兩耳不聞窗外事、閉門唯讀聖賢書的心願，可還是不可能完全實現。

其實，他自從退出香港《基本法》草委會後，他在香港之表現，他筆戰彭定康的論點，以及他在香港政制問題上的看法，中共領導人是非常清楚的，對一些香港前途問題的看法，也是和中方之看法，是基本一致的，所以中共領導人希望能與他交換對香港問題的看法，也更為了香港的明天，希望他起到應有的作用。

一九九三年三月十八日，在新華社香港分社副社長張浚生陪同下前往北京。就在第二天的下午，江澤民在中南海會見了金庸。同時在座的有丁關根、魯平、周南等領導人，張浚生也陪同在座。當一座下來後，江澤民就對金庸說：「查先生來，我們總是歡迎的，很有興趣和你談談，交換意見。」於是，話題就很輕鬆地談開了，當說到雙方的年齡時，江澤民說：「我們年紀差不多，也都是在抗戰勝利前後和解放前上大學，都經受過民族和國家的艱危困苦，有許多思想感情是共通的。我讀你的政論文章，有些地方就能產生共鳴。」

說到這裡，江澤民拿起放在茶几上的一本《明報月刊》，翻開金庸的文章〈功能選舉突變〉，說：「比如說你這篇文章中談到民主的發展，各國國情不同，發展的方式和速度各有不同。英國自《大憲章》開始到婦女有選舉權，足足經過了七百年之久。這一點我很同意。英國人本來是尊重傳統、喜歡切合實際而循序漸進的民族。他們到現在還有上議院，所以貴族議員全部是皇室擔任，並非民選。彭定康先生怎麼到香港來忽然搞這一套？」

江澤民指著茶几上放著的幾頁英文影本對金庸說：「這篇文章的英譯本我也看了，不少觀點我是贊成的。」江澤民與金庸似乎是在一種雙方進行研究和探討中進行談話，這使金庸感到江澤民是務實的。

這樣的氣氛也使金庸對江澤民侃侃而談：「工商界人士都不贊成彭督的政改方案，一般職工和青年學生則支持彭，目前雙方的人數大概差不多，也許低薪人士和青年支彭的人數略多。一般而論，普通香港市民對於爭執的內容實在並不明白，大家只希望中英談判合作，香港社會穩定繁榮，平穩過渡，不希望突然有急劇的改變。所以魯平主任在記者招待會上宣布中國不會提早收回香港，所謂「另起爐灶」乃是完全根據《基本法》的規定辦事，香港股市立即大升。這可以充分反映香港工商界的觀點。」

江澤民認真地聽著，還不時點頭表示同意。他接著金庸的話說：「香港人大家要求穩定繁榮，凡是支持香港穩定繁榮的，得到香港人擁護；破壞穩定繁榮的，香港人就反對。其實香港要穩定繁榮，中國何嘗不要穩定繁榮？全世界都需要穩定繁榮。中國十二億人永遠站在穩定繁榮一邊，一方面是堅持和平，另一方面是堅持原則，不容許別人亂七八糟地亂搞。」

在這兩個問題上，江澤民的立場非常堅定，態度也非常強硬。聽完金庸的介紹，江澤民顯得有點激動：「中國人是有脊樑的，絕不會對外國人的無理壓力彎腰。任何外交上的磋商談判，雙方當然可能各自作出合理的讓步，以換取對方的讓步，由此達成協議。但協議既然成立，就絕不容許食言反悔，言而無信。就算是面對有組織的西方國家強大壓力，我們也絕不會屈服。中國自解放以來，從來沒有不遵守國際條約、協定的紀錄。中英《聯合聲明》我們必定嚴格遵守，《基本法》的規定要切實執行，和外國達成的諒解和協議必須照辦。」

金庸曾是《基本法》起草委員會的一名主角，對《基本法》的起草過程和內容非常瞭解。他對江澤民說：「香港人最關心的，乃是經濟制度、自由生活等現有的東西能否在「九七」後繼續存在，也就是「一國兩制、港人治港」能否得到落實。」

江澤民回應說：「一國兩制、港人治港」的保證是一定要實現的。努力保持香港的穩定繁榮，是我們的長期國策，那是絕不會改變的。」

江澤民還向金庸介紹說他曾於一九六五年、一九八〇年、一九八三年先後三次去過香港，參觀過聯合交易所。江澤民說：「香港的經濟發展很有成績，我一直很注意。」

除了中英關係、香港問題外，江澤民和金庸還談到西藏、新聞政策、經濟改革等國內的一些問題。談到經濟改革，金庸說：「在一些較小規模的鄉鎮企業和城市私營企業中，不妨鼓勵私營的合作和股份制度，用以吸收民間融資，發展生產，同時又可以減低通貨膨脹，節制不正常的奢侈浪費。」江澤民點頭稱是。他還說：「中國不少國營企業虧蝕很大，急需在社會主義市場經濟的大方向下改革產業和產品結構。」

金庸就這個問題，談起自已的看法：「……我國許多國營公司有的所有權性質不變，但可以雇用最精明能幹的人來管理經營，為國家賺大錢，付給管理人員薪金酬勞再高，也只占利潤的極小百分比，勝於年年虧蝕，國家要補貼。」

對此，江澤民表示同意。他說：「我們目前的重點之一，正是要把大中型國有企業推向市場，使企業真正成為自負盈虧、自我發展的法人實體和市場競爭主體，並承擔國有資產保值增值的責任。聘請能幹的管理、經營人才自然是絕對必需的。至於國有小型企業，甚至可以出租或出售給集體。」

在整個會談過程中，江澤民談興很濃，除了與金庸談一些比較嚴肅的政治、經濟等問題，還主動談起個人的一些情況：「我是學機電工程的，丁關根同志也是學科技的，我們都是上海交通大學畢業。我不搞文藝，但喜歡文藝，關根同志也是。」

金庸問他平時喜歡看一些什麼文藝作品，江澤民饒有興趣地說：「我最近借了俄國一部電影的錄影帶來看，是根據托爾斯泰的小說《復活》拍攝的，內容很不錯，表現了舊俄時代高尚的人道主義精神。托爾斯泰的另一部小說《安娜‧卡列尼娜》我也看過，可以說那是俄國的《紅樓夢》，通過家庭生活來反映封建社會對人性的抑制和束縛……」

由於江澤民談興甚濃，會談時間比原來預定的時間多出半個小時。

最後，江澤民拿出一套叢書，送給金庸。這套叢書都是關於金庸的家鄉浙江省的，計有《浙江文化史》、《浙江地名簡志》等十七本。江澤民指著其中的一本《兩浙軼事》笑著對金庸說：「這裡面有一篇關於你中學時代的事，很有趣，說到你在中學時給訓導主任開除的經過。」會見結束後，江澤民站起來，和金庸、丁關根、魯平、周南、曾建徽、張浚生站成一排，合影留念。

在金庸與江澤民會面後，他還去了北京的秀水街，熙熙攘攘的北京市群、各色而多姿的時裝、外國商販的叫賣聲，都非常吸引金庸的視線，由改革開放帶來的商業之繁榮，確使他很開心。第二天，金庸又接著前往山東參觀旅遊，看了青島、煙台、威海等幾個開發區，而去山東，最使他流連忘返的是在蓬萊仙閣觀海。不知是由於和江澤民會見使他很高興，還是因為他從幾十年繁累的報業生涯中一點點卸下了些重擔，抑或是他浮想聯翩中，感嘆著人生的無涯與永恆，金庸禁不住從心底裡呼出了幾句詩：蓬萊極目覓仙山，但見白雲相往還。放下無求心自在，瓊宮仙境即人間。

讀了這樣的詩，似乎在金庸的心靈間悟出了人生之真諦。他平生見到泰山的瑰偉、華山的險峻、峨眉的清幽，衡山的華麗、黃山的氣象萬千……今日加上嶗山、蓬萊之仙境，這不就是金庸近日來所學佛經上所告誡的：凡有所相，皆是虛妄，若見諸相非相，即見如來嗎？……這確使金庸有了更高之境界。那次一回到香港，他要把工作卸得一乾二淨，決心全面引退。

二、放下無求心自在

從山東回來，一到香港，金庸便找他的老搭檔，幾十年間與他一起共創《明報》的沈寶新商量共同引退的大事。一見老同學他就開門見山地說：「寶新兄，我們老了，幹了那麼多年，也該休息，享享晚福，過一下清閒、自在的生活了。我已決定，這次徹底退下來。我們一起退吧。」。其實，在《明報》創刊三十周年（一九八九年六月）之際，他就表示，「年事已高，不勝劇繁，退休之念存之已久，希望逐步提升本公司年輕一輩接班，從家長式的管理改為制度化的管理」。

沈寶新聽到金庸的肺腑之言，也非常高興地支持他的決定，其實作為工作了幾十年的沈寶新，在心裡也何嘗不是在想著此問題，所以當金庸一談起退居的事，他馬上作出反應說：「良鏞，三十多年來，你關於《明報》的任何大小決定，我從來沒有反對過一件。這最後一個決定，我自然也同意。我和你初中同級時，你是班長。我打籃球，是級隊選手。我只求比賽球，至於要我做前鋒還是後備，毫無問題。我們辦《明報》大贏，年紀大了，自然要退居後備。《明報》現在還大贏特贏啊。」

一九九三年三月，金庸逐步將明智股份減至兩成多，收回一億七千萬元。四月一日，「于品海取代金庸出任企業有限公司董事局主席，查只擔任名譽主席，金庸主政《明報》的年代於此實質結束了」。

放下了無求之心，對於金庸來說，當然輕鬆多了，於是就在于品海接任董事局主席的第二天，金庸在《明報》發表〈第三個和第四個理想〉的短文：

每個人的理想各有不同。對於我，第一個理想是，少年和青年時期努力學習，得到相當知識和技能。第二個理想是，進入社會後辛勤發憤，做幾件對自己、對他人、對社會都有利的事。第三個理想是，衰老時不必再工作，能有適當的物質條件、健康、平靜愉快的心情和餘暇來安度晚年，逍遙自在。第四個理想是，我創辦了《明報》，確信事業對社會有益，希望它今後能長期存在，繼續發展，對大眾作出貢獻。

金庸說，我一生很幸運，要感謝上天的眷顧。上面所說的四個理想，我大致都得到了。第四個最難，因為這不是個人所能決定的。一個事業是否能夠長期存在和發展，依靠一代又一代的年輕人長江後浪推前浪，真正需要一代又一代人的努力。

這樣經他自已的調整與我們常說的「退出一線的安排」，金庸不再擁有他用畢生精力所創辦的《明報》了，對於他來說是有留戀之情的，但他總覺得這就是人生發展的必然，人生就像是一條長河，一個人的一生就像是一滴水，在不知不覺中、在不停的流淌中，你就不存在了。所以退出《明報》對於金庸並沒給他帶來心情上太多的傷感，他反而覺得自已面前的道路寬闊了，如果你高興去做事，倒反而可以去做許多事了呢？經過這麼合理的按排後，也有人認為他失去了最後的一塊陣地，可金庸卻以豁達的平常心，說了一些富含哲理的話，他說：「……什麼叫做『擁有』？你能永遠擁有你的一切嗎？二三十年之後，我人都不在了，還能擁有什麼？古詩說：「人生不滿百，常懷千歲憂。晝短苦夜長，何不秉燭遊？」你能擁有一件物事一百年、九十年嗎？再過三四十年，于品海先生也要將《明報》交托給別人。他比我小三十幾歲，總可以再主持三十幾年吧？」為此，金庸還不無愉悅地寫下了這樣的文字：「我家裡掛著一副從浙江老家帶出來的對聯，是我祖先查昇（康熙皇帝的文學侍從之臣、書法家）寫的：「竹裡坐消無事福，花間補讀未完書。」我過去常常嚮往能得到此境界。新聞工作者日夜辛勞，即使在休息之日也不免事事關心。我從一九四六年起，做了四十六年新聞工作，總盼望能卸下重擔。今日閒居而草此文，大感愉悅。

十二月，金庸將一成多股份再售給于品海的智才，套現約兩億六千萬元。剩下的《明報》股份，他決定分五期全部出手，與《明報》完全脫離關係。十二月三十一日，董事局在《明報》刊登啟事：

《明報》集團於一九九二年二月改組，進一步發展多元化業務。一九九三年四月一日起，董事局主席金庸先生要求改任集團名譽主席，逐步實現查先生分階段退休之心願，並推薦于品海先生出任主席。今年十二月初，查先生致函董事局，希望自一九九四年一月一日辭去名譽主席及非執行董事之職銜，靜心歡度退休後旅遊、頤養、講學及著述之生活。董事局再三誠意挽留，查先生懇切表示年近七十，志在「放下、自在」。董事局雖極感遺憾，然必須尊重查先生之心願。

查先生創辦《明報》，其對新聞事業之理想、對中國文化之寶愛、對人類世界之關懷，自必在《明報》與屬下各出版物中不斷延傳，彰其既往。同人等曾長期追隨查先生者，情兼師友，受其身教言教之惠；新參加《明報》集團者，亦對查先生素所敬慕。茲值查先生七旬榮休，敬祝查先生健康長壽，逍遙自在。

一九九四年一月一日，金庸辭去名譽主席職位。自從信佛以來，金庸自認看透世間事物都是有始有終，人的生命也是一樣。他認為每個階段都有終結，在適當的時候完成自已的任務，便是最滿意。辦了幾十年《明報》，他相信他和《明報》的關係，隨著他年齡的增高，不可能永遠伴隨它，到最後都是要分開的。在精力還好時離開，對自已對報館都比較有益。他假設自已突然死了，報館沒有人領導的話，同事都會很彷徨。他坦白直言：「在我這個年紀，《明報》是一個負擔。從佛教的講法，有負擔總是不好的。佛教希望人的慾望能儘量減低，最高境界是人世間的一切都拋棄掉，儘管作為入世的他，很多出世的事他難於做到，他最後離開《明報》時，總那麼依依不捨。但是，金庸在離開的此刻，他總感到，他的一生雖然也夠勞累辛苦，一路走來也有無數坎坷，但他總勇敢地走過來了，在這人生的河流裡，也遇到了許多美麗的瞬間，有時也會遇到一渦漩流，任時間之長河飄浮。更有使他終生難於忘懷的——比如，靈感之洶湧，使他在大俠的精神中淌徉，有時是師友相逢，甚或是五十年一見；有時是政治生命上之跌宕起伏，使他哭歌長嘯，當然，更有刻骨銘心的痛苦之發生以及美麗的傳奇之出現……正因為有了這些他人生之閃亮，也就足以燭照金庸一顆雖入老邁而又年輕之心——自由自在、平平淡淡、無牽無掛地生活。

三、于品海能順利接班嗎

金庸告別曾給他帶來財富與榮耀的《明報》，全身引退後，《明報》的重擔，顯然就壓在于品海身上了。對於于品海來說，接管的是一份在香港最有影響力的報紙，他的前任又是在香港報業成就最輝煌的報人，而對于品海來說，在香港他是搞多種經營的企業家，所以不少人都認為于品海身上的無形壓力是很大的。他們說：「于品海縱使能不斷超越自我，但能超越前人嗎？」這般的懷疑，因為有了成功者金庸，誰能不信？

當然，這無形之壓力，如果從潛在的因素說，文化人與企業家之間總有一層隔閡，也總有一點對企業家來領導一個充滿文化性的報業，也許在傳統思想上，就具有了懷疑的因數。

但是，被金庸譽為「企業策劃，那是天才」的于品海，他給人的初步影響，倒也絕非一個普通人物。他既有雄心壯志，也有智才策略。自他於一九九一年底開始控制《明報》後，他在傳媒界也確縱橫馳騁一番，在穩住《明報》的同時，他又向中國大陸和海外的傳媒市場拓展。有人因此預測于品海將成為一位年輕的國際傳媒大享。

而就在金庸全身引退的時候，針對社會上個別人的議論，于品海通過傳媒滿懷信心地向大眾說：「《明報》的成就有目共睹，金庸先生的貢獻最大。有人因而說我的負擔很大，如果說到歷史包袱重，試想又有什麼人能與查先生比較呢？但我並不覺得這是負擔，反之，我感到鼓舞，因為查先生幫助我提高了對自已的要求。對科學有興趣的人怎會因為愛因斯坦的成就而不敢向新領域挑戰？長江後浪推前浪，我覺得負擔的心理只是人為自已架設的一種束縛。只要對自已的追求不附加任何欲念，負擔就只會是一種挑戰，成為動力的源泉。查先生的人生哲理，可以從他的眾多著作中看到。他對國家、民族、事業的愛護、關懷並不需要再闡述。認識查先生的人很多，比我更熟悉他的人也不少。查先生並不是我攀比的對象，也不是我的包袱。他是我的良師益友，我並不求與他對所有事情有一致看法，只希望相互的尊重和理解能夠延續。」的確，于品海向懷疑他能否經營好《明報》的人，表了一個態，我們可以說他這個表態也是謙虛和坦誠的。如果從當時的實際狀況看，金庸全面引退之前，實際上已開始《明報》的「于品海時代」了。

但是，當于品海接班《明報》後，出乎他意料的是，管理報業並非那麼簡單，從某種意義上說，就是「看人挑擔不吃力」，你甲可以做好，當乙接上去按部就班地做，並非就很順利能做下去。于品海一接班，不知為什麼就事故頻發？一九九三年于品海所領導的《明報》確進入了多事之秋：

《明報》記者席楊到北京採訪，九月二十七日，被控竊取、刺探國家金融機密罪，被北京市國家安全局拘留審查，經查，他在內地採訪期間，竊取了當時尚未公布的中國人民銀行存貸款利率方案、中國人民銀行參加國際黃金交易的決策機密和其他重大金融機密。於是十月七日被逮捕。此事在九月二十八日的《明報》上一發表後，似乎從某種意義上說，給《明報》的整個報業集團蒙上了一層陰雲。因為，「席揚案」在香港產生了強烈的反響，接著是《明報》社長雷煒坡及一些重要骨幹，相繼離開。可以說「席揚案」和原《明報》的一些辦報精英，一離開這個報紙，確給于品海這位接班人以沉重的一擊。這只要看他經營報業，近在一二年內的情況，就可見其當時接班後的困境了——如一九九三年十一月八日，于品海以《明報》集團名義創辦《現代日報》，因種種原因虧損太多，他以三千萬元價格獨資購回。而到了一九九四年十一月二十六日，《現代日報》還是沒有逃脫停刊的命運，總共虧損了一個億。這首先對于品海在經濟上是一個慘重的損失。而緊接著，又在一九九四年十月十日，《香港經濟日報》首先披露于品海曾在加拿大犯過刑事罪的消息，這與他上市公司主席的身分有抵觸，一時間香港輿論鬧得沸沸揚揚，對《明報》也產生了較大的負面影響。

在這麼一種開局不利的情況下，于品海只有主動辭去《明報》企業有限公司董事局主席及香港報業公會主席的職務。一九九五年十月，于品海將他擁有的《明報》企業百分之三十五點九的股權，全部售於馬來西亞富商、五十九歲的張曉卿，加上年購進的百分之十點一的股份，張曉卿持有《明報》百分之四十六的控股權，於十月二十日出任《明報》企業主席。這一天離于品海接手《明報》不過兩年多的時間。《明報》就易主進入了「張曉卿時代」。

金庸千挑萬選，才選定于品海作為他的接班人，他本以為從于品海對傳媒的熱誠與理想，他是有前途可以將《明報》辦好的，可想不到在于品海接掌之後，不僅《明報》業績不盡如人意，而且智才集團頻頻受到許多問題的困擾。金庸做夢也想不到的是，於接管《明報》僅僅數年，就即會將《明報》轉手賣掉。當然，這對於金庸來說，確是他意想不到的事。

說起接手于品海的張曉卿，他祖籍福建，出身貧寒，早年以伐木業起家，成為馬來西亞最大的伐木商及夾板出口商。一九八八年他將伐木生意擴至新幾內亞、紐西蘭等國。他在澳大利亞擁有大型養牛場，在上海有鋸木廠，而且還經營新聞出版業務（包括馬來西亞最暢銷的華文報《星洲日報》、《光明日報》，新幾內亞的英文報《The National》，及大連還有一家合資出版社。

《明報》再度易主以後，金庸對第三代掌舵人張曉卿仍寄予了很大的期望，他在一九九五的年末，發表了他對《明報》新主的殷切期望：「他（張曉卿）來管理《明報》，我很感激他。《明報》是我的孩子，就好比我的兒女離開家庭後，處境不佳，在外頭流浪，沒有人收留他；前途茫茫的時候，有個好心人肯收留他、培養他，拿錢出來給他念書、受好的教育，變作一個很有用、很好的人。」他還說，「希望張先生來了之後，能夠重振《明報》的聲威，恢復穩固、健全的財政狀態。」當然，這些出自金庸的話，確也是無可奈何之語。但是這確實也是一個無法彌合之斷層。大凡一個企業、一個集團、甚或一個王國，一張報紙，一個刊物，當它已達到頂峰、或者說已達至盛世時，如中國歷史上之漢武帝、唐太宗、抑或是康乾盛世，就連唐詩宋詞……你再超前就難上加難了……。「生命中充滿著意料不到的事情。」這一年，他心臟病發作，做了大手術，經過八九個小時，心臟拿出來修修補補，又放回去。香港新聞界都在傳說，一輩子精明的金庸是不是被氣出病來了。

當然，對於金庸來說，雖然已退出《明報》，但他永運無法割捨與《明報》的深厚感情，因為，那畢竟耗費了他大半生的光陰，是他一生事業的象徵。隨著時間之發展，也許，這只能讓時間來決定《明報》的事業，是否能繼承與超越那個已走向鼎盛的金庸時代？

四、任浙大教授和院長

今日，距金庸當年，即一九九六年以後他先後任浙江大學名譽教授、教授以及人文學院院長，倏忽間已近十多年時間了，這幾年中，為了這教授以及人文學院院長的頭銜，金庸可謂也經歷了許多之風波。筆者至今還清晰地記得，一九九九年三月，正是江南草長鶯飛時節，金庸非常高興地走馬上任做正式的教授了。教授任職幾月以後，這年的十月二十日，也正好是江南的金秋季節，我們相會於湖州，那時，我看到的金庸臉上笑容滿面，似乎是最快樂的時刻，我總感覺到那一次來湖州去南潯，那一路上，他無論去那裡走走看看，看他心情特別好。那次金庸的太太——林樂怡，以及兩位浙大陪他一起前來的年輕教授（一位是人文學院副院長徐岱先生），大家在江南水鄉、太湖南岸，一起玩得特別高興。

這一次金庸還談起在浙大為學生們上課的情景，他非常愛護學生，講起年輕學生最喜歡聽他的課，他好似特別有勁，猶如自已也回到了青年時代……。

記得有一次，正是初秋的豔陽下，就在南潯張家的大宅——即張石銘故居旁邊，有一小石橋，大概叫「興福橋」，（在這橋的斜對面小平房裡，那時，還住著中國最後一位詞家、書畫家，曾寫《中國詞調名索引》、《貓債》、《藥窗詩話》的老者——吳藕汀先生。）當時在橋邊，正好有一賣煎臭豆腐的小攤，林樂怡女士一見有這江南有名的臭豆腐，即刻高興起來，就在這小攤上買臭豆腐吃了，那一刻，我和金庸兩人靠在橋邊一水泥電桿旁，一邊等他太太慢慢吃，一邊和金大俠聊天，他說起他不久在浙大上課的情景。說的大致的情況，與我看到的〈浙大金庸〉一文的記載差不多。比如金庸在浙大往往喜歡用提問式的教育方法：

「我在浙大，除了往大講堂講課外，還跟學生們舉行小型的茶會座談。有一次我問：『你們知道謝安和謝玄嗎？』幾乎所有學生都舉手異口同聲地說：『淝水之戰』。我說：『謝安是了不起的政治家，他侄子謝玄是能幹的軍事家。但我們今天不是講政治、軍事或戰爭，而是講文學。』一個女學生舉手說：『未若柳絮因風起』。」

金庸說：「對了，謝安的姪女謝道蘊，是很高明的文學家。有一天大雪，謝安身邊圍了很多子侄，他指著漫天飄飄而下的大雪，問道：『這像什麼？』謝安的一個侄子謝朗說：『撒鹽空中差可擬。』謝道蘊接著說：『未若柳絮因風起』。大家都贊楊謝道蘊說得好。試想一想，在空中撒鹽，雖然有點像下大雪，但平白無故的，什麼人會去空中散鹽？那時候沒有飛機，要在空中撒鹽也無可能。而且鹽粒沉重，在空中一撒，便即落地，不像柳絮那樣在空中飄飄蕩蕩的很有詩意。」

一個學生問：「這跟謝玄有什麼關係？」金說：「《世說新詩》中另外有個故事：謝安有一次和眾子侄聚會談聊，談到了《詩經》，謝安問：『你們以為《詩經》中哪一句最好？』謝玄說：『昔我往矣，楊柳依依；今我來思，雨雪霏霏。』謝安說：『我最喜歡『訏謨定命，遠猷辰告』這一句，含有高雅而深遠的意義。』謝安引的這兩句詩，意思是說：『朝廷中籌畫方針政策，定下了確定的施政方向，深思熟慮而規劃長期路線，但要時時刻刻使得眾所周知。謝安是宰相，朝廷大計對他特別有吸引力。但就文學性來說，謝玄引的這四句就感人得多了。東晉之後的許多詩人，在談到這件事時，都贊成謝玄的選擇。」

一個學生說：「謝玄是很會打仗的大將，哪知道他的文學修養也這樣好。」金說：「楊柳依依這四句詩，本事是說軍人長期出征而後歸家的感想。你們試想，一個軍人當年離家出征，春風駘蕩，新婚妻子依依惜別；打仗多年之後回家，風雪滿途，他不知道妻子還在嗎，是在家苦苦等候呢，還是另外嫁了人。二次大戰後法國文學，也有類似的作品，進步詩人艾呂雅有一首詩，抒寫法國一個從戰場回來的老兵，回歸家鄉，經過故鄉舊路，『近鄉情更怯』心中波濤起伏，詩歌感人之極，可見永恆的情感，不因時間、地域，而有分別。好的文學作品，就有這種感人的魅力。」

金庸還談了在浙大的一些趣事，他說：「有個學生問：『查教授，四書五經之中，你最喜歡哪一段？』我說，《禮運・大同篇》『大道之行也，天下為公』那一段，提出了長期的歷史發展方向，自然是最為重要的；至於講到個人修養，我最喜歡《論語》開端孔子所說的第三句話，『人不知而不慍，不亦君子乎？』學生們有點茫然不解。我說，孔子在別的地方說：『己所不欲，勿施於人』、『己欲立而立人，己欲達而達人』，等等，當然有更加積極的意義。但你們想，人家不瞭解我，我不會不高興，這豈不是挺有君子風度嗎？當真是豁達瀟灑，雍容自若，謙謙君子，溫潤如玉。我所理解而仰慕的君子，大概就是這樣的了。可惜在我所寫的十幾部小說中，還沒有能夠創造這樣一個人物。張無忌與段譽有一點點接近，然而還差得遠……」金庸也對浙大學生說：「我沒本事做你們的老師，不過年紀大些，做你們的大師兄好了。浙大的學生真的跟我很友好，自稱小師弟、小師妹，在黑板上寫了：「歡迎大師兄給我們講課！」的字。

的確，金庸成為新浙大二十二個學院中第一個上任的院長，這時，他已七十五歲高齡了。浙大有關人士說，請他當院長的主要理由是，第一，他是文學家，文學成就高，知識面廣，對歷史、宗教、哲學等有相當的研究，還學過國際法，香港回歸時參與了香港特別行政區基本法的起草，並發揮了重要作用；人文學院之中文學科有新聞系，他在新聞領域很有建樹，成就也是公認的。第二，浙大側重培養學生的研究方面，現在有意創造和研究並重。第三，他是知名人物，有廣泛的社會活動和聯繫。可以推動學科、學院的改革，擴大在外界的影響與聯繫。

在金庸任人文學院院長前二年，他曾向浙大捐贈一百萬港幣成立「浙江大學金庸人文基金研究會」。

一九九八年九月，新組建的浙江大學成立，金庸應聘出席成立典禮，校長潘雲鶴希望他對浙大人文學科的發展給予關心和支持。在隨後的書信往來中，潘請他常來講學。金庸回信表示，他非常感謝浙大聘任他為名譽教授，他提及自已和現任浙江大學黨委書記張浚生的深厚友誼，以及和浙大教授的良好關係。潘雲鶴於一九九九年二月親赴香港，登門造訪，聘金庸為浙大教授（去掉了「榮譽」二字）金庸對此很是激動，他後來對白岩松說：「這個是大學的制度，全世界都一樣，榮譽的話不是正式的，現在這個教授是正式的，浙大是終身制度的，一直到我死，總是浙大的教授，不管任何情況下，他們會發薪水給我，就是說我永運是浙大教授，並無聘期限制，同時聘為浙大人文學院院長。」

其實，潘校長赴港之前，浙大已正式公布此事。幾天後，金庸在香港盛宴款待潘雲鶴一行，請香港各大學校長及他的好友作陪，當眾宣布自已將出任浙大人文學院院長，希望能把浙大人文學院辦成全國一流的學院，喜悅之情溢於言表。

金庸說自已餘生還想做兩件事：一是寫一本新中國通史，用英文寫；二是編一本中國白話小說史。他說，如果寫英文著作，去英國劍橋比較好。從做學問的角度，他覺得國內兩個地方比較好，一個是北大，一個是浙大。如果讓他選擇的話，他更傾向於浙大，浙江是他的故鄉。金庸晚年選擇浙大，還有另一個緣由，是他還有幾位兄弟姐妹在故鄉。而浙大前輩又多熟稔，張浚生為他決定受聘浙大，做了大量的遊說工作。他承認，濃厚的故土鄉情和良好的文化基礎，中學教學品質高，將浙江大學辦成世界一流大學，既是全校師生的志向，也是他的夙願。他會儘自已所能與海外聯繫，請各國名流大師到浙大來講學。

在浙大舉行的聘任儀式上，張浚生稱金庸是「忠誠的愛國者」。儀式結束後，他回答了記者的許多提問。三月二十七日，他又接受了《文匯報》記者獨家採訪。當問及有人為他獲諾貝爾文學獎提名而奔走時，他回答：「在我看來，諾貝爾獎的評委是西方國家的多，有反共和反中國的傳統，我一不反共，二又愛國，所以不會夠他們的「條件」。我不會犧牲自已的信念，去迎合他們的喜好。所以，這種獎不可能靠「奔走」獲得，也不可、不必「奔走」。他同時表示，除了政治理念與西方不同，自已在文學價值上，也不夠拿諾貝爾文學獎的條件。他拒絕接受文學家的稱號，只是稱自已是「大家喜歡看的小說家」。

在談到中國乃至全球性「金庸熱」時，他表示，看他的小說沒有壞處，至少中文會好，不少的移民子女家長都說，孩子們就是因為看了金庸武俠小說，才學會中文。有記者問及他未來的講學方式時，他說，他個人提倡不拘一格，寫小說可以天馬行空，但管理學校要有制度，處事要有規矩，不能像楊過與小龍女一樣亂來。原來，楊過與小龍女在他自已眼中，也屬於離經叛道的人物。

他早年就有到高等學府研究古文的願望，如有可能他將專攻金文和古韻等學問。他要開設一門囊括天文地理古往「什麼都講的」通史課程。他認為，教授融匯中西的課，已經成為當今世界潮流。他還對大家說：「我年輕的時候就希望將來能夠到一個好的大學去研究學問，我一生對追求知識、研究學問，有很大的興趣，但後來因為生活的逼迫和環境的影響，年輕時候的夢想總是做不到。」但他表示由於時間緊張，不可能一門課上到底，只能給學校發展，提出指導性意見「我想去提倡中國傳統的人文精神。浙江大學向來以工程、自然科學著名，我希望中國所有學理工的人，身上也都帶有濃烈的傳統人文精神。你看華羅庚先生、陳省身先生、楊振寧先生、李政道先生、竺可楨先生等等，那些卓越成就的大科學家，哪一位不是對中國傳統學問有相當高的修養？外國的愛因斯坦、達爾文等等，他們哲學上的造詣，恐怕還超過不少專業的哲學家。」

浙大給了他全校最高的教授待遇，他把所有工資都放在他原來在浙大設立的「金庸人文基金」裡。他對白岩松說：「我自已版稅收入相當不錯，自已夠用了，原來有資產在香港、外國，所以不需要靠這裡的薪水生活，如果不請我做院長，我也會捐錢的。」

的確，金庸之無私、真誠與奉獻，受到了浙大學生的歡迎，他說：「我希望要感染他們，做個好人、正正派派的人，不要做壞人，對國家、民族，對整個社會、對人類要作一種貢獻。終生求學問、求知識，離開學校之後，無論做什麼工作，讀書的興趣不要放棄，永遠追求知識，如果自己的目標達到，我就覺得很滿意了。」

當然，有楊曉鳴先生在〈挑戰與爭論：讀《金庸小說論爭集》〉一文中，卻作了這樣的評述：他今天雖然是以學者、教授和人文學院院長的身分站在浙大的講壇上，但人們對他頂禮膜拜的還是那「飛雪連天射白鹿，笑書神俠倚碧鴛」，加一部《越女劍》。

我想，這話當然不錯，當一個人寫了能使國內外讀者非常熱愛的作品，那麼，在人們心目中，早已定勢的東西，往往是很難改變的。國內外著名作家，各學科的著名學者、專家也無不如此。當人們習慣於把金庸當成「大俠」時，如果你欲做「大儒」時，要獲得一種新的認同感，也許就會難上加難。但是，至今我們也不會忘記，金庸當浙大的人文學院院長的初衷是為了宏揚一種人文精神。當然，也免不了一種虛榮感，即完成他從小到老的一種夙願。如金庸對在浙大的身分特別看重，南京大學文學院院長董健記得他們在南大見面時，他一再「淡化」武俠小說家的身分，強調自己是「歷史學家」、「博士生導師」、「浙江大學人文學院院長」。他遞上名片說：「請不要叫我金庸，我是查良鏞，我是研究國際關係史的教授。」但是，大家希望聽的，還是他講的武俠小說。這也許是金庸的一種宿命，很難改變。二〇〇一年，金庸到南京大學演講，學生想要聽他講武俠小說，但他講的卻是「南京的歷史與政治」。結果，演講不到一半，聽眾就起鬨。比如，金克木就曾說，金庸的史學佛學見解，「論水準未必是『超一流』……然而以史學佛學入小說，在武俠中講『破相』，那就超人一等了」。

雖然他說：「我來浙江大學任人文學院院長，是想提倡中國傳統的人文精神。……我希望學理工科的人，身上也都有濃厚的傳統人文精神。……而人文學科是一所大學的支柱性學科，一流的大學必須有一流的人文學科。培養和造就大批高素質人才是大學的首任務。」

金庸的這些話，那些有關人文精神的話語和題材，還有他有關小說的題材、種類等，我們都聊過，每當我每看到他儒雅的笑臉時，這些話題又重會在筆者心底流淌，甚或有一種「潤物細無聲」之感。

五、《鹿鼎記》尋根與湖州行

筆者並不熟知金庸先生，雖然對他的書讀了不少，武俠電視也看了好幾部，但這位人稱「金大俠」的人，模樣究竟如何、長得多高、多大年歲？確在我見到他本人前，卻始終是不太精確、模模糊糊的。然而，緣猶如一張網，機會由緣分降臨。一九九九年的十月二十日上午約九時，當筆者與詩人劉世軍先生一起去湖州南門鹿山林場處歡迎他的到來時。在一〇四國道上，見他的皇冠車，徐徐驅來——「金大俠果名不虛傳，比我想像中要健康和儒雅得多」——乍見金庸先生，就給了我第一個這樣的印象。（也許有人會說，金庸不是在熒屏上或報上見過嗎？但我總感在一九九九年以前，在媒體上並不多見，就算見了，那時之熒屏，清晰度不高）

由我們帶路，一行直驅江南古鎮南潯。十月正逢水鄉金秋季節，天高雲渺，車窗外碧水悠悠，兩岸青山層巒疊出，大河上船隻往來梭巡，金庸夫婦坐在車上時時喜上眉梢。午餐後稍事休息，金庸和夫人便開始了此行的參觀和「尋根」活動，短促的寒暄與對話便一見如故。金庸先生中等身材，胖瘦適度，面色白嫩而紅潤，精神矍爍，戴一副寬邊眼鏡——全然是一副儒雅書生風度。我陪他時對他打趣地說了我的想法：金先生哪有一絲俠士之氣？他聽後十分高興地說：「我哪有俠氣，是一介書生啊！」可當你真仔細端倪金庸先生的臉部表情，忽又見他具有「不怒自威，令人肅然起敬」的神情。

那日中午，我們在全國第一個率先為老年人做公益事業的「久安」公司用餐。當然金庸在稍事參觀這個老年公寓樓時，是為這第一家做為老年人服務，非常讚賞。久安老年公寓還為金庸一行為了便於和我們交流，提供了一間很雅致的小會議室，在中午用餐前我們便可在這裡盡情地交流。我記得我們在交流時，金庸先說了此次的來意，他說：「湖州的南潯是我這一生非常想來看看、走走的地方，一是因為這裡離我故鄉——海寧硤石很近，我從小就聽到家裡人講江南古鎮南潯的人文歷史故事。二是我的《鹿鼎記》一開首就寫到了南潯，但我在寫此書時，也從未曾到過這裡，這次我抽在浙大任教之餘，特地來為此尋根。的確，金庸他的《鹿鼎記》中開首就寫了南潯：

浙西的杭州、嘉興、湖州三府，處於太湖之濱，地勢平坦，土質肥沃，盛產稻米蠶絲。湖州府的首縣今日稱為吳興縣，清時分為烏程、歸安兩縣。自來文風甚盛，歷代才子輩出，梁時將中國字分為平上去入四聲的沈約，元代書畫皆臻極品的趙孟頫，都是湖州人氏。當時又以產筆著名，湖州之筆，徽州之墨，宣城之紙，肇慶端溪之硯，文房四寶，天下馳名。

湖州府有一南潯鎮，雖是一個鎮，卻比尋常州縣還大，鎮上富戶極多，著名的富室大族中有一家姓莊。其時莊家的富戶叫莊允城，生有數子，長子名叫廷瓏，自幼愛好詩書，和江南名士才子多所結交。到得順治年間，莊廷瓏因讀書過勤，忽然眼盲，尋遍名醫，無法治癒，自是當然，《鹿鼎記》中寫到「莊氏史案」，在我們交流這個江南古鎮歷史時，筆者曾把有關「莊氏史案」一些地方史料、筆者的拙著《易經與經營之道》、《中國神祕的獄神廟》贈與金庸時，他老是很高興的。他還說：「我寫的武俠小說本身是娛樂性的東西，但是我希望它多少有一點人生哲理或個人的思想，通過小說可以表現一些自己對社會的看法。」的確，他的小說寫作，當時出於商業動機，但卻著力刻畫人性，把人文精神注入古老的武俠小說之中，創造了一個獨具魅力的虛擬世界。

那日，中午我們大家圍著圓桌吃飯時，彼此談的話題廣泛而輕鬆。有人介紹詩人劉世軍的成名作是《好女人是井》，劉世軍先生說，那是一句幽默的詩，請大家勿笑，隨即他把自已的一部詩集《心之旅》當即簽名相贈於金庸。此刻，劉世軍把詩集翻到第九十頁，恭敬地交給金庸先生，金庸微笑著一口氣看畢這首詩：好女人／是井／寧靜水面下／是深情／在發掘中／真愛是不竭的泉／酷暑／涼嚴寒暖／流進你的／答覆秋冬……金庸打趣地說：好女人是井！……壞女人也是井啊！那一刻，真逗得大家口笑顏開，哈哈大笑起來——飯桌上開心的笑聲不斷……。此時此景，也真令我想起了一句哲語：「宇宙沒有什麼祕密，藝術則有一些神祕」。饒有趣味的是，正在大家談文論詩時，久安公司的老總朱倍得先生前來為金庸敬酒，金庸一看他名片上寫著「倍得」兩字，馬上幽雅地對他說：「人家是一得，比如「一得閣」，已經非常了不起了，你卻是叫『倍得』，能兩得，福氣多好！」這一下說得大家又開懷大笑起來，金庸又對朱老總說：「我們大家只能挖一口井，你是倍得，可比我們好，可挖兩口井呢……」。那時刻，陪金庸坐在旁邊的浙江大學的徐岱教授，也笑得樂不可支。

此時，我們的查太——林樂怡女士，她索性從包中拿出一個小計算器，她笑著說，我會拿這小玩意兒，替大家算算命運如何？，我問一些問題，由你們誰來回答我，最後我能計算、預測出他或她的前程與福氣……。不知怎的，這在古鎮南潯吃的一頓中餐，金庸和我們大家吃得很開心。如此，那日雖是大家吃的是本地土產，可金庸總說味道真不錯，不愧為江南水鄉第一鎮！

中午，大家在久安賓館稍事休息後，我們就踱步至嘉業堂藏書樓。此嘉業堂藏書樓的主人是湖州富商劉氏家族的，但是具體建造這書樓的主人，便是被魯迅先生稱為傻公子的劉承幹，此書樓是一九二〇年動工，花四年時間完成的。書樓面積為二千平方米，略呈長方型，是前後兩進的二層建築，全樓有五十二間書房，是迴廊式廳堂建築。我們大家在樓前照一張可算是集體照，忽然此時，金庸神情變得嚴肅，見此情景，我悄然對他說起，有一位中學女生曾說，看相片，金庸一臉「霸氣」。聽了這話，金庸笑起來了，他即應對說「我們查家是『一門七進士，叔侄五翰林』，可又是『君子之澤，三世而斬』，哪裡霸得了氣呢！」他夫人在一旁，聽不懂這湖州與海寧話，只是點頭頷首，微微笑著。

其實「金大俠」之名，只是武俠小說迷嘴上說說的。正如我們前面已講述的「金庸」是筆名，取自「鏞」字的一分為二。本名原用於「正業」，筆名用於「副業」，寫武俠小說而用。「正業」是報業，是香港的《明報》。當然，爾後本名倒反少用了也。自一九四五年至一九九三年，四十八年間，金庸一生大部分時間，都為報業服務並撰寫武俠小說出名。金庸，是一個色彩複雜的人物，香港山頂道寬大的書房裡，擺滿了外文精裝書，但他很少受西方文明的影響，終其一生都是一個傳統的中國人，他的小說、政論，都是典型的中國文化產物，他身上有很深的中國儒家情結和香港商業社會的特質。

在藏書樓裡，金庸和我們沿著書廊一邊走一邊看，後來，我們走到書樓的後正廳，金庸看到上面懸掛著由清溥儀的「欽若嘉業」的九龍金匾時，他不禁停下步仔細端祥了一番。此時他突然問我：「這四個大金字不像是溥儀所書的筆跡，他沒有寫得這麼好，你知道是誰所書？」我回答他說：「據說史家各有不同的說法，但最可考的說法應該是，剛才我們進來的藏書樓的門面楣上的『嘉業藏書樓』這幾個字，是由劉廷琛所書；而我們現在看到的正廳上懸掛的九龍匾的四個金字『欽若嘉業』卻是一九一四年以溥儀名義、實由狀元陸潤庠親筆所書。」我給金庸這樣的回答，他總算勉強點頭稱是，當我同時看他對藏書甚感興味，接著我對這段藏書史上的佚事，再向金庸作了點補充：「欽若嘉業」四字出自《詩經》「欽若昊天」。其實，劉承幹在上海的藏書齋，在此書樓未造之前，已早命名為「嘉業堂」了。如一九一三年，開始雕刻的一部叢書，就已叫《嘉業堂叢書》，一九一七年編纂的藏書志，也稱為《嘉業堂藏書志》，可見這座藏書樓，未曾造好之前，此名在上海早已啟用了呢。這「欽若嘉業」這塊至今沒有署名的九龍金匾，是緣於一九一四年溥儀因劉承幹為光緒陵墓植樹而賞賜的，可當時的溥儀，已是下台皇帝，已無權賜御筆了，只能由狀元陸潤庠代筆了。所以十年後，當劉家在家鄉這座書樓建成後，劉承幹就把存在上海十多年的這塊金匾，從上海搬來懸掛在這正廳裡，以示皇上恩寵。金庸聽了這段藏書文化史事，似很高興，並也談了一些藏書趣事，並隨口對我說：「你剛才介紹劉承幹書事，我也早有所聞，今天親自來看了，就有了真實的感悟。」

爾後，我們一行，就出藏書樓，走向這書樓外朝南面的一片開闊園林，一路走去。這藏書樓後花園式的地方，可謂是一片風光，與這藏書樓書香般配的是前面有一小湖，花木雜叢、湖光水色，太湖石壘疊湖中及其周圍，各具形態、玲瓏剔透、真是美觀極了。我向金庸介紹了湖中的石島叫「明瑟亭」，而這小亭的背後有一高約二米的嘯石，湖邊還有這二亭名為「漳紅亭」和「沅碧亭」，我和金庸和夫人在「明瑟亭」中，座下小息，我們一行中不知是誰懷有好奇，興許是為增加大家之情趣，果然走到那嘯石前，對準那嘯石的一個石孔，鼓足氣吹了起來，那一瞬間，真一如發出了虎嘯聲，引得了金庸和他夫人開顏大笑起來……

嘉業堂藏書樓比鄰處，即往左稍走十多米不遠處，就有劉家的小蓮莊，那小蓮莊位於鷓鴣溪畔，碧水環繞、翠木森森。金庸夫婦遂漫步至小蓮莊，我們請那裡管理童立德先生，幫我們開門，然後登東升閣（小姐樓），當金庸和他夫人林樂怡同坐在這小姐樓上，極目可以憑眺整個「小蓮莊」園林，在這樓上，正可鳥瞰蓮池曲橋，奇峰怪石，黛瓦粉牆，更讓人品味到這小蓮莊「雖有人作，宛如天開」之意境，此時此境，我正好座在金庸的背面，也總似可窺見到金庸夫婦他們倆為此園林美景所深深吸引的快樂情景。

在劉氏家廟前，金庸一邊看石頭上所刻的「聖旨」，一邊端祥那裡的「貞節牌坊」。此時，我看到他走至廟前那左右對稱的劉家家廟前，曾用作祭祀活動的旗桿石旁，他又流連忘返、沉吟片刻……此時，不知怎的，我瞧他一臉沉默，幾近悲壯的神情。見此情景，我上前輕聲問他何故？金庸直言相告：「你一定讀過我一九六三年寫的《連城訣》（又名《素心劍》），在此書後記中寫道，我祖父一度棄官後便在故鄉閒居，讀書作詩自娛，也做了許多公益事業。他編了一部《海寧查氏詩鈔》，有數百卷之多，但雕版未完工就去世了，這些雕版放了兩間屋子，後來都成了我們小時候堂兄弟們的玩具。」我終於領悟了他何以看到這些大家古跡後，會在劉氏家廟前沉吟片刻的緣故，因為他想到自已海寧查家，也無不原是如此的大家啊！

祖父查文清對其嫡孫金庸深有影響，祖父博多學才，少年就中舉，後旋即中進士及弟，做知縣，加同知銜，在處理「丹陽教案」時既不媚外，又不阿上，不計個人得失，又具仁慈之心。祖父對金庸影響不僅是道德楷模和功名榮耀，還留下幾屋子的《海寧查氏詩鈔》的雕版，更是金庸日後文化與志向的啟示，今日又重見了非常相同的刻書之雕版、江南大家之庭院，怎不使他見物思情、令他撫今追昔。

在往張石銘故居參觀，步行去前，對於已有七十六歲高齡的金庸先生，我們再借座樓閣稍坐片刻，便在「小姐樓」（東升閣）坐著休息，金庸卻以大俠口吻戲說：「小姐樓，顧名思義應是小姐休閒之處，我怎麼可坐在這裡呢！」有人戲言：「你夫人看上去很年輕，大概保養很好，你陪小姐稍坐有何不可呢！」此時，我坐在一旁，只見他大笑起來，這時的大俠，看到的是，滿臉率真、和善。不一刻，東升閣（小姐樓）管理童先生，又笑迎金庸夫婦，並開了另一樓閣，從而使金大俠在宣統元年十月初五欽書的《承先睦族》，龐大的金龍匾額前坐定，喀嚓一閃，為金庸先生留下珍貴一影。

提起宣統帝元年欽旨的《承先睦族》匾額，確勾引起金庸先生自已家的一段「名門家世」。其實，清代海寧名人中，最著名的應屬是海寧查家。其中佼佼者當然是清代大詩人查慎行及弟查嗣庭。查慎行算得上是清初最有成就的詩人之一。如果說金庸與湖州有歷史緣分，那麼只要翻開湖州古代詩選，查慎行在三百多年前，就為湖州寫下了有名的〈遊道場山〉長詩。這詩至今還在湖州人心中湧動：

菰城浸藪澤，白塔雙雲表。
浮氣蕩一州，湖波白渺渺。
我來久徘徊，愛此吟風篆。
春深花淡淡，日暮雲嫋嫋。

……

多美的詩句，三百多年後，「湖波白渺渺」之時，金庸先生，終於有湖州之行，可惜沒有時間去遊道場山，踏查慎行曾走過的足跡。不過中國歷史上，卻記錄了他先祖查慎行之胞弟，於清代雍正四年官至禮部侍郎、並派任江西正考官查嗣庭，因出試題「維民所止」（語出《詩經・商頌・玄鳥》），而認為「維」和「止」便是「雍正」兩字去頭，出這道題得罪皇上，全家滿門抄斬後，查嗣庭病死獄中。

當參觀張石銘故居後，金庸就對我直言相告：「此次來湖想多住幾天，但浙大人文學院院長重任在身，要儘快開課，所以要抓緊時間來南潯感悟『莊氏史案』，要為《鹿鼎記》尋根追跡。」

金庸還說：「《鹿鼎記》是我最後一部武小說和封筆之作，用評論家的話說，作品功力早已達到了「無招勝似有招」的化境，可能他們是褒獎我，但我確喜愛《鹿鼎記》。」在說到這部作品和在《鹿鼎記》中寫到的「莊氏史案」，金大俠似乎陷入了對史案深深的回憶中。

他說，莊氏是出自吳江夏家斗至南潯鎮的巨富，莊廷瓏撰成《明書輯略》，工程確浩大，是「湖州之寶」。在小說中我借吳之榮之口說出。你一定讀過，我的封筆之作《鹿鼎記》第一回開首，從我現在站立的湖州的風水寶地寫起。

「倪匡稱我這書是古今中外第一好小說，我不敢當。」金庸和我們一起去尋找當年的莊氏夏家花園，一邊走一邊繼續說：「南潯『莊氏史案』發生時，我先祖查繼佐（字伊璜）也捲入此案，海寧還有一位叫范驤（字文白），也同時捲入。後因逢康熙初年兩廣提督吳六奇救免。這已經是三百多年前的歷史舊事了。我寫《鹿鼎記》距今三十多年，我是查家後代，我總夢寐以求要來勘踏『莊氏史案』的發生地。這文字獄死了一百多人呢。」

金庸一邊喝礦泉水，那天下午氣候熱，他潤潤喉，又和我慢慢踱步至北柵，怕他疲勞，我和文學院教授攙扶他，可他不要，逕自往前走，還對我說：要看看當年的「柵莊橋」（又說「殺莊橋」）。沿北柵小河，踏百間樓青石板路，站立在橋上，金庸憑欄遠眺，水光一色，此時一變儒雅書生，那刻的神態，眼睛，手勢，似乎成了一位俠客，成了《笑傲江湖》中的主人公令狐沖——一個非儒、非道、非佛乃至非俠，萍蹤俠影，與劉正風、曲洋及梅莊四友不一般，令狐沖將俠士生涯定為「笑傲江湖」，——他們追隨求不是「避」而是為自由而戰的「笑」和「傲」，人們極喜歡《笑傲江湖》並推選金庸小說中的「最佳」。——啊，金庸此時站立在橋頭，手指躍起，真像呵，難道金庸的一生經歷，不是「萍蹤俠影」，不就是「笑傲江湖」嗎？金大俠此時的俠士瀟灑風度在橋畔確為古鎮留下了一副珍貴墨寶。

次日清晨金庸夫婦在湖州元代書畫大家趙孟頫曾居住過的別業——蓮花莊公園一遊。秋日的蓮花莊，綠樹掩映，空氣新鮮，格外幽靜。那日我與曾撰寫過《湖州山水勝境》一書的吳鴻秋先生陪同，金庸夫婦倆在「松雪齋」賞遊。金庸與他夫人同坐在荷花池畔賞花，他們時而平眺別業景色，時而雙雙談笑打趣，對公園中的那座「管樓」（即趙孟頫和管仲姬居住處）情有獨鍾，猶如夫妻雙雙把家還，金庸攙著她夫人的手，低吟著：「啊，你中有我，我中有你呀……」，這大俠的浪漫情趣，逗得我們眾多旁人快活和大笑起來！此時，我們的吳鴻秋先生，索性把管道昇這首元曲《鎖南枝》中的最後幾句也吟了出來：「將泥人兒摔碎，著水兒重和過，再捏一個你，再捏一個我。哥哥身上也有妹妹，……」

因這首曲子通俗易懂，於是金庸夫婦以及浙大幾位年輕教授就和大家一起哼了起來。真的，那在蓮花莊內的「管樓」前情景，使金庸和我們大家非常開心。在「管樓」前，金庸流連忘返，後還對我輕輕說：「下次來湖，可否不住賓館，就住這蓮花莊園內」，聽後，我笑而未答，我悄悄想，如果下次來，金庸夫婦真想住在這「管樓」裡嗎？

金庸先生為避媒體，這次他悄悄而來，又匆匆而去，也許人間抑或中國歷史上的金大俠，為《書劍》與《碧血》，為《雪山飛孤》與《射鵰英雄》，為《神鵰俠侶》與《白馬西風》，抑或為《天龍八部》或為「問鼎」「逐鹿」……他總得行程悄然，蹤影飄泊，來去無蹤，可謂「仁者見仁，智者見智」矣！但是，那晚我們在太湖山莊喝酒時，他一再說：湖州之行收穫不淺，湖州自唐宋以降，是官宦及文人逸士居住和為官之地，文脈之深，可為江南翹首，下次我還要來，還想去湖州的長興看看陳霸先的遺跡呢！

「蹤影飄渺，大俠生涯」——臨別時，我問他的人生旅途確是如此嗎？他連說：不，不！你看，我寫完從你們湖州南潯寫起的《鹿鼎記》後，我就向世人宣布掛筆封刀、激流勇退了。我想我今後的生活，應該遵循祖上查升書寫的對聯：「竹裡坐消無事福，花間補讀未完書」，此聯我掛在家中書房，其境之幽，彌足珍貴……

「曲終過盡松陵路，回首煙波十四橋。」我們終究要與金庸先生握別了，啊，我們的儒俠金庸先生，祝你一路平安，願你「竹裡有福」願你「花間讀書」！永遠，永遠……

第十四章　金庸生活談片

一、在北大演講

金庸於一九九三年獲英國牛津大學榮譽院士後，在第二年的十月三日，他赴北京大學訪問，十月二十五日，北大授予他名譽教授稱號。《明報月刊》一九九四年十二月號，即刊出了北大教授嚴家炎發表的〈一場靜悄悄的文學革命〉的文章，嚴教授稱金庸小說是「二十世紀中華文化的一個奇蹟」，同時又是「文學史上光彩的篇章」（此文隨即被國內的《參考消息》轉載）。當然，由嚴家炎教授把一個武俠小說家捧至「文學史上光彩的篇章」，也引起了許多習慣於純文學的專家、學者的爭論。比如大陸的中國社科院文學研究所研究員袁良駿，就金庸的武俠小說提出了六大不足之處的尖銳批評。（見《中華讀書報》〈再說雅俗——以金庸為例〉）當時，就連當年金庸的頂頭上司、金庸武俠小說的鼓動者——羅孚，也對嚴家炎的溢美之辭感到難於接受。他在評論中說：「北京大學的正統學者，是奉金庸的小說為革命文學的。我不薄金庸的小說，但我不能不薄這樣的學者了。」但不管對金庸小說的評論如何，金庸在北大還是受到眾多學子們的青睞，在北大授予名譽教授稱號後，他就興致勃勃地給北大師生作了一次演講。他說：

現在我是北京大學的一分子了，可以稱大家為同學了。我衷心感謝北京大學給了我很高的榮譽，授予我名譽教授的稱號。北大是我從小就很仰慕的大學。我的親伯父就是北大的畢業生，故鄉人大多知道他的學問如何，但聽說他是北大畢業生，便都肅然起敬。我念初中時候的班主任也是北大畢業生，他學識淵博，品格崇高，對我很愛護。雖然現在時隔五六十年了，我還常常想念他。

……抗戰時期，我考大學，第一志願就是考西南聯大，西南聯大是由北大、清華和南開三所大學合辦的。我有幸被錄取了。或許可以說，我早已是北大的一分子了。不過那時因為我沒有錢，西南聯大又在昆明，路途遙遠，沒法子去，所以我不能較早地與北大同學結緣。今天我已作為北大的一分子，跟大家是一家人了，因此感到莫大的榮幸。

我一生主要從事新聞工作。作為新聞工作者，對每一門學問都須懂得一點，但所知都是些皮毛，很膚淺。專家、教授則不同了，他們對某一門學問有鑽研，懂得很深。這是兩種不同的接觸知識的方式。我是新聞工作者，當教授是全然沒有資格的。但幸虧我是「名譽教授」。名譽教授就沒有關係了，話講錯了也無所謂。……

我今年春天去過紹興，到蘭亭王羲之以前寫字的地方。那裡的人要我寫字，我說在王羲之的地方怎麼可以寫字呢？但他們非要我寫不可，我只好寫了八個字：「班門弄斧。蘭亭揮毫」。班門弄斧很狂妄，在蘭亭揮毫就更加狂妄了。這次到北大，說好要作兩次演講，我自已寫了十六個字：「班門弄斧，蘭亭揮毫，草堂題詩（在大詩人杜甫家裡題詩）」，第四句是：「北大講學」。

大家希望聽我講小說，其實寫小說並沒有什麼學問，大家喜歡看也就過去了。我對歷史倒是有點感興趣。

金庸在北大兩次演講的主題，是從「中國文明不斷消長」和「中國歷史發展規律」兩方面來談中國的歷史，他將外族人侵與民族復興聯繫起來，對中華民族各族一視同仁，稱中國歷史上七次大的危機，同時也是七次大的轉機。他說英國歷史學家湯因比寫《歷史研究》時，「並沒有非常重視中國。到他快去世的時候，他得出一個結論：世界的希望寄託於中國文明和西方文明的結合。」這些觀念在《天龍八部》、《鹿鼎記》等小說中都有體現。在牛津大學做同樣的演講時，據說能獲好評，金庸稱那些教授們「覺得我的觀點比較新」。但是在北大做這樣的主題演講，卻不過如此，為此，北大教授陳平原對金庸在北大的演講，作了這樣的評價：「可在北大演講時，則未見大的反響，主要原因是，關注種族衝突與文化融合，乃史學家陳寅恪一以貫之的學術思路，其入門及私淑弟子周一良、唐長孺，以及眾多再傳弟子，對此均有很好的發揮。」

也就是說，從歷史學上看，金庸自已和一些西方教授覺得「比較新」的東西，在北大早已是眾所周知。難怪金庸在演講中將武俠小說中的歷史觀寫成「學術性文學」時，「未能博得滿堂掌聲」。儘管陳平原認為「對於中國歷史的獨立思考，乃金庸小說成功的一大關鍵」。但是，「對金庸的史學修養，不應估價太高」。和金庸自已說的十六個字：「班門弄斧，蘭亭揮毫，草堂題詩，北大講學」倒是金庸比較客觀的評述。

但不管人們對金庸的學術思想評價如何？北大此行，總標誌著金庸登上了莊嚴的學術殿堂。雖然金庸進入北大，是由北大教授、法律系主任蕭蔚雲介紹的，他們曾在香港基本法起草委員會政制小組共事，是多年的朋友。金庸曾評介他：「蕭教授曾留學蘇聯，法學淵深，著作甚多，曾參與中華人民共和國憲法的修訂工作，是中國地位很高的法學專家。他為人和藹，思想開明。」

九〇年代北大中文系將金庸小說研究正式納入了教學科研體系，並率先開設了「金庸小說研究」選修課。一九九〇年，陳平原開設以金庸小說為主要研究對象的專題課。一九九五年，嚴家炎教授開設研究金庸作品的課程。陳平原的《千古文人俠客夢》和嚴家炎的《金庸小說論稿》等也相繼問世。「二〇〇〇年北京金庸小說國際研討會」由北大與香港作家聯合會共同舉辦，這無疑給金庸小說熱又一次推向高潮。當然，恕我孤陋寡聞，在經過了十多年的金庸熱潮與風波之後，再來重讀嚴家炎之《金庸小說論稿》時，那所謂的「金庸的小說為革命文學」之論述，也似有過頭之處，殊不知如果我們翻開現代文學史，郭沫若與魯迅曾在上世紀三十年代，就為了這些「革命文學」或「民族大眾文學」還爭論不休呢？難道我們到了二十一世紀，還會有人自已辛辛苦苦寫的書，被冠於「革命文學」而樂樂稱道呢？

二、嶽麓書院講「中國歷史大勢」

二〇〇〇年九月，金庸在長沙嶽麓書院講中國歷史的大趨勢，由湖南衛視直播，與在北大講的大同小異。一位現場聽眾說：

「老先生從春秋戰國開始講起，歷兩漢而至隋唐，結結巴巴地論述他的民族融合論，這個話題恐怕很難引起台下以青年居多的聽眾共鳴，老先生看來也不是很擅長長篇大論的表達和渲染，再加上口音的緣故，看來聽眾是聽起來不算輕鬆，但還是保持著禮貌的安靜。……再看到台上吃力的老先生……」

我曾讀了幾種版本的《中國歷史》，也聽了許多學者講中國歷史之演講。而黃仁宇的《中國大歷史》也讀了二遍，雖然他說自己「學書未成先習劍，用劍無功再讀書。」這也從一個側面說明了凡沒有掌握一門理工技術的人，不論他是「學書未成」還是「用劍無功」，只要他是讀書人，對中國歷史總是喜歡論述其道的。當然，我們的很多理工科學的大家或數學大家也非常喜愛歷史的。就是時代流逝到今天之科技時代，也無不如此。如首批被當選為中國科學院外藉院士、當今大數學家丘成桐先生，也非常鍾情於中國歷史與文學。

金庸是報人、是武俠小說家，但他對歷史是那麼地喜歡，他心目中的歷史是神聖的，他多麼希望自己成為歷史學家。二〇〇〇年九月二十三日，金庸登上嶽麓書院的講壇，再次演繹他的中國歷史觀，雖然，他在講中國歷史時，開場白還是要謙虛一番，他說：「我坐在這裡有點戰戰兢兢。因為我知道嶽麓書院是中國一個非常有名、非常重要的學術中心。一九九三年我來嶽麓書院參觀過一次。當時我抱著一種很敬仰、很恭敬的心情踏進這個大門，在這裡走了一圈，心裡留下了一個很好的印象。後來朱院長邀請我到這裡講學，我說這萬萬不敢當，我沒有這個資格。……我金庸算什麼可以跟在這些大儒之後來這裡講話呢？根本不敢的，也不可以的！」當筆者聽了這段話後，也還依稀感到金庸還是在向大儒學習與靠近的，大儒就是我們今天的學問大家，中央電視台每星期六晚上，就有一個《大家訪談》的節目，面對面地請各種學科的「大儒」談他們的學問和生活，不是很受觀眾的好評嗎？

嶽麓書院此前曾兩次邀請他，金庸都推辭了，他認為這是昔年朱熹、王陽明他們講學的地方，很神聖的。第三次請他，盛情難卻，「如果再推辭，好像自已不識抬舉了。」

「我今天坐的這把椅子，湖大的謝書記剛才告訴我，跟當年朱熹在這兒講學坐的一模一樣，人就大大的不同了，學問也大大的不一樣了，所以我坐在這裡，坐不安定。我知道，嶽麓書院出過很多很多名人，像曾國藩、左宗棠、胡林翼、魏源都在這裡做過學生。……」

金庸說到過汨羅江，屈原寫《楚辭》、投江的地方，在他看來，「班門弄斧、蘭亭揮毫、汨羅作辭、草堂題詩、北大演講和在嶽麓書院講學是差不多的意思，所以我是不敢來的，沒有資格來的，但勉強要來，只好來了。……黃永玉也到這裡來講過，他跟我是好朋友，我想，他來講得，我也講得。」同時他再三表示：「朱熹老夫子若知道這後生小子在這裡大談武俠小說，可能會生氣的，所以我不敢講。……如果我坐在這樣莊嚴隆重的地方，只講些輕鬆活潑的話，對不起朱熹老前輩。」

所以，金庸要講的是「中國歷史大勢」，基本觀點與六年前在北大所講沒什麼變化，他提出中國歷史幾個重要的特點，「一是我們哲學思想是講融合的……而且我們講和諧、內部調和，內部在政治思想上要求不互相鬥爭。……而且我們中國還有一個很重要的因素是開放。對外邊民族不排斥，也能接受外邊文化。」他最後說：「英國一個大歷史學家叫湯因比，他寫了一本《歷史研究》，這是一本很有思想見地的書。它最後的結論就是，西方國家已經走到了盡頭。西方世界的行為方式、思想邏輯已經行不通了……他認為將來人類的出路就是要作東方哲學，也就是中國的哲學。中國的哲學講究調和、合作、開放、融合。用這種方式的人類將來才有前途。我很同意他的意見。我想未來世界人類的前途怎麼樣呢？全世界的人類都能接受中國的哲學，開放，對任何人都不歧視，是什麼國家的人都不要緊，美國人、中國人都是一回事，互相融合，互相合作。這樣，這個世界戰爭就可以避免，人類才有光明的前途，也是我們中國幾千年的教訓。」

「二十一世紀是中國人的世紀」這種口號我們早就耳熟能詳，北大的季羡林不是早就說過嗎？所以這也不算什麼新鮮事。直到二〇〇二年五月二十九日，《中華讀書報》還發表何滿子的批評文章〈戲說歷史〉，何滿子以史實為依據指出中國的「融合」——「只是勢力強弱間的收容和歸附，不是什麼「融合哲學」在驅使。「中國的傳統『哲學』裡沒有『開放』之說。」還以中國歷史就是一部「相砍書」的不爭史實，駁斥了中國「內部不爭」、中國哲學是「內部不爭」的哲學觀點，稱之為「戲說歷史」。……我們如從何滿子的文章來看，金庸的歷史觀，或者說他的一家之言，恐怕還將面對各種各樣的批評。可見，人人愛中國歷史，也人人喜講中國歷史，但要對中國之歷史有真知灼見，也決非易事。正如黃仁宇講《中國大歷史》中所說的：歷史家的眼光總是以回碩為主，在廣大空間劃出幾條短線，並無預言的意義。也許，如從這種角度看，何滿子先生說的也對，因為，對歷史作回碩是容易的，而去作預見，就很難了呢？

歷史學是什麼呢？北京大學出版社曾出過一套叢書，其中就有一本叫《歷史學是什麼？》（是葛劍雄和他的博士研究生所著）筆者對此書曾寫過一篇書評，曾刊發於《文匯讀書週報》上，如今此文還在北大的網上，讀者諸君如有興趣，可拿來一讀也。

三、女性的論說

二〇〇〇年十月，金庸在杭州說：「女性好。我崇拜女性。我天性與賈寶玉相通。見過壞男人比較多，卻只見過女性好。」十一月，他在北大說：「有人認為正人君子一般對女性不注目，而我相反，我偏愛女性。當然，尊重女性、欣賞女性、喜歡女性，也不是隨便風流。其實我這個人的思想是很保守的。在香港，有人稱我是查大俠，我很慚愧，在生活中我沒有多少俠氣。」對於金庸這番話，我們從平常看到的他是非常真實的他。筆者在他身邊時的一種體會便是如此，金庸來湖州時，住在太湖莊，當時有很多讀者特地去書店買了他的作品，想請金庸簽名，有好一大堆，我們大多不敢去打擾和麻煩他，但是我們想到他說過的：女性好。我崇拜女性。我們當時在無奈之下，只有請幾個漂亮的女性去請金庸在他的書上簽名。

我們知道金庸在二〇〇〇年，曾為一位並不認識的中央電視台女節目主持人楊君的新書《笑容：與媒體英雄面對面》寫序。他兒子查傳倜主動提出要在香港出版這本書。金庸的序題為《笑容在我看來是一種蒙太奇》，在此，我們不妨錄之如下，不知讀者對人之笑，是否有不同看法呢？

在我看來，笑容是一種很好的人生態度，無論是在工作中，還是偶然面對困難，抑或是在提煉的藝術中。

《笑容》是一個很好的名字。我還有一些聯想，不妨敘來。四十五年前，我開始學做電影劇本，寫了二三十個，其中有的還算成功。四十年前，我開始學做電影導演，導了兩部戲，第一部還可以但不算很成功。第二部是戲劇紀錄片，幾十年後的今日，還偶爾見到放映。

電影的基礎是蒙太奇，理論是從蘇聯電影導演愛森斯坦、普多夫金等人的著作與影片中學的，實踐是從義大利新現實主義大師德西嘉等人以及英國與美國的電影中學的。蒙太奇說起來很複雜，簡言之，即是辨證的組合，產生效果。蘇聯的大師舉過一些簡單的例子：笑容、驚訝、具體的困難。三個鏡頭中的人物相同，因組合不同，就產生不同效果：第一：一、笑容；二、具體的因難；三、驚訝。三個鏡頭依此排列，觀眾學得很自然，劇中人是應有的反應。第二種：一、驚訝；二、具體的因難；三、笑容。同樣的鏡頭，排列改變後，觀眾的心理感應就完全不同了，覺得劇中人十分勇敢。縱然面臨各種困難，仍能泰然自若，毫不畏懼。電影中千變萬化的蒙太奇變化，都可以從這個簡單例子中領悟。

後來我在報紙上寫「每日連載」的長篇小說。連載小說每天一篇中都要有「鉤」，鉤住讀者明天非追著看不可。這是一種技巧，運用得最精彩的是蘇州的評彈藝人，以及其他地方的說書人。電視連續劇包括了電影技巧和每日連載長篇小說的技巧，至於內容思想意識等等，又是額外的要求了。

賀歲電視要求觀眾的笑容。最拙劣的講笑話者，是自已不斷講，不斷嘻嘻哈哈地笑，聽者卻不笑。電視劇做到這樣，那就很失敗了。我曾聽侯寶林先生說相聲，他板起了臉往台前這麼一站，臉上沒半絲笑容，滿堂觀眾已哈哈大笑，掌聲如雷。這是喜劇技巧，很難學的。滿嘴油腔滑調、毫無藝術和智慧的胡說，聽眾不會覺得好笑。

笑容是一種蒙太奇，要讓觀眾臉上有笑容，挺不容易。笑容也是一種向上的追求，能讓自已有笑容，也挺不容易。我曾研究過這問題，其中的道理，很值得想想。

筆者曾碰到一位杭州的女性，這位女性寫過一些出國旅遊的遊記散文，她曾給了我好幾個書簽，在這上面均有金庸的題詞。二〇〇二年四月，花山文藝出版社推出中央電視台另一個節目女主持人的新書——《讓心靈打個盹》，那扉頁上的金庸題詩，就分外引人注目：文章難描美女顏，清音嬌語天下聞。早些時候文清曾巧遇金庸。由於文清生活中比螢屏上更顯纖巧秀麗，金庸發出了邀請：「我感覺你的長相宜古宜今，以後我們再拍武俠劇的時候，你可以演女主角。」文清表示以後如有機會，她也很想嘗試與金庸合作，過一把武俠癮。

我曾閱讀馮友蘭之女宗璞寫的《南渡記》「序曲」中有這樣的話「且不說葫蘆裡迷蹤，原都是夢裡陰晴」，我們且不去論金庸天性是否與《紅樓夢》裡之寶玉相通，也不說他葫蘆裡的「迷蹤」，如果把他武俠小說中對女性的論述，以及他生活中對女性的話語，收輯起來的話，也許就是一部很好的「女性文學」的真實記錄。但是，寫到此，筆者倒不免想起金庸的親戚來了——那就是上世紀三十年代新月派詩人徐志摩，他對女性的崇拜倒是虔誠得很，他的老師梁啟超一再規勸他，他聽不進去，還寫了信與梁辨論起來，大有「吾愛吾師，但更愛真理」之勢。他在《眉軒瑣語》中寫下了對女性的真切看法，他曾說：「男子只有一件事不知厭倦的。」還說「女人心眼兒多，心眼兒小，男人聽不慣她們的說話。……女人對不對，像是分一個糖塔餅，永遠的分不均勻。……最容易化也最難化的是一樣東西——女人的心。……」徐志摩是金庸的親戚，他對女人的看法也一如金庸對女人的詩化一樣。

金庸也曾說，卻只見過女性好。這話也對也不對。為什麼呢？讓我們不妨一讀記錄當年徐志摩和陸小曼苦澀戀情的一本書《一本沒有顏色的書》，而在這本書中，他寫下了這樣的四句詩：紅焦爛死紫薇病，秋雨橫斜秋風緊。山前山後亂鳴泉，有人獨立悵空溟。——今日我們讀來，當年的名詩人徐志摩為女性寫下的詩，是否還有一分惆悵，抑或是有一分溫馨呢？

四、評點的風波

對於金庸小說的評點風波，可謂在中國國內持續了很長的時間，而此事牽涉的專家學者也比較多。我看了許多報紙的評說，無論是出版者一方，或者是著作權一方，似乎是公說公有理，婆說婆有理。筆者為了把由評點引起雙方爭執的情況弄清楚，曾經向《明史》專家王春瑜請教過此事的來龍去脈。（當然王本人也是由點評捲入風波者之一）至於雙方的爭論緣起，還是由於一九九六年十二月，文化藝術出版社與金庸授權的明河版權代理有限公司，雙方簽訂了《評點本金庸武俠小說全集》的出版合同。在這個出版合同的第一條上寫著「同意乙方在中國大陸及港台地區，出版發行上述著作中文版之評點本全集」。

根據這個合同，文化藝術出版社，就準備先出繁體版在港、台發行。但是，當金庸知道了出版社先在港台出版，就表示了異議，於是出版社先出簡體本在國內發行。不久金庸卻要求重簽合同，並寄來了改定的條款，目的是收回合同中原先在港台地區出版發行的授權。爾後，明河版權代理有限公司，又正式提出廢止原協議的要求。為此，文化藝術出版社認為：原協議已經雙方簽字有效，其他問題雙方可用補充條款的方式解決。

然而，一九九七年初，有一家上海貝林律師事務所，受金庸委託取消原協議，並向國家版權和出版管理機構狀告。當時，由於沒有及時解決雙方所提出的糾紛，（雙方糾紛的焦點是：金庸方提出對原協議要求中止，但文化藝術出版社只答應可修改部分條款，而原合同應照常執行——這是形成評點風波的關鍵所在）

到了一九九八年，文化藝術出版社按照出版合同出版了「評點本」的簡體字本。一九九八年十月，文化藝術出版社隆重推出了《評點本金庸武俠小說全集》。但是，金庸認為他一九九七年初提出的異議，顯然沒有被採納。

於是，一九九九年三月三十一日，金庸在接受中央電視台晚間記者採訪時，就說，「其實他們所謂的評點，根本是一種聰明的盜版……像這樣的評點，就是小學生也會寫的」。而二十七日，他在杭州對《文匯報》記者也說評點本「其實是一種聰明的盜版方式」，並說「決定通過法律與他們打官司」。

一九九九年四月五日，《人民日報》華東分社記者採訪了他，並以「面對盜版，金大俠『拍案而起』」為題進行報導。文化藝術出版社為此將金庸親筆簽名的長達二十條條款的出版合同（一九九六年十二月二日）以及轉交金庸本人的律師函，還有致中央電視台台長室的公開信公諸於世。出版社聲明：《評點本金庸武俠小說全集》絕非盜版書，他們在一九九六年十二月就和金庸作品版權代理權者——香港明河版權代理有限公司簽訂了正式出版合同，並在北京市版權局登記。而參與評點者，都是金庸小說的有名學者，如馮其庸、嚴家炎、陳墨等。而且，「評點人名單的確定也是經金庸認可的」，甚至「部分評點文字也已經過金庸審閱，並依其意見修改過」。出版方認為「相信年邁的金庸先生也會在法定的文本前恢復記憶，相信法律會以事實為依據，相信此事一定會有一個圓滿的解決。」

二〇〇〇年八月十四日，《文匯報》刊登〈金庸：我感到很意外〉的報導：「其實，金庸所謂的「聰明的盜版」，純粹是指出版社而言……曾有讀者拿小說請他簽名，金庸一看是『雲南人民出版社』出版的書……顯然是盜版無疑。」同時說：「……金庸先生所針對的當然是出版商，而絕不是評點者。……任何讀者可以公開表達，何況金庸所說的差的評點，只是其中一部分。」

文化藝術出版社對此表示不滿，認為文中提到的許多情節與事實嚴重不符，公布了一些更新、更有說服力的資料和證詞。首先指出報導有失公正與客觀。撰文者偏向金庸方以至雲南人民出版社，沒有向文化藝術出版社核實和瞭解情況。文化藝術出版社以錄影帶為證。金庸一九九九年三月三十一日接受中央電視台採訪時針對的就是他們，當時的錄影背景就是文化藝術出版社的《評點本金庸武俠小說全集》。

從這些情況看，顯然涉及到雲南人民出版社與文化藝術出版社之間的合同關係。一九九九年四月五日，金庸在接受《人民日報》華東分社記者採訪時又說：「在看到校樣時，大吃一驚……以前我對盜版確實比較姑息，想著他們可能因為窮，又沒有什麼知識，盜版也是謀生手段，社會上有那些小偷、強盜，不是也始終禁而不絕嗎？但這一次我是深深地痛心的——因為這是一些學者，是知識分子啊！……」金庸的上述所發表的言語，不同程度地激起了原點評者的憤慨。

比如，白維國先生，是評點了金庸的《雪山飛狐》，他在聽了金庸的一席話後表示：「說實話，聽到他貶我為「小學生」，雖感到意外但並不生氣，我的學歷並不是金大俠定的，一個人的言行如何，最終受影響的是他本人。不負責任的言論只能是給自己抹黑。」

北京聯合大學應用文理學院教授——周傳家博士，他認為：「我為了評點這部作品（評點的是金庸的《飛狐外傳》），付出了很多心血……把我們與小偷強盜並列，也太過分了，你覺得不滿意，完全可以動用文藝批評的武器進行正常的批評，何必挖苦人？俠，是一諾千金的……」

其次出版方認為，採訪內容存在多處失實，就連被採訪的「有關知情者」也讓人置疑，在〈金庸：我感到很意外〉原文中說道，文化藝術出版社違反合同的第一條中寫到該社擅自授權出版評點本金庸小說，「並由此取得重大金錢利益」，文化藝術出版社認為：情況恰恰相反，由於金庸無端指責「文藝社」「盜版」，致使「文藝社」遭受重大的經濟損失。

一九九九年六月，金庸及其著作權代理人：香港明河公司狀告北京的文化藝術出版社、雲南人民出版社，超出雙方原先簽訂的出版《評點本金庸武俠小說全集》合同範圍，未經授權，擅自與雲南人民出版社合作出版《新派武俠精品評點叢書・天龍八部》。中國科技圖書公司因為銷售這部書，也被金庸推上被告席。

到二〇〇〇年四月，上海市第二中級法院智慧財產權庭，開庭審理了金庸狀告文化藝術出版社、雲南人民出版社和中國科技圖書公司侵害著作權案。金庸及明河公司的代理人訴稱，兩被告擅自聯合出版的《新派武俠精品評點叢書・天龍八部》，「完全使用了金庸享有著作權，明河公司享有專有印刷、出版、銷售權的《天龍八部》一書的內容，僅在小說內，配以少量評注文字」，因此該書屬「侵權製品」。文化藝術出版社辯稱，根據雙方在一九九六年十二月訂立的合同，該社已獲得《評點金庸武俠作品全集》的出版權。這種權利是獨佔的、排他的，該社完全可以多次使用；至於雲南人民出版社擅自出版《天龍八部》的評點本，該社並不知情，且正為此而起訴雲南人民出版社。

而作為雲南人民出版社，認為自已是按照與文化藝術出版社訂立的「合作協定」出版《天龍八部》評點本的，而後者早已獲明河公司授權，故不存在侵權事實。同時指出自已曾通過文化藝術出版社，試圖將九點五萬元版稅，支付給金庸，但遭金庸拒絕。中國科技圖書公司辯稱，自已通過合法途徑進貨，且《天龍八部》評點本由國有大出版社出版，手續齊全，沒有理由懷疑他們的出版權，因此不應該承擔責任。

爾後，文化藝術出版社狀告雲南人民出版社，一九九七年一月，兩家出版社簽訂了合作出版評點本《天龍八部》的協議，但在第九條中規定：「協議簽訂五天內，雲南人民出版社必須將本書清樣以文化出版社的名義寄金庸先生審定，在獲得金庸先生同意後方可投入製作。」但該社既未將樣書寄金庸審定，更未讓文化藝術出版社參與聯合出版工作，一九九七年十月，以文化藝術出版社和雲南人民出版社名義出版了該書。同時於二〇〇〇年初，文化藝術出版社也把金庸也告上了法院。文化藝術出版社常務副社長白卜鍵說：「起訴作者在他們還是第一次，若非迫不得已，他們絕不這樣做；儘管如此，他們仍希望與金庸達成和解。」卜鍵還說，「只要金庸在中央電視台《晚間新聞報導》同樣的時間段，向文化藝術出版社正式道歉，和解便沒有障礙。」

北大教授嚴家炎先生在接受記者採訪時說：「當初是出版社告訴我金庸先生請我點評的，起初我因出國拒絕了，後來出版社說金庸先生一再邀請，我便答應和我過去的一位博士生聯合評點了《連城訣》」。（見一九九九年十二月二十九日第九版《中華讀書報》）至於說，評點未交金庸先生審讀，文化藝術出版社則坦言，有明河版權代理有限公司總經理李耐生女士一九九七年四月十八日發來的傳真，上面寫道：「查先生同意每冊只選取其中一小部分看看，可以郵寄過來。」

至於說「評點人根據已經違約的失效合同，來評點金庸的著作，而未得到金庸本人的書面同意，本身已屬於侵權行為。」文藝出版社反駁說，該社於一九九六年十二月與金庸著作合法授權代理的香港明河版權有限公司簽訂了《評點金庸武俠小說全集出版合同》，合同明確授權文化藝術出版社「在中國內地及港台地區出版發行金庸武俠小說中文版本之評點全集。」該合同從未經任何仲裁機構或法院宣告「失效」。宣稱它「違約」是沒有依據的。對於嚴家炎這樣金庸親點的評點者，最後還落得個「屬於侵權行為」，被「提出賠償要求」，是不是有點太過分了……。對於此案，雙方為各自的異議，均一一提出了不同的看法和爭論。

金庸與出版社之間的爭論，更激起了原評點者的憤慨。五位參與評點的學者王春瑜（中國社科院歷史所研究員，雜文家與《明史論叢》主編）、林冠夫（中國藝術研究院研究員）、白維國（中國社科院語言研究所研究員）、劉國輝（人民文學出版社副編審、中國武俠文學學會常務副秘書長）、周傳家委託律師富敏榮（曾因電視劇《上海人在東京》著作權案名噪一時），於二〇〇〇年八月一日將金庸告上法庭，上海市中級人民法院受理了此案。

五位學者的訴訟請求共三條：一、立即停止對原告的侵權行為；二、在《人民日報》《北京青年報》刊登聲明，向原告公開賠禮道歉；三、賠償原告經濟損失費人民幣五十萬元。一部《評點本金庸武俠全集》惹出了金庸與文化藝術出版社、雲南人民出版社及五位點評人之間的三起連環官司，這是始料不及的。

這五位學者曾經都是金庸小說的讀者，這次將金庸告上法庭實有不得已的苦衷。與金庸相識已十五年的王春瑜說：「……可是金庸的做法太豈有此理了。似乎以高等華人自居，完全不講武林道義，實在是有負於我們對他的尊重。……我們這次告他，最重要的就是要維護內地學者的尊嚴。」

從一九九九年到二〇〇一年，這場糾紛延續兩年之久，被各大媒體炒得沸沸揚揚，直到二〇〇一年二月十六日，訴訟各方才在南京簽署和解協定，相互撤訴，一場曠日持久的連環官司最後以庭外和解告終了。

在和解協議中，文化藝術出版社就自已的一些失誤向金庸鄭重道歉，並如數向金庸支付版稅，金庸表示願意接受道歉。他還表示：「對各位評點人重視其著作甚為感謝，對評點人所提文學批評上之意見表示尊重，但並非對所有評點表示認可、讚許、同意或接受。如與評點人對文藝創作之意見有所不同，亦屬文藝之觀點有異，與學術造詣高低之評價無關。」

五位點評人之一的劉國輝，從報上得知這一結果，不無遺憾。讓劉國輝難以明白的是，在和解中，金庸對曾經在電視上公開說過的那些侮辱性語言，為何沒有一絲歉意？王春瑜先生後來在和筆者的一次通電話中，也表示了不無遺憾！

（附注：當筆者寫完此節時，就把有關「評點的風波」這一節文稿，於二〇〇五年四月二十二日，用快件特地寄往北京王春瑜先生處閱讀，以請他對評點風波再作點評說。爾後，頃接王春瑜教授於四月二十七日寄來回函，在我寄往的文稿上，他用秀美的鋼筆字體寫下了如下一段話，在此節文章結束之際，不妨錄之如下：

「這是一次令人遺憾的官司。好在一切都已隨風而逝。我不後悔當年拍案而起，牽頭狀告金庸，以維護學者的尊嚴。但後悔看在馮其庸先生與金庸先生皆為友人的份上，參與評點金庸小說，捲進風波。我所敬重的學術前輩、也是忘年之交王元化先生、何滿子先生，都批評我何必去參與評點？我將引以為訓。但我還想披露一點事實：金庸先生在南京的調解會上，對老友馮其庸先生指責的語言，是完全失控的。馮先生已知其事。二位老人從此成為路人，此事不能不令我歎息……。」）

五、王朔對金庸秸問

《中國青年報》於一九九九年十一月一日刊登了王朔的〈我看金庸〉一文，在這篇文章中，這位以「無知者無畏」自居的作者，對金庸的小說進行了猛烈的批評。由此而引發了一場有關金庸小說的大爭論。王朔說：「……我不相信金庸筆下的那些人物在人類中真實存在過，我指的是這些人物身上的人性那一部分。……我認為金庸很不高明地虛構了一那群中國人的形象……給了世界一個很大的誤會，以為這就是中國人本來的面目。……這些年來，四大天王，成龍電影，瓊瑤電視劇和金庸小說，可說是四大俗。」王朔認為「就《天龍八部》說，老金從語言到立意基本沒脫舊白話小說的俗套。老金大約也是無奈，無論是浙江話來是廣東話都入不了文字，只好使死文字做文章，這就限制了他的語言資源，說是白話文，其實等同於文言文。按說浙江人淨是河南人，廣東話也通古漢語，不至於文字上一無可為……」

王朔說他讀金庸的書，簡直難於卒讀。認為硬著頭皮讀下去，最後的結果是，那些故事和人物，只給他留下一個印象，情節重複，行文囉嗦，永遠是見面就打架，一句話能說清楚的偏不說清楚，而且誰也幹不掉誰，一到要出人時候，就從天上掉下來一個擋橫兒的，全部人物都有一些胡亂的深仇大恨，整個故事情節就靠這個推動著。……初讀金庸是一次很糟糕的體驗……

王朔毫無忌諱地說出了自已的讀後感，他認為金庸的寫作方法，只不過用密集的動作性場面，使你忽略文字，或者說文字通通作廢，只起一個臨摹畫面的作用。他的評說是：「……這老金也是一根筋，按圖索驥，開場人物是什麼脾氣，以後永遠都是那樣，小胡同趕豬直來直去，正的邪的最後一齊皈依佛門，認識上有一提高，這是人物嗎？這是畫片……」

此文一出，在接讀《文匯報》的傳真來函及有關稿件後，「八風不動」的金庸淡然處之，四天後的十一月四日，他給《文匯報》編輯部的信，信中闡明了自已對王朔的看法：

一、朔先生發表在《中國青年報》上〈我看金庸〉一文，是對我小說的第一篇猛烈攻擊。我第一個反應是佛家的教導：必須「八風不動」，佛家的所謂「八風」，指利、衰、毀、譽、稱、譏、苦、樂，四順四逆一共八件事，順利成功是利，失敗是衰，別人背後誹謗是毀，背後讚美是譽，當面讚美是稱，當面詈罵攻擊是譏，痛苦是苦，快樂是樂。佛家教導說，應當修養到遇到八風中任何一風時情緒都不為所動，這是很高的修養，我當然做不到。隨即想到孟子的兩句話：「有不虞之譽，有求全之毀。」「人之易其言也，無責耳矣。」……我寫小說之後，有過不虞之譽，例如北師大王一川教授他們編《二十世紀小說選》，把我名列第四，那是我萬萬不敢當的。又如嚴家炎教授在北京大學中文系開講《金庸小說研究》，以及美國科羅拉多大學舉行《金庸小說與二十世紀中國文學》的國際會議，都令我感到汗顏。王朔先生的批評，或許要求得太多了些，是我能力所做不到的，限於才力，那是無可奈何的了。

二、「四大俗」之稱，聞之深自慚愧。香港歌星四大天王、成龍先生、瓊瑤女士，我都認識，不意居然與之並列。不稱之為「四大寇」或「四大毒」，王朔先生已是筆下留情。

三、我與王朔先生從未見過面。將來如到北京待一段時間，希望能通過朋友介紹而和他相識。幾年前在北京大學作一次學術演講（講中國文學）時，有一位同學提問：「金庸先生，你對王朔小說的評價怎樣？」我回答說：「王朔的小說我看過的不多，我覺得他行文和小說中的對話風趣幽默，反映了一部分大都市中青年的心理和苦悶。」我的評價是正面的。

四、王朔先生說他買了一部七冊的《天龍八部》，只看一冊就看不下去了。香港版、台灣版和內地三聯書店出版的《天龍八部》都只有五冊本一種，不知他買的七冊本是什麼地方出版的。我很感謝許多讀者對我小說的喜愛與熱情。他們已經待我太好了，也就是說，上天已經待我太好了。既享受了這麼多幸福，偶然給人罵幾句，命中該有，不會不開心的。

（此文在一九九九年十一月十一日星期四，於〈王朔批評金庸，金庸淡然處之〉為題刊於《報刊文摘》）

王朔：

爾後，於一九九九年十二月，金庸在《明報月刊》發表〈浙江港台的作家〉一文，進一步回應我和王朔先生素不相識，並無私人怨仇，我在公開場合中曾對他的作品表示好評，他所以這樣苛刻的對我攻擊，相信是由於我們兩人對於中國傳統文化、文學的觀點等看法有根本差異之故。我們兩人的個性、生活環境、經歷、求學與寫作、工作的過程、結交的朋友等等完全不同，是兩條永遠難以相交的平行線。……王先生所以有此文章，猜想重要原因之一，是王朔先生根本瞧不起南方的作家，尤其是浙江人、台灣人與香港人。他那篇文章中開頭就說：「金庸的作品我原來沒看過，只知道那是一個住在香港的浙江人。……港台作家的東西都是不入流的……」他認為金庸文字所以不行，由於他是浙江人而又住在說廣東話的香港……王朔先生認為我的文字不行，我自已也覺得不夠精練，可以寫得好一些，更生動一些。不過運用語言文字，是靠天分的……不過單說金庸不行，已經夠了，不必牽涉到所有浙江人，遠的不提，從近代說，浙江人寫文章好的似乎不少。王陽明、黃宗羲、章學誠、袁子才、龔自珍，都是浙江人；再遲一點，章太炎、俞曲園、王國維、孫詒讓，也都是浙江人。他們的文章真可說得上冠冕當世。他們不寫白話文，那不錯。不過，白話文寫得好的浙江人，好像也不少。魯迅、周作人兄弟、蔡元培是紹興人，郁達夫是富陽人，茅盾是桐鄉人，俞平伯是德清人，徐志摩是海寧人，夏衍是杭州人，都是浙江人；巴金先生出生於成都，但祖籍是浙江嘉興。這些都是白話文挺精彩的第一流作家吧。……

金庸指出中國古典白話小說的作者，浙江人甚多，羅貫中是杭州人（祖籍山西太原），《拍案驚奇初刻、二刻》的作者淩濛初是湖州人，《說岳飛全傳》的作者錢彩是杭州人。吳承恩是江蘇淮安人，晚年在浙江長興縣做了九年縣丞，有人推測，《西遊記》是他這一時期寫的。明朝白話小說《四大奇書》中，有三部的寫作在浙江完成，浙江的方言並無損於三部傑作的文字。在文末的「作者附注」中，金庸一口氣列舉了五四之後以文章出名的近七十位浙江籍作家、學者。此外他在文中也列舉了台灣的白先勇、余光中，香港的許地山等，端木蕻良的《科爾沁前史》、蕭紅的《呼蘭河傳》都是在香港寫的，張愛玲、葉靈鳳等也都在香港寫過不少好文章。即使香港的廣東作家也有不少傳世力作，如黃谷柳的《蝦球傳》、西西的《我城》等，散文作家如董橋、劉紹銘等。他建議王朔讀一讀劉登翰編著的《香港文學史》，「可以得到不少有用的知識」。

但他也表示「誠懇接受」王朔的一些批評意見：「情節巧合太多，有些內容過於離奇，不很合情理；有些描寫或發展落入套子，人物的對話不夠生活化；有些太過文言腔調，人物性格前後太過統一，缺乏變化或發展；對固有文化和舊的傳統有過多美化及留戀，現代化的人文精神頗嫌不足；有些情節與人物出於迎合讀者的動機，藝術性不夠（下里巴人！）。這些缺點，在我以後的作品中（如果有勇氣再寫的話）希望能夠避免，但如避得太多，小說就不好看了，如何做到雅俗共賞，是我終生心嚮往之的目標，然而這需要極大的才能，恐非我菲材所及。」

「至於王先生說我的文字太老式，不夠新潮前衛，不夠洋化歐化，這一項我絕對不改，那是我所堅持的，是經過大量刻苦鍛鍊而長期用功操練出來的風格。」

王朔的文章，一時間成為媒體的熱門話題，作家、評論家紛紛發表自已的看法：十二月二日，董橋發表〈我們頭上沒有光環〉一文對金庸的回應持肯定態度，他說：「王朔苛刻批評金庸小說，金庸回應這件事，寫了一封很有分量的信給《文匯報》編輯部。」所有的評論恐怕都沒有文字評論家吳亮的幾句話來得深刻和辛辣，他說：「王朔批評金庸，得罪的是「金庸迷」，金庸本人無所謂，也許他和王朔還成為朋友，他們其實是一夥的，兩個韋小寶。」二〇〇〇年一月十三日，研究經濟學的張五常也發表了〈我也看金庸〉：

> 查先生的兩篇回應寫得好——我是寫不出來的——但我還是同意朋友的觀點，認為查先生不應該回應。他應該像自己所說的：「八風不動。」王朔的文章沒有什麼內容——「人之易其言也，無責耳矣。」（我翻為：胡說八道的話，不足深究。）查老在文壇上的地位，比我這個「大教授」高一輩。但他顯然六根未淨，忍不住出了手。……
>
> 首先要說的，是王朔之文有「葡萄是酸的」味道。「四大俗」暢銷，賺大錢——王先生說是資產階級的腐朽。……
>
> 想當年，金庸為了糊口下筆，爭取讀者是重要的。但一九五八年我在多倫多追讀他的《射鵰英雄傳》時，就對文學專家王子春說：「如果《水滸》是好文學，那麼金庸的作品也是好文學了。」……古今並用的文字是最好的文字，中外皆然。我認為查先生的中語文字，當世無出其右！

的確，王朔有勇氣向金庸拮問，也不簡單，雖然文章之力度與論據也確難於使金庸口服心服，從我讀拮問金庸之文章來看，王朔之文倒不及流沙河先生的小文，如〈小挑金庸〉、〈二挑金庸〉，前者講為嘉興寫對聯之事，後者是寫金庸講「羌族」歷史的問題。當然，從中也可看出，寫批評文章，或文學評論，主要是功底，另還必須平心靜氣，羅輯思維清晰，要絲絲入扣、有真知灼見之分晰。啊，我真佩服一如別林斯基的評果戈理以及評普希金等作品的精神和才華，因為，我們從這些精堪的評論中，似乎能得到一種美的享受，我多麼期盼中國在不久的將來，也能出現以理性、以學術理論之功底為主的文學評論，如到至這類境界，我們的讀者也自能得到一種評論美的享受。

六、頻頻活動、漫話人生

《文匯報》曾有一個版面，且用了「面對數百年輕觀眾漫談做快樂的君子——王蒙金庸香江話人生」的題目，報導了十一月二十四日下午，王蒙和金庸相聚香江浸會大學，面對數百位年輕觀眾，漫話人生。因為觀眾人數一增再增，主辦方將會場地點一改再改，不少聽眾由於沒有座席，只能站立過道、蹲坐台階上旁聽。整整二個小時，浸會國際會議中心時時爆出笑聲、掌聲和歡呼聲。話題是「評點《紅樓夢》」。筆者認為金庸與王蒙所從事的文學方向不同，但他們之人文關懷應該是相同的，故摘錄其要而稍加評述。

我們知道，王蒙先生是生於一九三四年，而金庸是一九二四年出生的，他們之間剛好差十歲。金庸一開始就說：我在浙江大學任人文學院院長，我在我們學院的七個系講課，中文系歷史系講得比較多。有學生問我：查老師，你覺得中國古詩詞中，你最喜歡哪幾句？我說我最喜歡《論語》的開頭幾句：「學而時習之，不亦樂乎？」還有一句：「人不知而不慍，不亦君子乎？」王蒙先生最近出版的《王蒙自述：我的人生哲學》，我用五個字概括是：快樂的君子。首先，君子就一定是快樂的，其次，心裡老是妒忌人家，打擊人家，想打小報告的，心裡不會快樂，心裡老是希望打敗人家，幸災樂禍的，希望人家垮台，也快樂不起來。一個人一生的目標無非是如何做人啊，如何希望幸福啊，如何幸福，快樂就是幸福。你雖然很有錢，可是心裡老是不快樂也沒有用。金庸的這段話，就是《文匯報》的版題：「做快樂君子」。金庸說，中國的傳統，從《論語》，老子以來，中國這些很有智慧的哲學家就是講做人怎麼個做法。人家不知道你不瞭解你，對你有誤解，這個時候你沒有什麼不開心的。人家誤解你誤會你，你能夠做到沒有不開心是很難的。人家誤會就誤會好了，我不在乎，這就是一個真正的君子了。我的學生問我了，王朔寫文章來罵你，你是不是就用這句話來「人不知而不慍，不亦君子乎」。我希望自已能做到你不瞭解我誤會我罵我，我也不生氣。雖然我還不算是君子，但我向君子走近了一步也好。

王蒙接著金庸的話題，是談自已寫《王蒙自述：我的人生哲學》一書的意義：我在書中一開始先談學習的問題，實際上我是迴避了一種價值的歧義，因為中國和整個世界都處在激烈的變化之中，你認為有價值的東西，他也許認為不那麼有價值。這個時候我就想在所謂人生感悟當中來尋找一個最大的公約數。就是不管你是經商的，當幹部的，做老師的，或者你是政治活動家，但是你總有一個共同的東西，可以煥發你的精神，可以讓你安身立命，可以讓你在身處逆境的時候保持一個心態的基本的健康。

而金庸就談自已的人生哲學：王先生提到大事情知止而靜，你知道什麼地方不能再走下去，再走就要掉下去了。所以走路有止境，做什麼事都要有分寸。中國人現在也會用民諺來勸誡人家，什麼身體健康呀，吃飯要到六分飽，不要吃到八九分，什麼事情都不要走到極端。這一點，我和王先生不謀而合。打人也不要用全力。我最近修改《射鵰英雄傳》，把洪七公的降龍十八掌的亢龍有悔詳細解釋一下。降龍十八掌最厲害的一掌就是亢龍有悔，他的力量就是發出來一分力，保留九分，把力全部都發出來，這個武功就不太好了，最大的力氣要保存在後面。做人也要這樣，不要走極端，你罵人也不要罵到狗血淋頭，不要過分，適可而止，點他一下，讓他知道自已過分了，就可以了。

我想各位在考試時，不要把全部力氣花在最難的題目。等到容易的題目都做好了，難的就放在後面做，做不出來就算了，也可以拿八十分九十分。做很難的題目花很大的力氣，最後做出來也不過得個十分二十分，不及格的。

王蒙：剛才查先生說只發一分力，這個我還做不到，我書中提出來的是發三分力。我也不是什麼都不爭，因為你什麼都不爭，別人就可以老欺負你，欺負到一定程度，你要看准機會，啪地一抓就抓住了，對他回擊，但是只發三分力，回擊以後你就幹別的事去，不要跟他糾纏。因為很簡單的原因，你沒有時間啊，我說只發三分力，而且只花七十二小時，最多七十二小時。就是三天之內，你可以對這個人表示你的不滿了，我忘了，忘記了。我有這個時間不就能多寫一本書了，收穫多大啊！

王蒙的書，說實在的，筆者非常喜讀，不論他以前的小說或他的《紅樓啟示錄》，而他那篇〈堅硬的稀粥〉和他發在《新民晚報》上的〈對於新世紀的祝賀辭〉一文，對於我是百讀不厭。（那文我把它剪下，放在書頁上，也許在三十年之內，那篇小文是不會過時的。）你看王蒙的幽默感多麼充滿哲理。他說，我常常提倡低調的原則，就是你做什麼事情不要把調子唱得太高，唱得太高了會吊起人家過高的期望值、過高的胃口，但你實際上不一定能做得到。你的調子過高還容易變成一個靶子，變成一個目標。有些寫作的人是非常在乎自已的作品發在什麼刊物上，是大的刊物，還是小的刊物；是登在頭題，還是二題、三題，還是最後一題，是得了獎，還是沒有得獎。我有時候恰恰相反，我有意識地把作品放在一個不太起眼的刊物上，而且我囑咐他你往後放，千萬不要放在頭題。因為如果你發頭題，人家對你的要求，對你的衡量，拿的那個尺啊，就是個比較嚴格的尺。如果他一看呢，是在一個小刊物上，發在第七篇，前面六篇，那麼我的就比較容易混過去。

接著他們兩人談了君子與小人的關係：金庸說：做君子總是要受到小人的欺負，小人不公正的攻擊，不公道的對待。而王蒙卻另有一番論術：我說君子並不等於傻子。君子該有的功夫也還該有，要有亢龍有悔的這種功夫，這是第一點。第二點就是有時候君子和壞人在一起呀，壞人的武器比較多。比如說壞人可以造謠，好人不能造謠，既然他給我造謠，我也給他造謠好了，能不能？他說我偷了一千塊錢，我說他偷了兩萬塊錢。這個就不可以了。這樣的話你就趨同了，也變成壞人了。但是我相信從長遠來說，雖然你沒有壞人用的武器那麼多，但是你的劍法呀，還是應該更高一籌。

面對漫話人生的主題，雖然筆者是摘錄了宋培的整理稿，這次在香港金庸與王蒙的對話當然還有一些，但已可看出他們兩人的價值取向和人生哲思。對於金庸頻頻在大陸之活動，能反映他的生活談片之處的還有：如一九九九年四月三日，金庸到上海出席名流雲集的「中華古詩文誦讀工程」座談會，主辦單位是《人民日報》和中國青少年發展基金會。這個「工程」是愛好寫古詩的中共中央總書記江澤民所宣導的。十一月二十六日，他出席「金庸與「上海教育電視台第五屆中國名校大學生辯論賽」辯手懇談會」。二〇〇〇年十月二十二日，他和中國青少年發展基金會三辰影庫共同邀請文化教育界名流會聚杭州，探討三辰影庫創意的蒙學讀本《中華成語千句文》。十月二十八日，他參加上海市委宣傳部文藝處和東方網在上海圖書館舉辦的「新世紀論壇」，並發表演講。從一九九八年四月在

《焦點訪談》節目高談「法治」，到二〇〇一年在《對話》節目評點電視連續劇《笑傲江湖》，他經常出現在央視節目中。

二〇〇〇年九月十日他又參加在杭州號稱《西湖論劍》的「天堂矽谷網路峰會」，參加者有「新浪」的王志東、「網易」的丁磊、「搜狐」的張朝陽、「ＭＹ八八四八」的王峻濤、「阿里巴巴」的馬雲。七十六歲的金庸作為嘉賓主持人首先發表講話。在這次峰會上，他感到有這麼一次機會「結廬西湖」非常高興，對於搞網路的五位先生，他認為他們的基本功都非常紮實，他在工作上最早認識馬雲，然後是王志東。其餘三位是在這次峰會上認識。在美麗的西子湖畔來相會，他顯然是以東道主自居。金庸對記者說：「我接觸電腦，但是主要是玩遊戲。早期是玩俄羅斯方塊，再後來是玩接龍，現在有時也在電腦上練習英文打字。」到了峰會第二年的二〇〇一年二月九日，他在上海還說：「確實，生活中我上網，也不使用『伊妹兒』。但網路是一種新式的高效率的資訊工具，網站邀請我，我不拒絕參加。」二〇〇二年五月，也是在上海，他和記者談到互聯網時，自稱討厭電腦，原因是他反感機器的東西，電腦螢幕看著比較不舒服，所以讀者給他的電子郵件一概不答，如果是傳真才答。他曾說：「我年紀大，思想保守，對互聯網、網路沒興趣，我絕對不參加；家裡有電腦，但我不用，我的電腦主要用來將我的稿子由我的秘書給我打成中文。還有，我看到廣告，人家介紹，英國出了一本新書，馬上去訂，亞馬遜網站，今天晚上訂購，三天之後快遞就寄到了，費用非常貴，網路文學沒前途。文學比較長期，有欣賞性，一首詩，一本小書，看了一遍可以再看一遍，網路一下子過去，沒印象，網上我估計好像就是講笑話，各種各樣的笑話，大家哈哈一笑過去就算了。網路文學沒前途的。」當記者問及：「您曾說不喜歡網路，但前不久您在杭州主持了網路峰會，」他這樣回答：「我自己不會互聯網，現在在香港跟太太學。但我覺得用互聯網買書很方便，不好找的書很快就會買到，十幾天，倫敦的書就能送到香港家裡。用互聯網不如寫信，寫信符合中國文化，互聯網沒有坐馬車那樣高雅，但汽車比馬快。」

二〇〇一年五月二十六日，金庸赴天津接受南開大學名譽教授頭銜，期間觀看馬連良誕辰一百週年的京劇匯演，當他發現一位曾在「文革」期間大紅大紫的演員登台時，立即就退場了。他對記者說：「我在浙大講做人的問題，學問好不好不重要，人品要緊，要有風骨。「文革」時候看到很多人向權勢跪下來磕頭，這種人學問再好也沒用。陳寅恪先生講，做學問最重要的是人品，要講真話。」

他說：「我曾考取西南聯大，但由於路途遙遠，未能赴學。」所以他為南開題字：「六十年前，我曾跨入南開門檻，惜無緣登堂入室，今日得償所願，大暢心懷。」落款為「南開大學文學院金庸。」南開大學校長設宴款待，九十歲高齡的數學家陳省身——金庸的同鄉和老朋友專程前來祝賀。《天津日報》的張建星也應邀作陪，金庸問的第一件事是《大公報》，《大公報》與《天津日報》的關係。轉日，金庸到《天津日報》講學，報告之後，他留下了這樣的題詞：「我出身於《大公報》，畢業受天津報業的教導。」在場的張建星回憶金庸題字時的表情「認真莊重，十分真誠」，此事不到幾天就成為佳話，在香港媒體傳開了。

六月二十七日，七十七歲高齡的金庸風塵僕僕地「飛」到南京，出任「新世紀江蘇人新形象電視辯論大賽總決賽」的特約評委。他說：「南京，我來過幾次了，去年我在南大演講過，後來中國藝術節期間我又來過。」

這些年來，他去河南、天津，廣州，上海和杭州，南來北往，幾乎到處走走看看，飛來飛去、忙忙碌碌。二〇〇二年四月二十七日，他又應《文匯報》和上海譯文出版社邀請，金庸與巴西通俗暢銷書作家——科埃略在上海進行了一次對話，「科埃略」在葡萄牙語中即「兔子」的意思，所以被媒體稱為「大俠與兔子對話」，或「茶博士和兔子」海上「論劍」。

這次對話主要是文學性的，所以金庸先是談文學。他曾說：「我的寫作中自然有著現實的影子，但這並不是說我的寫作一定要反映現實事件，要做出價值判斷，我是想努力描述一下歷經世代都不曾改變的人們共有的愛憎情感。無論《聖經》中吟詠愛情的雅歌，還是中國幾千年前《詩經》中的愛情佳句，世界和時間不斷變換，可是誰又發現這些基本的情感有過什麼變化？」

五月初，也就是這次「對話」後的幾天，他在上海對記者說，近年來他基本上是「三三制」；三分之一時間在英國講學，三分之一時間在浙江，還有三分之一時間在香港。他的主要工作是用通俗語言寫一部《中國通史》，以往一些大家寫的《中國通史》古文太多，青少年讀起來比較吃力，影響了流傳；他寫的這部《中國通史》完全以寫故事的形式，用十分通俗的語言來寫歷史，一般的中學生都能看得懂，而且喜愛看。這件事已經做了幾年，估計還要花幾年時間才能完成。可是也許由於金庸近年來，到處南來北往、飛來飛去講評演說，不免有過頭話，也許是「文人相輕」之習氣還未曾改掉，二〇〇一年五月二十八日，《南方都市報》發表胡一刀的〈金庸與韋小寶〉一文，對他進行了尖銳的批評。文章說：「……晚年的金庸未免凡心不定，思想未能精進，政見每多保守。金庸沒有像筆下的令狐沖和韋小寶那樣退出江湖，接受北大名譽博士，任浙江大學人文學院院長，在嶽麓書院千年論壇作電視演講，幾度親臨央視《笑傲江湖》劇組……『翩然一隻雲間鶴，飛去飛來宰相衙。』……」

金庸曾在令狐沖身上寄寓了他個人的政治理想。在華山朝陽峰上，任我行大兵壓境之際，令狐沖不僅不同意讓恆山派併入日月神教，更拒絕了神教第二把手的高位，既不為權勢所屈，亦不為權勢所惑。金庸本人去令狐沖可謂遠矣。……可見富貴不能淫，尤難於威武不能屈。令狐沖只是理想，金庸才是現實，笑傲江湖只是理想，揖讓候門才是現實，這是世事人情的無奈。

金庸二字，金是文化上的，庸是政治上的。他不是令狐沖，倒近乎韋小寶了。

當然，這文章，也是一家之言。在一個漸趨開放的社會，包括金庸在內的公眾人物，總要受到來自各方面的讚譽和批評，這正猶如余秋雨文章，有金咬明之「咬文嚼字」。所以，一方面，「金庸熱」多年不見退潮，金庸始終是媒體關注的焦點、中心，大眾的熱門話題，千千萬萬的「金迷」和記者對他趨之若鶩，而金庸所到之處，總是人頭攢動，總是被話筒、攝像機所包圍。另一方面，批評的聲音也從來沒有消失過……我想，這也許就是人生之現實，也可算是人生之哲學啊……

七、影視劇中的金庸小說

閒來無事，打開電視機，隨便翻幾個頻道看看，便會發現總有一、兩部根據金庸小說改編的電視劇正在熱播之中；上網流覽娛樂新聞，總會看到有關某導演準備再拍金庸著名小說的消息，網友們對某部金庸小說改編影視劇的褒貶意見更是不一而足、眼花繚亂：金庸小說改編為電視劇，其傳播影響力的深遠廣泛，於此可見一斑。

最初將金庸小說改編成電影搬上螢幕始於五十年代初，當時香港電影還都是粵語片的天下。一九五八年《射鵰英雄傳》被搬上螢幕，導演是拍「黃飛鴻系列」片的著名導演胡鵬，他是整個五〇年代最好的武俠電影導演，以此開始了金庸小說上螢幕的先河。之後又有多部金庸小說被搬上螢幕，但這只是金庸小說改編的萌芽期。

到了七、八十年代，香港經濟騰飛，當地人民生活水準顯著提高，電視機更是在此時走進了千家萬戶，於是電視劇也作為一種主流傳播方式越來越受到大眾的觀注。金庸小說採用的是古代章回體小說的結構，這與電視劇以集為結構，每集留有懸念的特點十分契合，因此許多導演紛紛將金庸的小說改編成電視劇的形式，出現了金庸小說改編電視劇的熱潮。如香港導演范秀明就憑藉改編《射鵰英雄傳》、《神鵰俠侶》為電視劇而一舉成名，至今八三版的《射鵰英雄傳》及《神鵰俠侶》仍一直是許多金庸迷們心目中的經典，片中的一些經典場景和對話還一直為人們所津津樂道。同時這一時期，在金庸劇中也湧現出了一大批優秀的演員：如今憑《花樣年華》摘取坎城影帝桂冠的梁朝偉，人們較為熟悉的是他演繹的成熟、內斂氣質的男子形象，但梁朝偉在電視劇《鹿鼎記》竟然出演韋小寶，而且把韋小寶這個精明、無賴、好拍馬溜須的小人形象演得活靈活現，比起在內地大火的周星馳和陳小春版的《鹿鼎記》其搞怪幽默有過之而無不及。

金馬影帝劉德華當年挑大樑出演男主角的第一部戲正是一九八三版的《神鵰俠侶》，劉德華從此星途燦爛，在香港及內地大紅大紫起來。而一九八三版的《射鵰英雄傳》熱播後，飾演郭靖、黃蓉的黃日華和翁美玲更是讓人們心目中的靖哥哥和蓉兒永遠定格了下來。黃日華將郭靖這個「傻小子」刻畫得入木三分，郭靖的憨厚、木訥、正直、兢兢業業俱表現得活靈活現；而翁美玲更是彷彿為蓉兒而生的演員，她笑起來微露的兔牙，生氣時撅起的小嘴唇，想鬼主意時轉來轉去的黑眼珠，她的一顰一笑，一舉手一投足都讓蓉兒這個嬌俏、靈氣、任性、聰慧的人物形象一點點立體豐滿起來。

再次回顧一九八三版《射鵰英雄傳》時，筆者無意中發現了一處很有意思的細節，在郭靖黃蓉巧遇岳飛的後人談論《古墓遺書》一事時，那位老人向郭靖滔滔不絕地談著家國遭外族入侵，生靈塗炭而當權者卻仍紙醉金迷，直把「杭州作汴州」，畫面中郭靖背脊挺得直直的，畢恭畢敬地聽著老人的話，臉上時而泛起痛心疾首的表情；然而坐在一旁的黃蓉，則是一臉無聊不耐煩的表情，因為畢竟黃蓉只是個十七八歲，玩心未脫的少女，從小在桃花島長大又讓她無視正統的禮教規範，自然對這種大道理沒有興趣。翁美玲在演出時借用了一個小道具不著痕跡地把黃蓉的心理活動表現了出來，她坐在郭靖的身旁手指卻不停地把一個瓷碗在桌子上飛快地轉著，轉一會郭靖會把她的手拉住讓她不要玩鬧，但她卻小嘴一撇繼續玩著。書中並沒有描寫這一細節，但翁美玲很好地領會了角色的性格，這個細節加得十分巧妙。《射鵰英雄傳》是金庸小說在內地流傳最廣的一部，一是因為大陸最早出版的金庸小說就是《射鵰英雄傳》，二是因為一九八三版《射鵰英雄傳》在內地的熱播，我依稀還記得：當《射鵰英雄傳》片頭音樂響起時，有多少家庭圍在電視機旁，爭看《射鵰》的情景……許多孩子們都會精心收藏起黃日華和翁美玲的貼紙，他們應該是那個時代孩子心目中最早的偶像吧。

到了九十年代，金庸武俠小說又在香港電影界掀起了一股熱潮，一些具有革新精神的新銳導演，紛紛對金庸武俠小說的內容進行剖析，並加進一些藝術或商業元素，令觀眾耳目一新。這一期間最具代表性的導演，當推香港新潮導演許鞍華，指導周星馳一系列影片的向華勝、向華強兄弟，香港電影「鬼才」徐克以及最早為世界影壇承認的香港電影人胡金銓。同時最具代表性的影片則是一九九〇年由徐克監製，胡金銓導演的《笑傲江湖》，這部電影根據金庸小說改編，要在短短九〇分鐘內表現原著磅礴的場景、錯綜複雜的人物關係以及深遠的意境，實在不易，但這部《笑傲江湖》卻把這幾個方面都表現得較為成功。徐克突破了六七十年代舊武俠電影的風格，以奇幻、浪漫、天馬行空的手法把這部《笑傲江湖》拍得瑰麗絢爛、與眾不同；而動作指導程小東，把電影中的打鬥場面設計得飄逸瀟灑，頗有寫意的古風，極具觀賞性和藝術性。再則，一部好的電影決離不開好的配樂，而這部《笑傲江湖》的配樂，正是與徐克合作最多的音樂人，也是他的最佳拍片搭檔之一，與金庸同為「香港四大才子」的黃霑。黃霑的音樂與其人之氣質，都十分適合《笑傲江湖》，聽著黃霑用自己沙啞的聲音唱著：「滄海一聲笑，滔滔兩岸潮，浮沉隨浪，只記今朝」，他為《笑傲江湖》配的音樂，儼然有森森古意，或快意，或茫然，或瀟灑，或縹緲，確令人回味無窮。

但真正賦予這部《笑傲江湖》以深遠意境的是導演——胡金銓。他雖然當時年事已高，身體又不太好，所以許多拍攝工作是由他的後輩們完成的，但能胡金銓那獨有的人文意境，仍彌漫整部電影。胡金銓是最早聞名世界的港台電影巨匠，祖籍河北永年，生於北京。一九七二年執導的《俠女》獲一九七五年坎城電影節最佳綜合技術獎。一九七八年被英國《國際電影指南》評為當年世界五大導演之一。他一九九〇年執導的《笑傲江湖》被台灣《世界電影雜誌》評為十大華語片之一及該年度台灣十大賣座片之一。

胡金銓這位聞名於世的導演，是一個醉心中國傳統文化美感的人，他喜愛中國山水畫中的空靈，並把這種美學帶入到他的電影之中，他讓他的片子留出武打以外的空白，而不是像大多數商業武俠片拍得滿滿的，他用光用影用雲霧，一點一滴地滲透進中國傳統式的詩意。胡金銓也是一個注重故事性的導演，他鏡頭的美化絕不只是空有視覺享受，他同樣注重鏡頭所傳遞的內涵，絕不是一如張藝謀《英雄》那種空有畫面視覺美感，但內容卻空空如也的電影。香港以後的電影人都對胡金銓的電影推崇備至，有的重拍他的電影，有的則模仿他的風格拍攝，但卻都只學到他的皮毛，無法翻版他的靈魂，之後的香港武俠電影便再也沒有達到胡金銓所達到的人文高度。著名學者教授、胡金銓的好友李歐梵先生就曾說：「李安的《臥虎藏龍》可謂是向胡金銓致敬之作，特別是俠女，但卻缺乏歷史感，成了一種「混片」，金銓的意境，雖是視覺的產物，但沒有對中國古典文化潛移默化的功夫，是拍不出來的。」

大陸改編金庸小說的熱潮興起時間較晚，但聲勢浩大，中央電視台的大宣傳、大製作、大投入有與港台經典改編劇比拼之勢。而張紀中更是成了改編金庸小說的專業戶，從一開始的《笑傲江湖》，到後來的《射鵰英雄傳》和《天龍八部》，到至今的《神鵰俠侶》，張紀中在外界的批評、指責甚至叫罵中一路走來，實在精神可嘉。因為如今改編金庸小說已成為一項吃力不討好的工作，拍得好了，觀眾們可能更多歸功於原著的功勞；若拍得不好了，則會引來廣大「金迷」的一片噓聲，大罵導演糟蹋金庸原著。

我們暫且不論央視版金庸小說的水準如何，筆者認為頻繁地翻拍金庸小說並不是我國電視劇良性發展的好現象，因為這從另一個側面，反應了我國電視事業缺乏優良的劇本，而只能靠不斷地翻拍金庸的武俠小說劇，來提升收視率，如長此下去必然會抑制我國電視事業的健康發展。反觀香港目前已經很少再翻拍金庸的小說了，香港的編劇們往往是汲取金庸小說人物塑造或情節鋪陳的細節精華，觀察現實生活百態，來構思鮮活而有生命力的劇本，以此來豐富電視劇的內容，所以筆者確也是一個喜歡看金庸小說的電視劇觀眾，然而，我們總不能老嚼那原來的饃，也不可一味把金庸的小說當作收視率的救命稻草。在如此豐富的現實生活裡，豈能沒有了更為豐富的電視劇新天地呢？

第十五章　金庸浙大辭職風波

一、風波緣起

自金庸一九九九年正式出任浙江大學教授、人文學院院長職務以來，五年時光匆匆荏苒，正當大批莘莘學子渴望並時而能聆聽到金庸的親授課程，時而也可一睹金大俠風采之際，二〇〇四年的一則「金庸將辭去浙江大學人文學院院長職務」的消息經披露後，一時間真猶如一石激起千層浪，引起了大眾、媒體及學術界的廣泛關注，數以百計的媒體傳播著同一則消息：金庸將辭去浙江大學人文學院院長的職務！這不禁使人們紛紛探問，金庸辭去人文學院院長一職究竟緣起於什麼事呢？

對於向浙江大學遞交辭呈一事，金庸在接受記者採訪時，曾這樣表示：我確寫過一封辭職信，但浙江大學沒有同意。如果他們一定要留我，我會考慮他們的誠意；但我不會再拿浙大一分錢。同時金庸還回憶了當初接受浙江大學聘任時的另一件事一九九四年，時任浙江大學校長的路甬祥邀請金庸夫婦訪問浙大，並表達了校方希望聘金庸為浙大名譽教授的願望，金庸當時欣然應允。於是一九九六年十一月，金庸被正式聘為浙大名譽教授。金庸之所以出任浙大人文學院院長一方面因為金庸有自已的教育觀。他認為，當今世界教育的潮流是「通識」教育，交叉學問。在校的大學生，應該對各種學問都有所瞭解，因此，他開課的形式以講座為主，有問必答。但講課內容卻往往會交叉，比如講新聞，必涉及經濟、科學、哲學等其他學科，天上地下，均會涉及。他認為，人文學科要發展，多元化知識的融入很重要。他風趣地說，過去歷來喜歡人家教我，我鞠躬求教，而不善教人。如今受聘走上講壇，一定會加倍努力，認真執教。雖然寫小說天馬行空，但一旦執教，不會像小說中的楊過，令沖狐那樣天馬行空，思想要開放，處事卻要守規矩。

另一方面也緣於他與浙大領導之間的感情。當時浙江大學的黨委書記張浚生曾任新華社香港分社副社長，金庸在香港辦《明報》時，作為同行和朋友，他倆有著良好的交情。一九九八年，張浚生調回浙江，擔任浙大黨委書記，仍與金庸保持著友好之關係，所以金庸接受浙大的聘任也是緣於老朋友一個情面。讀者也許要問：既然金庸與浙大有較深的淵源，在浙大日子也過得不錯，為什麼會爆出辭職的風波呢？

為此，金庸表示原因有二：一是希望退位讓賢，讓更多年輕人有機會上去，應該說是符合目前年輕化的趨勢；二是信守當年與老朋友張浚生的諾言。因為金庸接受浙江大學的聘任一半是因為張浚生的情面，他與張浚生有過君子約定，即共進共退。而現在張浚生已退居二線，所以金庸心裡也覺得是時候應該退了。但金庸明確表示，他向浙江遞交辭呈與年齡無關，金庸一向認為年齡不是主要因素，所以他雖七十五歲高齡，卻仍興趣不減、精力充沛地投身於各種社會活動之中。儘管金庸已名揚海外、著作等身、功成名就，但他依然追求心底的永恆之渴望與滿足，這種滿足也許有人說是一種凡俗的滿足，但大俠自已也說自已依舊是凡人，（且他雖時時也沉湎於佛學的境界）但他作為凡人，終究無法脫俗，總是希望得到人們的關注和認同感。

對於金庸要求辭去浙江大學人文院士一職之事，浙大校方的反應是：極力挽留。浙江大學校長潘雲鶴對外界明確表示：金庸先生雖有請辭要求，但浙大正在極力挽留。目前金庸先生依然是浙大的人文學院院長。原浙大的黨委書記張浚生先生也來做金庸的工作，同時浙大現任黨委書記張曦，他也再三挽留金庸，肯定了他對浙大的貢獻，並懇請他能留任到屆滿換選的時候。

本來一個大學分院院長的聘任、去留應是學校內部的事，但由於金庸是名人，是社會與媒體所關注的公眾人物，極具社會影響力，因此辭職一事並不單純局限於學校內部，而是在社會上引起了一波又一波的反響和評論。其中有社會上與浙大校方站在同一陣線，希望金庸繼續擔任人文學院院長之職的，認為聘任金庸這樣的社會名流，擔任大學院長是一種學術與社會互通趨勢的體現，是一種新的、有益的教育模式。當然也不乏對此問題有不同看法者，也有口誅筆伐，極力反對者，其中言辭最為尖銳的當屬南京大學文學院院長董健教授。

像南京大學這樣一所歷史悠久、學術成就斐然的著名高等學府，其文學院院長董健自然也非泛泛之輩，他對金庸擔任浙江大學人文學院院長職務，毫不留情的批評在學術界引起了軒然大波。在金庸接受擔任浙江大學人文學院院長後，董健教授便批評金庸「別說是院長了，在南大歷史系當個副教授都不夠」，還指出金庸在給學生上課時不講武俠偏偏要講歷史，結果演講中漏洞百出的歷史政治方面的錯誤，引起了學生們不停哄笑，場面很是尷尬，他還說金庸的榮膺浙大人文學院院長是託關係進來的，所謂來路不正。於是當媒體盛傳金庸已向浙大請辭、不日離任之時，南京大學文學院院長董健教授終於「長出了一口氣」對媒體聲稱說：「一場錯位終於結束了！」

但是，面對董健院長如此激烈嚴厲的指責，金庸的反應似乎氣定神閒、雲淡風清得多。對此，金庸先生表示：「這是他個人的觀點，董健教授可能認為我做教授沒有資格，但我們浙大的人不會這樣去批評其他大學的人。」當筆者讀了他們雙方的對評後，似乎他們之間的不同見解，主要焦點是在二個方面：一是對學問之看法不同，二是對具備怎麼樣的學問可以當教授。其實，對於這樣的爭執不休，如時光可以倒回的話，他們二人處在蔡元培時代，這問題便很容易解決，似乎連爭論的餘地都不必要。這倒又使筆者想起余英時的一段話，他是這樣說的：「對歷史和文學，我的目的既不是追求雜而無統的『博雅』，也不是由『專』而『通』，最後匯合成一部無所不包的『通史』。『博雅』過去是所謂『文人』的理想，雖時有妙趣，卻不能構成有系統而可信賴的知識。『通史』在中國史學傳統中更是人人嚮往的最高境界，大概可以司馬遷所謂『究天人之際，通古今之變，成一家之言』來表達。但現代的學術系統中，這樣的著作只能求之於所謂『玄想的歷史哲學』（Speculative philosophy of history）中，如黑格爾的《歷史哲學》、斯賓格勒的《西方的沒落》或湯因比的《歷史之研究》。現代史學實踐中所謂『通史』，不過是一種歷史教科書的名稱而已。但無論是前者還是後者，都和我的興趣不和。」雖然，這是余英時先生的一家之言，但筆者認為，對於所謂「金庸浙大辭職風波」看法不同的歷史學者抑或人文作家，如一讀此論，興許對大家還頗有啟益！

但金庸畢竟經過多年風浪的歷練，見過的大場面也多。如當年他創辦《明報》，與《大公報》筆戰，所面臨的壓力和危機比今日的指責可厲害百倍，所以他當然能泰然自若、遊刃有餘地笑對各方炮轟。

儘管金庸要求辭去浙江大學人文學院院長一職，但並不表示他將結束他在浙大的任教生涯。應該說在這五年中，金庸與浙大結下了情誼，他每年都到浙大講學開講座，與浙大學子對話。在講台上，金庸與學子們交流學問，暢談文學，分享感悟；他還告訴同學們，他計畫寫一部白話體的《中國通史》，使青少年學生更容易閱讀。除了親自授課，金庸還為自已定下目標：他希望通過數年努力，使浙大的文科教育躋身中國高校前列。他表示，浙江大學人文學科曾出過姜亮夫、夏承燾等大師，他任職後如果在學問上有些進步，那就是他最大的收穫了。

因而金庸辭去的只是人文院長這一行政職務，並非放棄浙江大學教授一職，他表示：不管校方同不同意我辭職，我還是會去浙大為學生開講座。我畢竟還是浙大的教授，而且是終身教授。辭職後的金庸將不再過問人文學院的行政事務，但會繼續履行浙江大學終身教授的義務，為浙大作貢獻。雖然，金大俠在浙江大學人文學院院長一職的去留，引起社會各界廣泛的關注，但就目前的情況而言，我們有理由相信無論金庸的去留，對大學最重要的服務主體——在校學生來說都是有益的，他們仍然有機會去聽金庸親授的課程，有機會聆聽他的生動、豐富的教誨。當然，去留問題還在拉據，媒體依然關注！

二、金庸站在風波口

孔子有云：三十而立，四十而不惑，五十而知天命，六十而耳順，七十而從心所欲不逾矩；是說人從青年、成年至老年的心境變化發展過程。如我們以此來反觀金庸，當筆者在述寫他的傳記時，我彷彿隨他進入一個個年齡階段、他的行動心態，我總覺得探究其間一些微妙的東西，他那一波又一波人生意境，是十分有意思的。

君不見，二〇〇四年對金庸來說是收穫頗豐的一年，他得到了法國政府授予的「藝術文學高級騎士勳章」，一位中國作家得此殊榮實在不易。法國在國際歷史文化舞台上一直是文學藝術家輩出的國度，也是全世界文學藝術家們心嚮往之的聖地，這枚來自法國的勳章，是對金庸武俠小說在世界文學藝術地位的肯定。同時，金庸也完成了他武俠小說的第三次修改，並交付三聯出版社進行出版，這套修訂完成的新版金庸武俠小說全集，勢必如一股巨浪，在全國書市上，再次掀起「金庸熱」的狂潮。然而，二〇〇四年對於金庸來說，不啻是風波不斷的一年：辭去浙江大學人文學院院長，遭到學術界知名人士的炮轟非議，修改武俠小說而引致書迷們的不滿，一波未平一波又起。面對榮譽好評，金庸欣然接受；而面對非議指責，他也淡然處之，所謂「八風不動」。步入七十歲後的金庸，處事更隨性瀟灑，他有時更聽任自已的心性為事，事後的是非曲折也聽任外界眾人評說，他彷彿已真正做到榮辱不驚，享受古人之所謂「隨心所欲」的快樂了。

就拿金庸的辭職風波來講，大眾、傳媒、學術界吵得沸沸揚揚，有的批駁金庸的學術水準，有的指責浙大領導的錯誤決定，有的反思中國現行高校教育體制；然而金庸作為當事人，他對此的回答更多是出於他的性情，當初他來到浙大是因為老朋友的盛情邀請，也正符合他當時希望在高等學府，體現其學術價值的思想；也是他想改變一脈相承的傳統教育之方法……

如今他請辭院長一職，用他自已的話說，是因為不想過多得牽扯到學校的行政事務，也不想阻礙年輕人的發展之路，也可說是合乎他性情之舉。但最終在浙江大學校方多次挽留下，金庸還是不想讓校方太過為難，同意延長擔任浙江大學人文學院院長職務的時間，直到浙江大學校方領導班子換屆，再討論他的去留問題。

二〇〇五年年初，他在浙江大學杭州紫金港校區，接受有關記者的採訪，從中我們不難看出，雖然外界依然對辭職、修改小說的風波眾說紛紜，但在金庸心中這些事件已經塵埃落定了：當記者問及他是否還是浙江大學人文學院院長一事時，金庸先生作了詳實的回答，他說：「我向浙江大學遞交了辭職信後，浙大十分重視，通過多個管道與我作了溝通，表示了挽留我的意思。昨天上午，浙江大學新任黨委書記張曦先生和我的老朋友張浚生先生來看我。他們繼續表示希望我能留下來擔任院長。他們說，校領導已經開會研究過我的辭職請求，一致表示要挽留我當院長。如果我堅持要辭職，也希望我等到本屆學校領導班子任期到期換屆的時候，再決定是否同意我的辭職請求。」

雖然金庸同意允諾繼續留任直止換屆，但他也向記者透露，已不再過問浙江大學任何行政事務，校方也已經安排了常務副院長、副院長，行政事務由他們分擔。但金庸說：「我仍然是浙大的一份子，只要是浙大的事，我還是會盡力去完成……」當記者問到他有關帶博士生情況，以及外界有關他對帶的博士生之評價不好，而引起浙江大學學生憤怒一事時，金庸對外界一些不實的謠傳給予了澄清，他說：我不知道報導這件事的記者什麼時候採訪過我，因為我從來沒有對三名博士生作過「不好」的評價。我去年（二〇〇三年）去西安參加「華山論劍」活動，當時有記者問我：對三名博士生如何評價？我回答說「很好」。那位記者又問我：過去為什麼不招博士生，為什麼到今年才招？我回答說：過去幾年也想招，但考生的成績不好。這本來是兩個問題的答案，不知為什麼被記者「嫁接」在一起了，成了現在的樣子。即使我說過這三位弟子不好，也不可能引起「浙大學生的憤怒」，最多是引起這三名弟子的憤怒。那位記者不知道有沒有到浙大採訪過。

作為一個武俠小說家，並以辦報、寫小說致富，以小說名揚海內外，當金庸在與記者交談時，坦言最大的成就還是自已小說所帶來的巨大影響力。當國家新聞出版主管部門，提供的金庸小說銷售三億套（冊）的資料後，確讓金庸十分自豪；同時金庸第一次成為北京讀書人心目中最喜愛的作家，因為前兩屆北京讀書人「心目中的最愛的作家則是一代文學大師——老舍」，這更是讓金庸喜不自禁，受寵若驚。

然而，前一階段由於金庸對原來武俠小說中的一些情節進行大幅度修改，而引來很多武俠迷的不滿，對此金庸則重申了修改的初衷，並承諾將考慮廣大讀者的意見：第一次我整整改了十年。由於是連載，每天有讀者等著看，有許多是急就章，又來不及查看前面的文章，因此在時間、地點和情節上難免會接不上頭，那次修改盡力將前後故事的情節全部理順。但讀者對我的要求很高，我每天都會收到許多讀者的來信或來電，與我討論我小說中的有關情節，提出他們的不同意見。但有些意見是完全對立的，比如韋小寶的結局，比如段譽與王語嫣感情的結局，比如黃藥師與女弟子梅超風的曖昧感情等等，讀者的意見有時完全相反。在無法與所有的讀者朋友一起討論的情況下，我只能和幾位我熟悉的朋友討論，並尊重這些朋友的意見。我也曾就韋小寶的結局，提出過自已的修改意見，我準備讓好賭的韋小寶家破人亡，讓他的七個老婆大多都跑掉，這樣改的目的是讓年輕人不要學他的樣。沒想到遭到了那麼多讀者的反對，在最後定稿時我會充分考慮讀者的意見。

金庸一直是一個站在風波口的人物，一直是一個評論不完的人物，也許正是這一浪又一浪的風波，仍讓金大俠在八十歲高齡，依舊保持著旺盛的活力和精神。這使我想起與金庸並稱「香港四大才子」的倪匡、黃霑、蔡瀾都已經先後「退隱江湖」了。比如：倪匡，早已移居美國三藩市，不問窗外之事；黃霑，一生才情縱橫，狂放不羈，卻也在去年駕鶴仙去；而蔡瀾則醉心於他心儀的美食，較少過問政局時事，如今只有年紀最大的金庸，仍社會活動頻繁，依舊是社會輿論的焦點。笑看風雲、處變不驚，可以說是金庸之所以能多年來穩立風波口最重要的人生原則。正如筆者偶然看到金庸在衡山之巔所留下的一張照片，照片中的金庸昂首挺胸，雙手垂置背後，巍然站立，儒容滿面；身後則是飛流三千尺的瀑布，深不見底的萬丈深淵……這也許就是站在風波口、氣靜神閒的我們的金庸。

三、塵埃落定

金庸辭職風波，自二〇〇四年金庸向浙江大學遞交辭呈開始，直至二〇〇五年一月，浙江大學正式接受金庸的辭呈，這場沸沸揚揚的風波終於塵埃落定，金庸的正式卸任，宣告這場風波的結束。

二〇〇五年一月九日，在一個寒冷的冬日午後，金庸與夫人一同出席「金庸武俠小說之龍泉寶劍展覽」開幕儀式。「龍泉寶劍」是浙江龍泉根據金庸小說打造的一套刀劍兵器，當地政府贈送給金庸先生，金庸隨後又轉贈給浙江大學博物館，彷彿是他在離開浙大之前留給浙大最後的禮物。儀式結束後，金庸便正式宣布辭職，人文學院副院長徐岱也表示：二〇〇五年三月新學期開學後，學校領導換屆工作將全部結束，屆時，金庸先生將正式卸任院長和博士生導師的職務。

筆者從一些有關金庸卸任儀式的現場報導中發現，現場的記者報導當時在場的只不過百多人，其中包括近五十名媒體記者，雖然浙大校方解釋說快考英語四六級了，學生們都在複習，沒空過來，但過去金庸在浙大做講座時，都會有幾千名學生湧來參加，相比之下當日卸任儀式的情景似乎有些夕陽無限好，只是近黃昏的感覺。一位浙江大學的教授也對此評論到：浙江大學的金庸盛宴，差不多已經散去，短暫的懷念過後，人們很快就會投入新的歷史。不知當時在台上發表卸任感言的金庸，是否也覺得台下的聽眾了了無幾，是否在走下台時心裡也會泛起一絲惆悵和感慨……對於這，我們雖然是無法得知了，但歷史會見證一切，多少風流人物、英雄豪傑、文人墨客最後都將淹沒在歷史的洪流之中，誰將流芳百世、名垂青史？都將由歷史和時間來考驗。

金庸在宣布正式卸任後，自然引起了有關他卸任後校方運作方面的問題，於是金庸在參加完「龍泉寶劍」捐贈儀式後，金庸在貴賓休息室接受部分媒體的採訪，對就辭職風波引發的各種震盪作出了回應。首先是他卸任後，他已經帶的三個博士生的問題，金庸的回答是：我行政工作不做了，博導也不做了，但是學生還是要帶下去的。新的博士生不再招了，現在只是把三個學生帶完。金庸於二〇〇三年秋，他招到首批三名博士生，分別是盧敦基、王劍〇〇〇年獲得了浙大博士生導師資格。二〇〇三年秋，他招到首批三名博士生，分別是盧敦基、王劍和朱曉徵。三名學生水準參差不齊，盧敦基甚至可以做其他兩個學生的老師，考進來時他已是教授，擔當浙江社會科學院文學研究所所長。朱曉徵情況比較特殊，她在北大完成本科，在清華讀完研究生，後來來投考金庸的博士生；當時有北大與清華兩位教授寫信來推薦朱曉徵，其中北大的嚴家炎教授與金庸是多年的老友。在三名學生中，盧敦基具有足夠能力取得學位。金庸將會把盧敦基帶到畢業，這點得到了人文學院副院長徐岱教授的證實，至於另外兩名博士生是否會遭到換導師的命運，還要等待浙大校方與金庸的協商解決。

金庸一九九三年回到杭州，被浙江大學聘為名譽教授。一九九四年下半年，金庸主動提出在學院設立「金庸人文基金」以獎勵品學兼優的貧困生，兩年內陸續拿出一百萬港元資助貧困優等生的學習和生活。金庸在卸任後，基金會是否繼續，自然成了學生們關心的話題。人文學院副院長徐岱教授表示目前這個基金仍在運作，但因為還要贊助各種學術活動，所以僅用當初基金的利息來給貧困學生頒發補助可能就不太夠了，目前學院在重新調配這項基金。

另外外界一直盛傳金庸在浙大期間與浙大領導層有矛盾，但金庸和校方都一口否認這一說法。金庸說：潘雲鶴校長曾和我面談過，他誠懇地挽留我，他們說我是大師級別，是浙江大學的寶貴財產，可以作為終生財富。我對浙江大學的感情很深，他們這樣我也很感動。另一方現任人文學院副院長徐岱也否定了這樣的說法，他說自己對金庸非常尊敬，學校領導更是如此。儀式上浙大領導張浚生的發言，似乎也證實了徐岱所說的「感恩」心態，近二十分鐘的發言，幾乎全部在歌頌金庸的文學功底和武俠修養上，對辭職一事隻字不提。但據說在張浚生發言時發生的一個小插曲卻耐人尋味，原來在張浚生發言時，金庸與坐在後排的人卻開始聊了起來，這一無心之舉發生在此種場合難免引來在場記者的猜疑，連陪同金庸一起的導演張紀中也輕聲嘮叨了一句：「怎麼話這麼多呢！」

卸任後的金庸可算是「無官一身輕」，但生性好動的他可閒不下來，今後金庸的動向自然又成為社會各界及媒體們關注的焦點。據浙江大學校長潘雲鶴教授透露，金庸先生今年將不再擔任浙江大學文學院院長職務，可能要到英國長期居住，因為牛津大學要邀請金庸先生作為期兩年的訪問學者。至於之後將由誰繼任浙江人文學院院長之職，潘校長表示還會是社會名人，具體人選將在二〇〇五年四五月間揭曉。

對於這六年來受聘浙江大學的心路歷程，金庸並沒有太多的感言，也不想對其他一些大學聘請社會名人出任大學教授的是非給予評論，他認為各個大學自有各自的道理。他只用一句話來回答：我不大喜歡行政工作，也不太喜歡教人，而更喜歡向人學習。這一句話似給他的浙大辭職風波畫上了一個句號。以後的金庸也許會真像他自已所說的，由一個育人、授業、解惑的老師，變成一個虛心求教、勇於發問的學生吧；也許這更符合他的性情，英倫特有的學術人文氣質，也正在吸引他再次遠赴重洋，負笈求教吧。

四、風波後的反思

金庸浙大辭職的風波隨著「龍泉寶劍」轉贈儀式而告終，金庸也明確宣布正式卸任浙江大學人文學院院長及博士生導師的職務，如果這件事發生在浙江大學其他任何一位院長或博士生導師身上的話，人事更迭後一切事件都會劃上句話，但這一事件發生在鼎鼎大名的金大俠身上就完全不同了，擁護者、非議者，學者、文人、教授在風波過後仍紛紛發表評論，大有再掀風浪之勢。

種種評論大都圍繞著金庸是否是合格的院長和博士生導師這一問題，即他的教學水準和學術水準是否夠格。在這一問題上，全國上下各大著名高等學府的學者教授們嚴然分為兩派，一派指責批駁金庸的博導院長質格；而另一派則擁護推崇金庸的學術和教學水準。「反對派」中，浙江大學歷史系的教授何忠禮就直言不遜地說「金庸對歷史學基本不懂，讓他帶博士完全是誤導學生。」而復旦大學著名學者教授葛劍雄先生，則指出教育部學術委員會對博導資格的三點明確規定：一是當過教授，二是之前必須完整培養過一個碩士生，三是在國內高校指導過博士生工作，那麼浙江大學所謂的金庸擔任博導一切都按規定嚴格申報，依據何來？當然「擁護派」中的學者教授們也毫不示弱，人數也蔚為壯觀：北大中文系孔慶東教授就為金庸抱不平，他說：「誰說金庸不夠資格當教授？你讓他站出來！金庸的學問在『職業技巧』上可能不如『科班出身』者，但指導幾個學生是沒有什麼問題的。梁漱溟到北大當教授時，也沒有什麼高級文憑，現在大學有幾個老師夠格的？」孔慶東教授又說：「有人認為他不能當歷史教授，是因為他沒有寫出研究論文？金庸怎麼沒有，《袁崇煥評傳》不就是嗎？這種學術血統論、出身論和過去說別人是地主的兒子就不能入黨有什麼區別？」浙大人文學院副院長徐岱也說：「即使是那些批評金庸的博士們也承認，向外人提到金庸是自己院長時，心中仍然會有一絲榮耀。而金庸一年一次的講座，也已成為浙大的品牌之一。」北大的嚴家炎教授更是氣憤到了罵人的地步：「金庸當博導不夠格？真是天大的笑話！說他不懂歷史，真是胡說八道！」

在金庸宣布正式卸任的消息傳出後，當時批駁金庸擔任院長和博導的學者教授們都「長出一口氣」，認為金庸此舉才是明智之舉，如南京大學人文學院院長董健教授就說：「金庸辭職，我的第一反應是『他找到了自己的位置』。整件事本身就是『一場錯位』，金庸是一個非常好的武俠小說家，但自從到了浙江大學後，就一直迴避這個身分，強調自己是研究歷史的，但他在歷史學研究領域至今沒有寫出什麼學術研究論文，或在核心刊物發表過什麼文章，所以說是錯位。」中國社科院哲學所研究員徐友漁也說：「金庸有自知之明，值得尊敬。他有名譽感，覺得自己做不了這種事務，就不做了。」而擁護金庸的學者教授則認為金庸的此次卸任主要是因為他自身的性情使然，並不是因為不勝任或做不來而辭職的。

也許，有關金庸是否勝任浙江大學人文學院院長及博導的爭論，不久總會歸於平靜。但我想，這場爭論實際上也觸動了存在於目前我國高校教育體制中的一個深層次的矛盾。作為高等學府，自然應是追求學術的聖地，高等學府的學者教授自然也應是某一領域的權威或領軍人物，應是術業有專功的飽學之士。然而在市場經濟大潮中，原來校園中的純潔學術氣氛似乎也有所異變，多了點商業社和市場化急功近利，少了點斯文與寧靜的學術氛圍，這是誰之過呢？眼下如何爭取更多生源，如何擴大學校的社會影響力，如何使畢業生在職場上更有競爭力也成了高校領導們最關注的問題。對於一個學校，是要關心這些發展的問題，然而問題的關鍵是：你是揠苗助長，還是掩耳盜鈴？還是喝高調喊口號，還是一步一個腳印、功到自然成的去發展……

浙江大學在聘任金庸這樣的社會名人擔任院長及博導時，在考慮金庸本人的文學成就和學術修養時，肯定更多地考慮到他所能為浙江大學帶來的社會效應和經濟效應。然而，浙江大學的領導當時似乎過於樂觀，沒有想到後來會引致如此大的風波。

縱觀國內外高等學府，聘任校外知名人士擔任教授並不是新鮮事，楊振寧教授就回到母校任教，還親自擔任一年級基礎物理學教學，樹立楷模，令人起敬。北京大學也聘任在海外畫壇名聲遠播的中國畫家陳丹青先生，來擔任北京大學美術學院的博導。一些在國內外知名的作家，如王蒙、王安憶也都受聘於一些高校擔任客座教授等職務。誠然，聘任一些社會知名人士出任高校的教授甚至博導一職，也能夠為高校原本理論味濃重的沉悶的學術氣氛，帶來一股另一種學術氛圍的新鮮之氣；而且這些知名人士大多有一段艱難的奮鬥歷程，能給學生以生動的教益；同時高校利用這些知名人士在社會上的影響力，能夠使學校多與社會、市場接軌與互動。然而一個硬幣都有其兩面，事物都有兩面性，社會知名人士畢竟大都不是「科班出身」，有些還是自學成才，他們的教育方法是否真能提升學問水準，讓學生能在專業上有所收穫；另外過多的社會活動是否會使這些外聘的名人們無法完成學校既定的教學任務及行政職責，而導致只是掛名卻無實際貢獻的局面，這些都是高校在外聘社會名人時應該慎重考慮的問題。譬如筆者就看到，一些研究生、博士生，有些大學也外聘了一些知名老總擔任校外導師，但因為這些人平時就很忙，根本就難於擠出時間來指導……

如果一味否認外聘社會名人所帶來的益處，也是不客觀的，外聘社會名人的成敗關鍵取決於如何平衡學術追求和名人效應這兩者的關係，平衡好了自然給學校及學生帶來雙贏，平衡不好則會給校方和學生都帶損失。

啊，如今再對金庸是否夠格擔任院長及博導爭執不休似乎已經沒有什麼意義，事情已經發生了，也使很多問題暴露在我們面前，一些高校的領導及教育政策的制定者們應就這些問題進行深入的思考，怎樣改革高校的用人機制，怎樣完善高樣教授的評審機制包括諸如聘請任命院長、博導在內。我想如果這次金庸辭職風波能引起社會廣泛的反思，而不是僅僅局限於對金庸的一言一行過多的關注和炒作，這才是真正有意義的。那一天，我們的社會不是在起鬨、不是在炒作、乃或在莫名的政績中生存，那麼校園也就顯得寧靜了，我們的教學也上去了，甚或可以趕超國際一流學校的水準，我們期盼著！

第十六章　再探求一個燦爛的新世紀

一、坐客《南方人物週刊》

二〇〇四年，金庸正好八十大壽，走過整整八十年的風雨人生路，跨過這一重要的人生階段，此時的金庸對過去的人生，對近期發生的風波事件，對未來的打算，心中究竟何所思所感呢？恰好筆者注意到了《南方人物週刊》在二〇〇四年第十期以大篇幅強檔刊登了，該刊記者對金庸的專訪，給了我們瞭解八十金庸心態以一個機會。

《南方人物週刊》於二〇〇四年七月創刊，是由南方日報報業集團主管、南方週末報社主辦的綜合性新聞類週刊，報導領域涵蓋新聞人物、公眾人物和民間人物，佔領中國廣大城市家庭的閱讀視野。它堅持「平等、寬容、人道」的理念，關注那些「對中國的進步和我們的生活產生重大影響的人、在與命運的抗爭中彰顯人類的向善力量和深遂駁雜的人性魅力的人」。

這次《南方人物週刊》記者對金庸的專訪，涉及到近期媒體十分關心的問題，諸如小說改編問題，再次修改小說出版問題等；同時也涉及到金庸目前心性近況等方面。而金庸對這次專訪的態度也十分自然，他對記者說「除了香港政治，我們什麼都可以聊」，這一項似乎是金庸接受訪問的立場原則，只要不超越這條底線，他都會暢所欲言。

金庸是在他渣華道毗臨維多利亞港灣的豪華大辦公室，接受記者的訪問的，據記者的描寫「當日金庸神采奕奕，白色帶細格的襯衫，筆挺的黑色褲子，外罩一件的鵝黃色休閒西裝，著裝十分整潔舒適，而亮色的西裝又似乎顯現出金庸旺盛的活力，真可以與他小說中鶴髮童顏、老當益壯的大俠相媲美。」

記者首先與金庸聊起他作品的改編問題，詢問他對改編他小說的意見，金庸的回答是：「我自已做過編劇的。好編劇如果去編人家原來的著作，並不需要太大的改動。」而當記者談起改編權，並引用武漢女作家池莉的話「小說就像自已生的兒子，改編權的問題就相當於把孩子交給別人收養，怎麼養她就不管了。」這時，金庸的神情嚴肅起來，立刻也借用這個比喻回答說：「我還是希望（改編的）作者能依照我原來寫的。雖然說你把人家這孩子領去了，但你說把他手砍掉就砍掉，你說他痛心不痛心？這個我是不同意的。你把他校一校、改一改可以，但是你不能把他手也摘掉，耳朵也摘掉。」說著金庸還摸摸自已的手，摸摸自已的耳朵，好像在說，子之身體髮膚，受之父母，子有何損傷，父母豈有不心痛之理。我想，這無不說明金庸對自已的小說改編問題，還是非常重視的，他絕不允許編導肆意曲解他的作品，可能也就是這一種心情，才令他經常親自探視劇組，親自選角並隨時與導演溝通吧。

接著話題轉到了金庸小說的修改上，金庸告訴記者這次修改都是他一個人親自完成的，決沒有外界謠傳的「捉刀代筆」，還說不僅會修改一些歷史事實、地名的錯誤，還會在原版本情節上作一些改動，比如新版《神鵰俠侶》中楊過和小龍女的對話可能會現代化一點，《天龍八部》的段譽最後的結局，可能會去做和尚。而修改《鹿鼎記》結局時，將會給韋小寶一點教訓……

隨後記者則與金庸聊起每天的時間安排，金庸說：「過去兩年，我一直想把小說再全部修改一下，可到現在還沒修改完。現在每天用兩個小時來修改小說，念德文每天還要兩個鐘頭，餘下的時間就讀讀歷史書。」……還說：「我正在自學考古學，中國解放後考古發展很快，對照今天的考古發現，許多古代歷史的講法都錯了，夏朝、商朝、周朝，有很多都講亂了。這些東西都需要我們去學。」一位八十高齡的老人還有這麼強烈的學習精神，每天的時間，分配得井井有條。改小說、修德文、讀歷史、學考古一件都不誤，這不禁令人打從心底裡佩服金庸的好學和堅持了。談到考古，金庸似乎特別興高采烈，還帶著記者到他的小書房看看他收藏的考古學著作，小書房裡有六到十個書架的書，桌子上還堆積了一些，很多成套的線裝書放在桌上，看得出金庸對研究考苦學真是投入了極大的熱忱。

除了創作武俠小說，金庸這八十年的歲月中大多數是與《明報》相伴的，當談及辦《明報》和後來出售《明報》時，金庸幽默地自嘲道：「本來要靠它（《明報》）拿薪水的，但我離開它就不能靠它了，結果薪水送來我也不收。」而談到身為報人的原則時，金庸則嚴肅地說：「我辦《明報》的時候，就是希望能夠主持公正，把事實真相告訴給讀者……做人有最低限度，新聞記者的最低限度就是不講假話。但做到這個很困難，因為做人本來就很困難，但你要做一個壞人就很容易啊。作為一個新聞記者，最低限度是不要做壞人，你只要講假話你就是壞人了……我從沒有改變過的就是不講假話，辦報紙問心無愧，從未故意製造謠言欺騙讀者。」

金庸一直對鄧小平推崇備至，在這次採訪中他也不經意地回憶起他與鄧小平見面的一個場景：「一九八一年我和鄧小平見面的時候，他就當面問我『全世界有多少社會主義？』我說：『對不起鄧總理，我不知道。』他說不要緊，我們研究一下。他說你到過多少社會主義國家？我說瑞典、挪威、芬蘭、丹麥這些國家我都去過，南非、澳大利亞、紐西蘭他們也實行社會主義，每個國家都有不同的。蘇聯我沒去過，南斯拉夫的社會主義跟中國的也有很大不同。鄧小平就很贊同，說『很對！每個國家什麼東西都不同的，不要講社會主義有不同，英國的資本主義跟美國的也完全不同。』」那次見面在金庸的記憶中應該是意義非凡的，所以事隔幾十年，那時和鄧小平的對話他還清晰在耳、歷歷在目呢……

當記者問道為何這麼多政治人物中他獨獨對鄧小平推崇備至時，金庸激動地說道：「英雄，大英雄！我寫武俠的，見到大英雄我心裡就佩服。見到他（鄧小平），講幾句話，我就真的佩服他了……我個人主張循序漸進，不喜歡一下子天翻覆地，不主張大革命，很多事情不慢慢地改變是行不通的。這一點上，鄧小平比毛澤東偉大。」當記者談到鄧小平是一位現實主義者時，金庸更是越說越激動，直言道：「我不贊同理想主義者，讓理想主義者走開！我做事比較現實，根據現實走最好的道路，最偉大！」一句拒絕理想主義的話，似乎是金庸八十年人生心路歷程最本質的體現，也應是他目前心境的真實寫照吧。

然而，當記者最後問起金庸這輩子有沒有遺憾之事時，金庸這位永遠微笑著應對一切風浪的老人，也依稀泛起淚光，說道：「最遺憾的，就是我兒子在美國自殺了，這是最遺憾的事情。他為了愛情，自己上吊死了」。喪子之痛對於金庸並不只是遺憾那麼輕描淡寫，這幾乎成為他永遠無法癒合的心靈之傷痛。

透過這些專訪的片斷，我們看到的金庸是一位雖年近八十，卻依然思維敏捷、精力旺盛、好學不倦的老人，他是堅定的現實主義者，在他的人生字典中更多的是真實和原則。

二、金庸小說終結版的問世

二〇〇二年金庸突然對外界宣布，他「悔其少作」，準備對自已的小說重新提筆修改。此消息一出，立刻就在媒體上廣泛傳播，一時間議論四起，「金迷」們更是時刻關注金庸小說修改的情況。同時金庸還宣布：在三聯版金庸作品集合約到期後，他將與廣州出版社合作，獨家授權出版金庸作品的新修版本。

小說家對自已的作品進行修改再版，本是十分平常之事，一個優秀的小說家往往會對自已的作品精益求精，因而修改自已作品的過程也是小說家們修煉提升的方法。譬如，海外知名女作家虹影就稱有「改癖」，對自已的作品往往要改上一、二十遍，然而，就是如此修改自已作品的平常之事，發生在金庸身上便非同尋常了，因為在當代作家中，也許沒有哪個作家的作品，能像金庸作品有如此廣泛的影響力，金庸小說使一些人第一次接觸到武俠小說，於此，就沉醉於這一瑰麗奇幻的武俠世界之中。金庸小說見證了七十年代青人的大學時光，當他們後來成家立業，面對紛擾的壓力和瑣事時，枕邊一冊金庸小說仍能讓他們忘卻塵世的煩惱；金庸小說伴著八十年代出生的孩子們走過青蔥歲月，他們一遍遍傳看著那些書頁已經摩得起毛的盜版金庸小說；金庸的小說就這樣深入了幾代中國人的思想和生活，小說中的人物似乎已經不完全屬於金庸，而是屬於廣大的讀者了。所以金庸這次的重修改定，牽動著萬千讀者的心也並不奇怪。

金庸的十五部武俠小說作品自一九七二年全部連載完後，金庸從一九七三年開始動筆修改，花了將近八年的時間將其小說從文字修飾、情節改動、史實可信度之訂正等三個方面進行修改完成，一九八〇年第一套完整的金庸作品集在香港問世。而內地第一部金庸作品集是由三聯出版社在一九九一年推出的。當時，內地讀者對金庸作品還知之甚少，只是在一些地攤上能偶爾看見印質粗糙的金庸小說。三聯出版社通過精心策劃、精心包裝，以三十六冊為一套成捆銷售，一下使金庸小說在內地的銷售市場很快火紅了起來，應該說三聯對金庸作品在內地的大紅大紫功不可沒。

那麼，在合約到期後，三聯為何無緣與金庸作品再續約了呢？三聯書店董秀玉女士對媒體透露說：「當三聯書店跟金庸談續約時，金庸提出了續約的三個新條件：版稅由原來的百分之十五提高至百分之十八；出版社每年必須完成的最低銷售數；《作品集》的銷售量每年要以百分之十的速度遞增。這幾個條件三聯書店難以接受，在金庸先生不能降低門檻的情況下，續約只好告吹。」這樣一來，金庸便把新修訂金庸作品集交由廣州出版社出版了，而廣州出版社則表示：「將把金庸作品集做精」，從封面、內文版式、扉頁環襯到包裝箱，都來了個全新包裝，力圖令金庸作品再掀「江湖風雲」。

金庸以八十歲高齡第二次修改自已的作品，究竟從哪幾個方面來給原小說「動手術」呢？隨著金庸修訂本一部部地完成，可以歸納為四個方面：首先，刪改情節，豐富人物。金庸花大力氣主要修改了《書劍恩仇錄》及《碧血劍》兩部作品，因為這兩部小說是金庸早期作品在人物和觀念上都有很多不足之處，這次金庸的改動主要是通過對情節的改動，使兩部小說中的人物更加豐滿。例如，在新版《書劍恩仇錄》中，新增加了結尾部分「魂歸何處」。增加了陳家洛在香香公主死後悲痛自責，不能自已，霍青桐深為憂慮，托阿凡提前往勸導，並稱如他自殺，自己也將隨他同赴九泉，陳家洛與香香公主在冥冥中相會等情節。通過這樣的改動，使得原先為了「大業」而犧牲愛人性命的陳家洛的人性化色彩進一步加強。在新版《碧血劍》中，袁承志也不像以前那樣對愛情非常專一，而是變得搖擺不定，作者著力描寫袁承志對阿九的矛盾心理，以期表現一種「為愛受傷」的感覺。對這一部分的改動，金庸先生自己非常得意，認為能夠這樣處理人物感情，是自己小說的一大進步。

其次，修改一些歷史觀念。能夠和歷史相結合，是金庸小說吸引讀者的一大要素。隨著年齡和閱歷的增長，金庸對歷史的態度也在不斷變化。因此，這次的修改也在某些歷史事件上進行了增刪。增加對李自成內心世界的描寫中，充分反映了這一人物複雜多疑的性格特徵，他既想各路豪傑歸服自己，又怕別人奪了自己的位置；他既想聽從李岩等人的勸告，行王道，嚴軍紀，護百姓，但又對劉宗敏等老兄弟燒殺擄掠予以默許甚至理解，心理上的天平最終倒向了後者一邊。通過這些情節，金庸也在進一步地探討著古代農民起義之所以不能取得成功的深層次原因。

再次，提煉文字，字斟句酌。在上一次修訂作品時，金庸把最主要精力放在提煉文字上，但這一次金庸依然對文字不能完全滿意，進行了進一步的修訂，將書中某些文化素質不高的角色的對話，由書面語改成了口語。例如：袁崇煥舊部朱安國傳授袁承志武功，在講到自己已盡其所能，為承志前途著想，應當另請明師時，舊版中朱安國的原話為「我們三個已經傾囊以授」，新版改為「我們三個已掏完袋底身家，真的沒貨色啦」。改動後的文字，體現了口語特色，更符合對話人物之間的身分。

最後，過分神奇之處，通通拿掉。雖然是虛構的武俠小說，但是金庸似乎不願意讓自己的小說在描寫自然現象上顯得過分神異，因此在新版中去掉了原來小說中若干不自然的處所，使情節更加合理，銜接更自然、緊湊。

終於，廣州版《金庸作品集》在二〇〇三北京圖書訂貨會上露臉了，廣州版的《金庸作品集》與三聯版在外表上就大相徑庭，採用了國際三十二開本的全套書籍，封面色彩非常豐富，一改三聯版的統一封面設計，當全套書並排列齊展示時，可以發現書籍顏色由深至淺，非常醒目。新版本中的內文插圖，都是從香港明河社直接拷貝而來，清晰度和精緻程度都要強於老版，同時廣州版將定價調低，全套六八三元的價格，希望能夠贏得「金庸迷們」的歡欣與購買。然而，金庸的全力修改，廣州出版社的傾力打造，最終是否能又迎來新一輪的「金庸小說熱賣」呢？

據新聞記者在全國各大城市大書店的調查顯示，新修版金庸作品集銷量並不近人意，一年僅售出二萬多套，雖然銷量優於一般出版的圖書，但與預期的熱銷場面似乎相去甚遠。一些「金迷」與書店銷售人員，甚至時有懷念起三聯的老版本來了。因為，畢竟對原版本情節瞭若指掌的讀者，是抱著一種懷舊的心情去重讀金庸的小說的。但當他們讀到新版本中大相徑庭的人物和故事，勢必會「感覺怪怪的」，從而打消了收藏新修訂版的念頭。據說還有許多老讀者們，寧願讓孩子們在互聯網上看金庸的老版作品，也不願意讓孩子閱讀新修版，以防與下一代形成「雞同鴨講」的尷尬局面。也許正如復旦大學教授所說的：一部流傳甚廣的小說，在時隔多年之後再來一個修改，一般說來，只可能離當初的生命力更疏遠，而不是更進入。」……「金庸熱」在上世紀八九十年代的具體環境已經過去，因此新版金庸在通俗文學評論界，未必能引起大的動靜。

新修版銷量無法創新高這應是主要原因。因為，金庸在新修版完成後，便表示將不再修改自已作品，可以說這套新修版，將是金庸小說的終結版，最終流在文學舞台，後人記憶中的也將是這一版本，至於它的命運如何？筆者也將與讀者們拭目以待了。

三、金庸小說進課本的是與非

二〇〇四年新春伊始，當高二的學生們踏進新學期的課堂時，他們驚奇地發現手中的《高中語文讀本》中，竟然收入了金庸小說《天龍八部》中的第四十一回：「燕雲十八飛騎，奔騰如虎風煙舉」，另外，還有王度廬的《臥虎藏龍》，合而為一個單元，取名為「神奇武俠」。《天龍八部》這一節講的是蕭峰到少林寺救阿紫，在山上力鬥丁春秋、慕容復、游坦之三大高手的一節，充分展示了他的絕世武功和英雄氣概。學生們立刻感到耳目一新，歡呼雀躍起來。同時，金庸小說進中學課本的消息也不脛而走，立刻又引來四方的議論。

其實，早在二〇〇一年就有金庸小說進初中語文教材的傳聞，當時盛傳將把金庸《射鵰英雄傳》第三十九回「是非善惡」，經作者同意刪節後，以「郭靖的煩惱」為題，編入初中語文教材，以描繪「華山論劍」前夕，郭靖在經歷一系列殺戮事件後的苦悶心境。

這消息一出，在當時教育界和學者中就引起軒然大波，支持者與反對者相持不下，當時有記者為此走訪了教育部新聞處處長王旭明，王處長明確回答：「教育部有關部門至今沒有考慮過要把金庸作品選入初中語文教材中去的意向。」

雖然教育部一錘定音，但對金庸小說是否應該進中學課本的爭論，卻並沒有因此而平息。所以事隔三年後，當金庸小說真的堂而皇之地出現在了《高中語文讀本》時，此事立刻被炒得沸沸揚揚，媒體皆傳金庸小說終進課本。但事實上，《高中語文讀本》並不是正式的高中語文教材，只是一種輔助性質的課外讀物，是學生自願閱讀的。而進入教材的作品，選擇非常嚴格，而且教材都要送教育部審查，這種教材輔助讀物則不必送審。人民教育出版社的中學語文室的王老師，當談及收入武俠小說的初衷，其實就是想擴大中學生的閱讀視野，並沒有任何強制意味，《讀本》中收錄作品的範圍非常寬泛。

然而，雖然只是將金庸小說收入高中「課外讀物」中，社會上的批評聲還是一浪高過一浪：批評者認為，武俠小說思想境界不高，小說裡的打殺場面和言情描寫會對學生產生不良影響。還有相當數量的網友提出了反對意見，其主要觀點包括：語文讀本應當是「雅」的，通俗文學不應當入選，另外《天龍八部》並非是金庸最具代表性的作品，即使選也應當選《射鵰英雄傳》等等。一些較為偏激的網友，甚至把「四大俗又來了！」——這六個字，在新浪網站上重複了三十餘遍，（王朔曾把「瓊瑤電視、成龍電影、四大天王、金庸小說」稱為「四大俗」）以表達對金庸小說入選高中教材的反對態度。

另一方面，對此持讚揚支持態度的人也不在少數，支持者們先擺事實為證：三個月前，北京公布了第三屆「全國國民閱讀與購買傾向抽樣調查」的結果，在「最受讀者喜愛的作家」調查中，金庸和魯迅、巴金、老舍、瓊瑤、曹雪芹、賈平凹等名家，在這次調查中都榜上有名。既然這次調查是具有普遍性的，那麼將金庸小說收入高中讀本也合情合理。另外，他們還認為接受金庸小說的語言文字，是一種時人的進步。金庸把江湖傳奇與歷史風雲、俠義柔情與絕世武功、人生哲學與民族文化傳統熔為一爐，開闢了武俠小說的嶄新境界，使武俠小說的可讀性和文化品位都得到提升。現在的年輕人，在中學階段不讀金庸小說、不看金庸電視劇的已經不多。面對這樣的現實，再把金庸的小說排斥在中學生讀本之外，有點違背唯物主義的精神。

兩方的意見可說是見仁見智，相持不下，那麼對於自已的作品入選中學讀本，金庸究是何種態度呢？金庸先生表示，三月一日，他在辦公室得知《天龍八部》第四十一回被選入中學讀本，感到非常高興，但是他說天龍八部講的是人生的痛苦與悲哀，擔心中學生看不懂。金庸說，武俠小說講的是還沒有法制統治的社會裡發生的事情，而現在的人們遵循法律行事，不可能隨意殺人、打人，現代社會裡，對武俠小說只是看精神，不能看行動。金庸說，有人說他的小說講的都是犧牲自己的利益去幫助人家，希望人們勇於主持正義，分辨是非，當然對於中學生，必須進行引導，要讓他們明白，幫人可以，拔刀不可以。看來金庸先生非常明白，高中學生還處在世界觀和人生觀未定型的階段，武俠小說中的一些虛構情節可能會給這些稚嫩的孩子以消極負面的影響。

而高中生，作為這一新讀本的最主要的受眾者，他們的反應是：能正確看待。據記者在為此事採訪中，一位高二的男生認為，這樣輕鬆鮮活的讀本，學生樂意接受，能夠真正調動他們的閱讀積極性。另一位高二學生則說，自己從初中時就開始看武俠小說，如《天龍八部》、《神鵰俠侶》等等。武俠小說情節緊湊，可以鍛鍊邏輯思維能力，通過養成閱讀習慣，寫作文時，思路也會比較開闊。對於是否會羨慕甚至去模仿「仗三尺劍橫行天下的大俠」的問題，大部分學生表示，大家都是高中生了，知道現在是講文明、講法制的社會，他們只是被小說裡面曲折的情節、神奇的功夫吸引而已。於此同時，一些語文教師也認為，要以一種平常的心態看待武俠，堵不如疏，適當引導才是正途。武俠小說終究也是一種文學作品，選擇其中一兩篇不錯的武俠小說進入高中讀本，讓學生們瞭解武俠小說的背景、起源、發展，是大有益處的，大可不必大驚小怪。而且其跌宕的情節，優美的詞語，生動的表達，對提高學生思維能力和語言表達能力大有說明。

其實討論金庸小說進課本的是與非，本質上就是在討論一個通俗文化與正統文化之間的問題，這也似乎是中國幾千年來，在文學上一個說不清、道不明的永恆的話題。筆者認為，爭論通俗文化與正統文化熟優熟劣，崇雅抑俗或崇俗抑雅，也許都是毫無意義的，因為通俗文化與正統文化根本是兩種不同的文化形態，他們的受眾面不同，側重點不同，其作用和意義更不相同。正如通俗文化無法取代正統文化一樣，正統文化也不可能取代通俗文化。這無論在中國或在國外，也無論是近代以及在古代，抑或在幾千年的漫長歷史長河裡，可以說這兩種文化都是長期存在著的。

四、從為金庸塑像說起

中央電視台從開始策劃投片第一部金庸武俠劇——《笑傲江湖》，隨後更是接二連三地投拍了金庸的多部作品：《射鵰英雄傳》、《天龍八部》及剛於二〇〇五年四月拍攝完成的《神鵰俠侶》。張紀中更是對媒體透露拍完《射鵰英雄傳》後，將立刻準備開始籌畫《倚天屠龍記》及《碧血劍》。這一系列的內地版金庸武俠劇不禁使一些內地演員迅速竄紅起來，諸如李亞鵬、飾演王語嫣的劉亦菲等。使人當年還意想不到的是，金庸的電視劇，日後還真會帶動了許多地方的旅遊產業。因為央視版的金庸武俠劇以大製作聞名，劇組往往會走遍大江南北，名山大川以拍攝外景，這些外景地或影視基地在電視劇拍攝完成後，大都會被當地開發出相應的旅遊資源，以吸引旅遊者及眾多金庸小說愛好者們的到來，當地的旅遊產業由此開始紅火，並進一步帶動了當地的經濟發展。

其中因金庸武俠劇而帶動經濟產業發展，最為成功的例子是位於浙江舟山的桃花島。

桃花島，全島面積為四〇點九七平方公里，另有懸鵜鴣島〇點七七平方公里，其中風景名勝區的面積為三十一平方公里，為舟山群島第七大島。桃花島是以島建鎮，全鎮總人口為二萬餘人，島上有許多自然地貌景觀與《射鵰》一書中所描寫的地方及極其相似，例如：崎頭洋、桃花山莊、清音洞、彈指峰、桃樹林等等。一九九四年，金庸訪問普陀，當談起《射鵰》書中的桃花島時，他高興地說：「如果有人問舟山的桃花島是不是書中的桃花島，我說是的。」

桃花島自一九九六年開始規劃島上的旅遊資源，二〇〇一年成功引進並圓滿完成《射鵰英雄傳》的拍攝任務，二〇〇二年《天龍八部》又在桃花島拍攝，金庸更是完成了他多年來的宿願，親臨他筆下的這方風水土地。桃花島知名度不斷擴大，遊客量再攀新高。二〇〇二年遊客量為二十五萬人次。旅遊業的發展更進一步推動了第三產業的迅猛發展，促進了三產總量的提高。二〇〇二年全鎮第三產業產值達四千餘萬元。一本《射鵰英雄傳》將一個默默無聞的小島，變成了一個正在逐漸成熟的旅遊熱點，金大俠可謂是又做了一件利人利己的好事。

二〇〇五年四月桃花島鎮政府表示，為了感謝金庸對桃花島經濟發展所做的貢獻，桃花島旅遊局準備出資為金庸先生在島上立一座銅像，預計總耗資二百萬元人民幣。此舉一公布又引來一片譁然，不少人在網上發表質疑：不少網友認為活人塑像是極度自大的行為，「怎麼能為活人立銅像呢？從古至今立像大都是為了紀念去世的偉人，而金庸還活著，再說他的成就還不足以讓我們用這種方式記住他。」；有的網友則認為桃花島此舉有炒作和巴結名流的嫌疑。二〇〇五年第八期的《觀察與思考》刊登了一篇文章，其中更批評為金庸立像之事，文章中寫道：「從近年看來，金庸先生彷彿有點迷失了自己。……金庸先生不斷成為新聞熱點，彷彿成了一個「社會活動家」。假如金庸先生能夠像錢鍾書先生那樣拒絕送上門的桂冠，假如他少參加一些不必要的公眾事務，他獲得的崇敬和好感也許要比現在多得多。」

面對社會各方對立像一事的爭議和批評，桃花島方面仍一意孤行，桃花島鎮政府宣傳負責人姚先生對外表示道：「金庸是活的、死的，跟我們關係不大，我們只是要借「金庸」的品牌來發展旅遊。而金庸先生自己也說過，只要對桃花島發展旅遊有利的，都願意去做。」他還說金庸一直有在某地立一個自己銅像的願望，在和張紀中合作拍戲時，無意中也和張說起了這個願望，而張紀中到桃花島拍攝《神鵰俠侶》時，又將這個消息透露了出來……我們才提出在桃花島給他立銅像，讓這裡成為金庸圓夢的地方……似乎暗示立銅像是金庸的本意。於是，在外界不斷的不滿和批評中，為金庸立像的準備工作依舊繼續著，並等待金庸先生親赴桃花島參加銅像奠基儀式。

難道金庸真會成為中國第一個活人立像的例子嗎？終於，一直對立像事件保持沉默態度的金庸對此作出了回應，金庸先生對此事的態度是：恕難同意，尚祈見諒。金庸表示非常感謝桃花島人民和政府對他及小說的熱情和關愛，但他不贊同對自己個人做類似的宣傳和標榜，他更希望鎮政府和管委會將資源投入到環境保護和景點的建設中，讓桃花島成為聞名海內外的風景旅遊勝地。

金庸先生畢竟還是明智的，沒有被外界對他的有意抑或無意的人為抬高而衝昏頭腦。筆者也非常注意搜集有關此舉的資訊資料，我想，如果金庸真的接受立像一事，也許是對他的聲譽百害而無一利的。於是在金庸的婉拒下，當地政府原計劃舉行的金庸雕像奠基儀式，也因此將雕像改成金庸小說中諸多武林高手如郭靖、喬峰等人物。

立像事件，雖然最後因金庸的婉拒而不了了之，但近年來圍繞金庸所引起的分歧、爭論，仍久久在我腦海中縈繞不散。一位八十歲高齡的老人，本應該清心無為，遠離塵世凡務，享受與家人齊聚的天倫之樂，而人家也總認為金庸不願退隱江湖，頻頻現身社會活動，往返於內地、香港與國外之間。外人看來，總認為他似乎過與執著於名利，實際上，這也從另一個側面看，中國幾千年來儒家文化中，那入世思想的積澱是多麼深厚，這種入世思想已深入於金庸的血液，烙印在他的人生之中，他的頻繁社會活動正是這種入世思想的體現。我想，我們的孔子不也曾告訴我們無為而為嗎？當然，我曾當面聽金庸講過，他多麼渴望恬淡安泰的生活，我也當面聽他夫人林樂怡說，他們曾多次抗議人家請他們赴宴之類的事。金庸也曾潛心鑽研佛經、道教，但他始終是無法做到道教的無為出世，因為畢竟他是人，一個凡俗之人，儘管他已名利雙收、榮華富貴也在所不惜，他還是放不下塵世的繁華，耐不住清心的寂寞，當然，這一切，興許是一如人們常說的：人在江湖，身不由已啊！

其實，真正能像錢鍾書先生那樣拒絕名利，安心鑽研學問之人，在如今這樣的商業社會，幾乎已經少之又少了，多少學者文人想方設法地擴大知名度，謀取利益，他們奔波來去，終日忙忙碌碌，真可謂「熙熙者為利而來，攘攘者為利而去」。而當他們換取了當初所追求嚮往的一切時，理應淡泊安然了……但是，當他們已習慣了外界眾人的關注頻率度時，也許平淡比忙碌更讓他們感到寂寞。因為，對於大多數人來說，大千世界雖然有諸多難以排解的煩惱，同時也充滿著無盡的誘惑。

金庸是凡人，不是神仙，他無法超凡絕俗，無法放棄功名利碌，不論人們是贊同，還是指責，這只是他所追求的人生態度，我想，這也只能留給後人來評說了。已故文學評論家胡河清有這樣的評說：「金庸出身在一個破落的舊貴族家庭。他們都具有深遠的家世感，從而從遺傳密碼和貴族生活方式中攝取了大量關於中國士大夫文化的隱蔽資訊。同時『破落』又使他們降入中國老百姓的生活之中，領略到了民間情感生活的深廣天地。」此評不無道理，甚或可以作為對金庸人生之中，許多令人不解的東西的一個回應。

五、人生何處不相逢

那年春天「非典」過後，杭州要做一個「抗非」紀念雕塑，他以「半個杭州人」身分，捐了一套港版《書劍恩仇錄》拍賣。一個杭高學生患白血病需骨髓移植，社會各界紛紛伸出援手，全班同學給這位校友寫信，他捐了一套簽名的武俠作品集。那天，有人問他對錢怎麼看，感覺他在捐款時經常是捐書，是不是覺得捐書比捐錢好？他笑著說：「我怎麼看錢？我買股票、投資老是賺錢。在杭州我曾經捐了『雲松書舍』，價值一千四百萬。」主持人馬上補充說，金庸擔任浙大人文學院院長，不拿工資，這次演講會，不要出場費。

在西湖造屋，可說是金庸的一個夙願，一九九三年三月三十一日他對《明報》記者說：「以前我講過，退休之後希望在杭州有一間房子。……杭州市政府又舊事重提，願意在西湖邊上給我一塊土地起房子。這是特別照顧，因為西湖邊是不許建私人住宅的。我欣然接受，以滿足對故鄉的依戀思念之情。」

但別墅還沒建成，媒體上就傳出批評的聲音。一九九六年十一月四日，占地四點五畝的「雲松書舍」竣工不久，金庸決定捐給政府。他說：「當時我蓋這個別墅的用意就是我退休之後到這裡定居，做學問，會朋友。等到全部造好後我來看，我覺得這個地方太大了，房舍的結構太精美了，我一個普通老百姓來住這樣好的地方不大適合，我就捐給了浙江省杭州市政府。」

浙江文學源遠流長，一脈相承，香火不斷。浙人重視歷史，如東漢初年，袁康、吳平著《越絕書》，最早記述了吳越史實，可謂是中國傳紀文學的濫觴。相繼問世的山陰人趙曄，又寫了《吳越春秋》，均在歷史學上作出了貢獻。漢代的王充，著《論衡》一書，至今備受注目。沈約倡「四聲八病」使中國詩歌藝術，有了音樂感和格律性。南宋時呂祖謙、陳亮等，都是名震一時的重要學人。明代王陽明、清初的黃宗羲、清末的龔自珍，近代的章太炎、王國維都是著名的學術巨人。由於浙江的歷史條件，人傑地靈，詩人詞客、文學之才，濟濟多士，縱橫儒林，馳騁文壇。他們都在這塊江南沃土上，耕耘風雅，播種斯文。真可以說，流風遺韻，一脈相承，至今傳承不斷……。

而金庸在二十世紀五十年代後，無疑在繼承前人文化遺韻的基礎上，又創新中國新武俠小說文學的流派。杭州，當然是浙江歷史悠久的最美城市，金庸對它有感情不容置疑。那日，最高氣溫已超過四十度，是多年未遇的高溫。二〇〇三年七月二十五日，下午三點將至，金庸出現在講台上，攝影、攝像記者忙乎了一陣之後，主持人宣布演講開始。他在杭州為《金庸茶館》創刊而舉辦的演講會，講的也是類似的話題。門票標價一八八元，但是杭州劇院門外有人在賣票，開價二十元，還價十元即可。劇院內許多座位都空著，並沒有出現爆滿的場面。大部分門票都是「紅石樑啤酒」送的，那幾天紅石樑啤酒的銷量以每天百分之一百五十的速度遞增，許多飯店只要喝啤酒，就可以抽獎，二等獎的獎品正是門票。

他慢吞吞地拿出一遝列印好的講稿，開始講中國歷史。好像提到了《資治通鑑》，也提到了羅素的《自由和組織》，他耐心地循著講稿講，偶爾抬頭離開講稿。他的語速很慢，語調也低，有點含混，北方來的記者就不大聽得明白。現場聽眾雖沒有喧嘩，但對他講的內容，明顯沒有多少興趣，場內的氣氛有點沉悶。演講持續大約半小時，參與直播的新浪網工作人員轉達網友意見：「演講太學術了，沒有興趣，希望可以自由提問。」

金庸慢吞吞地收回講稿時，有點不大情願地撇嘴。提問開始，氣氛才開始活躍起來，但沒有一個問題針對他剛才講演的內容。大多數問題都算不得問題，或是捧場，或是邀請。主持人剛剛講過他是《金庸茶館》的股東之一。他在「金庸書友會有限公司」掛牌儀式上也說：「以前有不少香港人稱我為『查博士』，我在杭州開了金庸茶館以後，可以稱得上是真正的『茶博士』了。」

然而，當有人問及他對「金庸產業」有什麼設想，他在當中起什麼作用，或者說白一點，最終他能從中分得多少錢對，他回答說：我不太瞭解「金庸產業」的問題，文新集團我希望他們能夠成功，我知道目前為止，他們準備拍攝動畫片，動畫片除了他們公司之外，還有其他地方，想買斷我的動畫片版權。我的投資也很好，我也沒有希望能在這裡賺錢，我希望《金庸茶館》能夠辦得成功。如果動畫片能夠賺到錢，如果《金庸茶館》可以賺錢的話，可以把這個對話的平台長期維持下去就滿意了。

那幾年，金庸的身影不時出現在各種熱鬧的場合，各地的「論劍」不斷，他的動靜，成為媒體娛樂版津津樂道的熱點。

二〇〇三年十月八日的金庸又到「華山論劍」，《南方週末》曾報導，以「金庸的節日」為題。金庸「華山論劍」是在海拔一六一四米的華山北峰舉行，陝西電視台全程直播三個多小時。先是乘索道上去，再坐上紮著紅綢的竹椅，抵達北高峰那個小廣場。被選為對話對象的，包括司馬南、孔慶東、張紀中、魏明倫等人。當天華山風景區封山八小時，為保證電視直播的順利。對此金庸倒不大滿意，當眾，他說了一句：「我本來沒讓他們封山，他們怕遊客看到我會找我簽名，一定要封。」

一位讀者坐了十來個小時火車趕到西安，卻聽說華山封山，十分失望，曾說：「真正看到這次所謂的華山論劍時，還是大失所望，領銜主演的金庸的表演頗讓人失望，畢竟八十歲了，顫顫巍巍，……甚至有點語無倫次，還時不時老淚縱橫，真難為他老人家了，與一群文化人，在那裡為一些典故，議論紛紜。」

當然，事先金庸希望，「這次活動不要把任何帶有商業性質的東西引進來」。還說，「『華山論劍』不是武功上的比試，更不是一次商業炒作，它是一次文化人之間的談論，是純粹的文化對話，希望它能夠在文化氛圍中開始和結束，千萬不要搞太多的商業廣告。」陝西電視台副台長王渭林後來說，「金庸先生在踏上陝西這塊土地後，吃飯、坐車、住宿等都是自己掏錢，堅持不收我們任何的費用」。因為他的堅持，主辦方陝西電視台，也取消了此次「華山論劍」的冠名權。

金庸「華山論劍」之前舉辦了一場「碑林談藝」，司馬南說，「沒有聽到真正的交流，而是聽到了一片阿諛之聲。會上充滿客套話和頌歌，沒有人提出真正的問題和批評，也沒有真正的碰撞、交流」。金庸也說：「還有研討會，我希望聽到賈平凹他們批評我的話，結果滿場都是好話，聽著是很開心，但意義就失去了。」當然，南京大學教授王彬彬教授，受邀到了西安，卻被拒之門外，這也成了個謎。

金庸在二十世紀末與日本池田大作，歷時二年有餘，以「探求一個燦爛的世紀」為題，進行了一個長長的對話，在這對話的文本中，雙方都心靈坦誠進行了對文化、藝術創作，以及對未來新世紀之發展進行了一次求索。現把他們各自對這次探討總結性的觀點，錄出在下，以反映了他們各自的心聲：

池田大作：人生何處不相逢——

美好的相會，一瞬的邂逅，決定命運的偶遇，還有那殘留下悔恨與痛苦的遭遇。「相見時難別亦難」，人生際遇的「戲劇」各有各精彩，各有各不同。

在人生這部大戲中會有一見如故的相會，那種無須語言而心有靈犀一點通的握手是何等的令人心醉。

在那樣的相遇之際，人會感到冥冥之中有一種令人懷念的一一以佛家之言而論，就是「宿世之緣」的命運之線在操控，那種一見如故，心心相連似乎是好久好久以前就在彼此的心靈深處已是款曲相通。

我與金庸先生賦予中國傳統的「武小說」新的生命，因而被譽為「中國文豪」、「東方的大仲馬」、「凡有中國人之處必有金庸的小說在流傳」，是一位名聞遐邇的大作家。同時，他又創辦香港著名的報紙《明報》，三十多年以來，他成為香港輿論界的風雲人物。

恕我不能將金庸先生的傳奇一一列舉出來，我所感嘆的是，他在面對巨大權勢時絕對不後退一步的風骨，而正是這種風骨中充滿著對人民群眾的摯愛之情，他時常注視著民眾這一原點，對之懷著風雨不動的「目光」。而這就是中國數千年歷史中常傳承不衰的「大人」風骨。

常言有所謂「筆鋒」，金庸先生就是以筆為劍，鋒芒畢露。「敵」者洶洶，從左從右而來，不管從哪裡而來都令人憎惡、驚恐。他們攻擊他、中傷他，甚至想狙擊他！

我與金庸先生在香港、東京等地曾四度相談，領教匪淺。我曾問道：「那些壓迫很激烈吧！」他當即答道：「是的，但是，明白了是非善惡之後，我絕不對不合理的壓迫低頭屈服！」

時時蕩漾著微笑，一副文質彬彬、慈和的君子風度，但卻有著不屈不撓的勇者的風骨和精神——這也許就是使讀者為之入迷，令人血脈賁張的武俠小說的祕密所在。

金庸先生不僅文名赫赫，且是少數有成就的實業家。然而他沒有選擇那種對世事不聞不問，只顧自己安穩度日、優閒享受的生活，而是以「是否符合民眾利益」來作為發言基準，也就是「為民請命」這種中國正直的士大夫之傳統，離開了「民眾」這塊大地，雖費千言萬語也是空洞之物，是毫無價值的論調。

我認為，金庸先生關於香港回歸中國的過渡時期的談話，關於文化大革命本質的言論都是卓有遠見的。這是基於他一貫「站在民眾一邊的言論」立場，是慧眼獨具的論鋒。

那些口口聲聲自命「真實」者，其實常常是權術家和謀略者。對於他們，不要迴避，惟有蔑視此輩，方可以徹底打破邪惡之壁！

我亦打算以同樣的心情共赴此願。與金庸先生的相會直感是不可思議之「鋒」。我們可以說是一見如故，他的人生經驗下信念使我心靈深處也奏出共鳴的音符。

在中國的戰國時代，孟子宣揚其「王道」理想。他曾指出，以武力或者權謀術數而圖一己之榮華，利用他人作為達此目的的手段者就是「霸道」。與之相對的是，以光明正大，無處不在的「人格魅力」為大多數人謀幸福的就是「王道」。

況且，時代的黑暗還相當的深沉，這不是還有這麼多人夢寐以求「霸道」的原因嗎？那些不為毀譽褒貶與爭名求利之風所動搖的人，才能在布滿荊棘的信念之道上闊步向前。

「自反而縮，雖萬千吾往矣！」這是在對談之中金庸先生曾經強調的話，這種信念在人生中折射出「王道之人」的光輝。這個對談相繼在日本的《潮》月刊，香港的《明報月刊》等雜誌上連載一年之後，我與金庸先生再次在香港會面。席間，金庸先生說：「我們要把這個對談繼續進行下去，以後再出版續集吧！」他還說：「出完第一本對談集和續集，再過十年，我們再來出第三本對話集！」那種意氣風發的氣概，令人心情澎湃。

那也是我所期望的。金庸先生今年七十三歲，我亦已七十歲了。與杜甫所謳歌的「人生七十古來稀」的時代已大相徑庭，我們還那樣年輕。以論文學而始，然後圍繞著香港問題、師徒友情、佛教的生死觀、文明論、青春時代的追憶等等。我們議論風生，求同存異，可以說是無話不談！

人生何處不相逢。「揮手自茲去，蕭蕭班馬鳴」，新的路程在等待著我們。因此，這裡所收錄的內容，都是我們「對話」之旅的里程碑和計里鼓。

……

筆者在讀了《探求一個燦爛的世紀》後，以及在即將結束這部《儒俠金庸傳》時，我們的讀者完全可以看到，在整個二十世紀的時代裡，金庸所經歷的人生際遇，真有許多精采的戲劇性遭遇。我們似乎從我們的傳主——金庸身上，也似乎可得到一些重要的解讀。意味深長的是，每當金庸的人生處於危難之際，甚或每當他痛苦與悔恨之時，金庸總獲人相助、相救，他總能從荊棘中開壁出一條路來，那怕這人生之路是多麼曲折而又坎坷。而且，我們如從某種意義上來說，彷彿從金庸這個人物身上，埋藏著二十世紀中國大地上許多風雨人生的祕密。這正如池田大作在與金庸的對話中所闡述的：「具有在逆境中反敗為勝的勇氣，對於任何困難都能靈巧地對付，使自已的能力盡可能得以發揮的智慧。」的確，無論對個人之人生，或對一個家族，抑或對一個國家也無不如此。

今天，我們已迎來了二十一世紀——這新世紀將成為一個怎樣的時代呢？誠如池田大作所說的「揮手自茲去，蕭蕭班馬鳴」，那新的路程在等待著我們。對此，近年來不少人提出了各種各樣的展望。突飛猛進的科學技術帶來許多恩惠，可是與此同時，又不斷發生戰爭，不斷擴大著從未有過的悲劇，成為人們心頭上揮之不去的陰影。那麼，究竟二十一世紀，到底應該以什麼作為人類精神的依歸呢？

作為科學家、社會活動家，或作為和平活動家，他們一直在追尋著人類與社會的理想狀態。鮑林博士說：「我想，二十一世紀將是一個人的生命本身更受矚目、人類的幸福與健康更受重視的時代。」以此，筆者認為，從金庸先生所發表之社論來看，而今在他心中肯定也同時在思索這類的問題，因為今日之金庸到世界各地演講，到劍橋作訪問學者，金庸始終把「探求一個燦爛的世紀」這個主題，作為他平生的一個重要之課題在探求。金庸在他以往的十五部作品中，已經從他所描繪的人物內心狀態，歷史境遇等方面，去探索以往中國處在任何一個世紀的生存狀態以及這些歷史人物所歷經的艱辛。同時金庸也結合他自已所歷經之淪桑後，在他所處的各種境遇中，用他那特有的文字創造了別出魅力的新體裁，從而寫出了與以往時代不同的武俠小說的新天地，筆者認為這些作品和他對政治、歷史、時勢之理解是一脈相承的。

在金庸自已所經歷的二十世紀，他視他的作品為心靈之結晶，至少在他的心目中，上升到視它為一種「生命的哲學」追求。因為，他所創造的作品中的許多人物命運，雖都不生存在二十世紀，但我們也可作為從另一種背景下，反映了二十世紀的時代與人物命運。

如果我們回顧歷史，二十世紀是以怎樣的面貌呈現在我們眼前?就此，歷史學家艾里克・霍布茲波姆（Eric Hobsbaum）的巨著《二十世紀的歷史》值得我們閱讀，如果我們結合金庸在二十世紀下半個世紀寫的社評，就更可佐證二十世紀的歷史。他在文章開頭以「十二人看二十世紀」為題，列舉了代表世界有識之士的見解，而他們那些近乎悲鳴的語句，引起人們對二十世紀之反省。

「我不得不認為二十世紀是人類史上最殘暴的世紀。」（英國諾貝爾獎作家威廉・古丁，William Goulding）「我只能說它是虐殺與戰爭的世紀。」（法國生態學家雷恩・迪蒙，Rene Dumond）。而當霍布茲波姆在介紹這些觀點之後，他認為：「為什麼許多有洞察力的人士沒有帶著滿足、或是對未來充滿自信地回顧二十世紀呢？」他的回答是帶著深思和意味深長的，他說「不容置疑，這是因為不論從戰爭規模、次數、還是時間上的長短，二十世紀都創下了歷史上最殘酷的記錄。綜觀歷史上從最嚴重的饑荒到組織性的大殺戮，人類自相殘殺的規模之大，也是史無前例的。」

當我們讀了這段對二十世紀之論述，再聯繫我們所看到的金庸小說在許多情節中，同樣也描繪了這樣的時代場景，也有與這樣的時代相對應的歷史畫面，以及他對這些問題的洞察能力。儘管金庸小說描繪的是二十世紀以前的歷史場景與歷史人物之命運，但那對歷史之識見與近乎悲鳴的語句卻是相同的。

下面我們可以再看看與池田大作精采對話的金庸，他之對二十世紀歷史與人類的解讀又是如何呢？

金庸：不曾識面早相知——

抗戰期間的一個暑假，大學的同學們大都回家去了。我和一些無家可歸的同學住在學校裡。天氣炎熱，大太陽下除了游泳不能做其他運動，我只好在教室裡埋頭讀書。讀的是《資治通鑑》和H.G. WeLLs（威爾斯）的*The Outline of History*（《世界史綱》）。《資治通鑑》是中華書局出版的線裝本，字體很大，薄薄的書本拿在手裡頗有古典之樂。《世界史綱》是大開本的插圖本，既厚且重，必須攤在桌上，一面欣賞書中的圖畫，同時欣賞威爾斯以漂亮的文筆敘述世界史事。讀得倦了，便大汗淋漓地蜷曲在窄窄的長凳上睡一覺，醒來再讀。長凳只有半尺來寬，就是《阿Q正傳》中所說的那種「條凳」，睡了一個暑假居然從來沒有在夢中掉下來過。此時回思，我在《神鵰俠侶》中寫小龍女在一條懸空的繩子上睡覺，靈感或許自此而來。那個暑假以中西兩部精彩的歷史書為伴，過得充實而快樂。

後來看到一篇文章，是英國一位歷史教授批評威爾斯那部著作的，說他處理歷史事實不夠嚴謹，證據尚未充分便下結論，不符合學術上公認的規矩。我對這篇嚴酷的批評很是信服，深深感覺到做學術研究和寫漂亮的文章是兩回事，也覺得《通鑑》中司馬光任意揮灑、典雅優美的文筆，也恐怕是裝飾了不少可能未必符合真相的史實。

抗戰勝利後從西南回到故鄉，在上海西書店裡買到一本A. Toynbee（湯因比）大著*A Study of History*（《歷史研究》）的節本，廢寢忘食地誦讀了四分之一後，頓時猶如進入了一個從來沒有聽見過、見到過的瑰麗世界，料想劉姥姥初入大觀園，所見所聞亦不過如是。想不到世界上竟有這樣的學問，這樣的見解。湯因比根據豐富的史實而得出結論；世界上各個文明所以能存在，進而興旺發達，都是由於遇上了重大的挑戰而能成功應付。我非常信服這項規律。這本書越是讀下去，心中一個念頭越是強烈：我如能受湯因比博士之教，做他的學生，此後一生即使貧困潦倒、顛沛困苦，最後在街頭倒斃，無人收屍，那也是幸福滿足的一生。

來到香港在《大公報》工作，工餘就著手翻譯湯因比博士這部大著的節本（他這部大著共十二卷，當時還未寫完），因西洋史的修養不足（尤其是涉及埃及、巴比倫、波斯中亞的部分）而遇上困難時，就自行惡補而應付之，我把這些困難都當作是湯因比博士所說的「挑戰」。後來因為工作上的需要，轉而去翻譯幾本與中共革命戰爭、朝鮮戰爭有關的時事性書籍，把《歷史研究》擱下了，更後來見到陳曉林兄的譯本在台灣出版，年輕時開始的這份努力就此永久放棄。

此後數十年中，凡是湯因比的著作，只要能買得到、借得到的，一定拿來細讀，包括《文明受考驗》、《戰爭與文明》、《從東到西——環遊世界記》、《對死亡的關懷》等書，以及湯因比與池田大作先生《對話靈》的英文本。

讀《對話錄》時，我已讀了不少馬列主義的著作，對湯因比過分推崇基督精神的看法有了比較清醒的保留，不再像以前那樣無條件的拜服，不過兩位先生淵博的知識，悲天憫人的寬廣胸懷，還是佩服不已。

在北京大學授我以名譽教授的榮銜時，我得知日本有好幾位名人曾獲得提名，但未蒙學校的教授會通過，我感愧之中，聽說池田大作先生是我的前輩，感到又多了一份榮幸。後來《明報月刊》總編輯潘耀明先生建議我和池田大作先生對話，我自然欣然同意，但恐自已名望與學養不相稱，有點不敢當。此後和池田先生對話以及在香港與在日本和他交遊，感到不但是知識上的交流，也是精神與友情的重大享受。我們並不是在一切問題上意見都是一致的，但我衷心欽佩他堅決主張日本應對侵略中國一事認錯道歉，佩服他為力抗日本右派分子的恐嚇與攻訐而堅持正理的大勇，佩服他為促進世界和平、各國人民文化交流所作的不懈努力。

……

想到池田先生時，腦中常出現清人趙翼在杭州西湖贈給袁枚的一首詩，「不曾識面早相知，良會真成意外奇，才可必傳能有幾（指對方）？老猶得見未嫌遲。」中國人常說「相見恨晚」，但如能同見到池田先生那樣言語投機，一見如故，也就「未嫌遲」了。

……

這是金庸對歷史的解讀。我們可以看到，金庸的「不曾識面早相知」一文，確道出了他的心聲。

他從回顧自已青年時代，在一種非常艱苦的條件下讀書的狀況，以及從抗戰結束，在上海有機會獲讀湯因比之《歷史研究》而深知：文明之所以存在，從而越來越興旺發達，就是因為它「經過了挑戰而成功應付」而成的。

池田大作所說的日本文明與金庸所說的中國文明，既有她們共同走過的曲折的路程，又有挑戰所取得的共同成功。當然又有不同的文明所表現之重點之差異，那就是各民族有各自不同藝術的表現風格。這也許便是金庸早年對湯因比的崇拜之處，也是他與池田大作各自在自已之文學藝術上的成功之處，這也是他們能走到一起對話的基礎。

湯因比在他的對於文明生長過程中之差異，就曾這樣說過：「文明的生長是由於一個個人或一個少數或是一個社會，對於一種挑戰進行了應戰，而這個應戰不僅對付了挑戰，同時又使應戰者遭遇到了新挑戰，而這個新挑戰又需要有新的應戰。但是，文明生長的過程雖然一致，接受挑戰的各部分的經驗卻不盡相同。……」

我們可以說，從金庸和池田大作之對話來看，正如金庸所喜愛的湯因比所言，他們兩人都經歷了二十世紀的苦難和腥風血雨，又曾作為一名挑戰者與應戰者，曾為人類的文明創造了他們各自特有的一種藝術風格，正是用他們各自的風格，為文明的生長作了各自的應戰。二十世紀的文明是受到了嚴峻的挑戰，當然，在二十世紀的進程中，也有很多是進步發展的一面。例如帝國主義或殖民地主義在全球的橫行霸道的時代已經成為過去，即使還存在許多課題。聯合國這一世界政治機構與轉瞬即逝的國際聯盟相比，在這半個世紀裡一直發揮著應有的作用。從正面對民主主義的各種價值提出異議的人已經大減。科學技術的發展雖然是功罪兼半，但也沒有人能否定它在豐富物質，發展交通、通訊、醫學、衛生等方面的貢獻。甚至就二十世紀初與世紀末的人權問題而言，在法律與制度方面也有著明顯的不同。當然這些大都是物質方面的進步，而就時代與人文精神而言，不能否定二十世紀處於倒退的狀況。生命不斷受到輕視，人與人之間的相互關係、人與大自然間的關連被截斷。如何把這時代潮流，扭轉為尊重生命及人的尊嚴的世紀，就是對二十一世紀文明再探討的課題。

湯因比曾說：「如果我們承認每一個文明都在藝術方面，都有它自已的風格的話，我們就應該問，是不是作為風格的基本要素的質的方面的獨特性既然能夠表現在這方面，為什麼就不能表現在每一個文明的一切其餘部分，如機構、制度和活動方面呢？……」這話語是二十一世紀人類文明的重要話題。

我們通過金庸與池田大作的《探求一個燦爛的世紀》的放開胸懷的對話，可以綜觀金庸的人生活動之旅，我們的傳主，雖總有一波剛平又掀一波的性格特徵，然他有令人贊賞的創造才華，亦有堅持不懈之獨立精神，以及那活到老學到老的好學不倦的良好心態，我想信其學問與著作會始終令人閱讀和欣賞，也必將傳之於後世。在中國文化、文學、人文社會科學界，金庸與池田大作的名字，已可謂廣為人知，他們將在二十一世紀的今天，繼續會去探求一個新的燦爛的世紀而孜孜不息，也將去探索湯因比提出的「一個文明所表現的一切其餘部分、機構、制度和活動方面……」後來者能否超越與繼承，較他們兩位對話者、探索者，更上一層樓呢！

六、道不孤享晚景

二〇〇五年五月，劍橋大學給金庸一個榮譽文學博士學位，當然，劍橋大學的「榮譽博士」，是一個頭銜，但卻是劍橋的最高學位，一般不易通過。理事會中就有人反對，說他支持中國一九九七年收回香港，違背英國利益。展開辯論時，支持者認為，他是中國人，支持中國收回失土是愛國行為，劍橋不能反對任何人合理的愛國行為；中英租借新界條約，租期九十九年，到一九九七年期滿，這是任何文明國家都必須遵守的國際行為；劍橋講理性、講守信，不能反對信守條約的行為；劍橋注重學術獨立自由，文學博士是學術性的，不是政治性的。於是，辯論的最後結果，終於在六月二十二日，金庸獲授劍橋大學榮譽博士。

隨即他又提出申請，請求到該校攻讀博士學位。劍橋最初不接受，因他已是榮譽博士。可金庸不服老的精神，實令人敬佩，申請差不多花了三個多月，費了一點周折，才得通過。於是，他又揚起生命之帆，重新踏上征途，遂決定於二〇〇五年六月，到英國劍橋大學，用兩至三年，來修讀完歷史學博士課程，決心拿到博士學位，學成歸國。人們對他已是八十多高齡，早名滿海內外，卻執意要去劍橋拿一個博士學位，有些許非議，金庸卻說：「求學，並非為了學位，而是感到自己學問不夠。」二〇〇三年十一月二十三日，他在香港浸會大學也說：「我最喜歡大學生活，我快八十歲了，最大願望，還是到大學去做學生，從一年級念起。」

二〇〇五年十月一日，金庸赴英國，入學劍橋大學聖約翰學院。他每週上兩次課，一次兩個鐘頭，從不缺課。剛去劍橋時，他租房住，甚感不便，後來花三十多萬英鎊，在劍河旁買了房子。導師也很照顧他，有時騎著單車，到他的住處來上課。

金庸的唐代史導師是麥大維（David McMullen）教授，他是一個「中國通」，不僅普通話說得好，還精通中國的歷史、文學和古漢語。金庸最初提出的選題是：武則天、狄仁傑、匈奴與匈牙利人、中國與羅馬帝國之滅亡等，麥大維都沒同意，最後金庸又向導師提出唐朝皇位繼承制度與唐朝衰亡的關係，麥大維認為可以考慮，學位委員會也通過了。

二〇〇六年，金庸完成碩士論文《初唐皇位繼承制度》。

二〇〇七年起，開始修讀歷史學博士。這年十一月二十五日，他終於卸下「浙大人文學院院長」的頭銜，但浙大還是要他擔任名譽院長，當晚頒發了聘書。

金庸真正在劍橋讀書的時間，差不多有兩年。他說：「我覺得學問不夠，也是自己的生活中、人生中的一個缺陷。」所以，八十多歲了他還要去拿學位，彌補這個缺陷。

二〇〇九年，他成為中國作家協會會員，隨後成為中國作協名譽副主席。早在一九九八年，鄧友梅、陳祖芬，就要介紹他進作協，那時他沒答應。

二〇一〇年九月，金庸完成博士論文《唐代盛世繼承皇位制度》，透過正史、野史，分析唐代太子繼位制度以及宮廷的權力鬥爭。

唐由盛轉衰，安史之亂發生，唐玄宗派了兒子榮王平亂，後來戰死，正史未提死因。他分析太子把弟弟榮王殺了。他說自己找了很多證據，「證明這個事件是歷史上造假，其實是太子在發動政變，把弟弟殺掉，而且他（太子）佔有軍隊，連父親也不敢動他」。

金庸還認為馬嵬坡事件，就是皇太子發動的武裝政變。唐代皇位繼承問題，他早有留意，一九六九年四月二十五日的社評〈自來帝皇，不喜太子〉提及，「唐太宗英明無比，可是也不喜歡太子承乾，於是太子糾合大將侯君集等造反，事敗被廢」。又提及當年玄武門之變，唐高祖不得不立李世民為太子。

這年，十月以後，劍橋大學聖約翰學院院長杜柏琛（Christopher Dobson）親飛香港，給金庸頒發學位證書。當夜，身穿長袍的杜柏琛，以拉丁文宣布他成為榮譽院士和文學博士，接下來用英語說，劍橋從不在海外頒博士學位，這次應是破例。

說真的，當時在金庸心中最令他念想的是老當益壯做學問，因為，他一切都有了，就缺高深的學問。當然是指歷史學方面。他還想寫一部《中國通史》，是指那種文體淺顯，高中生都能讀的中國通史。他曾說，「我覺得，現在歷史寫得好的人，大都寫得很深奧，連大學生都不一定看得懂。他想在這方面作些準備。武俠小說，他是不準備寫了。」他還說，「我的武俠作品很多，長篇的就十五部，一共三十六本，讀起來，就要花很長時間。作為作家，寫到十五部長篇小說，已經是很對得起讀者了，很少有作家做到這一點。」金庸自一九五五年《書劍恩仇錄》問世以來，他的武俠小說先在香港、東南亞等地，然後在海峽兩岸乃至整個華人社會長盛不衰，創造了一個奇蹟。金庸的讀者超過一億人。從二十世紀七〇年代開始，他的作品，在香港及海外一直高居暢銷榜榜首。「他的小說平均每本超過一千版（最多是二千一百二十四版），總銷量達一億多！然而，金庸現象的重點，不單是一億這個數位，而是他的作品，曆半個世紀而不衰。有好事之徒做過統計，在『文革』期間，《毛主席語錄》的銷量，竟然比《聖經》歷來的總銷量還要大。於今看來，老毛的世界紀錄將來可能被老查破了。」

從各方面來說，金庸的一生是幸運的。一生做過報人、編劇、小說家、教授，大學的院長。人家叫他「金大俠」，他的回答是：「至少要對我小說比較瞭解，比較欣賞我的作風，感覺距離也就拉近了一點兒。」有人問他對自已一生是如何看的。他曾說：「生活當中還過得去，自由自在，不受約束。綜合一生，我覺得自己還行，也蠻快樂的。我念書做學問，都感覺很開心。如果真有上帝，我覺得他對我不錯！」

他還想繼續創作，並說，「長期創作是很難的。如果我精力還可以，在劍橋大學念完書後，我再寫一本小說都有可能。寫武俠小說有時是一種享受，有時我躺在床上、喝茶，都會想到一些故事。」此時，他已八十七歲。俗說人生七十古來稀，可金庸已遠遠超越了這個年歲。也許他會如巴金先生，一直活到百歲，也可能像他初中時的數學老師章克標先生那般活到一百零七歲。人說，「滾滾紅塵，轉眼成空，是耶非耶，天下後世，自有公論。」也許，這些並不重要。因對一個曾經是億萬男女的偶像，海峽兩岸的座上客，其以武俠小說、《明報》社評，征服了華人世界無數讀者的心。多年來，金庸以一個龐大身影，覆蓋了海峽兩岸、芸芸眾生。當然，人，不論多麼榮耀多麼光輝，正如巫寧坤先生曾說的「死亡絕對不會戰勝」。金庸先生，對這點似有心理準備，儘管「他是一個溫和而細緻的人，儀容整潔，戴著金絲邊眼鏡，風度和藹。……」但他於二〇〇三年七月，在央視《新聞夜話》中曾說到，他一旦離開人世，在墓碑上將會寫著：「這裡躺著一個人，在二十世紀、二十一世紀，他寫過幾十部武俠小說，這些小說為幾億人喜歡。」

是的，我的傳主便是這樣一個人。古說的「時勢造英雄」，今大概就是筆下金庸這一流人物者也，我在撰寫《儒俠金庸傳》這部作品時，考慮再三，最後確定以這樣的綱目來完成：即上篇為「一九四九年前的金庸」，下篇「一九四九年後的金庸」。

當讀者諸君讀後，其歷史與時勢之曲線，也漸會明朗。我們說，中國近三百年歷史上的各個轉折期，或叫轉型期，無論是身處驚濤駭浪中的人物，抑或是隨波逐流中的許多時流名人，他們不乏有成千上萬的人，後世可為之作傳，偉大的史家司馬遷，曾把各式各流人物寫入《史記》，當然，其中有捲入大潮的風雲人物，也有無名英雄，但也只能記錄時代潮流中的少數幸運的弄潮兒。金庸是香港的產兒，更是二十世紀中國大變動時代的產物。我想，我們的傳主——金庸，他算是眾多時代弄潮兒中的一個！人生誰也逃脫不了過眼雲煙，在人生短暫間，作為一個匆匆而過的旅客，他，如何如何？最終自由歷史去評說。

二〇〇三年五月十八日第一稿
二〇〇五年六月二十八日二稿
二〇一三年十月八日修訂稿畢
寫於蘋州齋

金庸生平及創作年表

一九二四年

查良鏞，又名宜孫，行二，叫宜官，是年三月（農曆甲子二月），出生於浙江省海寧縣袁花鎮一戶名門望族之家。父親查樞卿，母親徐祿（是我國著名詩人徐志摩的父親徐申如的堂妹）。

一九二五年

表哥徐志摩，是年九月，他的詩集《志摩的詩》由中華書局出版。此書確立他在中國新詩壇的地位。十月一日接任《晨報》副刊編輯。

一九三〇年

入第十七學堂就讀，高小轉入袁花鎮龍山小學堂。查家富有，上學後就有一名祖父自丹陽辭官後帶回的長工負責接送。家中藏書頗多，查良鏞自幼培養了讀書性格

一九三一年

表哥徐志摩，是年一月《詩刊》創刊，任主編。八月，第三部詩集《猛虎集》由新月書店出版。十一月十九日在空難中喪生，時年三十五歲。噩耗傳來，查氏家族為之痛悼。

一九三二年

開始接觸武俠小說。讀《荒江女俠》第一本武俠小說。徐志摩追悼會在海寧硤石舉行，金庸隨母去硤石弔唁。查家送輓聯一幅：司勳綺語焚難盡，僕射餘情懺較多。

一九三五年

在龍山小學堂五年級，國文老師兼班主任陳未冬讓他協助編輯級刊《喔喔啼》。

一九三六年

龍山小學堂畢業，考入嘉興中學。那時讀了許多小說，如《江湖奇俠傳》、《偵探世界》、《近代俠義英雄傳》，還讀了《水滸傳》等幾十本各類書籍。

一九三七年

就讀於浙江省立嘉興中學。上海「八一三」之後，嘉興進入戰時狀態，九月初，嘉興中學照常開學。

十月，因嘉興不斷遭到日機轟炸，嘉興中學轉到新塍鎮，繼續上課。

十一月，隨學校遷移，踏上千里流亡之路。

十一月十八日，海寧袁花受到威脅，父母家人逃難過錢塘江，在余姚庵東鎮落腳。

十一月十九日，嘉興淪陷被日軍佔領。

十二月，嘉興中學師生經過長途跋涉，步行到達浙江南部的麗水碧湖鎮。金庸母親患病，因抗戰期間，缺醫少藥，在庵東鎮病逝。

一九三八年

一月，進入設在碧湖的浙江省戰時青年訓練團受訓。

七月，杭州、嘉興、湖州的七所中學合組浙江省立臨時聯合中學，分初中部、高中部、師範部。

八月，家鄉海寧袁花鎮房屋被日寇燒毀。

九月初，進入聯合中學初中部讀初三，擔任級長，與沈寶新同學。

一九三九年

查良鏞，十五歲。與同學何鳳來等三人合編、出版第一本書《給投考初中者》。當時成為輔考暢銷書。是他出版的第一本書。

在學校發表考證《虬髯客傳》文章，受到著名元曲家、高三國文老師錢南揚讚譽。

一九四一年

九月四日，在《東南日報・筆壘副刊》發表〈一事能狂便少年〉。

十月，衢州中學發生反對訓育主任楊筠青的學潮，被列入「黑名單」。

十二月七日，在《東南日報・筆壘副刊》發表〈人比黃花瘦——讀李清照詞偶感〉。

由於戰時，其間隨學校輾轉餘杭、麗水、臨安等地。靠政府發給補助度日，穿草鞋、受軍訓、四處顛沛。因在壁報發表《阿麗絲漫遊記》諷刺訓育主任沈乃昌，被聯高勒令退學。

一九四二年

五月，金華、衢州即將淪陷，衢州中學搬遷前夕，提前畢業。

九月，在《東南日報》（福建南平版）「筆壘」副刊連載《「千人中之一人」》。

下半年，去重慶考大學，途經湘西，未報考前暫留湘西一農場。

一九四三年

在重慶，考入中央政治學校外交系。並立志要當外交官。

一九四四年

短篇小學《白象之戀》參加重慶市政府徵文比賽，獲二等獎。

第一學年結束，成績列全年級第一名，受到教育長程天放公開表揚。暑假留校，讀司馬光《資治通鑑》、威爾斯《世界史綱》。

十一月，因不滿國民黨職業學生的行為，向校方投訴而被勒令退學。在表哥蔣復璁的幫助下，進中央圖書館工作。

一九四五年

業餘辦過一期《太平洋雜誌》任主編。應邀去湘西一農場工作。

抗戰勝利，離開重慶、湘西。爾後，離開湘西。

一九四六年

返回家鄉海寧與家人團聚。初讀湯因比《歷史研究》節本。

經原《東南日報．筆壘副刊》編輯陳向平介紹，十一月二十日，進杭州《東南日報》，任外勤記者及英語電訊收譯員。

一九四七年

杭州《東南日報》總編輯汪遠涵讓他以「咪咪博士」名義編一幽默副刊，八月在杭州，邂逅了十七歲的杜家小姐杜冶芬女士，後進入熱戀之中。

十月六日，向《東南日報》辭職。進上海東吳大學法學院學國際法專業。

十月底，考取上海《大公報》國際電訊翻譯，半工半讀。

一九四八年

三月十五日，胡政之主持香港《大公報》復刊，查良鏞被報社臨時派往香港。
三月三十日，乘飛機離開上海，到香港任《大公報》國際電訊翻譯。
十月，與杜治芬在上海舉行婚禮。（第一任妻子）
十一月以後，王芸生從上海取道台灣到香港，發表〈和平無望〉社評，標誌著香港《大公報》左轉。

一九四九年

四月十四日，胡政之在上海去世，四月二十一日，在香港《大公報》發表紀念文章〈再聽不到那些話了〉。
十月，新生的中華人民共和國在北京成立。
十一月十五日、十八日，在《大公報》發表論文〈從國際法論中國人民在海外的產權〉，此是查良鏞發表的第一篇國際法論文。此論文受到著名國際法專家梅汝傲的注意。

一九五〇年

查良鏞應邀北上，赴京到外交部求職，因出身關係，失望而歸。重回香港《大公報》做電訊翻譯。

十月五日，《新晚報》創刊。

一九五一年

四月二十六日，父親查樞卿以「搞糧、窩藏土匪、圖謀殺害幹部」罪在家鄉海寧被槍決。

一九五二年

《新晚報》復刊，轉任《新晚報》副刊「下午茶座」編輯，以姚馥蘭、林歡等筆名撰寫影評等。同時寫出《絕代佳人》、《蘭花花》等電影劇本。

一九五三年

到過上海、杭州，曾與同學朱幗英、沈德緒和胞妹查良璿在西湖六公園合影留念。

一九五四年

一月十七日，香港轟動一時的武術擂臺賽在澳門舉行。

一月二十日，梁羽生的武俠小說《龍虎鬥京華》在《新晚報》連載。

一九五五年

二月八日起，應羅孚之約，以「金庸」為筆名，第一部武俠小說《書劍恩仇錄》在《新晚報》

連載。

一九五六年

一月，《碧血劍》在香港《商報》開始連載。

五月，一日，與第二任妻子朱玫，在香港美麗華酒店舉行婚禮。

十月，與梁羽生、百劍堂主在《大公報》開設「三劍樓隨筆」專欄。

十二月，大兒子查傳俠出生。

一九五七年

一月，「三劍樓隨筆」專欄停止，共寫二十八篇。

五月，「三劍樓隨筆」單行本出版。進入長城電影公司擔任編劇。

寫《雪山飛狐》，爾後《射鵰英雄傳》在香港《商報》開始連載。引起香港轟動。

一九五八年

以「林歡」筆名寫出《不要離開我》、《三戀》、《小鴿子姑娘》、《有女懷春》、《午夜琴聲》等劇本，並與程步高合導了《有女懷春》

一九五九年

與胡小峰合導電影《王老虎搶親》。《雪山飛狐》在《新晚報》連載。

五月二十日，與沈寶新合辦《明報》。同一天《神鵰俠侶》開始在《明報》創刊號連載。離開長城電影公司。同時為《武俠與歷史》雜誌寫《飛狐外傳》。

一九六〇年

創辦《武俠與歷史》雜誌，連載《飛狐外傳》。

臺北出動員警查禁武俠小說（包括《書劍恩仇錄》、《碧血劍》、《射鵰英雄傳》），《大公報》發表評論〈怪哉！蔣氏集團怕武俠小說〉。

一九六一年

七月六日，《倚天屠龍記》開始在《明報》連載。《白馬嘯西風》、《鴛鴦刀》先後在《明報》連載。

一九六二年

五月，因報導「災民逃亡潮」，《明報》聲名大噪，日發行量劇增到四萬份。到過廣州、佛山、從化、新會等地。《野馬》小說雜誌創刊。

一九六三年

在《明報》與《南洋商報》合辦的《東南亞週刊》（隨報贈送）連載《連城訣》。

九月三日起，《天龍八部》開始在《明報》連載。

十月，發表〈要褲子，不要核子〉社評。隨後與《大公報》等左派報紙展開一系列筆戰。

一九六四年

一月，參加日本《世界週刊》舉辦的報人座談會。

四月，赴日參加國際新聞協會舉辦的亞洲報人座談會。

十月至十一月，與《大公報》等左派報紙展開一系列筆戰。

一九六五年

五月、六月，赴倫敦參加國際新聞協會會議。並在歐洲旅行一個多月，請倪匡代寫《天龍八部》。

《俠客行》在《明報》連載。創辦《明報月刊》。

一九六六年

一月，《明報月刊》正式創刊，親自主編。

在《海光文藝》第四期發表〈一個「講故事人」的自白〉。
在《明報》發表大量社評，對「文革」進程進行預測、分析。

一九六七年

三月，查良鏞與新加坡梁介福藥行創辦人梁潤之合作在新加坡、馬來西亞創辦《新明日報》。
五月，香港發生「六七風暴」，《明報》成為左派分子重點攻擊目標。
八月，林彬被左派分子燒死，查良鏞被稱作「豺狼鏞」成為暗殺對象，一度避難新加坡。
查良鏞寫作《笑傲江湖》，開始在《明報》連載。
九月二十二日，《華人夜報》創刊，社長朱玫、總編輯王世瑜。

一九六八年

十一月，創辦《明報週刊》，最初由潘粵生主編，之後長期由雷煒坡主編。

一九六九年

十月，創作《鹿鼎記》，開始在《明報》連載。
王世瑜出走，《華人夜報》停刊。《野馬》小說雜誌停刊。
十二月，創辦《明報晚報》，總編輯潘粵生、副總編輯為林山木。

一九七〇年

一月，在《明報晚報》發表《越女劍》。

一月到二月，在《明報晚報》連載《三十三劍客圖》。

開始修訂自已撰寫的全部武俠小說作品。

一九七二年

九月二十三日，《鹿鼎記》連載完畢。

繼續修訂全部武俠小說作品。宣布封筆不再寫武俠小說。

一九七三年

四月十八日至二八日，以《明報》記者身分赴台訪問十天，會見嚴家淦、蔣經國等。

六月七日起，在《明報》連載《在台所見・所聞・所思》，引起廣泛關注。

林山木自辦《信報》

一九七六年

與朱玫離婚。

十月，長子查傳俠在美國哥倫比亞大學自殺。

一九七九年

參加臺北舉行的「建國會」，與丁中江共同擔任小組討論會主席。

九月，正式授權台灣遠景出版社出版《金庸作品集》。年底，胡菊人辭職。

一九八〇年

一月，董橋出任《明報月刊》總編輯。

十月，廣州《武林》雜誌開始連載《射鵰英雄傳》，金庸武俠小說進入大陸。

十月十二日，倪匡《我看金庸小說》出版，《明報》刊出臺灣遠景出版社《等待大師》的徵稿廣告，「金學」研究誕生。

十五部三十六冊《金庸作品集》全部修訂完畢，前後花了十年時間。

一九八一年

二月，發表多篇有關香港前途的社評，預測中國將在收回香港前十五年對外宣布。

七月，與妻子兒女回大陸訪問，會見鄧小平，遊歷新疆、內蒙古及其他十三個城市。距他離大陸已有二八年時間。

九月，會見英國首相柴契爾夫人。之前，英國女王授予「英帝國官佐勳銜」，即O.B.E勳銜。

一九八二年

九月，中國政府正式宣布：一九九七年七月一日收回香港，時間正好相隔十五年。

一九八三年

五月二十日，《明報》二十四周年，發表〈自由客觀，決不改變〉

一九八四年

九月，中英雙方在北京草簽關於香港前途的《聯合聲明》。

數月後出版金庸的《香港的前途——明報社評之一》一書。

十月，再次赴北京訪問，十月十九日，中共中央總書記胡耀邦會見金庸。

一九八五年

六月，應中方邀請正式擔任中華人民共和國香港特別行政區《基本法》起草委員會委員。

一九八六年

被任命為《基本法》起草委員會「政治體制」小組港方負責人。

正式授權台灣遠流出版公司出版《金庸作品集》。

三月，《財經日報》停刊。
明報出版社、明窗出版社成立。
六月至七月，「核戰」風波中，與《中報》筆戰。
十月八日，《明報電視週刊》創刊。

一九八七年

翠明假期有限公司成立。
《明報電視週刊》停刊。

一九八八年

「主流方案」在香港引起軒然大波，十一月二十八日起，金庸發表〈平心靜氣談政制〉系列評論十二篇。
香港大學授予社會科學院名譽博士、文學院名譽教授。董橋出任，《明報》總編輯。
《明報晚報》停刊。十二月三日起，為抗議「主流方案」，「民主派」人士進行「馬拉松絕食」行動。

一九八九年

五月二十日，宣布辭去《基本法》草委、諮委職務。

在《明報》三十週年茶會上，宣布辭去社長職務，只擔任《明報》集團有限公司董事長。

一九九一年

三月二十二日，明報企業掛牌上市。金庸表示繼續為《明報》服務三年。

十二月十二日，與于品海聯合宣布：智才管理顧問公司技術性收購明報企業。

一九九二年

二月，赴英國牛津大學做訪問學者，在牛津近代中國研究中心講座作「香港和中國：一九九七年及其後五年」演講。

接受法國政府頒發的「法國榮譽軍團騎士勳章」，法國駐香港總領事在授勳儀式時將他與法國大仲馬並列。

十月，筆伐彭定康。

十二月，回家鄉尋師訪友，憑弔表哥徐志摩。並為嘉興市捐建「金庸圖書館」。

一九九三年

三月，應邀再次赴北京訪問，十九日，江澤民會見查良鏞，並與之長談。

四月一日，宣布辭去明報企業有限公司董事局主席職務，改任名譽主席。

四月二日，在《明報》發表〈第三個和第四個理想〉一文，確定自一九九四年起「退休」。

一九九四年

一月一日，辭去明報企業有限公司董事局名譽主席。

香港中文大學出版金庸武俠小說的第一部英譯本。正式授權北京三聯書店出版《金庸作品集》大陸簡體字版。

八月，王一川主編的《二十世紀中國文學大師文庫》出版，金庸列為本世紀中國小說家第四位，引起爭議。

十月，被授予北京大學名譽教授。

一九九五年

一月至四月，第一部《金庸傳》由台灣遠景出版事業公司、明報出版社、廣東人民出版社同時在兩岸三地出版。

四月底，動心臟手術。

十月，于品海將《明報》售於馬來西亞的張曉卿。

十一月十六日起，與日本國際創價學會會長池田大作進行對話。

明河社星馬分公司出版《金庸作品集》東南亞簡體字版。

十二月，被任命為中華人民共和國香港特別行政區籌委會委員。

一九九六年

四月，獲日本創價大學榮譽博士。
六月，獲選英國劍橋大學的榮譽院士。
日本德間出版社取得版權，正式開始翻譯出版《金庸武俠小說集》。
十一月，杭州「雲松書舍」落成並捐贈給杭州市政府。

一九九七年

三月，台灣《中國時報》開設浮世繪版「金庸茶館」專欄。
舉行個人在台第一場公開演講：「歷史人物與武俠人物」。
七月一日，香港回歸中國，在《明報》發表〈河水井水互不相犯——寫在回歸第一日〉。
十月，香港牛津大學出版社出版英譯本《鹿鼎記》第一冊。

一九九八年

五月十七日至十九日，美國科羅拉多大學東亞語言文學系和中國現代文化研究所召開「金庸小說與二十世紀中國文學」國際學術討論會。
十月，文化藝術出版社出版《評點本金庸武俠小說全集》，釀成延續多年的多場連環官司，被稱為「評點風波」。其中馮其庸、王春瑜等學者參加評點。

十一月四日至七日，漢學研究中心、《中國時報》、遠流出版公司在臺北舉辦「金庸小說國際學術研討會」。

十一月八日，前妻朱玫在香港灣仔律敦治醫院病逝。

獲香港政府市政局頒授「文學創作終身成就獎」。

日本潮出版社、香港明河出版社、北京大學出版社、臺北遠流出版公司同時出版金庸與田池大作對話錄《探求一個燦爛的世紀》。

一九九九年

三月。出任浙江大學人文學院院長。

十月之秋，到湖州南潯為《鹿鼎記》尋根。因此書開首便從莊氏史案寫起。莊氏史案是清順治、康熙時的文字獄之一。發生在南潯。又稱「莊氏史案」，為莊廷龍《明史》案

十月二十六日，在「新聞機制改革與經營管理」會上作《兩種社會的新聞工作》發言。

十一月一日，王朔在《中國青年報》發表〈我看金庸〉。

二〇〇〇年

七月，香港特別行政區頒贈最高榮譽大紫荊勳章。

九月，在杭州主持第一屆網路「西湖論劍」。

九月二十三日，在湖南嶽麓書院發表「中國歷史大勢」演講。

十一月初，北京大學舉辦「金庸小說國際研討會」。
十二月，香港公開大學頒發榮譽文學博士學位。

二〇〇一年

四月，台灣清華大學頒贈榮譽講座教授證書，與聖嚴法師、楊振寧等舉行「歲月的智慧——大師真情」會談，與陳水扁等政要會面。
「大字版金庸作品集」第一部《大字版書劍恩仇錄》（一）首版問世。
十月，出席第二屆網路「西湖論劍」。
十一月三十日，與北京三聯書店簽訂的《金庸作品集》合約到期，續約未成。
十二月，與廣州出版社達成出版協定。

二〇〇二年

四月二十七日，在上海與巴西通俗暢銷書作家埃科略對話。
七月宣布第三度修改十四部武俠名著
《金庸作品集》與三聯合同到期，轉投廣州出版社

二〇〇三年

秋季招到首批三位博士生

廣州出版社的新版《金庸作品集》首次亮相
十月八日，大俠金庸在華山北峰與天下高手「華山論劍」，此次陝西方面和全國各地的強勢媒體形成互動，挑選出南帝、北丐、東邪、西毒、中神通五大高手與金庸先生在華山「過招」。

二〇〇四年

金庸向浙江大學遞交辭呈，七月《南方人物週刊》對金庸專訪。
正式辭去浙江大學人文學院院長和博士生導師的職務
二〇〇四年四月六日，金庸先生在浙江大學作了一次演講。他表示，眼下最大的任務是寫一部「中國通史」。
十月十三日，金庸及其他一三位香港傑出人士獲得法國政府頒授的「藝術文學勳章」，以表揚他們在香港和內地推動法國藝術和文化發展的卓越貢獻。
十二月與夫人在到泰國普吉島度假時，在印度洋海嘯中死裡逃生

二〇〇五年

一月，浙江大學正式接受辭呈。
四月，浙江舟山為金庸立像生風波
六月二十二日，劍橋大學授金庸為「榮譽博士」舉行儀式，由劍橋大學校監菲力普親王親自向金庸頒授。日前，劍橋聖約翰學院已選金庸為院士。八一歲金庸赴劍橋攻讀博士

八月，金庸獲由世界華商投資基金會主辦的二〇〇五年度世界傑出華人獎。

十月，入劍橋大學聖約翰學院攻讀博士學位。每週上兩次課，一次兩個鐘頭，從不缺課。

二〇〇六年

六月，完成〈初唐皇位繼承制度〉的碩士論文。

二〇〇七年

一月，修讀歷史學博士課程。

十一月二十五日，卸任「浙江大學人文學院院長」職務。擔任名譽院長。

二〇〇八年

繼續在英國劍橋大學攻讀博士學位。

二〇〇九年

加入中國作家協會，後成為中國作家協會名譽副主席。早在一九九八年，鄧友梅、陳祖芬，就要介紹他進作協，那時他沒答應。

二〇一〇年

九月，完成博士論文〈唐代盛世繼承皇位制度〉，透過正史、野史，分析唐代太子繼位制度以及宮廷的權力鬥爭。

十月，劍橋大學聖約翰學院院長杜柏琛（Christopher Dobson）親飛香港，給予頒發學位證書。當夜，身穿長袍的杜柏琛，以拉丁文宣布金庸成為榮譽院士和文學博士。劍橋從不在海外頒博士學位，這是破例授予。

此時，已年八十八歲。

參考文獻

《共和國往事》第一集，天津人民出版社，一九九八年九月

《中外關係史論文集》，朱傑勤，河南人民出版社，一九八四年

《沈家本傳》，李貴連，法律出版社，二〇〇四年四月

《中國學術思想史隨筆》，曹聚仁，北京三聯書店，一九八六年

《世界的中國觀》，忻劍飛，學林出版社，一九九三年三月

《周恩來外交風雲》，傅紅星編著，文匯出版社二〇〇四年七月

《民國南京：一九二七——一九四九》秦風編著，文匯出版社二〇〇五年一月

《袁代當國》，唐德剛，廣西師大出版社，二〇〇四年十一月

《民國興衰》，黃道炫著，中國青年出版社二〇〇一年一月

《蔣經國傳》，[美]江南，中國友誼出版公司一九九三年版。

《橫生斜長集》，楊天石，百花文藝出版社，一九九八年十月

《學林漫步》，汪榮祖，百花文藝出版社，一九九八年一月

《金庸作品集》（全三六冊），北京三聯書店一九九四年版。

《袁崇煥評傳》，收入《碧血劍》，北京三聯書店一九九四年版。

《現代危機與思想人物》，余英時，北京三聯書店二〇〇五年一月

《文人的另一面》溫梓川著、欽鴻編，廣西師大出版社二〇〇四年一月

「三劍樓隨筆」，金庸梁羽生百劍堂主，學林出版社一九九七年版。
《探求一個燦爛的世紀（金庸/池田大作對話錄）》，北京大學出版社一九九八年版。
《金庸：中國歷史大勢》，江堤、楊暉選編，湖南大學出版社二〇〇一年版。
《走近蔡瀾》，金庸，《中華讀書報》二〇〇二年七月三日。
《海寧人物資料》第一、二、八卷。
《嘉興市文史資料通訊》第四、七、一三、一五期。
《嘉興市文史資料》第一、二輯。
《「俠之大者」：金庸評傳》，桂冠工作室，中國社會出版社一九九四年版。
《文壇俠聖——金庸傳》，冷夏，廣東人民出版社一九九五年版。
《金庸傳》，冷夏，台灣遠景出版事業公司，一九九五年版。
《金庸傳》傅國湧著，北京十月文藝出版社，二〇〇三年七月
《金庸》，陳墨著，山東畫出版社，一九九八年十月
《發函林文宗》，陳墨：，山東畫報出版社一九九八年版。
《金庸小說人物譜》，曹正文著，學林出版社，一九九六年一月
《金庸傳奇》，鍾曉毅、費勇，廣東人民出版社二〇〇〇年版。
《這些憂鬱的碎屑》，黃永玉著，北京三聯書店一九九八年四月
《金庸與報業》，張圭陽，明報出得到社二〇〇〇年版。
《千古文壇俠聖夢：金庸傳》，孫宜學，團結出版社二〇〇一年版。
《數學和中國文學的比較》文匯報二〇〇五年七月十七日六版
《海寧文史資料》第一輯，第七輯，第一三輯，第一七輯。
《陸小曼傳》，柴草著，百花文藝出版社，二〇〇二年五月
《一本沒有顏色的書》，張建智校，二〇〇五年五月
《海寧抗戰八年大事記》（《海寧文史資料》第二五輯）。
《徐志摩畫傳》，劉小波著，現代出版社二〇〇四年九月
《嘉興府志》，清・許瑤光
《金庸鮮為人知的往事》，《名人傳記》二〇〇〇年第七期。

《麗水文史資料》第三輯，政協麗水縣文史資料委員會一九八六年九月。
《衢州文史資料》第七輯，政協衢州市文史資料研究委員會一九八九年九月。
《杭州文史資料叢編》第五卷，杭州出版社二〇〇二年版。
《浙江文史研究資料集粹》第五輯，第六輯。
《世紀揮手》，章克標，海天出版社一九九七年版。
《九十自述》，章克標，中國文聯出版社，二〇〇〇年一月
《文苑草木》，章克標，上海書店出版社一九九六年十二月
《兩浙軼事》，浙江省文史研究館編，上海書店一九九二年版
《老報人憶（東南日報）》（《浙江文史資料》第六一輯）浙江人民出版社一九九七年版。
《浙江省立臨時聯合中學檔案》，杭州市檔案館藏。
賓語、潘澤平《金庸是我的「小阿哥」》，《人物》二〇〇〇年第七期。
《東南日報》縮微膠捲（一九四一—一九四二），浙江省檔案館藏。
《民國東南日報社檔案》，浙江省檔案館藏。
沈從文：《一個女劇員的生活‧邊城》，人民文學出版社一九八七年版。
《沈從文散文選》，湖南文藝出版社一九八一年版。
《香港報業縱橫》，陳昌鳳，北京法律出版社一九九七年版。
《新記大公報史稿》，吳廷俊，武漢出版社一九九四年版。
《一九九四年以前的大公報》，王芝琛、劉自立編，山東畫報出版社二〇〇二年版。
《中國新聞事業通史》第三卷，方漢奇主編，中國人民大學出版社一九九九年版。
《舊聞雜憶》，徐鑄成，遼寧教育出版社二〇〇〇年版。
《新聞研究資料》（總三二輯），中國新聞出版社一九八五年版。
《新聞研究資料》（總四八輯），中國社會科學出版社一九八九年版。
《金庸鮮為人知的往事》，《名人傳記》二〇〇〇年七月。
《金庸的兩位母親》，《名人傳記》二〇〇二年三月。
《金庸與哈公的恩怨》，朱園，《解放月報》一九八七年十月。
嚴曉星：《〈文壇俠聖——金庸傳〉指謬》，《人物》一九九九年第一期。

《金庸是我的「小阿哥」》，賓語、潘澤平，《人物》二〇〇〇年第七期。
《胡河清文存》，上海三聯書店一九九六年版。
韓石山《徐志摩傳》，北京十月文藝出版社二〇〇一年版。
《梁羽生傳》，[澳]劉維群，長江文藝出版社一九九九年版。
《偶象畫廊》，林燕妮，上海人民出版社二〇〇〇年版。
陳子善編：《董橋文錄》，四川文藝出版社一九九六年版。
《董橋散文》，浙江文藝出版社一九九六年版。
《沒有童謠的年代》，董橋，文化藝術出版社二〇〇〇年版。
《筆・劍・書》，梁羽生，百花文藝出版社二〇〇二年版。
《學術上的老人與海》，張五常，社會科學文獻出版社二〇〇一年版。
《香港的人和事》，柳蘇編，遼寧教育出版社二〇〇〇年版。
《葉靈鳳書話》，北京出版社一九九八年版。
《班門弄斧：給金庸小說挑點毛病》，閻大衛，海天出版社一九九八年版。
《金庸解讀》徐揚尚，武漢大學出版社二〇〇一年版。
《金庸百家談》，三毛等著，春風文藝出版社一九八七年版。
《政教金庸》，倪匡，時代文藝出版社二〇〇〇年版。
《名人名家談金庸》，金庸學術研究會編，上海書店出版社二〇〇〇年版。
《閱讀金庸世界》，金庸學術研究會編，上海書店出版社二〇〇〇年版。
《金庸小說論稿》，嚴家炎，北京大學出版社一九九九年版。
《智者的聲音——在嶽麓書院聽演講》，湖南大學出版社二〇〇二年版。
《笑容：與媒體英雄面對面》，楊君，中國電影出版社二〇〇〇年版。
《讓心靈打個盹》，文清，花山文藝出版社二〇〇二年版。
《中國風情》（英）莫理循，國際文化出版公司一九九八年七月
《蔣介石》（美）布賴恩・克羅澤，內蒙古人民出版社一九九五年七月。

後記

近年來，在多年積累史料基礎上，手頭正在寫著一部已構思好的人物傳記——《文博大家王世襄傳》。前有拙著《張靜江傳》與廣大讀者見面後，上海遠東出版社派資深編輯伍啟潤先生到我家，鑒於一九九九年秋，我曾陪金庸先生遊覽考察了南太湖一帶的江南水鄉，相約撰寫一部金庸的傳記。可以說，從那時開始，我就要為集「時代的金庸與武俠的金庸」於一身的查良鏞先生寫一部傳記。長期以來，我對中國古代小說以及二十世紀的優秀小說心存喜歡，也作過一些研究，且對金庸的武俠小說，素有獨鍾。但是，要寫好一部傳記，必須了解傳主一生的人格，生活如何，更必須深入研究其作品。因作品是傳主生涯中苦惱、憂愁、熱切、激憤、銘感、喜悅的反映與記錄，也是心血染成的人生記錄，缺一不可，換句話說，對金庸，其生活便是作品的說明文。

當我讀了在美國的夏志清和夏濟安兄弟倆對金庸最初發表的幾部小說之評論，非常有認同感。而金庸的一部《鹿鼎記》正是從我的家鄉寫起，我曾於一九九九年十月之秋，特地陪金庸先生去那裡作了一次意味深長的尋根活動。這些都是我著手撰寫這部《儒俠金庸傳》心靈上的動力。我想，如果沒有了這些諸多的因素，也許我就沒有興趣去寫金庸，也不可能去完成這部作品。

無論在我和金庸先生直接的接觸、零距離之面談中，抑或在我閱讀了他的所有作品之後的感受如何，我總深深感到對金庸之研究，絕不是一個「俠」字所能了得。所以冷夏先生曾稱他為「俠聖」，我不敢苟同。當然他寫的傳是加了「文壇」二字，以我的認知似也不太確切。傳國涌先生的《金庸傳》索性把他從神壇上請了下來，個人管見，也並非貼切。因為，一個人在世上的生活狀況太複雜，特別是於二十世紀這樣的時代，要從人性的深處撰寫一個名人傳，也太難作最確切、真實的判斷了。當然，無論是香港的冷夏，或傅國湧先生寫金庸，他們之文字記述都精當而不旁枝，對於我寫金庸無不都有幫助之處。其實，就我的體會，以金庸所寫下之文字，以他的個性，以他之素質，以其祖祖輩輩文人姿質，對他總有所傳承。從他有了物質而不忘教育，有了身價，流連於校園生活，甚或到了八十以上之高齡，這般的古稀之年，他還饒有興味去英國劍橋攻讀博士學位。你說這一切心靈之驅使，這珍惜個體生命的存在，以不盡之「學」，來度過作為一個小說家與報人的餘生，我想，這，不就是如孔子所云：「敏而好學，不恥下問，是以謂之文也。」

於此，我認為金庸的姿質、他血脈中流淌的，是更接近於一種中國「儒」的本色。所以，當我動筆寫他的傳記時，跳入我腦海並隨之而定格的便是這「儒俠」兩字。

我與金庸相見相敘，是在一九九九年的秋日，是人類即將跨入二十一世紀的新世紀之際。如果，我們把時間移至半個世紀之前，那便是一九四九年的年代，在那個動盪的年代，也正是金庸本人命運的轉折之際。正如在《探求一個燦爛的世紀——金庸、池田大作對話錄》中，池田大作曾對金庸開篇就說：「『相見時難別亦難』人生際遇的『戲劇』各有各精采，各有各不同。」

的確，在一九四九年與一九五〇年之際，確是決定金庸後五十年人生之「命運的轉折」時期。又誠如池田大作在此書中所說「人會感到冥冥之中有一種令人懷念的——以佛家之言而論，就是「宿世之緣」的命運之線在操控……」我追溯金庸八十多年以來人生旅途之軌跡，無不感到一九四九—一九五〇年之際，也正是「命運之線在操控」著他的走向時期。正是在那樣的時刻，一種儒俠的風格，一種對生活的強烈的渴望，猶如一個船夫重新掛起一片白帆、一隻急駛的獨木船，使他又另闢蹊徑奔向了另一個生活的大海……

出於這樣的寫作理念，我是截取了傳主人生的一個橫斷面開始敘述，即從上世紀四十年代末始，分上下兩篇進行撰寫，上篇是「一九四九年前的金庸」，下篇是「一九四九年後的金庸」。

如今呈現在讀者面前的這部《儒俠金庸傳》，也許正如金庸自已所說「不曾識面早相知」，也一如池田大作所言「人生何處不相逢」。當我在電腦上寫完最後一個字時，我相信與讀者在這部傳記中，我們的心早已相知、相識，於此，我深深地期盼！

最後，我必須向讀者告知，這部書中有幾個有關武俠小說的章節，是我正在努力溫課考博的女兒張欣，正是她從忙碌的學習中，抽出時間撰寫的。因為，她對金庸的武俠小說比我精通，她在學餘時間，就曾發表了讀者喜讀的武俠小說，散文隨筆和其他的小說，而她自已所讀的專業卻是理工類的。在此，我向她感謝，因為，如沒有她助一臂之力，這部《儒俠金庸傳》將會推遲與廣大讀者見面的時間。

野人獻芹，這篇原本可以更短些的後記，拉雜了些。但如果在這部傳記中，讀者對我寫金庸人物之歷史，可獲點滴趣味，那將使我更感喜出望外、夙願足矣！

這本書之開始寫作，應也算是很早動手的，即從一九九九年冬就開始了。但初版和修訂版之完成，個人寫作時間以及出版上均拖了好幾年的時間；其間離不開許多曾經幫助過我的師友們，以及幾家出版社的編輯、總編、社長。可在這裡，我就不落套話一一列舉他們或她們的名字了，於此，我只默默感恩在心靈的深處，並深深向這些曾使此書出版、重版的師友們，由衷地向他們表示祝福。

二〇一五年十二月八日
修訂於聽雨齋

Do人物59 PC0430

儒俠金庸傳

作　　者／張建智
責任編輯／劉璞、辛秉學
圖文排版／周妤靜
封面設計／王嵩賀

出版策劃／獨立作家
發 行 人／宋政坤
法律顧問／毛國樑　律師
製作發行／秀威資訊科技股份有限公司
地址：114 台北市內湖區瑞光路76巷65號1樓
電話：+886-2-2796-3638　傳真：+886-2-2796-1377
服務信箱：service@showwe.com.tw
展售門市／國家書店【松江門市】
地址：104 台北市中山區松江路209號1樓
電話：+886-2-2518-0207　傳真：+886-2-2518-0778
網路訂購／秀威網路書店：https://store.showwe.tw
國家網路書店：https://www.govbooks.com.tw

出版日期／2016年5月　BOD一版　**定價**／680元

獨立 作家
Independent Author

寫自己的故事，唱自己的歌

儒俠金庸傳 / 張建智著. -- 一版. -- 臺北市 :
獨立作家, 2016.05
面 ;　公分. -- (Do人物 ; 59)
BOD版
ISBN 978-986-92963-4-2(平裝)

1. 金庸 2. 傳記

782.886　　　　105005528

國家圖書館出版品預行編目

讀者回函卡

感謝您購買本書，為提升服務品質，請填妥以下資料，將讀者回函卡直接寄回或傳真本公司，收到您的寶貴意見後，我們會收藏記錄及檢討，謝謝！

如您需要了解本公司最新出版書目、購書優惠或企劃活動，歡迎您上網查詢或下載相關資料：http:// www.showwe.com.tw

您購買的書名：______________________________

出生日期：________年________月________日

學歷：□高中（含）以下　□大專　□研究所（含）以上

職業：□製造業　□金融業　□資訊業　□軍警　□傳播業　□自由業

□服務業　□公務員　□教職　□學生　□家管　□其它______

購書地點：□網路書店　□實體書店　□書展　□郵購　□贈閱　□其他

您從何得知本書的消息？

□網路書店　□實體書店　□網路搜尋　□電子報　□書訊　□雜誌

□傳播媒體　□親友推薦　□網站推薦　□部落格　□其他__________

您對本書的評價：（請填代號　1.非常滿意　2.滿意　3.尚可　4.再改進）

封面設計____　版面編排____　內容____　文／譯筆____　價格____

讀完書後您覺得：

□很有收穫　□有收穫　□收穫不多　□沒收穫

對我們的建議：______________________________

____

____

____

請貼
郵票

11466
台北市內湖區瑞光路 76 巷 65 號 1 樓
獨立作家讀者服務部 收

（請沿線對折寄回，謝謝！）

姓　　名：________________　年齡：______　性別：□女　□男

郵遞區號：□□□□□

地　　址：________________________________

聯絡電話：(日) ____________ (夜) ____________

E-mail：________________________________